KB050726

52편의

영화로 읽는

세계문명사

History of World Civilization
with 52 Movies

하미나

박영사

그리운 부모님께 이 책을 바칩니다.

서문

인문학은 폴 고갱의 한 그림 제목처럼 "우리는 어디서 와서, 무엇이며, 어디로 가고 있는가"라는 질문을 던지고 거기에 대해 고민하며 답을 추구하는 학문이다. 그렇기에 인문학에는 인간의 삶과 정신에 관련된 모든 것이 속해 있고 역사와 문명이 시작된 단계부터 오늘날까지 인간과 함께 성장해왔다. 그 속에는 신화와 문학과 철학이 있고, 건축물과 예술작품들이 있으며, 시대를 뒤흔드는 사상과 사건들이 포함되어 있다. 이 모든 것의 중심에 인간이 있고 중세유럽을 제외하고는 인간이 주체가 되어 세계를 이끌어왔다. 인문학은 그런 인간의 삶의 자취들을 기록하고 가치를 정립해주면서 사회가 나아가야 할 방향을 제시해준다.

세계화 이후 문화와 문화산업이 세계를 하나로 엮는 데 큰 역할을 하자 한동안 인문학이 주목을 받으면서 사회 모든 분야에서 인문학과의 접목을 시도했다. 융합학문이 강조되고, 기업에서는 문화콘텐츠들을 적극 활용하였으며, 대중매체에서는 다양한 인문학 프로그램과 강의들이 붐을 이루었다. 그러나 한편으로는 21세기 들어 개인주의와 물질주의가 득세하고 IT와 인공지능과 같은 과학기술이 인류의 삶을 획기적으로 바꾸면서 인문학은 본질적인 위기를 맞는다. 인류가 공유하던 인간성이나 인본주의 대신 모든 선택에 있어 개인이 중심이 되고 자본이 행복의 척도가 되며 인공지능이 폭발적으로 성장하여 인간의 영역을 침범하는 세상으로 변하고 있기 때문이다. 특히 오늘날 전 세계의 사람들을 '사용자'로 끌어들인 소셜미디어는 IT기업들이 수집한 사용자 정보들을 활용해 알고리즘으로 맞춤화된 피드들을 제공하면서 그들을 온라인의 세계에 붙잡아놓는다. 이로 인해 사람들이 가족과 주변 사람과 가져야 할 실제적인 접촉이 감소되고 건전한 소통이 이루어지지 않아 사회가 분열되고 있으며, 진실보다 개인의 편견이나 감정이 우선하는 '탈진실'의 시대가 되고 있다. 소셜미디어는 자기과시나 나르시시즘의 장으로 변질되면서 소외된 자들에게 분노를 일으키기도 한다. 많은 학자들은 이런 분열과 대립의 사회를 걱정하면서 인류가 존속하기 위해서는 하나의 종으로서의 인류를 생각하며 살아야 하고 더불어 생태계와도 공생해야 한다고 목소리를 모은다.

오늘날 급격하게 변화하는 사회에서 많은 사람들이 길을 잃고 있고 지구 생태계 또한 위험수위에 다다르고 있다. 학자들은 4차 산업혁명의 물결이 야기할 미래의 초지능의 세계에서 인간은 영생으로 나아가거나 절멸해버리는 극단적인 상황으로 치닫거나 극소수의 슈퍼엘리트와 대다수의 쓸모없는 계층으로 구성되는 디스토피아를 마주할 것을 예견하기도 한다. 인간이 생태계의 일부라는 사실을 망각한 채 이대로 문명을 발전시키고 인구폭발이 계속된다면 지구가 멸망할 수도 있다는 우려도 지속적으로 제기되고 있다. 현재 발전의 기차는 출발하여 점점 속도를 더해가고 있는데 그 기차가 어디로 가고 있는지는 기차를 설계한 사람도 모른다. 이미 그들의 손을 떠나버렸기 때문이다. 그래서 더 늦기 전에 온 인류가 한마음으로 지금이라도 기차가 가는 방향과 추구하는 목표의 가치들을 설정해야 한다. 그 방향을 잡아주는 것이 인문학이다. 인간 삶의 외양이 아무리 변해도 인간이 삶에서 느끼는 희로애락은 예전과 마찬가지이고 역사의 전개 또한 유사한 흐름으로 반복된다. 그것이 고전이 위대하고 인문학이 필요한 이유이다. 우리가 인문학을 통해 과거의 역사와 문화를 돌이켜보면서 무엇이 인간을 행복하게 하고 고통스럽게 했는지를 깨닫는다면 어떤 미래를 추구해야 할지 답을 찾을 것이다.

이미지를 통해 서사를 들려주는 영화는 인간의 감성과 지성을 자극하면서 인간과 세상에 대한 이해를 돕는 가장 포괄적인 형태의 예술이다. 동서양 문명사에 대한 수많은 접근 방식이 있지만 본 책에서는 선별된 52편의 영화를 통해 특정 시공간에서 일어난 삶의 여러 양태들을 간접체험하면서 인간이 어디에서 왔고, 지금 어떤 삶을 살며, 앞으로 어디로 나아가야 할지를 살펴보고자 한다. 몇 편의 드라마도 포함되어 있지만 편의상 영화로 일괄 지칭한다. 흔히들 유럽영화는 미학을 중시하고 할리우드영화는 상업성을 추구한다고 하지만 문화교차가 보편적 현상인 오늘날은 그런 이분법이 완벽히 통하지는 않는다. 본 책의 영화들은 미국 영화가 주를 이루고 그 외에 인도·중국·영국·이탈리아·프랑스·스웨덴·덴마크 영화가 소개된다. 세계문명사가 주제여서 자연히 서사 중심의 우수 문학작품들을 각색하거나 역사적 사실들을 스크린으로 옮긴 영화들이 많다.

서양문학을 전공했다 보니 습관적으로 그리스를 첫 장으로 시작했다가 동양부터 시작하자는 첫째 혜성이의 제안에 문명이 동양에서 시작했다는 사실을 상기했고, 구체적인 소제목으로 내용을 효과적으로 분리하는 게 좋겠다는 둘째 현성이의 조언도 반영하였다. 교수들은 강의를 하고 나면 학생들로부터 강의평가를 받는다. 학교에서 영화와 문화를 접목한 인문학 강의를 하고 있는데, 수업을 들은 한 학생이 강의평가에 “이 수업을 들으면 책이 읽고 싶어진다”는 평을 남겼다. 이 책이 독자에게도 영화를 보고 책을 읽고 싶은 마음이 들게 해주기를 바란다.

2023년 1월, 하미나

목차

01 PART

동양 이야기

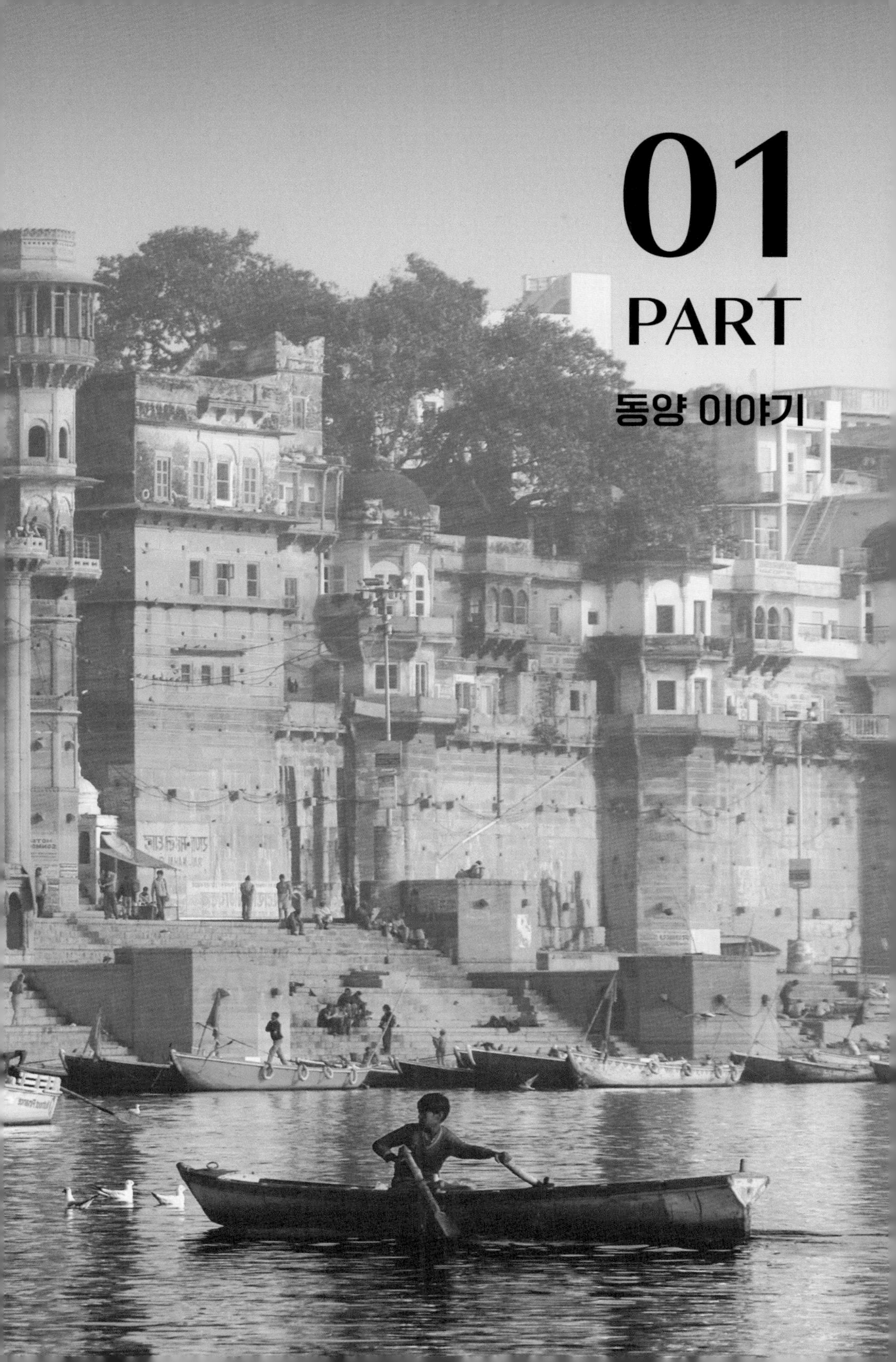

EAT OR GET EATEN UP
THE WHITE TIGER
JANUARY
WATER
INDIAN SUMMERS
A WORLD EVENT
GANDHI
COMING SOON
MY NAME IS KHAN
SHAH RUKH KHAN KAJOL
THE MAN WHO KNEW
INFINITY

1장

인도의 '좋은 이야기'

슬럼독 밀리어네어, Slumdog Millionaire, 2008

개요: 드라마, 멜로, 로맨스 | 인도, 캐나다 | 114분
감독: 디파 메타

인도의 '좋은 이야기'

오늘날 서구문화가 전 세계로 퍼져나가 인류 보편문화로 자리 잡고 유럽이 인류 문명을 진보로 이끌었다고 주장하는 서구중심주의 역사관이 우세하다 보니 동양은 오랜 세월 서양보다 정치 경제적으로나 문화적으로 낙후된 지역으로 인식되어왔다. 그러나 인류의 문명은 동양에서 시작되었고 18세기까지 세계 경제의 중심은 중국과 인도였다. 두 나라는 인류문명의 발상지로서 오랜 역사와 뿌리 깊은 문화를 지녔으며, 인도가 영국의 식민지로 전락하고 중국이 아편전쟁에서 패하기 전까지는 유럽 전체를 합쳐도 이 두 나라의 경제력에 미치지 못했다. 서양이 동양을 추월하여 세계를 지배하게 된 시기는 영국에서 산업혁명이 일어난 이후로, 불과 200여년 전이다. 유럽에서 근대화가 시작되면서 서양이 동양보다 우위에 서게 된 것이다.

유럽의 근대화는 15세기말부터 시작된 대항해시대에 그 초석이 마련된다. 지중해를 통해 동양과 교역하고 있던 유럽은 1453년 오스만제국이 교역 요충지인 동로마제국을 점령하면서 교역로를 차단하자 직접 인도양으로 가기 위해 바닷길을 개척하기 시작한다. 그 과정에서 그들은 신대륙을 발견하는 행운을 누렸고, 신대륙에서 착취한 자원들로 중국과 인도 등의 아시아 국가들과 교역하면서 상업자본주의를 발달시킨다. 아울러 유럽은 대서양 변경으로 뻗어나가면서 항해에 필요한 과학기술과 시대가 요구하는 새로운 지식들을 습득하면서 과학혁명을 시작한다. 『사피엔스』의 저자 유발 하라리는 무지에서 벗어나 새로운 지식을 추구하는 과학과 탐험은 맞닿아 있다고 하면서 신대륙 발견 자체가 과학혁명의 기초가 되는 사건이라고 말한다. 유럽은 이 두 역사적인 사건을 통해 세계를 지배할 기반을 다지게 된다.

과학혁명은 경제와 연대를 구축하면서 사회발전의 동력이 될 뿐만 아니라 이성과 합리적 사고를 추구하는 지적 환경을 형성하면서 인간의 천부인권을 주장하는 계몽주의 사상을 탄생시킨다. 이러한 기술적 사회적 변혁을 기반으로 유럽은 18세기 중엽부터 산업혁명을 일으키고 산업자본주의를 발전시키면서 경제적 근대화를 이루고, 프랑스혁명을 통해 군주제를 폐지하고 국민국가를 탄생시키면서 정치적 근대화를 이루게 된다. 반면 물자가 풍부하고 거대제국을 이루었던 중국과 인도는 변화의 필요성을 느끼지 못하고 구체제에 안주해 있다가 기술과 무력을 앞세운 서구세력의 거센 침입을 막아내지 못한다. 동양에서는 일본만이 근대화에 성공하여 제국주의에 합류했을 뿐, 중국은 뒤늦게 개혁을 시도했으나 보수 세력에 의해 차단당하고 인도는 영국 동인도회사의 착취와 내전을 겪으며 쇠락의 길로 접어든다.

18세기 중반부터 유럽이 동양과의 역학관계에서 우위를 점하기 시작하자 유럽 역사가와 철학자들은 서양을 진취적이고 진보된 곳으로, 동양을 전제주의에서 벗어나지 못한 비합리적이고 야만적인 곳으로 이분화하면서 유럽만이 문명을 이루었다는 유럽중심주의 세계관을 만들어낸다. 이를 기반으로 유럽 국가들은 문명국인 서구가 미개한 동양을 교화시킨다는 대의명분으로 그들의 제국주의를 포장하면서 동양을 적극적으로 침탈하기 시작한다. 세계 최고의 부국이었던 인도는 영국의 식민지가 되어 참혹하게 수탈당한 후 인도공화국과 파키스탄으로 분리독립하고, 중국은 아편전쟁 이후 서구세력의 반식민지가 되고 일본의 침략에 시달린 후 국민당과 공산당의 내전에서 공산당이 승리하면서 중화인민공화국이 수립된다. 오늘날 중국은 1인당 GDP는 세계 평균을 약간 상회하는 수준이지만 국가경제는 놀라운 발전을 이루면서 세계 2위의 경제대국으로 재기하였다. 반면 인도는 국가경제는 성장가도에 있지만 사회 인프라가 여전히 열악하고 국민 절반 이상이 빈곤층에서 벗어나지 못하고 있어 과거의 영광을 되살리기에는 요원하다.

영화《슬럼독 밀리어네어》는 한 때 세계 최고의 부국이었다가 빈곤의 아이콘으로 전락해버린 현재 인도 사회의 문제점들을 총체적으로 파헤치고 있다. 인도 작가 비카스 스와루프의 소설『Q&A』를 각색하여 영국인 대니 보일 감독이 만든 저예산 영화로, 각종 영화제 수상은 물론 아카데미 8개 부문을 수상할 만큼 서구인들의 찬사를 받은 작품이다. 그러나 대부분의 인도인은 인도의 빈곤과 아동학대와 종교 갈등을 적나라하게 보여주는 이 영화에 대해 분노했다. 뭄바이에서 영화가 상영되자 인도인들은 영화가 인도 빈곤에 대한 서구인들의 고정관념을 부추기면서 '빈곤 포르노'를 강요한다고 비난했다. 종교계에서는 무슬림에 대한 힌두교도들의 폭동 장면에 힌두교의 가장 이상적이고 모범적인 신인 라마를 등장시켜 힌두인의 정서에 상처를 주었을 뿐만 아니라 힌두교도들을 무자비한 폭도로 그려내어 종교 갈등을 단면적으로 묘사했다고 분노한다. 원작자, 작품배경, 등장인물 모두 인도인이고 마지막에 인도 마살라 영화의 특징인 군무와 노래가 연출되기는 하지만 제작국이 영국이고 배급사는 미국 업체이다.

영화는 뭄바이 빈민가 출신의 고아로 다국적기업의 콜센터에서 차 심부름꾼으로 일하는 18세 소년 자말 말릭이 TV 퀴즈쇼에 출연해 최종라운드까지 진출하면서 벌어지는 이야기를 통해 인도 사회의 고질적인 문제들을 하나씩 짚어낸다. 거액의 상금이 걸린 퀴즈쇼는 현실을 벗어날 돌파구나 인생을 바꿀 기회로 여겨져 전 국민적 관심을 끌었다. 퀴즈쇼에 참가한 자말은 다른 참가자들과 달리 정규교육을 받은 적이 없어 참가 자체가 무모하게 여겨졌고 따라서 초반 탈락이 예상되었지만 그가 모든 문제를 맞추면서 최종 라운드까지 올라가자 쇼호

스트가 그의 부정행위를 의심하여 경찰에 신고한다. 경찰 취조에서 증거도 없이 고문을 당하면서 자말은 자신이 답을 알게 된 경위를 설명한다. 그 과정에서 그가 어린 시절에 보고 겪었던 빈곤, 종교적 갈등, 아동학대와 아동성매매 등 인도 사회의 치부들이 드러나고 그가 퀴즈쇼에 참가한 이유 또한 밝혀진다.

무슬림에 대한 힌두교도들의 폭동으로 엄마가 죽은 날 자말과 형 살림은 그들처럼 고아가 된 라띠까를 만나 셋이 함께 길거리 생활을 하다가 폭력배 마만의 수하에 들게 된다. 길거리 아동들이 폭력 조직에 납치되는 것은 인도에서는 흔한 일이다. 통계에 의하면 인도에서는 연간 7만여 명의 아이들이 납치되는데, 신고되지 않은 사례까지 합치면 실제 숫자는 훨씬 많다. 인도 아동들에 대한 성폭력 수치 또한 세계에서 가장 높다. 2007년 통계에 의하면 아동 10명 중 1명은 매 순간 성폭행을 당하고 있다. 아이들이 성적 학대나 폭력을 견디지 못해 가출하면 인신매매범에게 납치되고, 일부 부모들은 자녀를 팔아넘기기도 한다. 인도 아동들의 노동 착취 또한 국제사회의 이슈가 될 만큼 심각하다. 세계 최대 규모인 1억 아동노동 시장을 가지고 있는 인도에서는 부모가 진 빚을 아이들이 물려받아 신체적, 정신적 학대를 받아가며 노예처럼 살아간다. 아이들 신체를 담보로 빌린 몇 만 원에서 몇 십만 원의 빚 때문에 4,5세의 아동들까지 하루 십여 시간 채석장에서 돌을 깨거나 하녀로 일하면서 몇백 원의 돈을 벌어 부모의 빚을 갚아가지만 부모가 원금도 갚지 못한 채 다시 빚을 지는 경우가 많아 좀처럼 담보노동에서 벗어나지 못한다.

마만은 길거리 아동들을 납치하여 남아는 장님으로 만든 후 동냥을 시키고 여아는 성매매를 시켜 돈을 버는 조직폭력배이다. 살림은 당찬 태도로 마만의 신임을 얻지만 마만이 동생 자말을 장님으로 만들어 동냥을 시키려 한다는 사실을 알고는 자말과 함께 가까스로 탈출한다. 라띠까도 함께 가기 위해 그들이 올라탄 기차를 쫓아가지만 살림은 라띠까가 겨우 잡은 손을 일부러 놓아버린다.

자말은 라띠까를 버려두고 왔다는 죄책감과 그리움으로 내내 그녀를 찾아 헤매던 중 우연히 라띠까의 소재지를 알게 되어 그곳으로 가서 살림이 마만을 죽이고 라띠까를 빼내온다. 살림은 동생을 보호하기 위해 자말을 강제로 내쳐 인연을 끊은 뒤 라띠까와 함께 마만의 반대파인 자베드의 휘하로 들어간다. 자말은 두 사람의 소식을 모르고 살다가 우연한 기회로 형 전화번호를 찾아내어 다시 형을 만나고 자베드의 정부가 된 라띠까도 찾아내지만 형의 방해로 또다시 헤어진다. 이후 자말은 라띠까를 찾기 위한 방도로 퀴즈쇼에 출연하고, 그런 자말의 모습을 본 살림은 결국 라띠까를 보내주고 자베드를 죽인 후 자신도 돈으로 가득 채운 욕조 안에서 자살한다. 자베드를 죽이지 않고서는 라띠까와 자말이 함께할 수 없었기 때문이다.

영화의 촬영지는 뭄바이의 음지로 불리는 다라비 슬럼가이다. 인도 경제와 영화산업의 중심지인 뭄바이는 주거비가 상상을 초월할 만큼 비싸 부유한 사람들도 어려움을 겪는 곳이기에 슬럼가는 더더욱 환경이 열악하다. 대형 빨래터나 공장 등 일터가 시내에 있어 그 주변으로 슬럼가가 형성되면서 인구 60% 이상이 도심의 밀집한 빈민가에 살고 있다. 그들은 가난을 숙명으로 여기며 힘든 삶을 살아갈 뿐만 아니라 그들의 가난이 상업적으로 이용되는 것도 허용한다. 다라비 슬럼가와 거대한 야외 빨래터인 도비가트를 묶은 빈민가 투어 상품은 10여 년 전부터 성행했고, 최근에는 빈민가에서 하루 묵으면서 빈곤을 체험하는 상품까지 나와 찬반양론을 불러일으켰다. 관광객들은 두 사람이 겨우 누울 정도의 좁은 방을 배정받아 통상 십여 명의 주인가족과 공간을 공유하고 화장실은 50가구가 함께 쓰는 공용화장실을 이용한다. 수익 상당 부분이 마을에 기부되고 사진 촬영이 자제되며 불평등을 체험해보고자 하는 좋은 의도가 있지만, 주민들을 구경거리로 만들고 가난까지 상품화하는 것에 대한 비판도 만만찮다. 슬럼가 건너편에서는 고층빌딩들이 우후죽순 지어지면서 한창 성장하고 있는 인도의 모습을 대조적으로 보여준다.

| 뭄바이 다라비 슬럼과 도심개발지역

오늘날의 인도는 영화가 보여주듯 빈곤과 폭력과 인권유린이 만연한 가운데 경제성장에 주력하고 있는 개발도상국의 하나이다. 그러나 고대 인도는 BC 3000년경 인더스강을 중심으로 인류 최초의 문명의 하나가 태어난 곳이다. 인도는 삼각형 모양의 대륙 양면이 인도양과 아라비아해양을 접하고 내륙에는 비옥한 평야가 있는 지형적 이점을 살려 고대부터 상업과 농업을 함께 발달시켜왔다. 내륙에는 인더스와 갠지스 평야 주변에서 마우리아·굽타·델리 술탄·무굴제국 등의 거대제국들이 농업을 기반으로 발전하였고, 해안지역에는 무역과 해운업 등 상업을 중심으로 하는 수많은 해안왕국들이 들어선다. 이로 인해 인도는 중앙아시아를 중심으로 한 육상무역과 남인도를 통한 해상무역을 통해 페르시아와 이집트, 로마제국까지 진출하면서 개방적이고 국제적인 선진사회를 이루었다. 교역과 함께 문화도 유입되어 고대인도 사회에는 메소포타미아, 페르시아, 헬레니즘 문화가 들어와 융합되고 중세 시대에는 이슬람문화까지 합세하

여 어우러지면서 인도만의 다양하고도 독특한 정치 문화적 공동체가 형성된다. 오늘날의 인도문화의 핵심인 카스트제도와 힌두교는 BC 1500년경 백인혈통의 아리안족이 인도를 침범하여 지배하면서 만들어진 것이다.

고대인도문명과 카스트제도

'India'라는 국명과 'Hindu'라는 종교명은 오늘날 파키스탄 지역을 흐르는 인더스(Indus)강의 산스크리트어인 'Sindhu'에서 유래되었다. 통상 문명은 강을 끼고 발생하는데 인도 역시 인더스강과 갠지스강을 중심으로 문명이 형성되었다. 히말라야산맥에서 시작된 물줄기가 서쪽으로 카슈미르를 가로질러 파키스탄으로 흘러 들어가는 것이 인더스강이고, 동쪽으로 흘러 벵골만으로 빠져나가는 것이 갠지스강이다. 인도 최초의 문명인 인더스문명은 영국식민지 시절에 철도건설 인부들이 아주 오래된 벽돌을 발견하면서 발굴이 시작되어 1921년과 1922년에 인더스강 유역에서 BC 2600년경에 형성된 하라파와 모헨조다로 유적지가 세상에 모습을 드러낸다. 당시 유럽 학자들은 그리스 문명과 같이 뛰어난 문명은 타 대륙 어디에도 없을 것으로 단정 지었지만 하라파와 모헨조다로는 한눈에 보기에도 매우 거대하고 정교했다. 탐사단 수장인 존 마셜은 인더스문명을 마주한 감동을 유럽학계에 이렇게 전한다: "독일의 고고학자 슐리만이 미케네에서 고대유적을 발굴했는데 그 같은 영광은 자주 찾아오지 않는다. 하지만 우리는 인더스 평원에서 그 영광을 누릴지도 모른다."

두 유적지는 이미 그 시절에 거주지가 질서정연하게 배치되었고 수로시설과 대형 공중목욕탕 등의 위생시설을 갖추었는데, 수로시설은 고대 로마제국 시대의 것보다 앞선다는 평가를 받기도 한다. 그들은 메소포타미아문명의 지구라트나 이집트문명의 피라미드 같은 거대한 신전이나 왕의 무덤을 짓지는 않았지만 그들 문명보다 훨씬 계획적인 도시문명을 구축하였다.

| 모헨조다로 유적지 (출처: The Mysterious India)

BC 1500년경, 중앙아시아의 기마민족인 아리안족이 철제무기를 앞세워 북부인도를 침범한다. 산스크리트어로 '고귀하다'라는 뜻을 가진 백인혈통의 아리안족은 인더스강 유역에 자리를 잡은 후 점차 갠지스강 지역으로 정착지를 확대해간다. 이에 따라 문명의 중심도 인더스강에서 갠지스강으로 이동한다. 아리안족은 인도에 정착하면서 그들의 종교와 신화와 사상을 담은 『베다』 경전을 근거로 브라만교를 창설하고 브라만교의 업과 윤회사상을 기반으로 세습적 계급제인 카스트제도를 만들어 오늘날의 인도문화의 기초를 형성한다. 브라만교는 추후 민간신앙을 흡수하고 블교 교리와 사상을 일부 수용하면서 인도의 종교인 힌두교로 재탄생한다.

아리안족은 소수인 그들이 다수의 원주민들을 효율적으로 통치하기 위해 피부색과 직업에 따라 카스트를 4등급으로 나누어 아리안은 사제계층인 브라만, 왕족·전사 계층인 크샤트리아, 상인·농민 계층인 바이샤 계급으로 분류하고 원주민은 노예·천민 계층인 수드라로 분류한다. 그 외에 닿기만 해도 불결하게 여겨지는 불가촉천민 달리트가 있다. 계급제도에서 가장 기본적인 기준은 '정'(淨)과 '부정'(不淨)으로, 불가촉천민은 계급제도에서도 제외될 만큼 부정한 존재로 인식되었다. 브라만은 이들을 스치거나 그림자만 지나가도 자신들이 더럽혀진다고 생각하였기에 불가촉천민이 그들을 섬기기 위해 접근할 때에는 미리 신호를 주어 그들이 자리를 피하게 했다. 아리안족이 처음 인도에 들어왔을 때는 사제와 전사, 일반인 세 계급만이 존재했고 이들 계급 사이에 결혼이나 식사 등에 있어서 어떠한 제한도 없었지만 카스트제도가 만들어지면서 각 계급 간 혼혈은 물론 함께 식사하는 것조차 금지되면서 신분제가 고착된다.

카스트제도를 이해하려면 인종적 개념인 바르나(varna)와 직업적 개념인 자티(jati)를 구분해야 한다. '색'을 뜻하는 바르나는 피부색에 의한 신분 구분으로 브라만을 위시한 네 계급의 카스트를 의미하고, 자티는 각 가문에 전통적으로 내려오는 직업과 신분을 의미한다. 바르나의 각 카스트는 그 속에 무수한 자티를 포함하고 있는 대분류로, 카스트는 혈통과 직업에 따라 등급별로 3천 개의 자티로 분류되고 이는 다시 2만 5천여 개의 하위계급으로 나뉜다. 이처럼 바르나는 피부색을 나타내고 자티는 가업과 족보 역할을 하고 있어 인도인들은 피부색이나 성명과 직업만으로도 대충 신분을 알 수 있다. 인도가 영국식민지가 되기 전에는 카스트라 함은 자티의 의미가 더 컸고 바르나는 인종과 종교적 기반하에 다소 느슨하게 서열관계를 규정한 관념적 계급제도였다. 따라서 실질적으로 인도인들의 삶에 영향을 끼친 것은 대분류인 카스트보다 세부적 분류인 자티였다. 그런데 인도를 지배하고 있던 동인도회사가 이를 서류화하면서 카스트를 엄격하게 분리시켰고, 식민지 시절에는 영국정부에 의해 정치적으로 이용되면서 고착화된다.

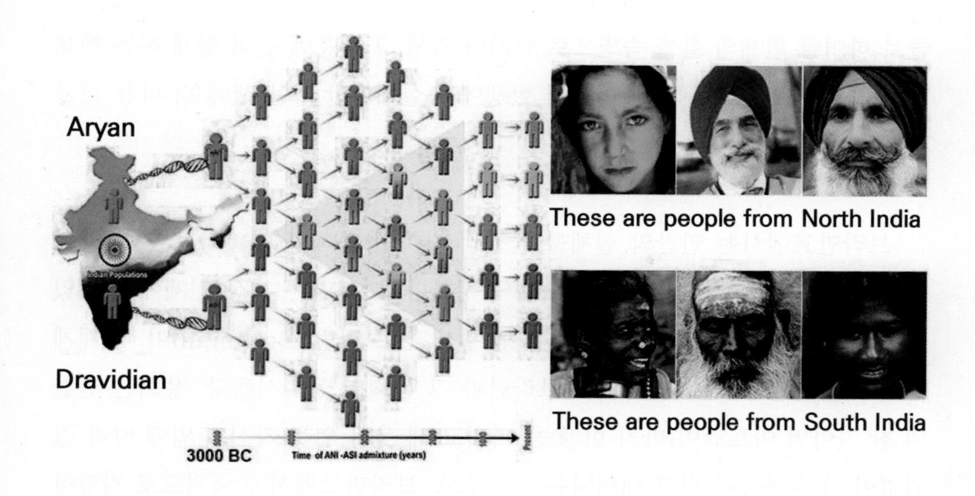

| 북인도의 백인 아리안족과 남인도의 원주민 드라비다족

업과 윤회사상

카스트제도는 브라만교의 '업'(Karma)과 '윤회'(Samsara) 사상을 기반으로 한다. 산스크리트어로 'karma'는 몸과 입과 생각으로 행해진 모든 행위를 의미하고, 'samsara'는 계속된 흐름을 뜻한다. 인간은 업으로 인해 윤회의 굴레에 묶인다. 과거의 업으로 인해 현재의 운명을 부여받고 현재의 업을 기반으로 다시 새로운 삶으로 태어남을 거듭하는 것이 윤회이다. 고대인도의 서사시 〈마하바라타〉에서는 "업은 어떤 사람도 피할 수가 없으며, 그림자가 형체에 따라다니듯이 업은 서 있는 자의 곁에 서 있고 가는 자의 뒤를 따라가며, 행위하는 자에게 작용을 미친다"라고 말하고 있다. 다시 말해, 인간의 모든 업은 반드시 결과가 따르는 인과응보의 연쇄관계에 놓여 있어 사후의 운명에 관계하고 윤회의 길을 결정한다는 것이다. 이처럼 과거 행적과 현재의 운명과의 인과관계를 강조하는 브라만교의 업 사상은 카스트제도를 정당화시키는 도구가 되어 하층민들로 하여금 현재의 삶을 숙명으로 여기며 평생 그 신분에 갇혀 살게 하는 폐쇄적인 사회구조를 형성하고, 아울러 현생에 충실해야만 다음 생에 더 나은 삶을 살 수 있다고 믿게 만든다.

브라만교에서는 인간의 실체를 물질적 자아인 육체와 대비되는 변치 않는 초월적 영혼인 '아트만'(Atman)으로 규정한다. 아트만은 세상 전체에 퍼져있는 우주적 영혼이자 우주의 근본원리인 절대자 '브라만'(Brahman)이 각 개체 속에 내재화된 것으로 인식되어 브라만과 그 본질이 동일시된다. 윤회는 인간의 참 자아인 아트만이 마치 헌 옷을 버리고 새 옷을 입듯 자신의 업에 따라 끊임없이 다른 육체를 타고 태어나는 과정으로, 브라만교에서 궁극적으로 지향하는 것은 아트만이 고통의 삶이 반복되는 윤회로부터 벗어나서 브라만과 합일되는 범아일여(梵我一如), 즉 해탈의 상태이다. 윤회는 업의 결과가 남아 있는 동안 계속되므로 윤회에서 해방되려면 업을 소멸시켜야할 뿐만 아니라 새로운 업을 짓지 않도록 노력해야 하는데, 이는 외부로부터의 구원이 아닌 오직 개인 각자의 노력에 의해서만 달성된다. 고대 인도 철학 경전인 『우파니샤드』는 해탈에 대해 이렇게 적고 있다.

참 자아를 깨닫고 합일 상태에 도달한 사람은
순수한 빛을 발하고 있는 브라만만을 본다.
그는 육체에 관련된 모든 욕망을 버리고
불멸의 브라만과 하나 됨으로써
태어남과 죽음이 반복되는
윤회의 바다를 영원히 건너간다.

업과 윤회사상은 모든 존재는 원인과 조건에 의해 이어져 있다는 불교의 연기적 세계관을 설명하는 데 있어서도 핵심적인 개념이다. 두 종교는 우주만물의 인과관계를 강조한다는 점에서는 동일하지만 자아의 개념에서는 확연한 차이를 보인다. 불교는 아트만이라는 개인의 '진아'(眞我)를 부정하고 '무아'(無我)를 강조한다. 나라는 존재는 나 아닌 무수한 객체들과의 상호의존적 관계 속에서 비로소 존재하는 '연기'(緣起)의 산물이지 독립적인 실체가 아니라는 것이다. 나라고 부를 수 있는 것이 없는데(무아) 내가 있다고 생각하는 것이 아집으로, 이는 소유욕 등 여러 가지 죄악과 고통의 근원이 된다. 연기는 인연생기(因緣生起)의 줄임말로, 나를 존재하게 하는 연기는 직접적인 원인인 '인'(因)과 간접적인 원인인 '연'(然)의 화합으로 일어난다. 예를 들면, 식물은 '인'인 씨앗에 거름과 흙과 물과 태양과 공기 등 우주의 무수한 간접적인 '연'들이 도움을 주면서 성장한다. 부처는 연기를 다음과 같이 설명한다.

이것이 있으므로 저것도 있다
이것이 생기므로 저것도 생긴다
이것이 없으므로 저것도 없다
이것이 멸하므로 저것도 멸한다

무아를 주장하는 불교는 혈통에 의한 카스트제도와 결정론적 윤회사상을 인정하지 않는다. 불교에서 나는 '업'들의 다발이다. 따라서 부처는 과거 업의 영향을 부정하지는 않지만 이를 숙명론으로 연결 짓지 않고 현재의 행위에 따라 업보 또한 변할 수 있다고 가르친다. 원인 없는 결과는 없지만 그것이 현재와 미래의 삶을 결정짓지는 않는다는 것이다. 현생은 현재 그 사람의 말과 행동으로 결정되는 것이므로 어떤 계급에 속하든 마음이나 태도를 변화시켜 수행을 하고 공덕을 쌓으면 전생의 죄로부터 자유로워질 수 있다. 이처럼 브라만교에서는 인간은 태어나면서부터 조건 지어진 업에 구속되어 신분차별이 정당화되고 모든 것을 가혹한 인과로 돌리는 숙명적인 삶을 살게 되지만, 불교에서는 현재의 환경을 바꾸고자 하는 개인의 의지에 따른 도덕적 책임감과 행동을 강조한다.

불교에서 강조하는 개인의 의지는 조금 다른 맥락에서 니체의 윤회사상인 '영원회귀'(永遠回歸)에서도 중시된다. 니체의 영원회귀는 전생의 업이나 현재의 행동에 따라 매번 다른 내세의 삶을 부여받는 것이 아니라 영원한 시간이 원의 형상을 띠면서 똑같은 삶이 무한히 반복되는 것이다. 따라서 피안이나 해탈도 없다. 니체는 인간이 세상에 태어나 사는 것 자체가 고통이고 새로울 것도 없는 고통의 삶을 끝도 없이 되살아야 하는 영원회귀 또한 고통이라 생각하며 허무주의로 빠진다. 그러나 그는 허무주의를 이겨내는 방법 또한 제시하는데, 그것은 똑같은 생이 무한히 되풀이되더라도 그것을 자신의 의지가 스스로 선택한 것으로 받아들이는 아모르 파티(amor fati), 즉 운명애(運命愛)를 가지는 것이다. 그는 인간이 종교에 의존한 피안이나 해탈을 추구하지 않고 필연적 운명을 긍정하고 능동적으로 재창조한다면 삶을 즐기는 자유로운 영혼이 될 수 있다고 말한다. 영혼이 자유로운 자는 자기 자신을 극복할 수 있는 용기를 가진 자이다. 용기를 가진 자는 "지금 삶을 똑같이 다시 살아도 좋은가"라는 질문을 받으면 "그것이 삶이었던가? 좋다! 그러면 다시 한번!"이라고 답할 것이다.

인도의 종교: 불교, 힌두교, 이슬람교

업과 윤회 사상으로 카스트제도를 고착시킨 브라만교는 불교가 등장하면서 한동안 쇠퇴한다. 불교는 브라만교의 산 제물을 바치는 공희(供犧)나 혈통에 의한 카스트제도를 비판하면서 남녀노소 신분 불문하고 모두를 받아들여 대중들의 지지를 받았고, BC 3세기경에는 마우리아왕조의 아소카왕이 제국의 공식종교로 채택하면서 더욱 번성하여 인근 국가까지 전파된다. 그러나 굽타왕조가 들어서면서 공희를 금지하고 브라만교를 대폭 개혁하여 일상생활에 쉽게 용해될 수 있는 힌두교로 탄생시키자 불교가 쇠퇴하고 힌두교의 르네상스가 시작된다. 불교가 점점 세력을 잃는 와중에 이슬람교까지 유입되면서 13세기 초에는 불교가 종주국인 인도에서 거의 사라지는 믿지 못할 일이 일어난다.

인도에서 불교가 사멸한 데에는 불교교단의 정체와 타락, 불교의 힌두화, 그리고 이슬람교의 침입이 주요 요인으로 작용한다. 먼저 불교가 국교가 되고 지배집단의 후원으로 교단이 부유해지자 승려들은 탁발을 중지하고 불교전파를 게을리하면서 민중들과 멀어진다. 대신 그들은 사원에 기거하면서 상용어가 아닌 산스크리트어로 형이상학적인 교리를 만들고 참선과 수행방법들을 고안해내면서 불교를 기복신앙에 익숙한 민중들이 이해하고 실행하기에는 지나치게 철학적이고 학문적인 종교로 만들었다. 불교는 일상적인 제례의식에도 비판적이어서 종교적 의례를 강요하지 않다보니 민중들과 유리되고 응집력도 약했다. 이런 상황에서 브라만교가 불교사상을 일부 수용하고 민간신앙까지 흡수하여 민중들이 쉽게 접근할 수 있는 힌두교로 재탄생하자 불교는 큰 타격을 받는다. 인도 지배층의 입장에서도 계급제도를 반대하고 정교분리 입장을 내세우면서 독립성과 자율성을 주장하는 불교보다는 카스트제도를 기반으로 하는 힌두교가 통치에 더 유리했기에 불교를 적극적으로 탄압하는 왕조도 있었다.

더 근본적인 이유는 불교의 힌두교화이다. 힌두교가 번성하면서 불교가 위기에 처하자 생존을 위해 힌두교 의례의식들을 수용하고 각종 신들까지 차용하면서 변화를 추구하지만 그로 인해 힌두교와 내용적으로 별 차이가 없어진다. 이에 신자들이 사찰 대신 근처 힌두신전을 찾으면서 점차 힌두교로 흡수된다. 법륜스님은 불교가 힌두교의 종교적인 형식을 '대중화'라는 이름으로 점점 받아들이면서 힌두교와 유사한 대승불교가 생겨나고 이어 종교적으로 힌두교와 거의 같을 뿐만 아니라 사원모양도 똑같은 밀교가 생겨나면서 불교가 독자적인 정체성을 잃었다고 지적한다. 불교학자 조준호 교수는 브라만교의 창조주 관념을 비판하고 신에 대한 제식주의를 배격하던 불교가 차츰 대중적 종교감정에 영합하여 힌두교적 요소를 차용하거나 절충하면서 그 정체성을 상실했다고 밝힌다. 게다가 힌두교에서는 부처가 힌두교에서 나와서 다시 힌두교로 돌아왔다고 간주하여 부처를 비슈누신의 아홉 번째 화신으로 편입시킨다. 이처럼 불교가 정체성까지 상실하게 되면서 인도에서 불교는 점점 설 자리를 잃는다. 인도의 초대수상 네루는 저서『인도의 발견』에서 불교 전성기에도 힌두교는 널리 유포되고 있었고 불교의 소멸은 광범위하게 난폭한 수단에 의해 근절된 것이 아니라 자연사했다고 평한다.

결정적인 것은 이슬람교의 유입이다. 이슬람제국이 창설된 지 100년도 채 되지 않아 로마제국의 2배 정도의 영토를 차지할 만큼 세력을 넓히면서 이슬람교도 급속히 퍼져나간다. 이슬람교는 불교와 마찬가지로 "알라 앞에서 모두 평등하다"라는 평등사상에 근간을 둔 종교이다. 인도에서 불교가 평등주의로 민중들의 환영을 받았지만 세력이 약해져 그 역할을 제대로 하지 못하던 중에 평등주의를 실천할 실질적인 힘을 지닌 이슬람교가 들어와서 불교를 대체하게 된다. 이슬람세력이 불교 사찰을 파괴하고 승려들을 살해하자 승려들이 인근 네팔과 티베트로 도피하면서 불교가 번성했던 아프가니스탄, 파키스탄, 방글라데시 지역은 이슬람의 땅이 된다. 그로 인해 기존의 불교도들은 무슬림으로 개종하는데, 이는 정복세력의 강압도 있었지만 타 종교에서 힌두교로 개종하면 엄격한 계급사회에서 어느 계층에도 속하지 못하는 불가촉천민이 되기 때문이었다. 이런 이유들로 13세기 초에 불교는 종주국 인도에서 거짓말처럼 사라지고 인도종교는 힌두와 이슬람의 양자구도가 된다.

| 부처가 깨달음에 도달한 보리수나무가 있는 인도 동북부의 마하보디 불교사원

| 인도 남부의 스리 라마나타스와미 사원(출처: blok888.com)

인도의 최하위층: 불가촉천민과 인도여성

힌두교와 함께 인도사회를 지탱해 온 핵심인 카스트제도는 인종차별에 반대하여 오랜 비폭력투쟁을 벌였던 간디조차도 '인생의 법칙'으로 지지하던 제도이다. 그는 인간 이하의 취급을 받는 불가촉천민을 '신의 자녀'라는 의미의 '하리잔'으로 부르며 그들에 대한 비인간적인 처우를 개선하고자 노력하면서도 "자신이 속한 카스트를 탓하지 않는 것이 진정한 겸양의 표시"라며 카스트제도를 옹호하는 모순을 보였다. 카스트제도를 법적으로 폐지한 사람은 암베드카르이다. 인간 취급도 못 받는 불가촉천민 태생의 암베드카르는 어릴 적부터 자신이 인간임을 증명하기 위해 공부를 했다고 한다. 그는 미국과 영국에서 유학한 후 인도로 돌아와서는 불가촉천민을 '억압받은 자'라는 뜻의 '달리트'로 부르며 카스트제도 철폐와 사회개혁에 적극적으로 앞장섰다. 그는 영국 정부에게 불가촉천민이 의회에 들어갈 수 있도록 분리선거구제 도입을 요구하지만 간디가 그것이 카스트제도를 흔들 것이라고 반대하며 단식에 돌입하여 할 수 없이 물러선다. 그러나 그는 불가촉천민은 저수지 물도 마시지 못하는 것에 대항하여 저수지에서 손으로 물을 떠서 마시면서 무려 3000년간 금지된 행동을 했고, 군중들 앞에서 2000년 전부터 내려온 『마누법전』을 불태우기도 했다. 『마누법전』은 인도 사회의 규범이 되는 성스러운 경전이지만 계급과 성별 간 불평등을 조장하여 하층민과 여성에게는 더없이 가혹한 법전이었다. 법전에는 베다를 읽은 불가촉천민은 혀가 잘리고, 베다를 외운 불가촉천민은 그 머리를 잘라야 한다는 내용이 담겨 있다.

인도가 독립하면서 초대법무장관이 된 암베드카르는 카스트제도 폐지와 불가촉천민의 사회진출 할당제를 법으로 관철시키지만 그럼에도 차별이 계속되자 그는 힌두교 내에서는 차별철폐가 불가능하다고 생각하여 불교로 개종한다. 간디가 힌두교와 카스트제도의 테두리 안에서 인도 해방을 꿈꾸었다면 암베드카르는 카스트와 힌두교라는 기본 골격을 없애어 차별과 착취로부터도 해방된 인도를 꿈꾸었다. 그가 인도 사회에 미친 영향은 간디 못지않게 지대하여 간디의 생일과 함께 그의 생일도 인도 국경일로 지정되어 있다. 그의 투쟁의 결과로 오늘날 하층계급 출신의 총리와 불가촉천민 출신의 대통령까지 탄생되었지만 사회 전반에 걸쳐 카스트제도의 실질적인 폐지는 아직 요원한 현실이다.

인도 사회에서 여성은 빈곤과 폭력에 가장 취약한 계층이다. 인도여성들은 관습적으로 카스트 최하층인 수드라와 동일시되면서 가정과 사회에서 끊임없이 착취당해왔다. 그들은 태어나서부터 죽을 때까지 남성에게 종속되어 살면서 밤낮없이 가사를 비롯한 여성의 의무에 시달려왔고, 현재는 불법이지만 여성을 오염 가능성이 있는 열등한 존재로 여겨 초경 전에 결혼을 시키는 조혼 풍습으로 인해 여성 3명 중 1명이 어린 나이에 결혼을 했다. 『마누법전』에 의하면 30세의 남성과 12세의 여아, 24세의 남성과 8세의 여아의 결합이 가장 이상적이다. 신부가 지참금을 내는 문화로 인해 형편이 어려운 부모는 여아를 낙태하거나 버리기도 한다. 유엔의 2020년 보고서에 의하면 인도에서는 아직도 매년 46만여 명의 여아들이 출생과 동시에 실종된다. 남편이 죽으면 아내도 산 채로 화장되던 사티제도도 법적으로 금지되었지만 완전히 근절되지 않고 있고, 여성에 대한 성폭행도 다반사이다. 가정폭력과 가부장적 문화로 인해 세계 자살 여성 10명 중 4명이 인도여성이다. 그들에게 결혼은 조혼과 이른 출산, 가정폭력, 경제적 의존성으로 이어진다. 게다가 과부가 되면 죄인으로 취급되면서 속세를 멀리하고 근신하며 살도록 요구된다. 현재 과부들은 법적으로는 재혼이 가능하지만 여전히 많은 공동체에서 받아들여지지 않고 있는 실정이다. 다음 두 영화는 하층민들을 억압하는 카스트제도의 폐해와 인도여성들이 견뎌내야 하는 부당한 삶을 파헤친다.

화이트 타이거 The White Tiger, 2020

개요: 범죄, 드라마 | 인도, 미국 | 131분
감독: 라민 바흐러니

《화이트 타이거》는 영국 맨부커상을 수상한 인도 작가의 동명의 소설을 기반으로 이란계 미국인 감독이 만든 넷플릭스 오리지널 영화이다. 주인공 발람의 굴곡진 인생 서사를 들려주는 영화는 이렇게 시작된다: "인도에는 두 개의 나라가 있습니다. 빛의 인도와 어둠의 인도입니다." 그는 다시 인도에는 배 나온 자와 주린 배를 움켜쥔 자 두 개의 계층이 있고, 숙명도 먹느냐 먹히느냐 두 가지라고 부연한다. 영화는 그의 삶을 통해 인도를 두 개의 나라로 분리하는 요인인 카스트제도, 지주들의 횡포, 정치적 부정부패, 타락한 자본주의 등 인도사회의 불편한 현실들을 폭로한다. 현재 인도 경제는 빠른 성장 중에 있지만 빈부격차가 더욱 심해져 전 세계 빈곤 인구의 4분의 1에 달하는 3억의 극단적 빈곤층이 있다. 인도의 국가 GDP는 2022년 기준 세계 6위이지만 1인당 GDP는 2,342달러로 세계 138위이다. 인도 최고 부자인 암바니 가문은 아시아 부호 가문 1위를 차지할 정도이지만 인도 하류층은 여전히 제대로 된 식수나 생활용수조차 공급받지 못하고 있다. 그럼에도 그들은 가난과 사회적 불평등을 숙명으로 받아들이며 살고 있다.

영화 제목인 '화이트타이거'는 한 세대에 딱 한 번만 나타난다는 희귀동물로, 사회를 변화시킬 수 있는 뛰어난 자질을 가진 사람을 상징한다. 천민 출신의 발람은 매우 총명하고 영어도 잘하여 교사에게 화이트타이거라는 칭찬을 받으면서 델리에서 장학금을 받으며 공부할 기회를 얻는다. 그러나 아버지가 대지주에게 빌린 빚을 갚지 못하자 학교를 그만두고 형과 함께 찻집에서 청년이 될 때까지 담보노동으로 석탄 깨는 일을 해야 했다. 어느 날 마을의 대지주와 미국에서 유학을 하고 돌아온 그의 둘째 아들 야속이 마을을 방문했을 때 야속이 운전기사를 필요로 한다는 말을 엿듣고는 할머니께 돈을 빌려 운전을 배운 후 그의 기사로 들어간다. 선임기사가 있어 허드렛일만 하던 중 발람은 선임기사가 무슬림임을 알게 되고, 그 사실을 주인에게 흘려 그가 쫓겨나게 하면서 마침내 야속의 차를 몰게 된다.

야속을 따라 델리로 간 발람은 그에게 노예처럼 충성을 다한다. 심지어 야속의 부인이 생일날 새벽 2시에 음주운전으로 사람을 치어 죽이자 그 죄까지 뒤집어쓰기로 한다. 다행히 목격자가 없어 일이 무마되었지만 그에 대한 대가는 없었다. 12살까지 인도에서 살다가 미국으로 이민 가서 그곳에서 대학을 나온 야속의 부인은 인도 사회를 견디지 못하던 와중에 사람까지 치어 죽이자 수중의 돈을 모두 발람에게 주고 미국으로 떠나버린다. 떠날 때 그녀는 발람에게 "수년간 열쇠를 찾아 헤맸겠지만 문은 늘 열려 있었어요"라고 말하면서 그의 의식을 일깨워준다. 그 열쇠는 그가 숙명처럼 여기던 가난과 계급의 틀을 깨는 열쇠였다. 이후 발람은 변하기 시작한다.

그는 아내가 떠나 방황하는 야속을 돌보고 그가 탈세를 위해 정치인들에게 돈가방을 안기는 일을 모두 지켜보면서 여전히 충직한 하인 역할을 하지만 속내는 이전과는 달랐다. 닭장 속에 갇힌 닭처럼 현실에 순응하고 탈출하려는 꿈도 못 꾸었던 그가 부당한 대우에 분노를 느끼고 빈민가의 판잣집이 자기 숙명일 수는 없다고 생각하게 된 것이다. 발람은 카스트제도를 닭장에 비유하면서 이 나라의 1만 년에 달하는 역사 중 가장 위대한 유산이 바로 닭장이라고 말한다. 자신 앞에서 다른 닭이 죽임을 당하고 다음이 자기 차례임에도 저항하거나 탈출할 엄두도 못 내는 닭들처럼 인도의 하류 계층은 오래된 관습에 세뇌되어 카스트제도 탈출은 생각조차 하지 못하고 그 속에서 살아온 것이다. 그러던 중 어느 날 할머니가 조카를 발람에게 보내면서 아이를 보살펴주고 생활비를 보내라고 독촉하고 결혼까지 종용한다. 다음 날 발람은 뜻밖에 하루 휴가를 받아 조카와 지내게 되지만 그것이 야속이 새 운전기사를 채용하기 위한 것임을 알게 된다. 야속에게 배신감을 느낀 발람은 조카를 데리고 간 동물원에서 화이트 타이거를 대면하고는 실신한다. 그는 당시의 상황을 시인 익발의 시구를 빌려 이렇게 표현한다: "이 세상의 실로 아름다운 것을 목도하는 순간 사람은 노예가 되기를 멈춘다." 그리고 다음 날 발람은 야속을 죽이고 그의 돈을 훔쳐 노예가 되기를 멈춘다.

발람은 야속이라는 이름으로 신분 변신을 한 후 IT 산업의 중심지인 벵갈룰루에서 택시서비스업을 시작한다. 그 역시 야속처럼 공무원들에게 뇌물을 주면서 성장해나가지만, 자신을 노예처럼 이용만 했던 주인과는 달리 채용한 기사들을 정식 계약하여 제대로 대우해주고 문제가 생기면 깨끗이 뒤처리 해주면서 승승장구한다. 성공한 기업가가 된 발람은 인도를 방문한 중국 총리에게 인도의 실상을 알려드리겠다는 이메일을 보내면서 이렇게 묻는다: "빈곤층에게 위로 올라갈 길은 두 가지뿐이죠. 범죄 혹은 정치. 총리님의 나라도 그렇습니까?"

감독은 발람을 계급제도의 굴레를 벗어나 새로운 운명을 창조하는 화이트타이거로 탄생시키면서 그의 살인행위에 대한 도덕적 평가를 내리지 않는다. 예로부터 인도인들에게 선과 악은 상대적이었고 윤리규범도 절대적인 기준이 없이 상황에 따라 달라졌다. 인도 신화연구자인 데브두트 파타나이크는 TED 강연에서 인도 사회의 윤리관을 언급하면서 인도인들은 신전을 찾을 때 신이 그들 행위에 대한 옳고 그름의 도덕적 판단을 해주기를 바라는 것이 아니라 신이 큰 눈으로 그들을 보면서 공감해주기를 원한다고 말한다. 인도를 연구하는 서양학자들은 인도인의 윤리규범이 절대적이지 않은 이유가 힌두 교리에 기독교의 십계명이나 불교의 팔정도(八正道)와 같은 윤리적 근간이 되는 도덕적 가르침이 없기 때문이라고 설명한다. 영화 포스트의 문구처럼 "Eat or Get Eaten Up"의 상황에서는 더욱 그러할 것이다. 물론 발람이 저지른 살인은 명백한 범죄이지만 감독은 그의 죄를 묻기보다는 부당한 차별에서 벗어나기 위해서는 살인을 저질러야 했을 만큼 인도의 신분제도가 하층계급의 정신과 육체를 착취해온 사실에 중점을 둔다. 영화 말미에서 발람은 자신이 저지른 죄의 의미를 이렇게 밝힌다: "이런 생각도 합니다. 설령 제가 잡힌다 해도 그 일이 실수였다곤 절대 말하지 않겠다고요. 단 하루, 단 1시간, 아니 단 1분이라도 하인으로 살지 않는다는 게 어떤 것인지 알게 된 것은 참으로 가치 있는 일이었기 때문입니다."

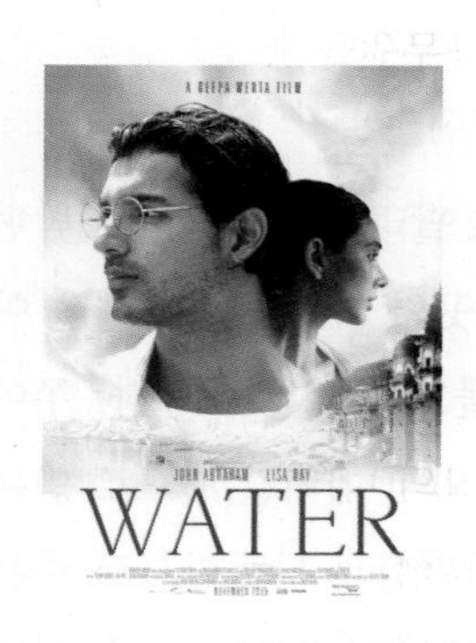

아쉬람 Water, 2005

개요: 드라마, 멜로, 로맨스 | 인도, 캐나다 | 114분
감독: 디파 메타

인도에서 과부가 된다는 것은 여성으로서는 물론 인간으로서의 삶 또한 포기해야 함을 의미한다. 2006년 방콕국제영화제 작품상을 수상하고 2007년도 아카데미상 후보작이었던 인도 영화 《아쉬람》은 인도여성의 조혼 풍습과 과부들의 부당한 삶을 통해 인도에서 여성에 대한 인권유린이 얼마나 심각한지를 인상 깊게 그려내고 있다. 아쉬람은 수도원적인 공동체 혹은 정신적인 수행의 장

소이거나 과부나 소외된 자들의 안식처이기도 하다. 영화는 "과부는 죽을 때까지 자제하고 수절해야 한다. 정숙한 아내는 남편이 죽었을 때 수절해야한다"라는 『마누법전』의 글귀로 시작한다. 법전에 의하면 과부는 죽은 남편과 화장하든지, 평생 자기 부정의 삶을 살든지, 가족이 허락하면 시동생과 결혼하도록 되어 있다. 관습상 과부는 남편을 죽인 불결한 존재로 여겨져 사람들은 그들과 몸만 닿아도 부정탄다고 생각한다. 때문에 그들은 머리를 깎고 흰옷만 입은 채 여자가 아닌 과부로 은둔생활을 하면서 사회적으로 죽음을 판정받은 것과 다름없는 삶을 살아간다. 영화의 배경은 1938년 바라나시의 한 아쉬람으로, 당시 인도는 영국의 지배에서 벗어나고자 하는 열망과 함께 자유와 진실을 추구하는 간디의 영향력이 인도 전역으로 퍼져가던 시기였다. 산스크리트어로 '신성한 물을 차지하다'라는 뜻의 바라나시는 '역사보다, 전통보다, 전설보다 오래된 도시'로 표현될 만큼 갠지스강 유역에서 가장 오래되고 신성한 곳으로, 힌두교 최고의 성지일 뿐만 아니라 불교와 자이나교의 성지이기도 하다.

8살 어린 소녀 쭈이야는 늙고 병든 남편에게 신부로 팔려갔지만 곧바로 남편이 죽어 과부들이 모여 사는 아쉬람으로 보내진다. 그곳의 과부들은 평생을 아쉬람에 은둔하여 살면서 매일 기도하고 갠지스강의 물로 죄를 씻어낸다. 쭈이야는 자신이 왜 그곳으로 왔는지도 모른 채 곧 부모가 와서 데려갈 것으로 믿는다. 그곳에서 지내면서 쭈이야는 어린아이다운 천진난만함과 당돌함으로 죽은 목숨처럼 지내는 과부들에게 생동감을 불어넣기도 하고 과부집은 있는데 왜 홀아비집은 없는지, 경전은 과부를 학대하라고 가르치는지 등 부당한 관습의 정곡을 찌르는 질문들을 하여 그들을 당황시킨다. 쭈이야는 7살의 결혼식에서 처음이자 마지막으로 먹어본 단과자를 평생 그리워하는 늙은 과부에게 가진 돈을 모두 털어 과자를 사주어 그녀의 원을 풀어주었고, 누구도 가까이하지 않는 깔랴니와 가까워지면서 그녀와 나라얀의 사랑을 이어주는 메신저 역할도 한다. 이처럼 감독은 어린 쭈이야를 통해 과부들을 가두어놓은 관습의 문을 조금씩 열어간다.

아쉬람의 수입원은 9살에 과부가 된 18세의 아름다운 젊은 과부 깔랴니이다. 아쉬람의 우두머리인 마드후마띠는 그녀를 강 건너 브라만계층의 남자들에게 매춘을 시켜 벌은 수입으로 아쉬람을 운영한다. 모두 머리를 삭발한 가운데 그녀만 머리를 기르는 것도 그 때문이다. 그러나 그녀의 수입으로 사는 과부들은 부정탄다고 그녀와 식사도 같이 하지 않는다. 그런 깔랴니 앞에 영국 유학을 다녀오고 법률시험에 합격한 브라만계급의 나라얀이 등장한다. 당시 영국은 브라만을 위시한 기존 지배계급의 토지소유권과 기득권을 보장해주면서 그들의 반발을 잠재우는 한편 자신들에게 우호적인 엘리트들을 키우기 위해 브라만계급의 고등교육에도 힘썼다. 영국 유학까지 다녀온 엘리트들은 영국의 식민지 정부와 인도 국민 사이에 위치하면서 영국을 닮기를 바라면서 협조하거나 아니면 깨어난 사고로 영국의 압제에 대항하는 상반된 양상을 보였다. 나라얀은 유학을 다녀온 후 사람들이 접촉조차 피하는 과부 깔랴니를 만나 사랑하게 되면서 그녀를 평생 음지에서 살게 하는 인도 구습에 맞서고 간디의 독립운동에도 동참하고자 한다.

아쉬람에도 자신들의 운명에 대해 의문을 지니는 여성들이 있었다. 남편이 브라만이었던 샤꾼딸라는 운명에 체념하여 살면서도 자신의 삶에 대한 회의를 억누를 수 없던 차에 쭈이야의 등장으로 회의는 더욱 커진다. 그녀는 어린 쭈이야가 평생을 그곳에서 살아야 하는 현실에 분노하면서 엄마처럼 쭈이야를 돌봐준다. 깔랴니는 과부에 창녀로 살고 있지만 자신이 나라얀의 아버지에게 몸을 팔았다는 사실을 알기 전까지는 과부라는 이유로 물러나지 않고 나라얀의 청혼을 받아들이려 했다. 그녀는 마드후마띠가 과부가 정절을 지키지 않고 재혼하면 그들 모두가 저주받을 거라고 분노하자 그럼 왜 자신을 매춘 보냈냐고 반박하며 맞선다. 아이러니하게 깔랴니가 나라얀에게 청혼을 받자 그것을 가장 반대하는 사람들은 관습의 노예가 되어버린 아쉬람의 과부들이었다. 마드후마띠는 깔랴니의 머리를 자르고 방에 감금시켰고 쌰꾼딸라 역시 재혼은 생각만 해도 죄를 짓는 것으로 여겼다. 그러나 그녀가 매일 시중을 들던 사제로부터 최근 과부재가에 호의적인 법이 통과되었다는 말을 듣고 나서는 그동안 죄인처럼 살았던 자신의 삶에 대해 회한을 느낀다. 아쉬람으로 돌아온 샤꾼딸라는 마드후마띠에게 열쇠를 빼앗아 깔랴니를 탈출시켜 나라얀에게 가게 한다.

나라얀은 부모의 반대에도 불구하고 결혼을 감행하기 위해 깔랴니를 집으로 데려가지만 그곳은 깔랴니가 매춘을 하러 간 곳이었다. 깔랴니는 감당할 수 없는 현실에 절망하여 강물에 몸을 던져 자살한다. 장례를 치른 후 샤꾼딸라가 나라얀에게 자신이 아쉬람에 보내진 것에 대해 회의를 드러내자 나라얀은 그저 식구들이 입 하나 덜고 옷 하나 아끼고 비좁은 방 잠자리 하나 덜려는 것으로, 결국 돈의 문제이지 종교는 명목일 뿐이라며 위선적인 관습을 비난한다. 인도의 기혼여성들은 남편으로 인해 먹고 입고 잠자리가 마련되기 때문에 남편은 그들에게 생존 그 자체이다. 따라서 남편이 죽으면 시댁도 친정도 생계를 책임지려 하지 않기에 아쉬람 같은 곳에 거주하면서 평생을 속죄하며 살아가야 한다.

유일한 수입원이었던 깔랴니가 죽자 마드후마띠는 어린 쭈이야를 집에 보내준다고 속여 매춘을 보낸다. 매춘을 당한 후 강가의 조그만 배에 만신창이가 되어 쓰러져 있는 쭈이야를 발견한 샤꾼딸라는 충격으로 오열하면서 쭈이야를 안고 옥에서 풀려난 간디가 기도회를 열기 위해 잠시 머무는 기차역으로 간다. 그곳에서 간디는 신앙과 양심이 충돌하면 어떻게 해야 하는지에 대한 샤꾼딸라의 의문을 풀어주는 말을 한다: “저는 오랫동안 신은 진리라고 믿었습니다. 하지만 이제 전 진리가 신이라는 것을 알았습니다. 제겐 진리를 찾는 것이 무엇보다도 소중합니다. 여러분도 마찬가지일 것입니다.” 샤꾼딸라는 간디에게 합류하기 위해 열차에 탄 나라얀을 발견하고는 그에게 쭈이야를 맡기면서 꼭 간디 밑에서 보호받게 해달라고 부탁한다. 쭈이야가 아쉬람을 벗어나는 것은 이후 인도 사회에 일어날 변화를 암시한다. 실제로 당시 인도 사회에는 자유주의 바람이 불어

"관습에서 진리로"라는 운동이 전개되면서 여성의 처우개선과 교육 장려, 과부의 재혼 허용, 미성년자의 조혼 금지 등의 사항들을 입법화하고자 노력했다. 그로 인해 과부재가법이 통과되었지만 법은 법일 뿐 관습은 여전히 지속되었다.

영화에는 원제목 Water에 걸맞게 끊임없이 물이 등장한다. 깔랴나와 나라얀이 처음 만난 곳이 갠지스 강변이었고, 그들이 다시 만나게 되는 것도 깔랴나가 2층에서 빨래를 짜다가 그 물이 나라얀에게 떨어지면서이다. 이어 비가 내리자 나라얀은 그 비를 흠뻑 맞으며 사랑의 감정을 주체하지 못하고, 깔랴나도 숙소에서 쭈이얀과 춤을 추면서 오랜만에 웃고 행복을 느낀다. 나라얀은 잠시 우산을 썼다가는 우산을 갠지스강에 던져버리는데 마치 과부와의 사랑이 금지된 관습을 강에 던져버린 듯하다. 이처럼 물은 두 연인에게 그들을 이어주는 매개이자 구속으로부터의 자유를 의미한다. 그러나 한편으로 신성한 갠지스강은 아쉬람과 브라만 계급의 거주지를 분리시키면서 깔랴냐가 브라만계급에게 몸을 팔러 갈 때만 건너갈 수 있는 곳이었다. 깔랴니는 그 강을 무수히 건너다니면서 아쉬람의 생계를 책임졌지만 나라얀과 함께 건널 수는 없었다.

인도인에게 갠지스강은 어머니의 강이자 생명력과 정화의 상징이다. 그들은 갠지스강을 하늘에 있던 강이 시바신의 몸을 타고 땅으로 흘러내린 신성한 강으로 여기면서, 살아서는 강물로 몸을 씻으며 전생과 이생에 쌓은 업이 씻겨 내려가길 기원하고 죽은 후에는 강물에 뼛가루를 흘려보내며 극락에 가기를 기원한다. 과부들은 남편의 죽음이 그들의 죄로 여겨져 남편의 재가 갠지스강에 뿌려지는 순간 그들의 인생 또한 재와 함께 갠지스강 밑으로 가라앉는다. 영화는 스스로를 수장시킨 깔라냐의 투신을 통해 과부는 죄인이 아니고 희생자이며, 남편의 죽음과 함께 강물에 수장당한 그들의 인생을 구원해줄 수 있는 것은 갠지스강의 신성한 물이 아니라 관습의 개혁이라는 메시지를 전한다.

인도 태생의 감독 디파 메타는 뉴델리대학에서 철학을 공부하고 캐나다인과 결혼한 후 캐나다에서 영화사를 설립하여 인도 사회와 역사를 소재로 한 뛰어난 영화들을 만들고 있다. 이 영화는 외부의 시선이 아닌 인도여성의 시선으로 부당한 관습들을 비판하고 있다는 점에서 의미가 컸고, 그렇기에 반발도 심했다. 2000년에 인도에서 촬영을 시작했으나 힌두교근본주의자들이 촬영 세트장을 불태우고 감독과 배우들에 대한 살인 협박을 하여 결국 스리랑카로 촬영지를 옮겨 2004년에 촬영을 마친다. 당시 미국 영화감독 조지 루카스는 잡지에 영화제작을 지원하는 광고를 싣기도 했다. 《아쉬람》은 국제사회에서 엄청난 반응을 일으키면서 여러 수상을 함은 물론 관객들이 좋아하는 작품으로도 꼽힌다. 영화는 2001년도 기준으로 인도에는 3천4백만 명이 넘는 과부가 있고 그들 대부분이 2천 년 전의 『마누법전』의 가르침에 따라 지금도 사회, 경제, 문화적 결핍 속에서 삶을 이어가고 있다는 자막으로 끝난다.

| 바라나시 강변

중세 인도: 무굴제국의 흥망성쇠

7세기 초에 이슬람교가 탄생한 지 불과 100년 만에 급속도로 영토를 확장한 이슬람세력은 10세기말부터는 인도에 인접한 아프가니스탄에 가즈나왕조를 세워 빈번히 인도를 침입한다. 그들은 힌두교 신전들을 파괴하며 지속적으로 힌두왕국들을 위협했지만 힌두세력은 내분이 잦아 공동대응을 펼치지 못했다. 침입을 거듭하던 이슬람세력은 1206년 북인도 중심지에 델리 술탄국을 세웠고, 1526년에는 몽골 티무르의 5대손 바부르가 델리 술탄과 아그라를 점령하면서 무굴제국이 탄생한다. 무굴은 페르시아어로 몽고란 뜻이다. 이후 무굴제국은 남인도까지 세력을 확장하여 힌두왕조들을 멸망시키면서 거의 전 인도에 걸친 통일제국을 이룬다. 무굴제국 이전에는 55개의 왕국과 600여 개의 토후국이 할거하고 있었다.

무굴제국의 전성기를 이룬 3대 황제 악바르는 북부인도 전역으로 영토를 확장하고 종교적 관용정책과 치세를 행하면서 일개 이슬람 군벌국가를 강력한 제국으로 격상시킨다. 그는 피지배층 절대다수가 힌두교도인지라 종교적 화합을 위해 비이슬람인에게 인두세를 걷는 것을 폐지하고 그때까지 떠돌아다니던 시크교도들도 정착시킨다. 또한 힌두 출신의 공주와 결혼하여 몸소 화합을 실천하였으며 힌두계 학자들과 신하들도 차별 없이 등용하고 신임하였다. 악바르의 아들이자 후계자인 자항기르는 당시를 이렇게 회고한다: “제국에서는 모든 종교적 신조들과 모든 계층 사람들이 숨 쉴 수 있었다. 서로에 대해 적대적인 종교의 신학자들이 만났고, 수니 무슬림과 시아 무슬림이 하나의 모스크에서 만났으며, 프랑크족과 유대인들이 하나의 교회에서 만났고, 각자의 신앙을 준수할 수 있었다.” 무굴제국이 얼마나 폭넓게 국제교류를 해왔고 다원적이고 열린 사회를 형성했는지를 말해준다. 악바르는 경제적 교류는 물론 타 문화권의 학문과 예술 또한 적극적으로 수용하고 장려하여 건축, 문학, 음악 등에서도 힌두와 튀르크-페르시아계 문화가 융합된 양식들이 나타난다.

자항기르 시대에는 남진 정복을 계속 추진하는 한편 서방세계와의 교류 증대로 부가 엄청난 수준으로 늘어나 중국의 뒤를 이어 세계 2위의 경제대국으로 성장했고, 5대 샤 자한 시절인 1700년에는 세계 GDP의 23%를 차지하면서 청나라를 제치고 세계 최고 부국으로 부상한다. 샤 자한은 건축광으로 불릴 만큼 건축과 예술에도 심혈을 기울여 당대에 인도 건축의 걸작들이 대거 지어진다. 대표적인 건축물이 당시 수도인 아그라에 세워진 타지마할이다. 샤 자한은 그가 가장 사랑했던 왕비 뭄타즈 마할이 14번째 출산 중 사망하자 그녀를 추모할 궁전 형식의 묘지를 구상하면서 건축가들에게 "슬픔의 탄식을 품은 건축물, 해와 달과 별이 눈물을 흘릴 만한 자태를 지니면서 조물주의 영광이 드러날 수 있는 건축물"을 지을 것을 요구한다. 22년 만에 완공된 타지마할은 순백의 대리석에 이슬람의 아라베스크 문양이 정교히 새겨져 있고 태양의 움직임에 따라 반사하는 빛 색깔이 달라지면서 웅장한 궁전이 공중에 떠 있는 듯한 신비로움을 자아낸다.

| 타지마할

샤 자한의 또 다른 건축 업적은 아그라 포트의 재건이다. 그는 악바르 대재 시절 붉은 사암으로 궁전과 요새를 구축했던 아그라 포트에 힌두·이슬람·페르시아·티무르의 전통을 조화롭게 융합한 대리석 건축물들을 지어 화려한 궁성으로 재탄생시킨다. 특히 그의 공작 옥좌에는 온갖 보석들이 다 박혀 있었는데, 현재 영국국왕의 왕관에 박혀 있는 109.92캐럿의 코이누르 다이아몬드 원석도 그곳에 있었다. 코이누르의 원소유주는 12세기 인도 남부의 카카티야 왕조였으나 지역 패권에 따라 무굴제국의 초대황제를 거쳐 페르시아로 갔다가 다시 인도로 돌아와 5대 황제 샤 자한의 공작옥좌에 박히게 된다. 이후 코이누르는 다시 페르시아와 아프가니스탄을 거쳐 시크제국의 초대왕 란지트 싱의 소유가 되었고, 싱이 죽으면서 코이누르를 힌두사원에 바치라는 유언을 남겼지만 시크제국을 병합한 영국이 이를 가져가서 빅토리아여왕에게 바친다. 원래는 186.1캐럿으로, 컷팅 후 여왕의 브로치로 탄생했다가 이후 다른 2천여 개의 작은 다이아몬드와 함께 빅토리아여왕의 왕관에 장식된다. 이처럼 역사가 복잡한 코이누르는 오늘날 인도, 파키스탄, 이란, 아프가니스탄이 서로 소유권을 주장하지만 영국은 모든 약탈 문화재에 대해 그렇듯 별다른 반응을 보이지 않으면서 당당하게 소유하고 있다. 옥스퍼드대학 조사에 의하면 영국이 인도에서 약탈한 보물은 상상을 초월한 규모로, 그 가격이 3조 4천억 파운드에 이른다고 한다.

샤 자한의 아들 아우랑제브는 활발한 정복사업으로 역사상 최대의 영토를 가지지만 선대들의 관용정책을 무시한 채 비이슬람인에 대한 인두세를 부활시키고 힌두인들을 혹독하게 다스려 내전을 초래한다. 수십 년간 지속된 내전에서 힌두토호세력들이 결집하여 세운 마라타제국이 승리하면서 무굴제국은 거대왕국에서 델리의 한 소국으로 전락하고 만다. 마라타제국은 인도 북부까지 진격하여 힌두교 통일을 꿈꾸었지만 아프가니스탄 군대에 패하고 영국 동인도회사와의 세 차례 전쟁에서도 패하면서 멸망한다. 무굴제국은 황제의 지위를 유지한 채 공식적으로는 존속되었지만 사실상 영국의 괴뢰정부여서 인도는 영국 식민지가 될 무렵 거의 무정부상태였다. 식민지 시대의 인도는 정치와 행정적으로 영국의 직접통치를 받는 '영국령'과 보호국으로 존속하는 '번왕국'으로 구분되었는데, 번왕국 역시 극히 적은 내정권만을 가져 실질적으로는 영국 통치하에 놓여 있었다. 영국정부는 식민지 통치기간 동안 힌두, 이슬람, 시크교 간의 갈등을 교묘하게 부추기면서 이들 번왕국들이 더욱 반목하고 분열되게 만든다.

영국동인도회사

인도가 영국의 식민지가 되는 데 가장 큰 공을 세운 것은 영국 동인도회사이다. 동인도회사는 17세기 초 영국, 네덜란드, 프랑스 등이 기존 지중해 루트에 의존하지 않고 자신들이 직접 동양으로 진출하기 위해 세운 회사이다. 당시 절대왕정 체제의 유럽 국가들은 국가의 부를 증대시키기 위해 중상주의를 추진했는데, 각국의 동인도회사들은 인도양에서 무역과 식민지 점거를 위한 전초기지 역할을 하면서 향신료와 면직물 등의 동양의 특산품에 대한 무역독점권을 둘러싸고 치열한 상업전쟁을 벌였다. 상업전쟁을 촉발한 것은 후추를 비롯한 향신료였다. 알렉산드로스대왕이 후추를 유럽에 전파한 이후로 육류를 즐기는 유럽 상류층의 기호품이자 사치품이 된 후추와 정향 등의 향신료는 상인들에게 막대한 부를 안겨주었다. 비싼 가격에도 불구하고 상류층의 과시욕이나 허영심으로 인해 수요는 더욱 늘어났지만 오스만제국이 지중해 교역로를 차단하면서 가격이 거의 금값만큼 치솟는다. 이에 포르투갈과 스페인을 선두로 유럽 국가들은 향신료 직거래를 위해 대서양을 가로지르거나 아프리카를 돌아가는 바닷길을 개척하면서 인도와 동남아시아로 향했다.

15세기 말부터 가장 먼저 바다 개척에 나선 포르투갈과 스페인이 인도양으로 향하는 뱃길 무역을 거의 독점적으로 운영하면서 막대한 수익을 올리자 1588년 영국이 스페인 함대를 격파하면서 향신료 무역에 나섰고, 타 유럽 국가들도 뒤따랐다. 그들은 평화롭게 교역이 이루어지고 있던 인도양에 군함과 대포로 무장한 상선을 몰고 들어와서는 협박으로 교역을 요구하는 '포함외교'를 펼치며 거점식민지를 확보하고 상업자본주의를 발전시킨다. 향신료 무역은 17세기 중엽까지는 황금시대를 맞이했지만 신대륙에서도 향신료가 생산되어 가격이 폭락하자 향신료에만 주력했던 네덜란드 동인도회사는 더 이상 수익을 내지 못하고 파산하여 1799년에 해산된다.

동인도회사를 가장 먼저 설립한 국가는 영국으로, 1600년에 런던에 동인도회사를 세우고 1612년에 인도에 상관을 설치하였다. 영국 동인도회사는 네덜란드와의 인도네시아 향신료 쟁탈전에서 열세에 몰리자 인도네시아를 포기하고 인도에 주력했는데, 이것이 추후 식민지화로 이어지면서 전화위복이 된다. 인도에 정착한 동인도회사는 정부로부터 징병권과 교전권까지 부여받아 독자적으로 육해군 병력을 보유하면서 세력을 확장한다. 그들은 인도 전역에 상관을 개설하여 영국에서 선풍적인 인기를 끌고 있는 인도산 면직물의 수입과 공급을 독점하고 농업과 제조업에 막대한 세금을 부과하여 얻은 수익을 본국으로 이송하였는데, 무려 인도 GNP의 8%가 영국으로 이전되었다. 특히 벵골 징세권을 획득하여 거둔 세금으로 금과 은으로 지급하던 면직물 대금을 지급하고 인도인 용병 세포이들을 고용하여 회사 영토를 인도 동부와 남부, 그리고 버마(현 미얀마)까지 넓힌다. 이로 인해 16세기에 인도 경제의 4.6%에 불과했던 영국 경제는 1820년에는 32.5%를, 1870년대에는 74%를 차지한다. 이 수치들은 영국 산업혁명과 경제발전이 인도 경제를 붕괴시키고 민중들을 착취하면서 일어났음을 말해준다.

동인도회사는 영국정부의 지원하에 잔혹한 수탈과 노골적인 부정부패를 행하면서 거의 인도 전역을 지배했지만 점차 본국에 가져다주는 수입보다 문제점들이 많아지면서 경영난에 빠졌고, 결정적으로 세포이들을 잘못 관리하여 대규모 항쟁이 일어나면서 폐지 수순을 밟게 된다. 세포이항쟁은 세포이들이 박봉에도 불구하고 곳곳의 식민지 정복전쟁에 차출되고 차별대우를 받아오던 차에 총포에 소와 돼지기름을 발라 지급하여 그들의 종교를 무시하자 이에 반발하여 일으킨 항쟁이다. 힌두교에서는 소가 농경에 매우 유용할 뿐만 아니라 수소를 시바신의 상징으로, 암소를 크리슈나신의 시종으로 여기면서 5세기 이후 소고기가 금기음식이 되었고, 이슬람에서는 돼지고기를 알라가 아닌 사악한 신들에게 바쳐지는 제물로 여겨 금기음식으로 정했다.

세포이들은 델리로 진격하여 무굴제국의 황제를 복권하고 제국의 재건을 추진하고자 했지만 정작 무굴황제는 투쟁에 소극적이었고 영국에 협력하며 지위를 유지하던 번왕국과 대지주들의 지지 또한 부진하여 강력한 지도조직을 가지지 못했다. 영국은 1858년에 동인도회사의 요청으로 대대적인 정부군을 파견하여 세포이항쟁을 진압한 후 동인도회사를 폐지하고 직접 인도를 지배한다. 세포이항쟁은 인도에서는 제1차 독립전쟁으로 불리고 영국에서는 인도반란 또는 세포이폭동으로 불린다. 동인도회사의 압제를 고발하는 드라마로 〈비첨하우스〉(2019)가 있다. 인도가 영국의 식민지가 되기 직전의 무굴제국을 배경으로 동인도회사에서 장교로 복무하다 그들의 잔혹한 행위에 환멸을 느껴 군복을 벗은 후 인도를 위해 일하는 영국인 비첨이라는 인물을 다룬 드라마이다. 드라마는 아들을 보기 위해 인도를 방문한 비첨의 어머니가 지극히 영국적인 사고로 인도인들을 야만인으로 대하다가 점차 사고의 변화가 일어나는 모습도 보여준다.

독점상업조직이었던 동인도회사가 해산되면서 중상주의와 상업자본주의 시대가 끝나고, 영국에서는 산업혁명이 일어나면서 산업자본주의가 발전한다. 동인도회사 시대는 비록 끝났지만 그 기간 동안 얻은 독점무역의 이윤은 자본의 본원적 축적에 크게 공헌하였기에 「타임스」지는 동인도회사를 "역사상 과거에도 미래에도 없을 막중한 임무를 완수한 회사"로 평가했다. 본원적 축적은 봉건제도의 자영 농민이나 수공업자들로부터 주요 생산수단인 토지와 생산기구들을 수탈하여 그들을 대거 임금노동자로 전락시킨 후, 소수가 그 생산수단을 독점하여 임금노동자를 착취하는 자본으로 전화시켜 자본주의의 획기적인 출발점을 이루는 역사적 과정이다. 마르크스는 미국의 원주민 절멸, 아프리카의 흑인노예무역, 동인도에서의 정복과 약탈 등을 본원적 축적의 주요 계기로 지적하면서 이를 '피와 땀으로 이루어진 자본'으로 칭한다. 자본주의를 성립시킨 국가들은 예외 없이 어떤 형태로든 본원적 축적 과정을 거쳤다.

근대 인도: 영국 식민지 시대

동인도회사를 해산시킨 영국정부는 1877년 빅토리아여왕이 인도 황제를 겸하는 인도제국을 탄생시키면서 식민통치를 시작한다. 영국보다 경제적으로 훨씬 우월했던 강대국 인도가 이렇게 무기력하게 식민지로 전락한 데에는 방대한 대륙에 수많은 왕국과 토후국들이 난립하고 분쟁을 거듭하여 인도 전체를 아우르는 강력한 통일국가가 없었던 것이 가장 큰 원인으로 지목된다. 이에 영국 하노버왕조가 최초로 인도를 통일했다는 자조적인 말까지 나오기도 한다. 그러나 시각을 달리해보면 인도는 고대부터 다양성과 공존을 특징으로 발전되어온 나라이고, 서로 다른 종교와 문화와 언어와 인종으로 구성된 수많은 왕국이 연합된 하나의 집합체였다. 심지어 그들의 언어는 어족 수준에서 차이가 날 정도로 다양하다. 따라서 유럽의 국가 수보다 더 많은 왕국과 이질성이 공존해온 인도 아대륙은 분열로 점철된 국가로만 여기기보다 유럽과 같은 개념으로 접근할 수도 있을 것이다. 특히 거의 인도 전체를 통일했던 무굴제국은 다양성과 이질성이 공존하는 다원적이고 개방적인 사회였다. 그런 사회가 무너지면서 인도는 영국의 식민지로 전락한다.

| 영국국왕 조지5세의 인도 방문 기념건축물, Gate of India, Mumbai, 1911

영국은 본격적인 식민통치에 나서면서 인도인의 단합을 막기 위해 '분리하여 지배하라'는 통치원칙을 세운다. 그들은 대외적으로는 인도의 종교 문제에는 관여하지 않겠다고 선언했지만 실제로는 식민통치가 용이하도록 종교와 인종, 지역적 갈등을 이용한 분열과 대립을 부추겼고 계급 간 적대감도 심화시켰다. 영국은 또한 인도인의 정신을 지배하고 식민지 정부에 필요한 중하급 관리들은 길러내기 위해 학교를 세워 영어를 비롯한 신교육을 보급하였고, 인도 지식인들을 회유하기 위해 1885년 지식인 · 관리 · 민족자본가 · 지주 등이 참여하는 '국민회의' 창설을 지원한다. 힌두인이 절대다수인 국민회의는 처음에는 영국의 통치에 협력하는 분위기였으나 점차 반영 성향의 급진파들이 부상하면서 민족주의와 독립을 지향하던 차에 1905년 영국이 벵골 분할령을 내리자 이에 반발하여 적극적으로 반영운동을 주도한다. 벵골주는 영국에 대한 저항이 가장 강했던 지역으로, 당시 명분은 광대한 벵골주를 힌두교의 서벵골과 무슬림

의 동벵골로 분할하여 두 종교 간 분쟁을 방지하는 것이었지만 속내는 두 종교의 분열을 통해 독립운동세력을 약화시키고 토지를 나누어 조세수입 증대를 노린 것이었다. 분할령에 반발하여 국민회의가 영국 상품 불매운동을 전개하자 식민지 정부가 '전인도무슬림연맹'을 발족하여 분할령에 찬성하도록 맞불을 놓지만 저항은 더 거세어져 1911년 결국 분할령을 취소한다.

제1차 세계대전이 일어나자 영국은 인도에게 전쟁에 참여하면 자치권을 주겠다고 제안했고, 이에 간디가 자원을 권유하여 인도군 150만 명이 참전하면서 수많은 희생자를 낸다. 그러나 영국은 종전 후 약속을 지키지 않고 오히려 1919년에 모든 인도인을 재판 없이 체포하거나 감옥에 가둘 수 있는 롤라트법을 제정하여 탄압을 강화한다. 이에 대항하여 간디가 영국정부가 제정한 법률과 규정을 비폭력적인 방법으로 준수하지 말자는 불복종운동을 벌이자 당황한 영국정부가 무슬림연맹을 회유하려 했으나 그들도 간디와 협력하여 반영운동에 가담한다. 제2차 세계대전에서도 영국이 인도와 아무런 상의 없이 용병을 징집하여 국민회의가 내각 총사퇴를 선언하자 영국은 또다시 전쟁이 끝난 후 완전한 자치권을 주겠다고 제안한다. 이러한 영국에 맞서 당시 무장독립세력의 수장이자 국민회의 의장이었던 찬드라 보스는 인도 독립을 위해 독일로 가서 나치의 편에 서고자 했다. 그는 히틀러를 만나고 독일에 억류된 영국병 포로 중 인도병사들을 차출해 조국해방을 위한 의용군으로 훈련시키지만 독일의 비협조로 그들이 실질적으로 할 수 있는 일은 거의 없었다. 히틀러는 『나의 투쟁』에서 "인도의 자유의 투사라는 놈들은 유럽을 싸돌아다니는 아시아의 커다란 허풍쟁이이다. 나는 게르만인으로서 인도는 다른 나라의 지배를 받기보다는 영국통치하에 있는 것이 오히려 바람직하다고 생각한다"라고 적고 있다.

영국은 그들의 식민통치가 인도를 통합하고 민주주의와 법치, 철도와 근대적 경제체제를 가져다주었다고 주장하면서 그들의 식민 지배를 옹호해왔다. 철학자 존 스튜어트 밀의 아버지이자 동인도회사의 부심사관이었던 제임스 밀은 저서 『The History of British India』에서 영국이 들어오기 전의 인도문화는 종교, 정부형태, 법률제도와 사회제도 등 모든 면에서 야만적이었다고 평하면서 인도 사회를 전제군주 체제하에서 수천 년간 폐쇄적 사회로 존속해온 것으로 기술한다. 정치가 제임스 벨푸어는 "동양인들의 역사 전체를 보면 그곳에서는 자치의 흔적을 발견할 수가 없다. 그들의 위대한 여러 세기는 전제주의와 절대정부의 통치하에서 지나갔다. 동양은 이제 우리의 통치로 인해 지금껏 사례를 찾아볼 수 없었던 우수한 정부를 갖게 되었는데 이것은 그들뿐만 아니라 서양 문명 전체에 대해서도 이익이다"라고 말하며 영국제국주의를 찬양한다. 벨푸어는 1차 세계대전 당시 유대인의 돈과 아랍의 힘을 빌리고자 대립 중인 그들에게 이중으로 건국과 독립을 약속하여 오늘날의 팔레스타인분쟁을 초래한 자이다.

그들의 사고는 당시 인도에 대한 본토 영국인들의 일반적인 견해를 대변하는 것으로, 국민들은 식민지 정부의 잔혹한 지배행위를 모른 채 영국이 숭고한 의도로 미개한 인도를 개화시키고 있다고 생각하였다. 영국은 특히 남편이 죽으면 부인도 함께 화장시키는 사티제도 등 오래된 관습들에 크게 혐오감을 느껴 인도문화를 구태로 치부하면서 문명교화라는 미명하에 정치적 탄압과 경제적 수탈을 서슴없이 행했다. 미국 철학자 윌 듀런트는 영국의 인도 정복은 양심이나 원칙이 없는 침략적 파괴이자 의도적이고 계획적인 약탈이었다고 비난하면서 식민지배 시절을 인도의 '암흑시대'로 규정했다. 약 100년 후 인도 정치인이자 외교관으로 유엔사무총장 후보로도 올랐던 샤시 타루르는 저서 『인도, 암흑의 시대』에서 인도인의 눈과 귀를 통해 보고 들은 영국의 위선과 거짓을 조목조목 반박하면서 인도를 암흑으로 내몬 영국 식민통치의 실상을 파헤친다.

타루르는 먼저 영국 산업혁명이 인도의 번성했던 제조업을 파괴하면서 이루어졌다고 밝힌다. 인도는 18세기 초까지 전 세계 섬유거래의 25%를 차지했다. 그러나 영국이 산업혁명으로 대량생산된 값싼 면직물을 인도에 수출하자 전통

수공업 산업이 파괴되면서 인도는 최고의 면제품 생산국에서 수입국으로 전락한다. 이로 인해 수많은 면직물 수공업자들이 생계를 잇지 못해 목숨을 잃자 영국인 행정가의 입에서 "면직공들의 뼈가 인도의 평원을 표백하고 있다"라는 탄식이 나오기도 했다. 이에 간디는 직접 물레를 돌려 옷을 짜 입으면서 국산 면제품을 사 입도록 권고하는 스와데시 운동을 벌인다. 영국은 철강업과 조선업, 무역업의 세금과 규제 장치들 또한 그들에게 유리하게 조정하여 인도 제조업 수출 비중은 18세기 초 27%에서 독립할 무렵 2% 수준으로 감소된다. 이로 인해 인도는 산업혁명의 기회를 놓쳤고 독립 후에도 제조업을 제대로 발전시키지 못한다. 영국의 통치로 인도가 가난해진 것은 GDP 수치로도 알 수 있다. 식민지 이전의 인도 GDP는 세계 GDP의 23%로 유럽 전체 GDP를 합친 것과 같았으나 독립 후는 겨우 3%에 불과했다.

타루르는 인도 통일이 영국 식민통치의 성과라는 주장에 대해서는 오히려 식민통치로 나라가 더욱 분열되었다고 반박한다. 그는 인도의 타고난 '천형'처럼 여겨지는 카스트제도가 식민지배 이전에는 신분 간 경계가 느슨하고 유동적이어서 공고한 사회제도가 아니었지만 영국이 이를 식민통치의 주요 수단으로 삼으면서 절대적 신분제도로 굳어졌다고 밝힌다. 과거 노예계급인 수드라는 마을을 떠나면 자신의 카스트로부터 자유로웠지만 식민지배 이후로는 문서화되어 어디를 가든 평생 수드라로 살아야 했다. 군대도 철저하게 카스트를 기초로 편성되면서 식민지 200년은 그 어느 때보다도 인도인들 사이에 카스트 의식이 고조되고 계급 간 분열과 적대감이 강했던 시기였다. 이로 인해 영국 식민지 정부에 대한 태도도 계층과 종교에 따라 달랐다. 브라만계층은 그들의 기득권을 인정해주는 영국 식민지배에 적극 동조하였고, 무슬림동맹 지도자들은 힌두교에 비해 부족한 지지기반을 획득하고자 영국의 분열정책에 편승하면서 사회는 더욱 분열되었다. 그 결과물은 인도의 분리독립과 이후의 4번의 영유권 전쟁, 인도와 파키스탄의 핵 무장, 그리고 오늘날까지 이어지는 빈번한 테러이다.

타루르는 영국이 인도에 스스로는 성취하지 못했을 민주주의를 가져다주고 영어와 차, 크리켓이란 문명의 혜택을 주었다는 주장에 대해서도 그런 혜택들은 자국의 이익을 위해 도입되었을 뿐 결코 피지배민족의 복리를 위한 것이 아니었다고 반박한다. 우선 인도의 민주주의 체제는 그들 고유의 전통과 관행이 강압적으로 짓밟히고 해체되면서 영국의 제국주의 명분을 위해 세워진 것이다. 야구와 비슷한 형태의 크리켓은 대영제국에서 인기 있는 스포츠로, 영국은 이를 제국에 대한 충성심을 고양시키기 위해 인도 상류층에 전파하지만 오히려 인도인들에게 스포츠를 통해서라도 영국인에게 승리하겠다는 애국심을 고취시켜주었다. 크리켓을 소재로 다룬 영화 〈라가안〉(2001)은 기근과 가뭄에 시달리는 인도의 한 시골마을에서 영국군이 크리켓경기에서 이기면 3년간 세금을 감면해주고 지면 세금을 3배로 올리겠다는 제안을 하자 마을 사람들의 필사의 노력으로 승리하면서 크리켓을 통해 압제에 저항하는 모습을 보여준다. 크리켓은 인도인이 즐겨할 뿐만 아니라 TV가 보급된 이후 인도인들이 가장 열광하는 스포츠가 된다. 인도의 차 재배 또한 중국에 의존하던 영국의 차 수요를 충당하기 위한 것이었다. 인도는 19세기 중엽 아삼지방에서 차 묘목이 발견되면서 차 재배를 시작하였고, 중국에서 묘목을 훔쳐 다즐링 지역에서 키우기도 했다. 이후 차 재배지가 늘어나고 차의 산화도가 높아진 홍차로 불리는 차들이 대량생산된다. 차는 찻잎에 있는 폴리페놀 성분의 산화도에 따라 백차에서 흑차까지 분류되는데, 산화도가 높을수록 진한 색을 띤다. 1920년경에는 차가 과잉생산 되자 재고처리를 위해 인도인들에게도 차를 보급한다. 차에 우유와 설탕을 넣어 마시는 영국인들과 달리 그들은 저가의 찻잎에 우유, 생강과 계피 등의 향신료, 설탕 등을 넣어 끓여내면서 인도의 국민차 짜이가 탄생한다.

영국의 인도 통치제도는 어떤 기준에서 봐도 놀랍다. 인도에 주재한 영국인 수는 인도 전체 인구의 0.05%에 불과했고, 20대 중후반인 젊은 영국인들이 지방 관리를 맡아 4,000제곱마일의 지역과 1백만 주민을 다스리면서 토지세 징수부터 지방판사까지 모든 일을 도맡아 했다. 샤시 타루르는 이렇게 적은 수의 백인이 그 많은 인구와 거대한 대륙을 통치하는 것이 가능했던 것은 법치를 명분으로 영국인들이 휘두른 가혹한 사법권과 백인우월주의, 허울뿐인 계몽진보주의, 군사력, 현대적인 것에 대한 신비로움이 복합적으로 작용하는 한편 인도인들의 비겁함, 기회주의, 탐욕, 그리고 조직화된 저항의 결여도 원인으로 작용했다고 말한다. 이 모든 요인이 결합하여 사학자 홉스 봄의 말처럼 영국은 소수의 헌신과 다수의 무관심 덕분에 제국을 아주 손쉽게 얻었고, 아주 적은 수의 영국인들이 주재하면서 이상하리만큼 쉽게 거대한 인도를 지배했다. 이와 같은 영국의 통치상황을 현실감 있게 다룬 드라마가 2015년에 방영된 영국드라마 〈인디언 썸머〉이다.

인디언 썸머, Indian Summers, 2015
개요: 드라마 | 영국 | TV시리즈, 60분
감독: 폴 루트만

드라마의 배경은 1930년대 히말라야 산맥에 위치한 인도 북부의 차 재배지인 심라 지역으로, 식민지 총독 비서관인 랄프의 여동생 앨리스와 인도에 주재하는 백인들이 무더운 여름을 지내기 위해 이곳으로 오면서 이야기가 시작된다. 랄프와 앨리스는 인도에서 태어나고 자라 랄프는 총독의 비서관이 되고 앨리스는 결혼을 하면서 영국으로 건너간다. 어느 여름날, 엘리스는 남편의 외도와 학대를 견디지 못해 아이를 데리고 오빠에게로 몰래 피해온다. 랄프는 그곳에 집을 사서 거주하고 있었고, 철저한 인종주의자인 중년의 여성 신시아는 백인들만 출입할 수 있는 로얄심라클럽을 운영하고 있다. 그녀는 여름을 보내기 위해 온 백인손님들을 맞이하고자 클럽을 재정비하여 파티를 열고 그들만의 휴식 공간을 제공했으며, 랄프에게 애착을 가져 그에게 총독이 되는 야망을 부추기면서 클럽에서 그를 위한 갖은 계략들을 꾸민다. 타인의 땅에서 그 땅의 주인인 인도인은 출입조차 할 수 없게 하면서 백인우월주의와 위선을 펼치는 클럽은 영국 식민지정부의 축소판이었다.

드라마는 영국제국주의의 대변자 랄프, 랄프가 저버린 인도여성의 아버지가 그를 향해 쏜 총을 대신 맞으면서 랄프의 수하에 들게 되는 인도인 아프린, 인도인을 진심으로 돕고자 하고 아프린과 서로의 아픔을 나누면서 그를 사랑하게 되는 엘리스, 영국인이지만 백인들의 폭력과 거짓에 대항하는 이안의 이야기들을 통해 영국의 위선적이고 폭압적인 통치행태, 자치와 독립을 추구하는 인도인들과 국민회의의 저항, 자신의 이권과 안위에만 관심을 두면서 인도와 영국 사이에서 줄다리기하는 번왕국의 군주들, 영국인과 인도인의 혼혈아 문제, 인도인의 인권과 정의는 안중에도 없는 사법 권력, 힌두교도와 무슬림의 갈등, 불가촉천민의 투표권을 둘러싼 간디와 암베드카르와의 대립 등 식민지 인도의 모습을 다각도로 보여준다.

총독 비서관인 랄프는 식민지정부가 인도를 원활히 통치할 수 있도록 폭력과 권모술수를 마다하지 않는 전형적인 식민지 통치관이다. 그는 여동생 앨리스에게는 아버지와도 같은 따뜻한 애정을 보여주지만 자신의 아이를 낳은 인도여성이 나타나자 그녀와 아이의 존재를 감추기에 급급했고, 양심과 법에 따라 인도를 다스리기보다는 권력과 출세를 위해 비양심적으로 사건을 조작하고 무력을 가하면서 인도인들을 통치한다. 그는 총독을 꿈꾸면서 지방 군주들을 회유하는 등 온갖 궂은일을 다하지만 차기 총독은 영국의 귀족출신에게 돌아가면서 그를 좌절시킨다.

가난한 가족을 위해 식민지정부에서 출세를 꿈꾸며 성실하게 살아온 아프린은 총격사건으로 랄프의 신임을 받게 되지만 그로 인해 자신의 신념과 조국에 반하는 일들을 맡게 되는 상황에 놓인다. 그는 랄프가 맡긴 일들을 하면서도 비밀리에 인도인을 돕고 독립항쟁에도 가담하고 있던 차에 자신을 따뜻하게 지켜보고 도와주는 랄프의 여동생 엘리스와 사랑에 빠지면서 갈등이 더해진다. 아프린의 가족들은 식민통치하의 인도인의 여러 모습을 대변한다. 그의 부모는 영국의 통치에 순응하면서 아들의 출세만을 바라는 반면 여동생 수니는 적극 독립운동에 나서면서 식민지 정부를 위해 일하는 오빠를 비난한다. 당시 인도에서는 간디의 비폭력운동만 전개된 것이 아니라 급진적인 저항세력들이 인도 곳곳에서 목숨을 건 투쟁을 벌였다. 무장투쟁이 간디의 비폭력투쟁에 가려지기는 했지만 인도 독립이 간디의 비폭력투쟁보다 폭동이 심해지는 인도를 통제할 수 없었기 때문이라는 영국의 공식기록도 있다. 또한 카스트제도를 옹호했던 간디와 달리 급진적인 젊은 세대가 원한 것은 독립뿐만 아니라 종교 분쟁도 카스트도 없는 평등한 사회였다. 그래서 그들은 사랑이나 결혼에서도 종교나 카스트나 인종을 상관하지 않고자 한다. 모든 것이 혼란스러운 가운데 아프린은 가족의 생계를 위해 그들을 착취하는 영국정부를 위해 일하면서도 인도의 현실을 외면하지 못해 경계선상에서 고통받는 인도인의 모습을 대변한다.

또 다른 경계선상의 인물은 영국인 이안이다. 그가 인도에서 차 재배지를 운영하는 삼촌과 함께 지내기 위해 와보니 삼촌은 관리를 제대로 하지 못해 인근 차밭의 오너인 인도인 라무에게 빚을 진 상태였다. 삼촌이 라무의 빚 독촉으로 쓰러져 영국으로 돌아가는 과정에서 죽자 클럽의 백인들은 라무를 살인자로 비난한다. 그러나 라무가 이안에게 삼촌의 차 밭 관리를 맡아줄 것을 부탁하여 같이 일을 하면서 이안은 그와 가까워진다. 어느 날 랄프의 아이를 낳았던 인도여성 자야가 강에서 살해된 채 발견되고, 라무의 집에서 함께 술을 마신 후 때마침 강가를 지나던 이안이 자신이 본 상황을 증언하면서 뜻하지 않게 라무가 범인으로 지목된다. 라무가 무죄라는 것은 당국도 알고 있었지만 라무를 눈엣가시처럼 여기던 신시아를 비롯한 백인들이 합심하여 그에게 누명을 씌우고 불리한 증언을 하여 그는 사형선고를 받는다. 영국은 1919년에 법원 판결 없이도 인도인을 체포 구금할 수 있는 법을 제정하여 사실상 무법의 권력을 휘둘러왔다. 라무는 자신이 누리는 부 때문에 어떻게든 처형당할 것을 알기에 이안에게 그에게 해가 될 증언을 하지 못하게 하지만 이안은 양심을 따라 라무를 위해 증언하면서 다른 영국인들에게 따돌림당한다. 영국은 그들의 통치가 인도에 법치와 민주주의를 가져다주었다고 자화자찬 하지만 드라마에는 법치도, 민주주의도 찾아볼 수 없고 오로지 폭력적인 제국만 존재했다.

현대 인도의 탄생: 종교 갈등과 분리독립

인도 사회의 무슬림들은 초기에는 침략자였지만 그들 또한 오랜 세월 인도 문화와 역사를 이끌어온 주역이었기에 단순히 이민족으로 취급될 수는 없다. 그들은 초기에 힌두사회에 정착하기 위해 이슬람 위주의 강압적인 정책을 펼치기는 했지만 한편으로는 원활한 통치를 위해 다수의 힌두인을 왕실 관리와 장군, 지방 행정 관료 등에 등용해왔다. 특히 인도 전역을 통일한 무굴제국은 기존 힌두교 세력을 적극 포용하면서 번성하였다. 통치 말기에 아우랑제브의 힌두교 박해로 인해 내전이 일어나면서 무굴제국과 힌두세력이 모두 멸망하기는 했지만 그때까지 두 종교 간의 갈등은 영토분쟁이나 다문화사회의 종교 갈등 수준이었지 민간의 영역에서 폭동이 일어날 정도는 아니었다. 종교를 빌미로 한 대규모 폭력 사태나 이를 선거에 이용하는 식의 종교 갈등은 영국 식민지 정부가 인도의 단결을 막고 자신들에 대한 반감을 종교적 대립으로 돌리기 위해 종교를 정치게임의 일환으로 변질시키면서 시작되었다. 이로 인해 인도아대륙은 오늘날까지 종교 갈등에 시달리고 있다.

종교 갈등이 정치화되면서 인도 독립운동에도 영향을 미친다. 인도 독립을 이끈 대표적인 지도자는 힌두교도인 마하트마 간디와 자와할랄 네루, 무슬림인 무함마드 알리 진나이다. 이들 세 사람은 모두 민족주의자이자 영국에서 법학을 공부한 법률가이지만 성향은 확연히 달랐다. 간디는 비폭력과 불복종운동을 전개한 반면 네루는 인도의 독립을 위해 투쟁을 불사하는 급진파였고, 진나는 무슬림의 세력이 약한지라 힌두와의 통합과 단결을 통해 자치와 독립을 추구한 의회주의자였다. 진나는 1896년에 국민회의에 가담하여 힌두-이슬람 합작으로 독립운동을 추진하고자 했지만 주류세력인 힌두가 무슬림을 배척하자 국민회의를 탈퇴하고 무슬림연맹을 이끈다. 소수세력이었던 무슬림은 힌두 주류의 국민회의와 영국정부 사이에서 자신들에게 유리한 길을 찾으면서 끊임없이 세력 확장을 모색하였다. 그런 와중에 1930년 무슬림연맹 대표 무함마드 이크발이 무슬림 자립을 위해 서북지역에 무슬림국가를 만들자고 선동하고 1933년에는 독립운동가인 라흐마트 알리가 옥스퍼드 재학 중에 무슬림 다수 지역인 **P**unjab, **A**fghania, **K**ashm**i**r, **S**indh, Baluchis**tan**의 앞뒤 글자를 조합하여 PAKISTAN이라는 단어를 만들면서 인도의 무슬림들은 자신들만의 독립 국가를 꿈꾸기 시작한다.

인도의 독립운동이 갈수록 거세지자 영국이 유화정책의 일환으로 인도인에게 지방정부 통치권한을 내어주면서 1937년에 자치정부선거가 실시된다. 국민회의가 압도적인 승리를 거두자 무슬림연맹이 연립정부 구성을 제안하지만 국민회의는 이를 거부한다. 이에 진나는 힌두와 무슬림은 별개의 민족이며 의회제 도입은 다수민족인 힌두가 소수민족인 무슬림을 지배하는 결과만 나오므로 두 개의 서로 다른 민족이 두 개의 서로 다른 국가를 세워야 한다고 결론 짓고는 1940년에 분리독립을 주창한다: "힌두와 무슬림은 다른 종교, 사상, 사회 관습과 문학을 가지고 있다. 그들은 서로 결혼하지 않고 함께 식사하지도 않으며 근본적으로 완전히 다른 사상을 가진 다른 문명에 속해 있다. 그들은 다른 서사시와 다른 영웅들, 다른 일화들을 가지고 있으며 종종 한쪽의 영웅은 한쪽의 원수이며 한쪽의 승리는 다른 쪽의 패배와 겹쳐져 있다."

2차 세계대전이 끝난 이듬해에 영국은 마침내 연방제를 기본 골자로 한 인도대륙의 독립과 권력이양을 추진한다. 독립절차를 논의하기 위해 인도로 파견된 영국 내각사절단이 국민회의와 무슬림연맹 지도자들을 만나지만 진나가 정부의석을 동일하게 주지 않으면 분리독립 하겠다는 입장을 고수하여 합의를 보지 못한다. 그동안 두 종교 간의 폭력사태가 거세지고 선거에서도 무슬림 표가 집결되자 영국은 결국 파키스탄 건국을 승인한다. 1947년 8월 14일에 인도공화국보다 하루 앞서 파키스탄이 건국되면서 당시 70세의 진나가 파키스탄의 첫 번째 통치자로 취임한다. 파키스탄은 현재 인구수 세계 5위에 세계 두 번째 규모의 이슬람국가이다. 수도 명 '이슬라마바드'는 이슬람의 도시란 뜻이다.

종교적 갈등으로 인해 나라가 분열되는 아픔을 겪은 네루와 간디는 1947년 8월 15일에 인도공화국을 건립하면서 종교와 정치를 분리하는 세속주의와 범민족주의를 핵심이념으로 삼는 연방국가로 탄생시킨다. 인도에는 지구상의 거의 모든 종교가 존재하고 있다. 힌두교·불교·자이나교·시크교가 인도에서 발생했고 이슬람교·기독교·조로아스터교·유대교 등의 외래종교들이 들어와 공존하고 있다. 따라서 어느 한 종교를 국교로 정한다면 그렇지 않아도 문화와 풍습이 다른 수십 개 주의 13억 인구들을 온전히 통합할 수 없을 것이다. 비록 분리독립 하였지만 진나 역시 파키스탄이 아대륙을 위한 자유를 전제로 세워진 것이라고 말하면서 두 민족이 스스로의 권리와 전통을 존중하면서 종교적 갈등을 종식하고 평화롭게 공존할 것을 호소하였다.

그들의 소망과는 달리 현실은 오늘날까지도 카슈미르 분쟁을 포함하여 대내외적으로 힌두교와 무슬림 간의 분쟁이 끊이지 않고 있다. 분리독립 당시 번왕국이었던 카슈미르는 주민들 대부분이 무슬림이어서 파키스탄에 편입되기를 원했지만 힌두교도인 번왕이 인도편입을 결정하면서 주민들의 폭동이 일어났고, 이에 인도와 파키스탄이 개입하면서 전면전이 일어난다. UN의 중재로 1949년 정전협정이 체결되지만 이후 2차례 더 전쟁이 발발했다. 1962년에는 중국이 영국 통치 이전의 국경선 회복을 주장하면서 카슈미르 동쪽을 침범하여 중국영토로 편입하면서 현재는 인도, 파키스탄, 중국 세 나라가 분할통치하고 있다. 2008년에는 파키스탄 청년 10명으로 구성된 테러집단이 뭄바이 기차역과 카페와 1903년에 세워진 유서 깊은 타지마할 호텔에서 연쇄테러를 일으켜 총 171명의 사상자를 내는 인도판 9.11을 일으켜 인도는 물론 세계를 충격으로 몰아넣었다. 당시 이슬람테러 단체는 파키스탄에 기지국을 두고 모니터로 실시간으로 호텔을 감시하고 지시를 내리면서 신개념의 테러를 실시해 더욱 충격을 주었다. 영화 《호텔 뭄바이》(2018)에서 당시의 상황을 상세히 볼 수 있다. 인도의 종교 갈등과 분리독립 과정은 영화 《간디》에 상세히 나타나있다.

간디 Gandhi, 1982
개요: 드라마, 전기 | 영국, 미국 | 187분
감독: 리차드 아텐보로

인도의 국부로 불리는 간디는 인도에서 민족해방운동을 주도하기 전에 남아프리카공화국에서 먼저 인도인에 대한 인종차별 반대투쟁을 성공적으로 이끌었다. 당시 남아공에는 노동력 충당을 위해 영국이 이주시킨 약 7만 명의 인도인이 거주하면서 백인정부로부터 심한 차별대우를 받고 있었다. 그곳에서 변호사로 일하던 간디는 인도인의 지위와 인권을 보호하기 위해 반정부운동을 시작하였고, 1899년에는 남아공의 네덜란드계 백인인 보어군과 영국군 사이에 금광을 두고 전쟁이 일어나자 영국을 도우면 시민권을 얻을 수 있다고 생각하여 1,100명의 지원자와 함께 전쟁에 자원하였다. 그러나 전쟁 후 영국이 '인도인 등록

법'을 제정하여 인도인을 오히려 노예처럼 취급하려 하자 간디는 비폭력·불복종 운동인 사티아그라하 운동을 7년간 전개한 끝에 마침내 법안을 폐지시킨다.

인도로 돌아온 간디는 제일 먼저 기아로 고통 받고 있는 농촌을 방문한다. 당시 영국인 지주들은 마을공동체로 유지되던 인도 농촌을 마치 유럽의 봉건제 방식으로 다스리면서 농민들을 착취하였다. 그들은 농민들에게 세금을 50%나 부과하여 땅을 포기하고 임금노동자로 전락하게 만들었고, 농민들이 먹을 것조차 남기지 않고 소작료와 세금으로 식량들을 소출하여 영국으로 수출하면서 인도 농촌을 빈곤과 기아에 빠뜨렸다. 뿐만 아니라 아편을 중국에 수출하기 위해 농지를 아편 재배지로 바꾸거나 중국에서의 차 수입을 줄이기 위해 차 재배지를 확산시키면서 농촌을 더욱 궁핍하게 만들었다.

간디는 가난한 민중들의 삶을 살핀 후, 국민들에게 부자와 강자들에게 착취당하는 가난한 민중들을 일깨우고 함께 손을 잡아야만 한 나라로 영국에 대항할 수 있다고 호소한다. 이후 그는 시골에서 공동체 농장을 만들어 지내면서 그를 찾아온 네루를 비롯한 지식인들에게 영국이 인도인의 삶과 경제는 물론 정신까지 짓밟고 있다고 한탄한다: "난 인도인으로 살려고 해요 좀 우습죠, 인도인의 삶은 영국에 의해 결정되니까요. 뭘 사고, 뭘 팔지… 그들의 사치품들도 우리의 가난 속에서 나온 겁니다. 정의의 개념도 그들에게서 배우죠. 그렇기 때문에 훌륭한 젊은이들이 동양을 존중하면서도 서양의 단점에 빠른 속도로 동화되고 마는 겁니다." 영국정부보다 못한 정부라도 인도정부가 인도인들을 통치해야 한다는 신념으로 독립에 온몸과 마음을 바친 간디는 분리독립에 크게 좌절한다. 게다가 분리독립 과정에서 영국인이 정확한 자료도 없이 두 달 만에 성급하게 그은 국경선으로 인해 영토와 종교권의 불일치가 발생하여 각자 자신들의 종교권으로 인구이동을 하는 과정에서 무차별 폭력사태들이 일어난다. 간디가 무기한 단식에 들어가서 폭력사태는 잦아들었지만 그는 이슬람과의 화해를 추구하는 것에 불만을 품은 한 힌두 극우파 청년에 의해 암살당한다.

간디는 수십 년간 독립운동을 이끌어오면서 정치권력을 행사해본 적이 없었고 독립 후에도 국민회의가 제 역할을 다했으므로 해체할 것을 주장하였다. 반면 네루는 국민회의를 유력한 정당으로 만들어 연방제 국민국가를 건설하는 기반으로 삼고자 했다. 초대수상이 된 네루는 1951년 역사상 첫 총선거를 실시하여 세계 최대의 민주주의국가 시대를 열었고, 일당지배체제를 갖춘 국민회의당과 함께 세속주의·탈카스트주의·탈지역주의를 주도하면서 국민통합과 국가건설을 추진하였다. 그의 뒤를 이어 딸과 손자가 총리직을 이어받으면서 네루왕조를 형성하였지만 권력투쟁과 부정선거, 분열정책, 시크교도들의 분리독립투쟁 등이 일어나면서 인도 민주주의와 세속주의를 위기에 빠뜨린다. 1980년에는 힌두민족주의에 기반을 둔 극우정당인 인도인민당이 창설되어 양당체제를 이루면서 국민회의당의 일당우위체제와 네루왕조의 철권통치가 끝난다.

세속주의로 출발한 인도정부는 신도 수에 관계없이 모든 종교를 똑같이 대우한다는 원칙을 세워 무슬림에 대한 제도적인 차별은 없었다. 그런데 2014년 인도인민당이 집권당이 되고 핵심리더인 모디가 현재까지 총리직을 맡으면서 인도 정체성을 힌두민족주의에 두고 있어 무슬림에게 유리한 상황은 아니다. 단적인 예로, 2019년 인도 내 방글라데시·파키스탄·아프가니스탄 출신의 불법이민자들에게 시민권을 부여하는 개정안이 통과되었는데, 그 대상에 힌두교·시크교·불교·기독교 신자들은 포함되었으나 이슬람교도는 제외되었다. 모디는 개정안이 상원을 통과하자 트위터를 통해 "이 법은 수년간 박해를 겪은 많은 이들의 고통을 경감시킬 것이다. 법이 통과된 오늘은 인도와 인도의 공감·인류애 정신에 역사적인 날이다"라고 자축했지만 야당은 개정안이 모든 종교를 공평하게 대한다는 헌법상의 세속주의 이념에 어긋나고 인도의 근간을 파괴한다고 비난을 가했고, 한 무슬림 의원은 개정안이 히틀러 법보다 더 나쁘다고 분개한다. 모디 정부는 2019년 총선 압승 후 힌두민족주의 성향을 더욱 강화하는 분위기이다.

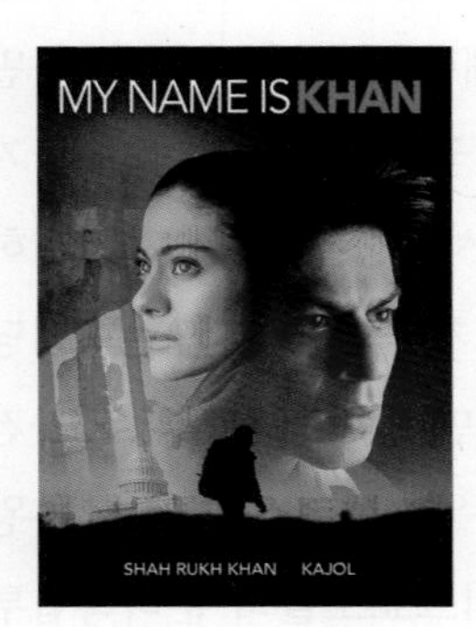

내 이름은 칸 My Name Is Khan, 2010

개요: 드라마 | 인도 | 127분
감독: 카란 조하르

인도 내의 힌두교와 이슬람 간의 종교 갈등과 서구와 이슬람 간의 갈등을 배경으로 하는 이 영화는 한 순수한 영혼의 삶을 통해 힌두교든 이슬람교든 기독교든 종교의 본질은 자비와 관용으로, 종교로 인한 폭력이 발생해서는 안 된다는 메시지를 전한다. 오늘날 9.11사태와 이후의 수많은 테러로 인해 이슬람이 유독 폭력적인 종교로 인식되고 있지만 종교의 폭력성은 이슬람만의 문제는 아니다. 고대에 유대인들은 이집트에서 탈출하여 약속의 땅인 가나안에 정착할 때 기존 민족을 절멸시키라는 신의 명령을 따라 가혹한 폭력을 행사하면서 정착했고, 오늘날도 팔레스타인 지역에서 그 폭력을 이어가고 있다. 기독교인들은 신대륙에 정착하면서 원주민을 대학살하고, 십자군전쟁에서는 무슬림과 유대인들을 처참하게 학살했다. 이처럼 각 종교는 자신들의 믿음에 반하는 세력들에 대해 적대적인 폭력을 서슴지 않았다. 그럼에도 1400여 년의 오랜 역사를 지니고 18억이 넘는 신도를 지닌 이슬람교가 오늘날 유독 전 세계적으로 편견과 적대감에 시달리는 이유는 이슬람근본주의자들이 지하드의 개념을 정치적으로 악용하면서 이슬람교가 신앙적 본질보다는 무장단체와 테러의 이미지로 연결되기 때문이다. 그러나 이슬람근본주의는 극단주의와 과격성으로 인해 이슬람 내에서도 위협적인 세력으로 존재한다.

'Islam'의 어원은 'aslama'로 '복종'을 의미하고, 신도인 'muslim'은 '복종하는 자'를 의미한다. 무슬림은 '다섯 기둥'으로 불리는 다섯 가지 주된 의무를 지켜야 한다. 암송, 하루 5번의 기도, 재물의 희사, 40일간 금식하는 라마단, 메카로의 순례가 그것이다. 일부 지파에서는 지하드(jihad)를 이슬람의 여섯 번째 기둥으로 여긴다. 지하드의 원래 의미는 '분투', '노력'으로 이슬람의 다섯 가지 의무를 지키겠다는 확고한 노력을 의미한다. 지하드는 다시 무슬림 개개인이 일상에서의 유혹을 물리치기 위해 벌이는 내적인 투쟁인 대(大)지하드와 적과의 물리적 투쟁인 소(小)지하드로 나뉜다. 소지하드는 다시 이슬람교 확산을 위해 최고지도자인 칼리프만이 명령을 내릴 수 있는 공격적 소지하드와 적의 침입 시 이슬람공동체를 지켜내기 위해 누구나 무기를 들고 싸워야 하는 방어적 소지하드, 즉 성전(holy war)으로 나뉜다. 그런데 오늘날 이슬람근본주의자들은 방어적 소지하드의 개념을 보다 공격적이고 과격하게 해석하면서 그들의 테러를 성전으로 정당화시킨다.

주인공 칸은 뭄바이의 한 마을에서 자폐아로 태어나 어머니의 애정과 보살핌을 듬뿍 받으며 자란다. 1983년 마을에서 종교 갈등으로 인한 폭동이 일어나 힌두교도들이 무슬림을 무자비하게 죽이자 무슬림들은 힌두교도들에게 복수를 해야 한다고 분노한다. 칸이 힌두인은 총으로 다 쏴 죽여야 한다는 어른들의 말을 듣고 그대로 따라 하자 어머니는 칸을 앉혀놓고 이렇게 가르친다: "이 세상 사람들은 단 두 종류뿐이야. 좋은 행동을 하는 좋은 사람, 나쁜 행동을 하는 나쁜 사람. 하는 행동이 다를 뿐 그 이외의 구별은 없어." 남들과 다르게 태어난 칸에게 어머니는 사람은 성품과 행동으로 판단해야 하며 종교나 인종이나 장애로 인한 차별은 무의미함을 가르치고자 했다. 그런 어머니가 돌아가시자 칸은 형만 돌보는 어머니에 대한 반감으로 미국에서 공부하고 결혼해서 어머니를 외면하고 살았던 동생 자키르를 따라 미국으로 간다.

심리학자인 자키르의 아내 하시나는 칸이 새로운 환경에 적응할 수 있도록 돕고 자키르도 칸이 자립할 수 있도록 회사 화장품을 미용실에 판매하는 일을 하게 한다. 칸은 미용실에서 일하는 인도인이자 싱글맘인 만디라를 좋아하게 되고 그녀의 아들 사미르와도 좋은 친구가 되면서 그녀에게 청혼한다. 칸의 선한 마음과 노력에 감동하여 만디라가 청혼을 받아들이지만 자키르는 만디라가 힌두교라는 사실로 결혼을 반대한다. 칸은 어머니에게 배운 대로 종교가 사람을 가르지는 못한다고 말하면서 그녀와 결혼하여 각자의 종교를 믿으면서 화목하게 살아간다. 그러던 중 9.11 테러가 일어나고, 무슬림 성을 가졌다는 이유로 아들 사미르가 학교에서 폭행을 당해 숨진다. 만디라는 자신이 무슬림과 결혼하여 아들을 죽게 했다고 자책하면서 칸에게 집에서 나가라고 외친다. 언제 돌아와도 되냐고 묻는 칸에게 만디라는 홧김에 대통령을 만나 "내 이름은 칸이고 나는 테러리스트가 아니다"라는 말을 하면 돌아오라고 소리친다.

만디라의 말을 곧이 믿은 칸은 대통령에게 그 말을 전하기 위해 여행을 떠난다. 그 과정에서 무슬림 과격주의자의 테러기도를 신고하여 테러를 방지하고 자신이 테러리스트로 오인되어 투옥도 당하지만 취재원의 도움으로 무죄가 입증되어 풀려나면서 그의 이야기가 언론에 보도된다. 풀려난 칸은 여정 중에 만나 아들을 잃은 슬픔을 함께 나눴던 흑인여성 마마제니의 마을이 허리케인으로 피해를 입고 있다는 보도를 보고 즉시 그곳으로 가서 교회에 피신해 있는 사람들을 도와준다. 언론이 다시 그를 취재하면서 그에게 힘이 된 것이 무엇이냐는 질문을 하자 그는 아들의 축구화가 힘이 되었다고 답한다. 방송을 본 만디라는 분노의 마음을 털어내고 칸을 만나러 가지만 그들이 만나는 순간 칸이 테러 신고에 대한 보복으로 한 무슬림의 칼에 찔린다. 칸은 회복 후 조지아를 방문한 대통령을 만나 자기 이름은 칸이고, 자신도 아들 사미르도 테러리스트가 아니라고 말한다. 만디라가 홧김에 준 과제였지만 그가 만디라에게 돌아가기 위해 보여준 행동들은 어머니의 가르침을 실천한 것이었다. 그의 선한 행동들은 힌두교와 이슬람과 기독교 간의 구분과 갈등이 무의미함을 알려주면서 9.11 테러로 인해 사람들의 마음에 가득 찼던 분노와 증오를 가라앉혀주었다.

인도의 IT 산업과 영화산업

오늘날 인도 경제성장을 이끄는 주력 산업은 IT 산업이다. 1990년대에 다국적 기업들이 콜센터를 임금이 싼 해외로 아웃소싱 할 때 영어가 공용어이고 기초과학 분야의 교육수준이 높은 인도가 각광을 받기 시작하면서 현재는 전 세계 IT 서비스 시장의 약 20%를 차지하는 글로벌 IT 아웃소싱의 강국이 되었다. 현재 인도 IT 산업은 소프트웨어 산업이 급성장하면서 GDP 기여도가 7~9%에 달하고, 2025년까지 10%를 달성할 전망이다. 통상 국가의 경제발전은 농업, 제조업, 서비스업, 지식기반산업 순으로 발전하는데 인도는 독립 후 경제성장을 추진하면서 제조업이 아닌 서비스업이 경제성장을 주도하는 특이한 산업구조를 나타낸다. 인도가 제조업 육성을 시도하지 않은 것은 아니다. 독립 후 네루 정부는 농업 위주의 경제에서 벗어나기 위해 세 차례의 5개년 경제계획을 추진했지만 식민지 시절 영국의 가혹한 수탈로 인프라가 워낙 약해져 제조업 육성에 실패한다. 대신 과학과 공학 부문을 발전시키기 위해 설립한 인도공과대학이 우수한 인재들을 배출해내면서 추후 인도 IT 산업을 주도하고 발전시켜 나간다. 인도공과대학은 초기 7개 캠퍼스에서 시작하여 현재 총 23개의 캠퍼스가 있는데, 최초의 카락푸르 캠퍼스가 영국식민지 시절 정치범 교도소였다는 사실은 상징성이 크다.

인도 IT 산업의 발전에는 여러 저변 요인들이 작용했다. 우선 IT 산업은 카스트제도에는 없는 신직종이어서 모든 계층이 참여할 수 있었다. 카스트 상위 계급에서는 육체적 노동은 경시되고 지적능력은 중시되었는데, IT 산업이 수학과 과학적 지식을 요구하는 지적인 직업이다 보니 카스트 전 계급에게 저항 없이 받아들여졌다. 또한 인도 학교 대부분이 초등학교부터 영어와 지역 언어를 함께 사용하여 교육 받은 사람들은 영어 사용에 불편이 없으며, 미국 실리콘 밸리와 인도의 실리콘밸리인 벵갈루루가 12시간 시차가 나서 미국인들이 퇴근한 후 그 일을 인도인들이 이어받아 할 수 있는 지리적 이점도 있다. 인재풀이 풍부하고 인건비가 미국 대비 30%밖에 안 되는 것도 유리한 여건이었다.

무엇보다도 인도에서 IT가 발달한 근본적인 기반은 인도인의 뛰어난 암기력과 수학능력이다. 고대 브라만교 시절에는 최상위계급인 브라만의 척도 중 하나가 베다를 암기하는 능력이었다. 그들이 암기를 중시하는 이유는 영원한 지혜를 담고 있는 베다가 문자화되면 인간의 지식에 갇힌다고 믿었기 때문이다. 인도인들은 또한 수많은 신들의 이름과 이야기들을 외우고 암송하였는데, 그런 암기력으로 19단을 암기하면서 산술능력을 키웠다. 인도인들의 수에 대한 재능은 그들이 숫자 '0'을 발견한 사실에서도 알 수 있다. 0이 숫자화 되기 전에는 예를 들어 '103'과 같은 숫자를 표시하려면 1과 3 사이에 빈칸을 두어 자릿값을 표시하였다. 그러나 6세기에 인도인은 0이 숫자들을 구별하는 기능만 가진 것이 아니라 그 자체가 고유한 수임을 간파한다. 즉 0을 '아무것도 없음'을 나타내는 수로 인식하면서 이전까지는 전혀 구체화할 수 없었던 '무'의 개념을 현실로 끌어내어 실제적인 기호로 표현한 것이다. 숫자 0의 발견은 1~9에 제한된 숫자의 무한한 확장을 가능하게 하였다. 오늘날 우리가 사용하는 디지털 개념은 0과 1의 조합이다. 한마디로 인도인들은 태생적으로 IT 산업에 필요한 자질을 타고났다.

기초과학적 두뇌가 뛰어난 인도인들 중에서도 가장 특출한 인재들만 모인 인도공과대학은 인도가 IT 산업에서 성장할 수 있는 가장 큰 동력이다. 인도공과대학은 전국 1%의 수재들이 모인 곳으로 전원 기숙사 생활을 하면서 밤낮으로 토론이 끊이질 않는다. 영어로 수업이 진행되고 교수와 학생의 비율이 1:8이며 수업료도 전액 정부에서 제공해준다. 세계 유명기업들과의 산학연계도 잘 되어 있어 졸업하면 대부분 바로 고액 연봉을 받으면서 세계 유수의 IT기업에 취업한다. 2015년 기준 구글의 연봉은 평균 1억4000만 원으로 인도 국내 IT 기술자 연봉 1000만 원과 비교하면 파격적인 금액이었다. 현재 미국 실리콘밸리 인력의 약 30%와 미국 NASA 과학자 중 36%가 인도공과대학 출신이다. 이처럼 졸업생들이 전 세계 IT 산업의 중추 역할을 하고 성공신화들을 만들어내면서 인도 공과대학은 돈과 명예를 보장하는 곳이자 신분탈출의 돌파구로 인식되고, 졸업 후 부와 지위를 성취한 사람들을 중심으로 사회에 새로운 카스트가 형성되기도 한다. 그러나 한편으로는 경쟁이 극심해지면서 압박감 또한 감당할 수 없을 정도로 커져 입시생이나 재학생들 간에 자살과 같은 사회적 문제를 초래하기도 한다. 아래의 두 영화는 인도인이 수학을 대하는 특별한 태도와 성공신화에 집착한 인도 사회의 폐단을 보여준다.

무한대를 본 남자 The Man Who Knew Infinity, 2015

개요: 드라마 | 영국 | 108분
감독: 맷 브라운

영화 《무한대를 본 남자》는 33세의 나이로 요절한 천재수학자 스리니바사 라마누잔이 영국에서 수학자로서 업적을 쌓아가는 과정을 보여주는 전기 영화이다. 라마누잔은 브라만계급이지만 집안이 몰락하여 사원에서 지내면서 수학 연구에 몰두한다. 최상위계급인 브라만은 성직자가 원칙이지만 그렇지 못할 경우 교육자나 학자의 삶을 주로 살았다. 그는 정규교육을 충분히 받지는 못했지만 뛰어난 수학자들도 불가능하다고 하는 정리들을 수천 건 직감으로 만들어내면서 영국 케임브리지대학으로 초청된다. 라마누잔의 어머니는 브라만계급이 바다를 건너 타국으로 가면 카스트에서 축출당하여 불가촉천민으로 취급되는 『마누법전』의 규정 때문에 반대했지만 라마누잔은 영국에서도 힌두교리와 채식을 잘 준수하겠다고 약속하고 바다를 건넌다. 라마누잔에게는 10살의 어린 나이에 그와 결혼한 아내가 있다.

케임브리지로 간 라마누잔은 자신이 만든 정리들을 증명해 보이고 자신을 초청한 하디 교수와의 공동연구로 수많은 논문을 발표하면서 인도인으로는 처음으로 영국왕립학회 회원과 케임브리지대학의 펠로우 교수로 선정된다. 그의 연구노트는 현재 케임브리지 대학 도서관에 전시되어 있다. 하디는 라마누잔의 천재적인 능력을 모차르트가 머릿속으로 교향곡 전체를 그렸듯이 무한대의 수와 춤을 추는 것 같다고 묘사하면서 그에게 어떻게 그런 공식들을 알아내느냐고 묻는다. 라마누잔은 그가 모시는 신 나미기리가 그가 잘 때, 기도할 때 그의 혀 위에 공식을 놓아두기 때문이라고 답한다. 그에게 수학은 직관이었고 신앙의 힘에 의한 것으로, 그는 신의 생각을 나타내는 것이 아니면 방정식은 의미가 없다고 말할 정도로 수학을 통해 신에게 경의를 표했다. 이처럼 그의 학문적 삶은 성공했지만 음식을 제대로 섭취하지 못한 데다 추운 날씨로 인해 폐렴에 걸리고 우울증과 향수병까지 겹쳐 1918년 겨울에 철로로 뛰어들어 자살을 시도하기도 한다. 그는 이듬해에 결국 고국으로 돌아가지만 1년 만에 병으로 사망한다.

세 얼간이 3 Idiots, 2009

개요: 코미디 | 인도 | 141분
감독: 라지쿠마르 히라니

천재들만 입학이 가능한 ICE공대는 매년 40만 명의 지원자가 모여들지만 단 200명만 선발되는 곳이다. 공학자가 되는 것만이 성공의 지름길이라고 믿는 총장 바이러스는 "인생은 레이스다. 아무도 두 번째는 기억하지 않는다"라는 말로 학생들을 압박하면서 대학을 치열한 학점공장으로 만든다. 하지만 아버지가 정원사로 일하던 주인집 아들의 학력위조를 위해 가짜 신분으로 대리 입학한 란초는 학점은 그들을 분열시킬 뿐이라고 말하면서 총장에 맞선다. 그는 공부는 부가 아닌 성취를 위해 하는 것이고 일등이 아닌 꿈을 향한 레이스이며 잘하는 걸 좇아가다 보면 성공은 자연히 뒤따라온다는 신념을 내세우면서 사사건건 총장과 부딪친다. 그는 한 학기에 42개의 시험과 과제를 해내야 하는 친구들에게 "All is Well"을 외치면서 긍정의 힘을 전파한다.

란초의 룸메이트인 파르한과 라주는 자신들의 의지로 ICE에 들어온 것이 아니다. 중산층 가정의 파르한은 동물사진을 찍는 사진작가가 되고 싶었지만 아버지가 그가 태어난 순간부터 공학자가 될 것을 결정하고는 전력을 다해 뒷바라지 하자 어쩔 수 없이 공대에 들어왔고, 병든 아버지와 가족들 생계를 책임져야 하는 라주는 무조건 공대를 졸업하고 대기업에 취직해서 가족들을 빈곤으로부터 탈출시켜야 한다. 현재 인도는 과거의 신분제에서 벗어나 누구나 자신의 능력을 펼치고 권리를 주장할 수 있는 민주사회로 진입한 지 오래지만 사회적 계층이동은 여전히 어렵고 서민층에서는 자식이 가족과 부모에 대한 책임에서 벗어나지 못하고 있다. 인도공과대학은 중하류층의 자녀들에게 계층이동과 가족부양을 가능하게 해주는 가장 확실한 방법이었다.

성적에 연연하지 않으면서도 1등을 하는 란초는 최하위권인 파르한과 라주에게 자기가 공부를 잘하는 이유는 공학을 정말 좋아해서라고 말한다. 란초는 공학에 흥미가 없는 파르한에게 그가 원하는 사진작가가 되어야 한다고 충고하고, 가족을 부양해야 하지만 성적이 제대로 나오지 않자 종교와 행운반지에 의

존하는 라주에게는 현실에 대한 두려움을 없애고 자존감을 가지라고 충고한다. 마지못해 인도공대를 다니는 그들에게 인생의 여정을 바꾸는 사건들이 일어난다. 사사건건 자신에게 맞서는 란초가 못마땅한 총장은 자신의 집 앞에서 노상방뇨를 한 라주에게 주동자가 란초임을 밝히지 않으면 정학을 시키겠다고 위협한다. 이에 마음이 약한 라주는 친구와 정학 사이에서 고민을 하다가 자살을 시도하지만 다행히 목숨을 건진다. 이후 그는 정신적으로 강인해지면서 취업까지 성공한다. 파르한 또한 그가 존경하는 사진작가에게 5년간 부치지 못했던 편지가 전달되면서 그의 밑에서 원하던 일을 하게 된다. 한편 총장의 가르침을 그대로 따르면서 치열하게 공부하여 좋은 학점으로 졸업한 차투르는 대기업 임원이 되어 수영장이 딸린 넓은 집에서 람보르기니를 타고 다니면서 인도공과대학이 성공과 돈과 지위로 이어지는 세태를 대변해준다.

영화는 '인도공과대학=성공적인 삶'이라는 등식을 파괴할 뿐만 아니라 청년의 자살문제를 사회적 문제로 부각시킨다. 총장은 아들의 죽음이 사고가 아니라 자신이 공과대학에 갈 것을 강요하여 자살하게 만든 사실을 모른 채 학생들에게 오로지 성공신화만을 강조하면서 또 다른 자살을 초래한다. 란초 못지않게 공학을 사랑한 가난한 시골 출신의 학생은 그가 발명하려던 드론을 기한 내에 완성시키지 못해 졸업을 앞두고 낙제를 하게 되자 벽에 "나는 떠난다"라고 적어놓고 자살한다. 그의 죽음은 학생의 창의력이나 잠재력을 믿고 기다려주기보다는 가시적인 성과만을 중시하는 교육체제와 사회분위기에서 비롯된 것이다. 영화는 자유로운 영혼의 란초를 그 대척점에 세워 성공신화를 쫓고 있는 인도사회에 경고를 가하고 있다.

| 지역마다 특성이 다른 인도 영화산업

IT 산업이 인도의 경제를 이끈다면 영화산업은 인도 국민들의 정서에 큰 영향을 미친다. 인도는 세계 최대의 영화제작국가이자 세계 최대의 영화관객층을 가지고 있는 나라로, 한 해 1,700편에서 2,000편의 영화가 제작된다. 인도는 1980년까지도 TV 보급이 제대로 되지 않았고 시골은 2000년대 들어 보급이 시작된 곳도 있어 영화관은 서민들이 힘든 삶에서 위안을 얻을 수 있는 유일한 곳이었다. 관객의 주류층이 서민이다 보니 영화들도 그들 취향에 맞게 만들어져 인도에서는 그들의 정서에 맞지 않는 할리우드 영화가 좀처럼 뿌리를 내리지 못한다.

인도 영화산업은 인도의 문화적 다양성을 그대로 반영한다. 공식 언어만 해도 23개가 되다 보니 다른 언어를 사용하는 지역에서 상영될 경우 자막이나 더빙이 사용된다. 문맹이 많아 자막보다 더빙이 선호되고, 블록버스터의 경우 아예 여러 지역어로 제작되기도 한다. 대표적인 영화산업은 뭄바이를 중심으로 한 인도판 할리우드인 발리우드(Bombay+Hollywood)이다. 뭄바이는 영국 식민지시절 봄베이로 개칭되었다가 1995년에 원 이름으로 환원되었다. 발리우드는 넓게는 인도 영화산업 전반을, 좁게는 인도 공식 언어 중 가장 널리 쓰이는 힌디어로 만든 상업영화이다. 발리우드 외에 콜리우드, 마라티시네마, 벵갈리시네마, 톨리우드 등이 각 지역에서 다양한 언어로 영화를 제작하면서 인도 영화산업을 이끌어가고 있다. 발리우드라는 용어는 서구에 의해 붙여졌기 때문에 부정적으로 인식되기도 하지만 2001년 옥스퍼드 사전에 등재되면서 널리 사용된다.

발리우드 영화는 대부분이 뮤지컬 영화로 '마살라 영화'로 불리기도 한다. 마살라는 인도 혼합 향신료이다. 이름에 걸맞게 화려한 볼거리를 연출해 관객들에게 즐거움을 제공하는 마살라 영화는 인도 전통음악극 형식에 춤과 노래, 로맨스와 액션을 적절히 혼합한 인도만의 독특한 장르이다. 1명의 스타, 3가지 춤, 6곡의 노래는 필수이고 상영시간이 보통 3시간이 넘는다. 마살라 영화는 문맹률이 높은 관중들이 그들의 유일한 오락거리인 영화를 쉽게 보고 즐길 수 있도록 작품성보다는 오락에 충실하다. 영화 중간중간 인도 특유의 음악과 흥겨운 군무를 자주 연출하여 ABCD(Any Body Can Dance) 영화로도 불린다. 영화는 권선징악의 메시지를 전달하고 해피엔딩으로 끝나면서 계급과 가난의 굴레에 시달리는 사람들에게 대리만족을 주는 한편, 모든 사람은 각자 정해진 운명을 감수해야 한다는 메시지를 주입하여 기존 사회질서를 공고히 하는 장치로도 작용한다. 마살라 영화에 대해 서민들을 달래주는 현실도피적이고 집단적 판타지라는 비판적인 시각도 있지만 인도의 한 영화감독은 만약 인도에 영화가 없었다면 하층계급이 폭동을 일으켰어도 수백 번은 일으켰을 것이라고 말한다.

발리우드 영화의 춤과 음악은 할리우드의 뮤지컬 영화에 영향을 끼치면서 뮤지컬 붐을 일으키기도 한다. 마샬라 영화에서 영감을 받아 2001년에 제작된 뮤지컬 영화 《물랑 루즈》가 대성공을 거두자 《시카고》, 《오페라의 유령》, 《렌트》 같은 뮤지컬영화들이 연이어 만들어졌다. 인도에서는 마살라 영화들이 한층 업그레이드되어 2022년에 제작된 인도 영화 《RRR》은 식민지 시절 영국의 폭력에 저항하는 두 초인적인 영웅들의 이야기를 할리우드 블록버스터를 능가하는 거대한 스케일과 화려한 액션과 군무를 곁들여 전개하면서 마살라 영화의 진수를 보여준다.

인도 영화라고 마살라만 있는 것은 아니다. 마살라 영화와 함께 일찍이 인도 사회의 다양한 모습과 문제점들을 스크린에 담고 예술성을 추구하는 '평행 영화'가 존재해왔다. 평행 영화라는 용어는 1950년대에 서벵골지역 감독들이 영화의 반상업화운동을 펼치면서 발리우드 영화 상영을 반대하는 과정에서 생겨났다. 평행 영화는 이후 '예술 영화'로 불리면서 1960년대에 일어난 '뉴웨이브 운동'에 영향을 준다. 벵골지역의 영화감독들에 의해 주도된 뉴웨이브 운동은 인도 문학에서 소재를 차용하고 완성도가 높은 작품들을 만들어내면서 인도 영화의 황금기를 이끈다. 최근 들어서는 영어로 영화를 제작하거나 수작들이 많아지면서 세계 각지에서 찬사를 받고 있고, 감독들도 국제 영화제에 빠지지 않고 초정된다. 현재 평행 영화는 인도 내에서도 발리우드 영화만큼이나 많은 인기를 얻고 있으며 최근 들어서는 마샬라 영화와 평행 영화의 경계 지점에 위치한 영화들이 만들어지면서 새로운 장르도 탄생하고 있다.

인도의 좋은 이야기

영화 《슬럼독 밀리어네어》에서 자말은 마침내 라띠까와 재회하면서 그의 소원을 이룬다. 《화이트 타이거》의 발람도 닭장을 박차고 나와서 사업가로 성공한다. 그러나 자말과 라띠까의 만남은 형 살림이 마만과 자베드를 죽인 후 그들을 닭장 밖으로 내보내주어 가능했고, 발람은 주인 야속을 죽인 후 닭장을 박차고 나왔다. 《아쉬람》에서 깔랴니는 살아서는 결코 빠져나올 수 없는 굴레에서 벗어나기 위해 스스로 목숨을 끊었다. 그만큼 카스트제도와 관습은 법보다 강하게 오늘날까지도 사람들을 구속하고 있다. 카스트로부터의 해방은 단순히 돈의 문제만은 아니다. 자말은 퀴즈쇼에서 최고 상금인 2백만 루피를 획득하지만 그의 목표는 돈이 아니었기에 그에게 큰 의미가 없었다. 살림이 돈으로 가득 채운 욕조에서 자살하는 것 역시 돈을 쫓은 삶의 허망함을 보여주고 있다. 《세 얼간이》의 란초 역시 인도공과대학이 성공신화만 추구할 경우 젊은이들의 영혼을 피폐화시키는 현대판 닭장이 될 수 있음을 경고한다.

카스트제도라는 닭장을 박차고 나온 젊은이들은 폐쇄적이고 억압적인 인도 사회의 구습에 저항하거나 현대 인도 사회의 문제점들을 지적하면서 새로운 비전을 제시한다. 《슬럼독 밀리어네어》의 엔딩 자막은 자말과 라띠까의 만남이 '운명'이었다고 말하는데, 그 운명은 자말이 태어나면서부터 구속된 '숙명'을 거부하고 성취한 것이다. 발람은 비록 살인은 했지만 그의 직원들은 그의 전철을 밟지 않도록 공정한 대우를 해준다. 란초는 자신뿐만 아니라 친구들도 현대판 닭장에서 벗어나 각자 원하는 삶을 살게 도와준다. 닭장의 열쇠를 쥐고 있는 계급의 나라얀은 『마누법전』의 관습들에 의해 굳게 닫혀 있는 문을 열어주고자 한다. 이들은 카스트제도가 폐지되고 나라가 번영을 이루어가는 중에도 여전히 차별받고 가난을 벗어나지 못하는 인도 하층민들에게 각자의 방식으로 숙명의 굴레에서 벗어나는 모습과 벗어나야 하는 이유를 일깨워준다.

현재 인도는 과거에 비해 문맹률이 낮아졌고, 카스트와 종교나 성별 등의 이유로 차별받는 계층에 대한 구제도 확대되고 있으며, 교육을 통해 수많은 인재들도 배출하고 있다. 1980년대부터 경제도 발전하기 시작하면서 인도는 세계시장에서 미래의 경제세력으로 주목받고 있다. 그런데 인도 정치가 샤시 타루르는 TED 강연에서 인도의 미래는 인구수도, 군사력도, 경제발전도 아닌 '소프트파워'에 있다고 강조한다. 그가 말하는 소프트파워는 문화와 정치적 가치, 외교정책 등으로 다른 이들의 관심을 끄는 한 나라의 능력이자 세상에 좋은 이야기를 할 수 있는 능력이다. 다시 말해, 앞으로의 세계에서는 큰 군대가 있는 나라가 아니라 더 좋은 이야기를 하는 나라가 승리한다는 것이다.

인도의 '좋은 이야기'는 정치 문화적 다원성에 기초한다. 인도는 본질적으로 다종교·다언어·다민족 국가로 특정 민족성이나 종교나 언어에 의한 나라가 아닌, 공통된 역사와 문화에 의해 하나 되고 다원적 민주주의에 의해 유지되어온 나라였다. 타루르는 역사적으로 인도는 타민족과 종교에 열린 사회였고 관용을 보이면서 좋은 이야기를 하는 나라였지만 영국 식민지가 된 후로는 서로 분열하고 미워하게 되면서 좋지 못한 이야기들을 들려주었다고 말하면서, 이제 인도는 다시 좋은 이야기를 들려주고자 하고 있고 또 그래야 한다고 강조한다. 그 좋은 이야기들은 영화와 IT로 세계를 감동시키고, 힌두교 사회임에도 이탈리아 태생의 가톨릭 여성이 총선에서 승리를 하고, 시크교도 총리가 탄생하는 개방적이고 관용적인 인도의 이야기들이다.

오늘날 인도는 매우 가난하면서도 매우 강력하다고 한다. 이 말은 모순이다. 국민들이 가난에 시달리는 국가는 결코 강력할 수 없다. 간디가 민중의 삶을 돌보고 그들과 손을 잡지 않으면 영국으로부터 독립할 수 없다고 말한 것도 같은 맥락이다. 한 사회 속에 가난하고 핍박당하는 구성원이 있는 한 그 사회는 화합을 이룰 수도 강해질 수도 없다. 따라서 인도가 강력해지고 좋은 이야기를 계속하기 위해 제일 먼저 해야 할 일은 가난과 분열을 극복하는 것이다. 타루르는 그러한 도전들은 풍부하고 다양하며 여러 문명이 있는 개방사회에서, 그리고 우리 스스로를 자유롭게 하고 창의적 에너지로 가득 채울 곳에서 시작된다고 말하면서 인도 모든 곳에서 이러한 위대한 도전이 일어나기를 희망한다. 인도는 다양성이 역사의 상수였다. 따라서 과거에 그랬듯이 앞으로도 좋은 이야기들을 들려주기 위해서는 다양성의 인정이 필수이다. 그러나 현 모디정부가 계속 힌두민족주의를 고집하면서 차별과 분열을 조장하는 한 인도가 다원적이고 개방적인 미래에 부합하는 좋은 이야기를 들려줄 수 있을지 미지수이다.

紅高粱
Red Sorghum
EMPIRE OF THE SUN
TO LIVE 活着
FAREWELL MY CONCUBINE
霸王別姬

2장

중국의 꿈

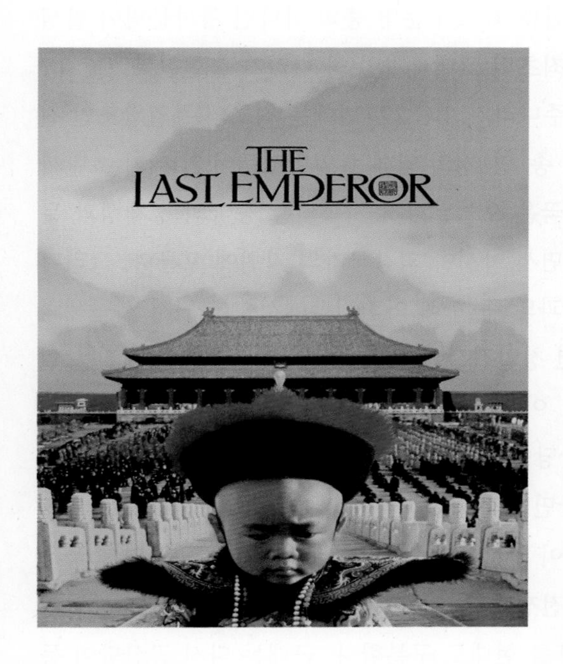

마지막 황제, The Last Emperor, 1987

개요: 드라마| 미국, 프랑스, 영국, 이탈리아 | 162분
감독: 베르나르도 베르톨루치

BC 5천 년경 황하강 유역에서 인류 최초의 문명 중의 하나인 황하문명이 발생하였고, BC 2070년에는 중국 최초의 고대국가인 하 나라가 출현한다. BC 11세기경에는 봉건제도를 창안한 주나라가, BC 221년에는 최초의 통일왕조인 진나라가 세워지고 이어 한·수·당·송·명·청의 역대 통일왕조들이 20세기 초반까지 존속되면서 이 시기 동안 중국은 오늘날까지 지속되는 중국의 정체성과 문명을 형성하고 경제를 발전시키면서 아시아 최강국가의 지위에 오른다. 그러나 중국은 1840년과 1856년 영국과의 두 차례 아편전쟁에서 패하면서 서구세력의 반식민지로 전락하고 1894년 청일전쟁에서도 패하면서 아시아의 패권을 일본에 내어주고 급격히 몰락한다. 이후 민중들의 개혁운동이 일어나 중화민국이 건립되고 이어서 국민당과 공산당이 창당된다. 두 세력이 합작과 내전을 거듭한 끝에 공산당이 승리하면서 국민당의 중화민국은 타이완으로 축출되고 1949년 오늘의 중국 중화인민공화국이 탄생한다. 중국국무원 자료에 의하면 중국은 최초의 하나라부터 청조의 아편전쟁까지를 고대, 아편전쟁부터 1949년 중화인민공화국 수립까지를 근대, 이후를 현대로 구분한다. 근대는 다시 공산당이 등장하는 기점이 된 1919년의 5·4혁명 이전의 구민주혁명시기와 이후의 신민주혁명시기로 구분된다.

중국의 국가체제를 완전히 바꾼 근대사는 실로 격동의 시기였다. 구혁명시기에 아편전쟁과 청일전쟁에서의 패배로 중국 본토로 외세가 몰려들자 이를 막지 못한 청조의 봉건제도를 비판하고 개혁을 요구하는 민심이 거세진다. 혁명지도자 쑨원은 1905년 도쿄에서 중국혁명동맹회를 결성하여 민족·민주·민생의 삼민주의를 바탕으로 반청 무장투쟁을 전개해오다가 1911년의 신해혁명에 힘입어 1912년 1월 1일 중화민국을 건립한다. 신해혁명은 청나라가 민영철도를 국유화시켜 그것을 담보로 서구 열강에게 차관을 받아 재정난을 타개하려고 하자 우창 지역을 시작으로 봉기가 일어나 전국적으로 퍼진 것이다. 쑨원은 그러나 자신들의 세력 부족으로 내란과 외세의 침입이 이어질 것이 자명하기에 취임 즉시 위안스카이에게 청 황제를 퇴위시키면 대총통 자리를 이양해주겠다고 제안한다. 위안스카이가 이를 수락하면서 약 4천 년 동안 지속되어온 왕조가 역사에서 사라지고 공화제가 시작된다.

신 혁명시기는 1차 세계대전 종결 후 열린 파리강화회의에서 연합군 편에 선 일본에게 산둥반도를 넘겨준다는 결정이 내려지자 중국 민중들이 이에 반대하는 시위를 하면서 시작되었고, 그 과정에서 중국 공산당이 형성된다. 당시는 위안스카이 사망 후 중앙집권 세력이 없어 각지의 군벌들이 세력다툼을 하는 군벌의 시대였다. 1917년 광둥에서 국민당 정부를 수립한 쑨원은 자신을 합법정부의 대표로 내세우고자 했지만 세력이 약해 오히려 광둥에서 축출되고 만다. 그때 중국공산당 창설을 돕고 있던 소련이 그에게 군벌과 싸울 군대양성을 돕겠다고 원조를 제안하자 쑨원이 이를 받아들이면서 그 대가로 1924년에 공산당 당원들을 국민당에 가입시키는 형식으로 국공합작을 맺는다. 그러나 쑨원이 죽은 후 그의 뒤를 이은 반공성향의 장제스가 공산당을 탄압하는 사건이 일어나면서 1차 국공내전이 일어난다. 1937년 중일전쟁이 시작되자 그들은 내전을 멈추고 2차 국공합작을 맺어 일본에 대응하지만 2차 세계대전이 끝나고 1년도 지나지 않아 내전이 재개되어 공산당이 승리하면서 오늘의 중국에 이른다.

수천 년간 지속된 왕조가 무너지고 새로운 국가체제를 갖추어가는 변혁의 한가운데서 그 역사적 부침을 고스란히 겪어낸 인물이 있는데, 중국의 마지막 황제 푸이이다. 황제로 삶을 시작하여 전범으로 삶을 마감한 푸이는 실로 중국 근대 격동사의 산증인이다. 푸이는 1908년 3세의 어린 나이로 황제에 즉위하지만 나라 밖에서는 서구세력의 침입이 거세지고 나라 안에서는 개혁을 요구하는 혁명들이 일어나면서 즉위 4년 만에 청조가 멸망한다. 푸이는 이후 16년간 황제 호칭을 유지하면서 자금성 내의 소조정(小朝廷)에 유폐된 채 성장하고 결혼도 하지만 1924년 군벌에 의해 자금성에서 축출된다. 이후 그는 일본 관동군이 세운 만주국의 황제로 11년을, 중화인민공화국의 전범으로 10년을 감옥에서 지낸 후 석방되어 평민의 삶을 살다가 문화대혁명 시기에 병으로 삶을 마감한다.

푸이의 일생을 다룬 영화인 《마지막 황제》는 이탈리아 감독 베르나르도 베르톨루치가 푸이가 옥중에서 쓴 자서전 『내 죄악의 전반생』과 푸이의 영국인 스승 존스톤이 쓴 『자금성의 황혼』을 기반으로 만든 것으로, 자금성에서 촬영이 허용된 최초의 서양영화였다. 아카데미시상식에서 작품상, 감독상을 비롯하여 9개 부문에서 수상하였다. 영화는 1950년 만주 국경지대에 열차가 정차하면서 한 무리의 전범들이 내리는 장면으로 시작한다. 그 속에는 황제 푸이도 있었다. 그를 알아본 몇몇 사람이 다가와 "황제폐하"라고 부르며 절을 하자 그런 상황이 불편한 푸이는 그들을 제지한다. 잠시 후 푸이는 화장실로 들어가서 자살 시도를 하지만 실패하고 푸순의 전범교도소에 수감된다. 이후 교도소에서 자신의 삶에 대한 반성의 글을 쓰라는 요구를 받으면서 푸이는 황제에 즉위했던 시점으로 거슬러 올라가 자신의 인생을 반추한다.

영화가 시작되는 시점은 2차 대전이 끝나고 중화인민공화국이 정착하기 위해 여러 시행착오와 진통을 겪는 시기였다. 중국은 중화인민공화국이 들어서면서 수천 년간 지속되어온 전통과 문화가 말 그대로 역사 속으로 사라진다. 중화인민공화국의 국부 마오쩌둥은 사회주의 체제를 확립시키고 오랜 전쟁으로 피폐해진 중국을 산업화된 강대국으로 발전시키기 위해 1차 5개년 계획을 실시하면서 모든 개인재산과 기업들을 국유화시킨다. 그로 인해 단기간에 지주계급이 제거되고 도시 부르주아는 몰락했으며 집단생활이 도입되면서 전통적인 가족제도도 쇠퇴한다.

1차 5개년 계획이 가시적 성과를 보이자 마오쩌뚱은 15년 내에 영국과 미국을 추월하겠다는 성급한 목표를 세우며 대약진운동을 실시한다. 당시 소련의 원조를 받고 있던 중국은 소련이 미국과의 평화공존을 주창하자 이를 수정주의로 비판하면서 소련과 결별한 후 자력갱생을 위해 희망차게 대약진 운동을 벌였지만 생산기반과 기술이 부족하고 흉년까지 이어져 수천만 명이 아사하는 결과에 이른다. 이로 인해 마오쩌뚱이 국가주석에서 물러나고 실용주의를 추구하는 류사오치와 덩샤오핑이 경제개혁을 실시하면서 어느 정도 성과를 거둔다. 이에 위기를 느낀 마오쩌뚱은 이번에는 문화대혁명을 일으켜 그들을 숙청하고 중국을 대혼란 속으로 밀어 넣는다. 문화대혁명 10년의 폐해를 극복하고 중국의 새로운 역사를 쓴 사람은 마오쩌뚱 사망 후 복귀한 덩샤오핑이다. 그가 적극적인 개방개혁정책을 펼쳐 경제를 급성장시킨 덕분에 중국은 불과 40년 만에 G2로 부상할 뿐만 아니라 과거의 영광을 되살리겠다는 신중화주의까지 외치며 세계 패권에 도전하고자 한다.

중국의 정체성

중국이 공산주의 체제하에서 단기간에 무섭게 성장해나가자 서구의 경제 전문가들과 학자들은 21세기가 바야흐로 중국의 시대가 될 것이라는 전망까지 제기하면서 중국이 어떤 나라인지, 어떻게 그토록 빠르게 성장할 수 있었는지 그 원인을 분석해내고자 했다. 동아시아경제 전문가로 중국의 유수 대학들에서 객원교수로 지냈던 정치학자 마틴 자크는 TED 강연에서 21세기에 중국이 세계 최강자로 부상하는 이유를 알기 위해서는 먼저 중국이라는 나라를 제대로 이해해야 한다고 말하면서 중국의 본질을 다음과 같이 규정한다.

- 첫째, 중국은 서구나 현재의 중화인민공화국의 국가형태인 '국민국가'(nation-state)로는 설명될 수 없는, 훨씬 더 유구한 역사와 고유문화에 기반을 둔 '문명국가'(civilization-state)이다.
- 둘째, 중국은 최소 2000년 동안의 정복, 점령, 흡수, 동화의 역사를 통해 형성된 '한족'이라는 단일민족 정체성을 기반으로 거대한 나라를 하나로 결속시키면서 중화주의를 형성하였다.
- 셋째, 국가는 중국 문명을 대표하고 구현하고 지켜나가는 보호자로서, 가부장적인 체제 속에서 누구도 대적할 수 없는 절대적인 적법성과 권위를 지닌다.

요약하자면, 중국은 한족이라는 단일민족을 형성하고 하나의 언어를 사용하면서 유교를 비롯하여 오랜 세월 그들을 지배해온 문화와 관습 속에서 일체감을 형성한 사회이고, 강력한 권한을 지닌 국가가 광대한 대륙의 여러 체제를 잘 결합시키면서 오늘날까지 그 정체성을 유지해온 나라라는 것이다. 마틴은 서구인들이 중국을 제대로 이해하려면 이러한 본질들을 파악해야지 그들의 시각에서 보려고 해서는 안 된다고 경고하면서, 중국이 서구와 얼마나 다른가를 인식해야 한다고 거듭 강조한다.

실제로 중국의 통일왕조들은 중화사상과 유교, 그리고 한족을 핵심가치로 삼아 강력한 중앙집권적 군주체제를 유지하며 오랜 역사를 이어왔다. 중화주의와 한족을 중심으로 한 강력한 민족주의적 정서는 오늘날까지도 지속되어 중국공산당은 역사를 왜곡하면서까지 국적과 민족을 부각시킨다. 그들은 인민들을 결속시키고 세계패권을 잡는 새로운 '중국의 꿈'을 설정하면서 그 방책으로 그들이 구시대의 악습으로 탄압했던 유교를 부활시키고, 한족의 정체성을 강조하며, 중화사상도 적극적으로 답습하고 있다. 따라서 고대부터 오늘날까지 이어지는 중국의 정체성을 이해하기 위해서는 한족과 유교와 중화사상의 형성과정과 그들 간의 상호작용을 이해하는 것이 필수적이다.

'문명국가'로서의 중국 문화는 BC 11세기에 황하 중하류 지역인 중원의 지배자가 된 주나라 시절에 그 근간이 형성된다. 군주는 하늘의 뜻을 대행하는 천자라는 '천명사상', 그 지배 영역은 하늘 아래 모든 땅이라는 '천하관', 중국 민족을 세계문명의 중심인 '중화'로 존중하고 주변 민족은 '이적'이라 하여 천시하던 '화이사상', 왕실 혈족이나 공신을 제후로 임명해 전국의 영토를 다스리게 한 '봉건제도', 천자와 제후의 관계에 혈연적 특징을 더한 '종법제도', 사회계층과 신분에 질서를 확립한 '예 사상' 등 중국 문화의 기초의 대부분이 이 시기에 형성된다. 종법제도는 적자 중 장자가 아버지 지위를 계승해 대종이 되고 둘째 아들부터는 소종이 되어 대종에게 복종하는 친족제도로, 주나라에서는 이것이 천자가 대종이 되고 제후는 소종으로서 복종하는 역할을 충실히 하는 봉건제도로 확장된다. 이는 권력체계에 혈연관계를 결합시킨 것으로, 실제로도 제후들 상당수가 혈연으로 이어져 있어 군주와 제후 간에 영토를 매개로 쌍무적 계약관계로 맺어진 중세유럽의 봉건제도와는 차이가 있다. 주나라는 후기 들어 왕들의 무능함으로 봉건질서가 와해되어 국력이 쇠퇴하고 이민족들의 침입이 잦아지자 BC 771년 수도를 낙읍으로 옮겨 동주시대를 연다. 이후 제후국들 간에 전쟁과 대립이 이어지는 춘추전국(春秋戰國)시대가 전개되면서 사회가 극심한 혼란에 빠져들지만 한편으로는 유가사상을 비롯하여 새로운 가치관을 정립하고자 하는 수많은 사상과 학파들이 나타나 중국사상의 황금기인 제자백가(諸子百家)시대를 이룬다.

BC 221년에는 진나라가 제후국들을 모두 무너뜨리면서 중국 최초로 통일국가를 건립한다. 진나라는 다양한 문화와 종족이 뒤섞여 있는 중국을 하나의 국가로 만들기 위해 제후국들이 사용하던 문자, 화폐, 도량형을 통일하고 거대한 나라의 울타리인 만리장성을 짓기 시작하면서 '하나의 중국'이라는 세계관을 형성한다. 진나라의 시조 진시황은 기존의 봉건제도 대신 모든 권력이 황제에게 주어지는 강력한 중앙 집권 체제를 구축하면서 최초로 황제 칭호를 사용했다. 13세에 황제가 된 그는 죽어서도 자신의 권세가 영원하기를 바라면서 거대한 지하궁전으로 지어진 황릉과 자신의 사후를 지켜줄 지하군대가 있는 엄청난 규모의 병마용갱을 짓게 하였다. 병마용갱의 무사와 말과 전차들은 적갈색 점토를 사용하여 실물 크기로 만들어졌는데, 사실적인 표현과 정교함이 놀라울 정도로 뛰어나고 고고학적 가치가 있어 1987년 세계문화유산에 등재된다. 진나라는 불과 15년 만에 멸망하지만 영토와 통치의 단일화를 통해 '중화'의 관념을 물리적으로 실현하였기에 중화의 단초를 마련한 것으로 평가된다.

이어 등장한 최초의 정통 한족 국가인 한나라 시대에는 북방민족들이 국가체제를 위협하자 이에 대응하는 과정에서 '한족'과 '중화'의 이념이 형성된다. 저널리스트 팀 마샬은 저서『지리의 힘』에서 한족의 탄생을 지정학적으로 설명한다. 현재 중국 인구의 92%를 차지하면서 중국의 정치 경제를 지배하고 있는 한족은 역사 초기부터 언어는 제각기 만다린어와 광둥어 등 지방언어들을 사용했지만 민족적으로 하나로 묶였고, 심장부인 중원을 지키려는 지정학적 욕구를 통해 정치적으로도 하나로 묶였다. 중국문명의 발원지인 중원은 강을 끼고 있는 넓고 비옥한 평지로 정치, 문화, 인구, 그리고 결정적으로 농업의 중심지이다. 중원 북쪽에는 현재 몽골영토이자 척박한 기후와 땅으로 유명한 고비사막이 있고, 서쪽은 티베트고원에서 히말라야로 이어지며, 남동쪽과 남쪽으로는 바다가 펼쳐진다. 이처럼 지리적으로 오직 중원만이 정착과 농경생활에 적합했던 관계로 초기 한족왕조들은 몽골을 비롯하여 자신들을 에워싼 이민족들의 숱한 위협에 대응해야 했다. 이에 그들은 먼저 내부를 평정하고 확장한 다음 바깥세계로 움직이는 '방어로서의 공격' 전략을 택한다. 내부평정의 일환으로 한족이라는 민족정체성이 탄생하고, 공자 시대에는 민족정체성에 대한 인식이 강화되어 '문명화된 중국'과 주위 '오랑캐 땅'의 구분이 생겨나면서 중화사상이 탄생한다.

| 진시황릉에서 1.5km 떨어진 곳에 있는 병마용갱

중화사상과 유교

중화사상은 중원에 자리 잡은 중국을 천하의 중심이자 가장 문화가 발달된 나라로 여기고 그 외 이민족들은 열등한 민족으로 천시하는 자민족우월주의 사상으로, 중국의 천자가 사방의 이민족들을 교화시켜 세상의 질서를 유지해야 한다는 이민족 정복주의의 근간이 된다. 천자는 복종하지 않는 다른 집단을 정벌할 수 있는 권한이 있어 중화사상은 중국 전 역사를 통해 군주들의 정치 군사적 팽창을 옹호하는 이념적 원동력이 되어왔고 오늘날까지도 이어지고 있다. 이는 유럽제국들이 동양을 지배하면서 우월한 인종인 백인이 미개한 동양인들을 교화시켜야 한다는 백인우월주의를 내세우는 것과 같은 맥락이다. 이로 인해 중국문명은 초창기부터 안과 밖, 나와 남을 구분하는 관습이 확고히 자리 잡는다. 중국 언론인 량치차오는 중국이 대륙 내부 활동공간은 매우 넓으나 외부로부터는 격리된 고립구조를 지닌 폐쇄적 지리환경을 가지고 있어 이와 같은 중국의 정체성을 만들었다고 설명한다. 고립된 광활한 대륙에서 자신들을 세계의 중심으로 생각하는 '천하관념'이 형성되고 이를 바탕으로 한족을 최고의 문명인으로 추켜세우는 민족우월주의가 탄생했다는 것이다.

중화사상은 한 무제가 유가사상을 국교로 채택하면서 더욱 체계화된다. 유가사상의 시조인 공자는 자신에게 정치를 맡긴다면 무엇부터 하겠다는 질문에 무너진 봉건질서를 회복할 수 있도록 이름부터 바로잡겠다, 즉 '정명'(正名)부터 하겠다고 말했다. 정명은 명분과 사실이 일치함을 의미하는 것으로 "임금은 임금답고, 신하는 신하다우며, 부모는 부모답고, 자식은 자식다워야 한다"는 사상이다. 정명은 인간 사회의 모든 행위 또한 그 이름에 적합해야 함을 의미한다. 공자는 '임금다움'을 덕과 예로 나라를 다스리는 것으로 규정하면서 군자의 도덕성을 정치의 근원적인 힘으로 내세웠다. 덕이 곧 왕권인 왕도정치는 왕이 덕치로 백성을 교화하는 것을 이상으로 삼아 중국은 물론 변경지역도 왕화의 수혜자로 포함시키면서 중화사상의 근간을 다진다. 물론 왕화의 영향은 중원에서 멀어질수록 약해질 수밖에 없지만 중국이 유일한 문명국이고 중국 황제가 전 인류를 대변하고 있다고 생각하여 지구상의 모든 지역을 중화문화권에 포함시켰다.

유교는 그 보수성이나 체제 안정을 추구하는 성격으로 인하여 한나라 이후에도 황제들에 의해 국가이념으로 채택된다. 국교가 된 유교는 군주권을 강화하는 근거를 제공하면서 왕이 절대적인 권력을 보유하는 중앙집권체제를 유지하는 데 도움을 준다. 중국학자 류쩌화는 저서 『중국정치사상사』에서 중국과 유럽 역사의 차이점 중 가장 주목할 점은 중국이 '대일통 전제국가', 즉 최고의 성인인 제왕을 정점으로 사대부는 각기 쌓아 올린 지식과 교양으로 제왕을 보익하고 제왕은 도덕정치에 만전을 기하며 사회 정점에 자리하는 왕권주의 국가라는 점을 꼽는다. 그는 법가, 유가, 도가 등의 중국의 주요사상들이 지향하는 것은 결국 왕권강화였다고 주장한다. 반면 유럽은 고대부터 왕권이 귀족과 교회와 평민들의 끊임없는 견제를 받아오다가 1789년에 일어난 프랑스혁명을 계기로 군주제가 무너지고 공화제가 탄생한다.

유교는 중국의 마지막 왕조인 청나라까지 국가 통치이념으로 존속해왔고 주변 한국과 일본에도 영향을 미치면서 수천 년간 동아시아에 유교문화권을 형성해왔다. 그러나 아편전쟁 이후로 서양의 문물과 기술들이 밀려들어오면서 유교는 전근대적 사상으로 지탄받기 시작한다. 청일전쟁에서 패한 후 광서제가 일본 메이지유신을 모범삼아 근대화를 추진하려 했으나 보수파의 반대로 개혁이 무산되자 광서제와 뜻을 같이한 신지식인들은 유교를 중국 근대화의 걸림돌로 여겼다. 공산당 정권이 들어서서는 공자는 지주계급의 이익을 대변하는 봉건적 이데올로기의 대표로 폄하되었고, 문화대혁명 시기에는 유교를 구시대의 악습이자 반혁명세력으로 지탄하면서 홍위병들이 공자묘를 파괴하고 유교경전을 불태웠다.

현대 들어 유교는 정치적 목적에 의해 다시 부활한다. 이는 중국공산당이 고속 경제발전의 부작용으로 국내에서 발생하는 여러 문제를 해결하고 대외적으로 세계의 공감을 받는 대국정치 실현을 위한 방책으로 유교를 활용하기 시작한 덕분이다. 유교는 오랜 세월 피지배자에게 위계질서와 안정의 가치를 내면화시켜온지라 사회질서를 유지하기에 탁월한 사상이었다. 경제성장 이후 물질만능주의가 유교의 자리를 대신하고 개인주의와 민주주의에 대한 열망이 일어나면서 사회기강이 무너지자 공산당은 체제유지와 정권안정을 위해 유교를 부활시킨다. 유교는 체제의 단일성과 통일을 강조하고 있어 중국 내 다민족 다문화사회의 통합과 중국과 타이완을 단일국가로 통일하는 양안통일(兩岸統一)에도 적합한 이념이었다. 중국지도부는 또한 유교를 세계적인 문화 소프트파워의 매개로 이용하기 위해 공자를 중화민족의 정신적 스승으로 부활시키고 유교를 중국 고유의 사상체계로 브랜딩하면서 '문명중국' 이미지를 구축하고자 한다. 아울러 그들은 실크로드와 해양무역로를 아우르는 '일대일로'(一帶一路) 정책을 수립하여 유라시아 일대와 더 나아가 세계를 '덕치' 하겠다는 신중화주의의 포부까지 밝힌다. 이처럼 오늘날 중국은 과거의 영광을 되찾는다는 명분으로 마르크스주의국가에서 다시 제국으로 회귀하고 있고, 시진핑은 2018년 종신선언을 하고 2022년 3연임이 확정되면서 신중화제국의 황제가 되어 종신독재의 시대를 이어간다.

한족의 민족 정체성

중국은 한족의 국가로 규정되어 있다. 그러나 중국 역대왕조를 한족 왕조와 비한족 왕조로 나눠보면 순수한 한족 왕조는 한, 송, 명 왕조에 그치고 나머지 거란의 요, 여진의 금, 몽골의 원, 만주의 청나라는 초원지대의 몽골 원을 제외하고는 모두 만주지역에서 흥기한 북방민족이 세운 정복국가들이다. 중국인들이 한족 왕조라고 말하는 수나라와 당나라도 순수한 한족 왕조가 아니고 주 지배층이 한족화된 선비족 계통의 왕조이다. 중국 최초의 통일제국인 진과 한이 생겨날 때에도 서융과 묘족은 한족 못지않은 영향을 주었다. 따라서 역사적으로 한족보다 비한족이 중국을 지배한 기간이 훨씬 길었고, 인종적으로도 중국은 한족만의 국가가 아니라 묘족·서융·선비·몽골·만주족 등이 함께한 인종의 용광로였다. 그럼에도 중국이 한족의 나라로 인식되는 데에는 한족 중심의 역사 기록의 영향이 크다.

유럽중심주의 역사가들이 유럽 역사를 주변 오리엔트의 영향은 배제한 채 우월한 백인의 진보의 역사로 기록한 것처럼, 한족 역사가들은 이민족에게 수없이 정복당한 수치의 역사를 중화주의의 우월감으로 만회하고자 변경의 북방왕조들이 더 선진적인 중원의 정치제도와 유교사상 등을 수용하면서 점점 한족화되었다고 기록해왔다. 역사적으로 북방왕조들은 소수인 그들이 방대한 중국의 영토와 한족들을 지배할 수 없다는 것을 알았기에 굳이 직접 지배하려 하지 않았다. 그들은 공식적으로는 중앙집권체제를 내세웠지만 실질적으로는 지방의 한족 엘리트들을 등용하면서 이원적 국가체제로 제국을 통치하였고, 그들의 고유문화를 유지하는 동시에 뛰어난 한족의 문화와 체제를 수용하면서 스스로 '중국화' 되어갔다. 이에 청조는 여러 북방민족이 한족에게 정체성을 잃고 동화된 역사를 반복하지 않기 위해 모든 공문서를 반드시 만주어와 한자로 병기하게 했고, 만주족의 변발과 치파오 같은 의복 스타일이 정착되면서 치파오는 중국 전통의상으로 자리 잡는다. 그러나 중화주의를 옹호하는 역사가들이 역사 왜곡을 통해 한족 중심의 중국을 만들어오면서 그것이 오늘날에는 국가통합과 소수민족을 탄압하는 도구이자 한반도를 비롯한 주변 동아시아가 모두 중국 역사 아래에 있었다는 동북공정의 근거로 사용되고 있다.

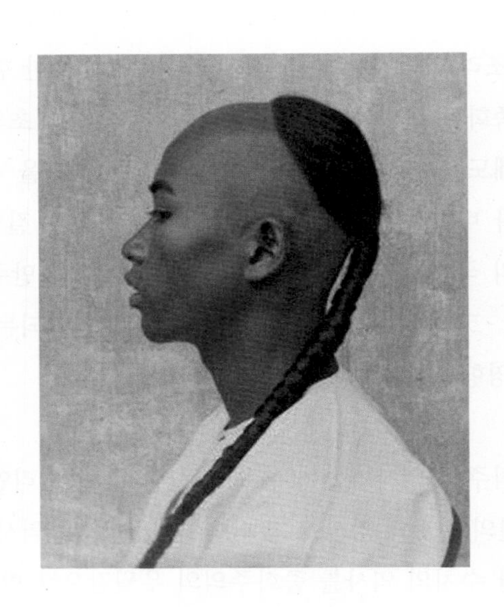

| 만주족 변발

| 청대 치파오

| 현대 치파오

그러면 한족은 과연 순수한 혈통인가? 중국의 현재 인구는 약 14억으로 한족과 만주족, 몽골족 등의 55개의 소수민족으로 구성되어 있는데, 그중 한족 비율이 92%이다. 이는 세계 인구의 19%, 아시아 인구의 48.1%이다. 란저우대학의 셰샤오둥 교수는 다민족국가인 중국의 일개 민족이 전 세계 인구의 19%를 차지하는 것이 과연 가능한지 의문을 품고 한족 혈통을 추적하였다. 그가 전통적 중원지역인 서북지역 소수민족의 DNA를 연구한 결과에 의하면, 현대 중국인은 어떤 특정 민족의 특질이 도드라지지 않고 다양한 민족의 특질이 고루 합쳐져 있어 순수 혈통의 한족은 없다. 즉 한족은 오래전부터 중원에 살고 있다고 생각되어 왔지만 이는 특정 시기의 한족을 주변의 다른 종족과 구별하기 위해 만든 지역적 구분일 뿐으로, 이제는 한족을 그렇게 지역적으로 따져 정의할 수 없다는 것이다.

한족이 하나의 혈통이 아니라는 또 다른 연구결과가 있다. 중국 유전학자들의 인류 DNA 서열 조사에 의하면 약 250만년 전 동아프리카를 벗어난 최초의 인류 조상은 아프리카와 유라시아의 두 지류로 나뉘었고, 그중 아시아의 한 지류로부터 한족과 티베트족이 파생되고 한족은 다시 남방 한족과 북방 한족으로 나뉘었다. 그런데 중국 유전연구소의 2001년 연구에 의하면, 난링산맥을 경계로 나뉜 남방과 북방의 한족들은 혈연 관계상 확연히 구분될 뿐 아니라 심지어 이들 두 한족 간의 유전자 차이는 한족과 소수민족 간의 유전적 차이보다 더욱 컸다. 이는 중국 인구의 92%가 한족이라는 중국 정부의 공식적인 인구통계를 정면으로 부정하는 연구결과이다.

그럼에도 한족 비율이 수치상 이처럼 높은 것에 대해 일부 역사가들은 두 가지 이유를 든다. 한족에 의해 정복당한 남방의 토착민들이 중화문화권에 편입하기 위해 출신을 속이고 한족 행세를 했거나, 한족과 혼혈로 태어난 후손들 절대다수가 민족선택 권한을 행사할 때 한족을 선택했다는 것이다. 결론적으로, 한족은 여러 민족이 복합적으로 구성된 문화적인 공동체로 생물유전학적 관점에서의 혈연적인 순수성은 없는 집단이다. 그러나 양이 질을 압도하고 전화하듯이 오랜 기간에 걸쳐 거대한 인구의 힘과 문화적 동화력으로 형성된 한족이라는 민족정체성은 오늘날까지 굳건히 이어져오면서 중국을 지탱하는 근간으로 작용하고 있다.

고대 왕조의 융성기

한나라가 멸망하고 혼란기가 시작되면서 중국판 『일리아스』로 불리는 소설 『삼국지』의 시대적 배경이 펼쳐진다. 이 시기는 당대의 영웅들인 조조, 유비, 손견, 관우, 장비, 제갈량 등의 영웅들이 활약상을 펼치면서 위, 촉, 오 삼국을 이룬다. 이후 진나라와 수나라를 거쳐 중국의 황금기라 불리는 당나라에 와서는 문물과 제도가 크게 발달하여 한나라에 이은 제2의 전성기가 시작된다. 그 뒤를 이은 송 시대에는 정치사회적 변혁과 명실상부한 상업혁명이 일어나 전근대국가로서는 믿을 수 없을 만큼 경제력을 발전시킨다. 송나라를 멸망시킨 몽골의 원나라 또한 송나라의 경제기반에 아랍 상인들까지 가세하여 경제 규모가 더욱 커진다. 1368년에 들어선 명 왕조는 아시아 최강대국의 전성기를 이루면서 세계적인 대도시 25개 중 9개가 중국에 있었다. 그 뒤를 이은 청 왕조 또한 약 300년간 지속되면서 아편전쟁 이전까지는 세계 최고의 부국으로 군림하였다. 이처럼 중국은 1100년대부터 한족과 비한족의 왕조들이 서양과는 비교할 수 없을 만큼 큰 발전을 이루면서 19세기 중반까지 아시아의 패권 국가로 존속해왔고, 유럽이 교역하기를 갈망하던 나라였다.

중국은 농경에 적합한 기후, 넓은 땅, 강력한 중앙집권체제의 3박자가 어울려 일찍이 번영을 이루고 대륙 내에서 유럽 전체에 비견할 만한 물자를 생산해내어 자급자족이 가능했다. 게다가 7세기 수나라 시절에 이미 중국판 지중해라고 할 수 있는 대륙을 남북으로 잇는 대운하를 건설하여 물자들이 대륙 곳곳으로 유통되었기에 굳이 해외식민지를 개척할 경제적 동기가 없었다. 해양진출도 교역이 필요해서가 아니라 중국의 문물을 과시하기 위해 배에 진귀한 물품들을 가득 싣고서는 동남아시아에서 멀리 아프리카까지 진출했다. 당시 중국의 선박건조와 항해기술은 유럽보다 뛰어나 15세기 명나라 영락제 시절에는 환관 정화의 지휘하에 엄청난 규모의 함대를 꾸려서 인도양과 페르시아만을 거쳐 아프리카 동부해안까지 일곱 차례나 진출한다. 이후 명나라는 내부의 정치적 분쟁과 몽골에 대항하기 위해 선박건조에 드는 재원을 만리장성 보수에 사용하면서 바다 진출을 멈춘다.

| 정화의 함대(뒤)와 콜럼버스의 배(앞)

중국이 적극 해외로 진출하지 않은 또 다른 원인은 전근대적인 '조공무역'이다. 당시 아시아 최강자로 군림하던 중국은 주변 제후국들에 대한 하나의 대외정책으로 그들에게 황실에 정기적으로 토산품을 비롯한 이국적인 공물을 바치게 하는 대신 공물에 대한 답례품을 조공품의 수배에서 심지어 수십 배까지 하사하였다. 조공은 중국과 주변국 간의 국제질서와 외교 관계를 규정하는 의례일 뿐만 아니라 공물과 하사품과 함께 사절단에 동행한 상인들이 개인적으로 가져온 물품들이 거래되는 상업 활동과 문물교류의 창구였다. 그러나 그 규모가 크지 않아 정상적인 국제무역의 역할을 하지는 못했다.

청조에서는 쇄국정책으로 인해 유럽인들은 오직 광저우에서 정부로부터 허가받은 상인들을 통해서만 무역을 할 수 있었는데, 이런 무역형태는 유럽 국가들의 수요를 충족시킬 수 없을 뿐만 아니라 그들에게 불리한 형태였다. 청나라는 유럽과의 무역을 조공의 한 형태로 생각했고 유럽으로부터 사고자 하는 물품들도 없었기에 영국사절단이 시장개방과 무역규제 완화를 요구하기 위해 황제접견을 요청하자 그들에게 중국식으로 황제에게 세 번 무릎을 꿇고 아홉 번 머리를 조아리도록 요구할 정도로 기세등등했다. 이는 당시의 두 나라의 경제적 위상의 차이는 물론 중화사상에 기반한 중국의 국제질서관에서 비롯된 것으로, 영국의 개방요구에 대한 황제의 답서가 이 모든 상황을 설명해준다: "왕조의 위대한 덕은 하늘 아래 모든 나라를 꿰뚫고 있으며 모든 나라의 왕이 땅과 바다를 통해 그들의 귀한 공물을 바친다. 너희 대사가 보았듯, 우리는 모든 것을 가지고 있다."

| 중국 청조 건륭제 시절의 조공무역 사절단 그림 (출처: The Asia-Pacific Journal)

중국이 바다 진출을 멈추는 시기에 서양에서는 본격적으로 대항해시대가 시작되면서 해양의 주도권이 유럽으로 넘어간다. 유럽 국가들은 15세기 중반까지 지중해와 동로마제국의 콘스탄티노플을 통해 동양과 교역을 하고 있었는데, 오스만제국이 동로마제국을 정복하면서 실크로드와 지중해 무역로를 차단하자 직접 인도양으로 가는 바닷길을 개척하기 시작한다. 그 과정에서 유럽은 신대륙을 발견한다. 그들에게 신대륙 발견은 신이 준 기회로, 신대륙에서 나오는 금·은·사탕수수 등의 자원으로 동양과의 교역을 확대하면서 자본주의를 발달시켰다. 『유럽중심주의를 비판한다』의 저자 제임스 블로트는 이 시기 서유럽의 발전을 그저 아메리카에 가까웠다는 '근접성' 때문인 것으로 본다. 아메리카대륙의 금광·은광·플랜테이션으로부터 부가 흘러들어왔고, 이들 지역의 노동력을 착취한 결과 봉건주의를 완전히 해체하고 다른 지역의 초기 자본가들을 무너뜨렸으며, 그것이 유럽에서 일련의 내적 변화들을 불러일으키고 그 변화들이 17세기의 정치적 전변으로 이어져 최종적으로 산업혁명과 산업자본주의를 낳았다는 것이다. 다시 말해 유럽이 자본주의를 수립하는 과정은 유럽과 아메리카대륙과 동양을 아우르는 세계적인 규모의 착취 과정이었다. 유럽이 아프리카에서 사들인 수천만 명의 흑인노예를 신대륙으로 데려와 착취하면서 생산한 자원들로 동양과 교역하고 식민지화하면서 자본주의가 출현한 것이다. 따라서 서구 자본주의는 본질적으로 타영토로 들어가 그들의 자원과 노동력과 시장을 지배하는 식민주의와 동전의 양면이다. 그것을 서구사학자들은 문명의 발전과 역사의 진보로 포장하면서 식민주의로부터 면죄부를 받고자 했다.

중국과 유럽의 다른 행보는 당시 두 대륙의 정치경제적 상황이 달랐던 이유도 있지만 자연환경과 산업양식에 따른 동서양의 문화적 차이로 해석되기도 한다. 중문학자 박석은 저서 『대교약졸』에서 서양문화와 중국문화를 비교하면서 전자를 발산형, 후자를 수렴형으로 설명한다. 서양문명의 근원지인 그리스는 바다에 가까운 구릉지에 형성이 되어 농업으로는 자급자족이 되지 않기에 상업과 수공업이 발달하면서 바다로 나가 교역을 하고 해외식민지들을 개척해야 했다.

이런 지형학적인 특성으로 인해 그리스 문화는 개인의 능력과 창의성을 중시하고 자연을 탐구하고 개척하면서 바깥으로 에너지를 발산하는 진취적인 발산형의 특징을 지닌다. 선조 그리스인들의 개척정신과 탐구심이 대항해로 이어지고 그것이 다시 과학혁명과 산업혁명으로 이어지면서 유럽은 근대화를 이루고 세계로 팽창한다. 반면 큰 강을 끼고 넓은 평야에서 농경을 주요 산업으로 하던 중국은 일찍부터 강력한 통일국가가 형성되고 농업이 주인 탓에 네 계절의 변화가 뚜렷한 자연환경 속에서 자연의 변화에 순응하고 어우러지는 것을 중시하면서 수렴형의 특징을 드러낸다.

대항해시대가 절정에 이를 때 즈음 탄생한 중국의 마지막 왕조 청나라는 1616년 누르하치가 여진족을 통합하여 후금국을 세운 후 1636년 태종 때 국호를 '대청'으로 개칭하면서 탄생한다. 이때 민족 명칭도 만주족으로 통일한다. 만주족·한족·몽골족의 세 종족을 지배하던 전성기의 청은 원나라를 제외하고는 중국 전근대 역사상 가장 영토가 넓었다. 현재 중국이 다시 확보하고 있는 내몽골, 티베트와 위구르뿐만 아니라 연해주와 타이완, 카자흐스탄 동부 일부 지역까지 전부 청의 영토였다. 청은 한족을 통치하기 위한 일환으로 문화 진흥을 추진하여 문화적으로도 중국 역사상 가장 발전한 시기 중의 하나였고, 자신들이 중화의 합법한 계승자임을 강조하기 위해 유교를 전승하고 북경어를 표준어로 사용하였다. 이처럼 청조는 약 300년간 중국역사에 여러 찬란한 업적과 유산들을 남기지만 영국과의 아편전쟁을 기점으로 몰락의 길을 걷는다.

근대 중국의 시작: 아편전쟁과 청조의 몰락

대항해시대 이후로 유럽 국가들이 인도양과 중국으로 몰려들면서 18세기 후반까지 세계경제는 중국을 중심으로 한 동아시아체제와 영국을 중심으로 한 유럽-신대륙체제가 정면 대립한다. 이 체제에서 중요한 역할을 한 것이 은이다.

당시 중국에서는 조세를 은으로 납부하게 하여 은 수요가 폭증하였는데, 때마침 유럽이 신대륙에서 은을 채굴하면서 수요와 공급이 적절히 맞물린다. 중국은 자국으로 몰려드는 유럽 국가들에게 도자기와 차 등을 수출하면서 신대륙에서 나온 은을 흡수하여 최대의 은 보유국이 된다. 스페인제국이 아메리카대륙에서 착취해온 은의 80%가 동남아시아를 거쳐 중국으로 흘러 들어갔다는 통계 자료도 있다. 특히 영국은 상류층이 중국의 진귀한 차와 값비싼 도자기에 열광하고 노동자들까지 차를 즐겨 마셔 막대한 양의 차를 수입해야 했던 반면, 중국은 무역으로 사야 할 것이 별로 없는 풍족한 나라여서 영국의 은 유출이 대단했다. 영국의 차문화는 1662년 찰스 2세와 결혼하는 포르투갈 공주 캐서린이 포르투갈의 식민지였던 인도 봄베이의 찻잎과 브라질의 플랜테이션에서 생산한 설탕을 지참금으로 가져오면서 영국 왕실과 귀족들 사이에 퍼져나갔다. 당시 유럽에서 차와 설탕은 왕실의 결혼지참금에 포함될 정도로 상류층의 기호품이었다. 영국은 차 수입으로 인한 무역적자가 갈수록 늘어나자 은 유출을 막기 위한 방책으로 아편 무역을 고안해낸다. 18세기 들어 청나라에서는 황실과 특권층에서 아편이 사치품으로 인기를 끌기 시작하면서 손님에게 차와 아편을 함께 대접하기도 했지만 공식적으로는 아편을 금지하고 있었다.

영국은 동인도회사를 통해 인도의 벵골지역에서 아편을 생산하여 중국에 밀수출한다. 가격이 싸서 황실에서부터 서민층까지 온 국민이 아편에 중독되면서 중국 사회와 경제가 엄청난 타격을 입게 된다. 아편 수입으로 인해 은이 대량 유출되면서 국가재정이 궁핍해지고 농민들의 생활고가 심해지자 1839년 중국정부는 아편 창고를 압수하여 아편을 모두 바다에 버린다. 이를 빌미로 다음 해에 영국이 해군을 파견해 중국을 공격하면서 제1차 아편전쟁이 일어났고, 영국의 일방적인 승리로 끝났다. 당시 중국은 막강한 경제력에 비해 군사력이 보잘것없고 배도 목선이었던 반면, 영국은 산업혁명으로 축적한 자금으로 군대를 육성하고 철제선체에 우수한 함포를 갖춘 함선을 가지고 있었다.

전쟁의 승리로 영국은 난징조약을 맺어 홍콩을 조차지로 양도받고 상하이를 조계지로 차지했으며 은화 2,100만 달러도 배상받는다. 조계지는 주로 개항장에 외국인이 자유로이 통상 거주하며 치외법권을 누릴 수 있도록 설정한 구역이고, 조차지는 타국으로부터 유상 또는 무상으로 영토의 일부를 일정 기간 빌려 자국의 통치 아래 두는 지역을 말한다. 영국의 홍콩, 포르투갈의 마카오, 독일과 일본의 칭다오가 대표적인 조차지로, 홍콩은 99년간 영국의 지배하에 있다가 1997년에 중국에 반환되었다. 1856년에 일어난 2차 아편전쟁 역시 영국과 프랑스가 연합하고 미국과 러시아가 지지하면서 영국이 승리한다. 이로 인해 영국을 지지한 프랑스 등의 서구세력과 일본이 중국에 조계지를 얻어 전격 진출한다. 오늘날 중국이 마약사범에 사형을 내릴 정도로 엄격한 이유는 바로 이러한 역사적 배경 때문이다.

19세기 중엽, 아편에 중독된 중국 서민들

설상가상으로 중국은 1894년 섬나라 오랑캐로 여기던 일본과의 전쟁에서도 패한다. 서양의 군사과학기술과 문물을 받아들이고자 했던 양무운동이 실패하고 여전히 구시대적인 체제에 침잠되어 있던 중국과 달리, 일본은 1868년 메이지유신으로 최후의 무사정권인 에도막부를 폐지하여 근대 통일국가를 세우고 서양의 문물과 제도를 적극적으로 받아들이면서 동양에서는 유일하게 근대화에 성공한다. 일본은 또한 서양이 산업혁명 이후 본격적으로 제국주의 팽창정책을 펼치자 '서세'(西勢)에 동참하여 '동점'(東漸) 현상을 격화시키는 첨병 역할을 자처한다. 이처럼 일본이 아시아의 열강으로 부상하면서 중화 중심의 질서를 위협하자 중국은 마지막 남은 조공국인 조선에 대한 통제권을 지키고자 애써오던 중 조선에서 동학운동이 일어나자 반란진압을 명분으로 조선으로 들어간다. 일본 또한 조선을 차지하려는 야심으로 조선으로 들어가 경복궁을 점령한 후 청나라에 선제공격을 퍼부으며 선전포고를 하자 중국도 이에 응해 1894년 청일전쟁이 일어난다.

중국은 일본에게 패하면서 조선에 대한 종주권을 박탈당하고 랴오둥반도까지 일본에 할양해야 했다. 그러나 당시 아시아를 노리던 러시아·프랑스·독일이 일본에게 랴오둥반도를 중국에 반환하라고 요구하는 '삼국간섭'을 하면서 서구 제국주의국가들 간에 중국 영토분할 경쟁이 촉발된다. 일본정부가 군사력 열세로 영유권을 포기하면서 러시아가 랴오둥반도 남부를, 영국은 웨이하이와 그 주변 지역을, 독일은 자오저우만 주변 지역을 각각 조차하여 중국 식민지화의 시작을 알린다. 이들 조차지들은 중국의 행정과 사법권이 미칠 수 없는 구역이어서 서구 열강들의 정치·경제·군사 활동의 거점 역할을 수행하였다.

청일전쟁 후 중국 중심의 동아시아 질서가 무너지고 일본이 지역 최강자로 부상하자 중국에서는 1898년 캉유웨이를 중심으로 입헌군주제로 정치개혁을 하고 스스로 자립의 힘을 키워 부국강병을 이룰 것을 주장하는 변법자강(變法自彊)파가 등장한다. 이들에게 동조한 광서제는 보수 세력인 서태후를 제압하기 위해 위안스카이를 끌어들이지만 그가 서태후 편에 서면서 광서제는 자금성에 유폐되고 개혁은 '100일 유신'으로 막을 내린다. 한편 중국에 진출한 서구 열강들이 각자 세력 범위를 구분하여 철도부설과 광산개발의 이권 등을 얻어내자 반외세세력인 의화단이 '부청멸양(扶清滅洋)'을 외치며 봉기한다. 이에 서태후가 이들을 끼고 서양연합군에 선전포고를 했지만 전쟁에서 패하여 베이징에 공사관구역 설치와 외국군대 상주를 허용하면서 중국은 실질적으로 서구열강의 반식민지가 되는 수순을 밟는다. 광서제는 베이징에서 유폐생활을 하다 37세의 나이로 사망하고, 서태후 또한 조카의 아들인 푸이를 황제로 지명한 다음날 지병으로 사망한다. 청조의 마지막 황제인 푸이는 1908년 12월 12일, 3살의 나이로 자금성 태화전에서 제12대 황제 선통제로 즉위한다.

서태후와 마지막 황제 푸이

영화 《마지막 황제》에서 서태후는 초반에 단 한 장면 등장하지만 그 임팩트는 강렬했다. 1908년 10월, 광서제가 죽자 서태후는 3살의 푸이를 황제로 정하여 그의 운명을 바꿔놓고서는 다음날 그녀도 세상을 뜬다. 서태후는 청나라 9대 황제 함풍제의 후궁으로, 함풍제가 죽자 5살의 아들 동치제를 내세워 수렴청정을 하였고 동치제가 18세에 천연두로 죽자 4살의 조카 광서제를 내세워 섭정을 했다. 서태후는 권력욕과 잔혹함으로 인해 희대의 악녀로 알려져 있지만 남성 위주의 정계에서 3명의 황제를 거쳐 47년을 통치한 것은 실로 대단한 일이었다. 서태후는 50살이 되면서 성년에 접어든 16살의 광서제에게 친정을 맡기고 이화원으로 물러났으나 권력은 여전히 그녀에게 있었다. 서태후를 언급할 때 자연히 동반되는 것이 그녀 권력의 상징물인 이화원이다. 서태후는 전쟁 중 화재로 소실된 황실의 여름별궁인 이화원을 인공 호수와 섬과 산을 조성하고 유물과 보물들로 장식하면서 6년에 걸쳐 재건한 후 그곳에서 온갖 사치와 향락을 누리며 지냈다. 그녀가 건축비를 조달하기 위해 해군함정의 건조비용까지 끌어쓴 탓에 이화원 개축은 청일전쟁 패배의 한 원인으로 지적되기도 한다.

서태후에 대한 사후평가는 다양하지만 통상적으로 시대의 흐름을 읽지 못한 완고한 보수주의자이자 권력에 집착하여 나라를 위한 개혁이나 부국강병에 반대하여 청조를 멸망시킨 지도자로 평가되어왔다. 청나라가 멸망한 데에는 서양 열강의 침략보다 보수적인 청 조정의 무능함과 중앙관료들의 부정부패가 더 큰 원인으로 지적되곤 하는데, 그 중심에 서태후가 있었기 때문이다. 푸이의 영어 교사이자 사학자인 존스톤은 저서 『자금성의 황혼』에서 서태후를 "절호의 기회들을 애석하게도 오용함으로써 세계에서 가장 오래된 제국을 붕괴시킨 대부분의 책임을 져야 할 인물, 그녀의 왕조와 궁정에서의 지위를 이용하려는 애국적이지만 편협한 보수파의 손에 자발적으로 조종된 꼭두각시"로 평한다. 그러나 일각에서는 47년간 통치권을 유지해온 그녀를 반대파를 일방적으로 탄압하지 않고 한족 출신 엘리트들을 등용하는 등 균형 잡힌 정치적 감각과 카리스마로 여러 난국을 수습하여 청을 존속시킨 지도자로 평가하기도 한다.

서태후의 명으로 3세의 선통제 푸이가 즉위하자 섭정왕인 부친 순친왕은 형인 광서제를 배반하고 서태후의 총애를 받았던 위안스카이를 실각시킨다. 그러나 1911년 10월 10일 우창에서 혁명이 봉기하자 위안스카이는 이를 진압한다는 명목으로 정계에 복귀하여 조정의 정치와 군사 실권을 장악하고 순친왕을 섭정에서 물러나게 한다. 그리고 1912년 1월 1일 쑨원이 중화민국을 발족하면서 당시 6살의 푸이를 퇴위시킨다는 조건으로 위안스카이에게 대총통 자리를 이양한다. 푸이가 퇴위되면서 청 왕조는 공식적으로 멸망하지만 황실 우대조건에 의해 푸이는 황제 칭호를 유지한 채 청나라 소조정의 황제로 지내게 된다. 비록 영국의 황실처럼 통치하지는 않으나 국가를 대표하는 상징적 지위조차 없는 소조정이지만 황실 유지는 민심의 혼란을 잠재우고 청의 세력이 잔존해 있음을 나타내는 의미가 있었다. 푸이가 국가의 재산과 인력을 사용하면서 황제로 살 수 있게 해준 황실 우대조건은 간략히 다음과 같다.

1. 대청 황제는 물러난 이후 존호는 계속 유지되며, 폐지되지 아니한다.
2. 대청 황제는 물러난 이후 세금 4백만 냥을 사용하며, 이후 신 화폐가 주조되면 사백만 원이 중화민국에 의해 지급된다.
3. 대청 황제는 물러난 이후 자금성에 잠정적으로 계속 거주하며, 이후 이화원으로 옮긴다. 시종하는 사람 등은 계속 쓸 수 있다.
4. 대청 황제는 물러난 이후 그 종묘와 능침에 대해 영구히 제사를 받들며, 중화민국은 적절히 호위하는 병사를 두어 그것을 신중히 보호한다.
5. 궁중에서 고용하는 집사 인원은 계속 유지되나, 이후에는 환관은 더 고용할 수 없다.

황제를 퇴위시키고 권력을 쥔 위안스카이가 독재세력을 굳히기 위해 쑨원을 탄압하자 쑨원은 일본으로 망명하여 위안스카이에게 반격할 힘을 모은다. 그러나 쑨원이 반격도 하기 전에 위안스카이는 1916년 제정을 복고하여 자신이 황제로 취임하려다 반대에 부딪혀 계획을 취소한 후 곧 병으로 사망한다. 위안스카이가 죽자 쑨원은 중국으로 돌아와 광둥에 국민당정부를 수립한다. 그 사이 남방에서는 군벌들이 일어나고 북방에서는 위안스카이 빈자리를 놓고 파벌 갈등을 일으키는 등 중국 전역에서 군벌 간의 내전이 계속되었다. 이런 혼란을 틈타 1917년 6월 장쉰이 청조 부활을 추진하면서 푸이를 황제로 복원시키지만 전국에서 복벽 반대운동이 일어나 푸이는 12일 만에 다시 퇴위된다. 그때까지도 청실우대조건이 유지되면서 푸이는 자금성 내에서의 생활을 지속하였다.

역사는 격변하는데 푸이는 자금성 안에서 이 모든 사실을 알지 못한 채 멈춰진 시간과 공간 속에서 살고 있었다. 13세의 푸이는 스코틀랜드인 존스톤을 가정교사로 맞이하면서 비로소 바깥세상에 대해 눈을 뜨기 시작한다. 존스톤이 자금성에 첫발을 들일 때 자금성 밖에서는 대학생들이 파리강화회의에서 결정된 일본의 산둥반도 점유 폐지를 요구하는 반일·반제국주의 시위를 벌이고 있었다. 존스톤은 『자금성의 황혼』에서 그와 푸이의 첫 만남에 대해 이렇게 적고 있다:

> "1919년 3월 3일 내가 웅장한 신무문을 통과해 처음 자금성 안으로 들어가자, 그곳에는 새로운 시간과 공간의 세계가 펼쳐져 있었다. 나는 바로 이 문을 통해 공화국에서 군주국으로, 그리고 20세기의 신 중국에서 로마제국 이전의 구 중국으로 들어왔던 것이다… 그리고 마지막으로 양심전의 내실에서는 가는 몸집에 점잖은 태도를 하고 간소한 옷을 입은 열세 살의 소년, 즉 세계에서 아마도 가장 오래된 옥좌의 마지막 점유자이자 천자이며 만세지군을 볼 수 있었다."

푸이는 존스톤을 만나 비로소 중국의 현황과 서양의 역사와 문화를 배우게 되고, 자의식이 생겨나면서 존스톤에게 신사가 어떤 존재인지를 물어본다. 존스톤은 말을 제대로 해서 의사를 제대로 전달할 수 있는 것이 신사의 자격이라고 알려주자 푸이는 "나는 신사가 아니오. 내 입으로 말할 수 없으니. 다른 사람이 내가 할 말을 대신 말해줍니다"라고 하면서 자신의 무력함을 토로한다. 푸이의 무력함은 영화에서는 열리지 않는 문으로 표현된다. 그는 자금성 내에서만 황제로 인정되므로 바깥 중화민국의 세상으로는 나가지 못한다. 심지어 어머니가 아편중독으로 자살하여 돌아가셨을 때에도 그 문은 열리지 않아 자금성은 그야말로 창살 없는 화려한 감옥이었다. 자금성에서 쫓겨난 후 만주에서 일본군이 마련해준 황궁에서 만주국 황제로 지낼 때에도 상황은 마찬가지였다. 황후가 외도로 가진 아이를 출산한 후 일본군에 의해 쫓겨나게 되자 푸이는 황후를 붙잡으러 뒤따라 나오지만 일본군들은 문을 닫아버린다. 그는 문을 열라고 소리치지만 문은 열리지 않는다. 이처럼 스스로 인생의 문을 한 번도 열어보지 못한 푸이가 스스로 문을 닫고자 할 때가 있었다. 영화 첫 장면에서 전범이 되어 중국 감옥으로 이송중이던 푸이는 자신의 삶을 마감하기 위해 화장실로 가서 문을 잠근다. 그러나 이 역시 실패하면서 푸이는 마지막까지 담장에 갇힌 삶을 살게 된다. 푸순 감옥에서 회색 담벽을 보면서 푸이는 이렇게 심정을 토로한다: "분명 평생 담장에 둘러싸여 벗어날 수 없겠지. 옛날에도 담장으로 둘러싸여 있었지만 아직 개개인의 존엄성을 간직하고 있었고 특수한 지위도 있었다. 그런데 지금 이 담장 안에서는 그런 것들도 모두 사라져버렸다."

존스톤은 푸이를 얽매고 있는 구제도의 관습에도 반발했다. 그는 푸이에게 자전거를 선물하면서 관습에 대한 첫 저항을 하였고, 푸이가 안경을 쓰지 않으면 실명할 수도 있다는 의사의 진단에도 황실 어른들이 관습에 어긋난다고 반대하자 그가 나서서 푸이에게 안경을 쓰게 한다. 존스톤의 영향으로 푸이는 변발을 자르는 등 서양의 생활양식과 사상을 적극적으로 받아들이면서 자금성 내의 개혁과 경비 삭감을 시도하기도 했다. 그 첫 조치가 황실의 보물들을 빼내는 환관들의 책임자를 쫓아내고 창고 조사를 하게 한 것이다. 그러나 환관들이 자신들의 비리를 덮으려 창고에 불을 지르자 푸이는 어릴 적부터 함께한 1,200명의 환관을 모두 쫓아낸다. 환관들은 쫓겨나면서 모두 조그만 항아리를 들고 나가는데, 그 항아리에는 죽을 때라도 온전한 남성으로 죽을 수 있도록 그들의 잘린 성기가 보관되어 있었다. 푸이는 17세가 되면서 황후와 후궁을 맞이하고 그들과 함께 테니스를 치고 소일거리를 하며 무기력한 황제의 일상을 보내지만, 더 넓은 세상으로 나가고 싶어 옥스퍼드대학 유학을 꿈꾸기도 한다.

그의 꿈은 1924년 북경정변을 일으켜 베이징을 장악한 군벌 펑위샹이 푸이와 청나라 황실에 대한 예우를 폐지하고 그를 자금성에서 퇴출시키면서 시작도 하지 못한 채 좌절된다. 펑위샹은 "혁명으로 공화제를 선포한 지 13년이 지났다. 아직도 황제라는 폐물이 2000여 명을 거느리며 황제놀이 하는 건 말이 안 된다"라고 말하면서 푸이에게 자금성을 떠나라는 명령을 내린다. 푸이는 16년 만에 처음으로 자금성 밖으로 나간다. 존스톤은 영국대사관이 망명을 허용할 것이라고 말했지만 영국을 비롯한 서양 대사관들은 중국 내정간섭으로 비칠 수 있다며 나서지 않았다. 일본정부만이 그를 받아주어 푸이는 존스톤의 도움을 받으며 톈진의 일본 조계장원으로 이주한다. 푸이는 존스톤을 '위험에 빠진 나를 앞장서서 구해준 나의 사부'로 칭할 만큼 그를 의지했고, 존스톤 역시 그를 아껴 자금성을 떠난 후에도 영국과 중국을 오가면서 푸이와 계속 돈독한 관계를 유지하였다. 그는 영국으로 돌아가서 푸이에 대한 회고와 중국의 근대사를 기록한 『자금성의 황혼』을 저술하여 푸이에게 헌정한다.

영화에서 푸이는 왜 일본을 택했냐는 공산당원의 질문에 중국은 자신을 암살하려 했고 일본은 자신을 도우려 했다고 답한다. 만주국을 세운 관동군은 러일전쟁(1904)의 승리로 일본이 러시아로부터 넘겨받았던 조차지들을 관할하는 군대로, 중국인과 조선인을 대상으로 끔찍하고 반인륜적인 실험을 자행한 100부대와 731부대 운영을 위시해 수많은 전쟁범죄를 저지른 중국침략의 선봉이었다. 관동군이 푸이를 내세운 것은 그들의 만주침략에 대한 국제연맹의 비난과 국제사회의 압력을 피하기 위한 것이었다. 푸이는 퇴위 직후 국민당 군대가 건륭제와 서태후의 능묘들을 파헤치고 약탈하는 일이 일어나자 격노하면서 자금성 출궁 사건과 함께 중국이 자신에게 등을 돌렸다고 생각한다. 이에 푸이는 1931년, 청조 복벽(復辟)을 조건으로 만주국 집정관에 취임하여 일본군이 마련해준 위만황궁에 거처하게 된다.

푸이는 자신의 조상인 누르하치가 그곳에서 명나라를 물리치고 중원을 장악하여 청 왕조를 건국했듯이 자신도 그곳에서 새로이 시작하려는 꿈을 품었다. 그는 자신의 취임식을 청조 부흥의 출발점으로 여겨 광서제가 입었던 곤룡포를 입고 등장하지만 일본이 이를 허용하지 않아 일본 측이 준비한 대원수복을 입고 황량한 벌판에서 초라하게 취임한다. 그 순간부터 푸이는 꼭두각시였다. 만주가 일본의 식민지가 아닌 만주로 독립되어야 한다는 푸이의 주장은 완전히 무시되었고, 만주국의 독자적인 군대나 국적법도 존재하지 않았다. 만주국 관직의 절반가량을 일본인이 차지했고, 주요사항을 결정할 때면 관동군의 인증을 받아야 했으며, 태평양전쟁 시에는 일본군에 물자를 지원하는 전쟁 보급기지 역할까지 해야 했다. 일본이 패망하자 푸이는 비행기로 일본으로 탈출하려다 소련군 공수부대에 붙잡혀 소련에서 감옥살이를 한 후 1950년 중국으로 인도된다. 그는 1946년에는 도쿄 전범재판의 증인으로 소환되어 만주국의 만행을 증언하였다.

푸이는 감옥에서 자서전 『나의 전반생』을 쓰면서 비굴할 정도로 마오쩌둥과 중국 인민을 숭배하고 형무소 생활을 미화한다: "감옥은 내가 가장 사랑하는 학교였다. 10년 동안 옳고 그른 것과 운명이 뭔지를 배웠다. 인류에게 이익이 되며 인민의 운명과 함께할 수 있는 운명이 가장 아름다운 운명이다." 당시 마오쩌둥은 중국을 방문한 서구세계 인사들에게 푸이의 개조 사실을 홍보하기 위해 그를 만나볼 것을 권유했다고 한다. 한 에피소드로, 푸이를 방문한 멕시코 기자가 미국 언론이 "마지막 황제 푸이는 처참하게 세상을 떠났다"라고 오보를 한 사실을 언급하자 "맞다. 마지막 황제이며 일본 침략자들의 괴뢰였던 푸이는 이미 죽었다. 나는 새로 태어난 노동자다"라고 답했다고 한다. 푸이는 1959년 모범수로 특별사면 되어 수상 저우언라이의 배려로 베이징 식물원 정원사와 문서작업 일을 하다가 1962년 한족 출신의 간호사와 다섯 번째 결혼을 한다. 이 결혼은 "모든 인민은 평등하다"라는 공산당 이념을 선전하기 위해서 주선된 것으로, 푸이는 감옥을 나와서도 자신의 의지대로 살지 못했다. 1966년 문화대혁명이 일어나자 그는 신장암이 심했지만 봉건분자라는 이유로 어떤 병원에서도 그를 받아주지를 않아 제대로 진료도 받지 못한 채 1967년 사망한다.

영화는 푸이가 3살에 즉위식을 했던 자금성으로 돌아가서 끝난다. 모범수로 특별사면되어 평범한 노동자의 삶을 살고 있는 푸이는 어느 날, 해가 질 녘에 옛 추억에 잠겨 이전 자신의 거처였던 자금성에 표를 끊고 들어간다. 그가 앉았던 황제의 자리에 가보기 위해 출입을 금지하는 줄을 넘자 자금성 경비원 아들이 나타나 누구인지를 물어본다. 그는 자신이 황제였다고 말하면서 그를 증명하기 위해 의자 아래에서 60년 전의 즉위식 때 한 고관이 준 귀뚜라미 통을 끄집어낸다. 그 통에서 살아 있는 귀뚜라미가 나오자 아이가 푸이를 돌아보지만 푸이는 사라지고 없다. 그리고 자금성 관광객들에게 가이드가 청조 마지막 황제는 푸이였고 1967년에 죽었다고 설명하는 장면이 이어지면서 그의 일생이 이제 하나의 역사가 되었음을 알려준다.

일생을 꼭두각시로만 살아야 했던 그의 비극적인 인생이 과연 그의 의지와는 무관한 역사만의 탓이었는지는 생각해봐야 할 문제이다. 푸이에게 일자리도 구해주고 식사에 초대도 하면서 호의적이었던 저우언라이는 그에게 이렇게 말한다: "어린 시절 일로 당신을 비난할 수는 없습니다. 세 살에 황제가 되고 1917년에 황위 회복의 쿠데타를 일으킨 문제에 당신의 책임은 없습니다. 그러나 그 후에 일어난 일에 대해서는 충분히 비판받아야 합니다. 일본 영사관구로 뛰어들었을 때, 일본인의 보호를 받아 톈진으로 갔을 때, 그리고 만주국 원수가 되는 데 동의했을 때 당신은 자신이 무엇을 하고 있는지 완전히 이해하고 있었습니다." 이에 푸이는 "어린 시절이라 하더라도 좀 더 분별력이 있어야 했습니다"라고 답했다. 이미 몰락하는 왕조를 물려받고 퇴위를 당하면서도 그 사실을 모른 채 소조정에 갇혀 지내던 그는 감당할 수 없는 자금성 밖 현실에 내던져지자 살기 위해 일본이 내민 손을 잡았지만 철저히 이용만 당했다. 만주국을 통한 청조 복벽이 실현 불가능한 꿈이라는 사실을 그도 알고 있었을 것이다.

그는 황제였지만 권한을 부여받았던 적이 한 번도 없었다. 오직 환관과 궁녀들만이 그를 떠받들고 복종했을 뿐이다. 그래도 일국의 황제였기에 그의 역량의 부족함에 대한 비판을 불식시키지는 못하겠지만, 어린 나이에 그를 자금성에 유폐시켜 눈과 귀를 막았던 역사적 현실이 그에게 너무 가혹했다. 푸이는 감옥에서 나온 후 자신을 자금성에서 쫓아낸 루종린과 신해혁명의 첫 번째 무장봉기를 일으킨 시옹빙쿤을 만나 사진을 남겼는데, 그 사진은 그의 인생이 마지막까지 꼭두각시 인생이었음을 말해준다. 그는 평생을 귀뚜라미 통에서 살다가 죽음을 통해 비로소 그 통에서 해방된다.

| 왼쪽부터 루종린, 푸이, 시옹빙쿤

일본은 만주국 설립을 시작으로 중국 전 영토에 걸쳐 침략전쟁을 벌인다. 제1차 세계대전에서 연합군 편에 참전하여 승리를 거두면서 빠르게 성장하던 일본은 이후 관동대지진과 미국 대공황의 여파로 경제가 침체하자 이를 타개하기 위해 중국을 식민지로 만들어 자원을 확보하고자 했다. 일본은 1931년 만주사변을 시작으로 1932년과 1937년의 상하이사변, 1937~1938년 난징대학살 등 중국 전역에서 끔찍한 대학살을 이어간다. 당시 중국에서는 국민당과 공산당이 내전을 치르고 있었지만 일본의 공격을 막아내는 것이 우선이어서 두 당은 국공합작으로 항일민족통일전선을 형성한다. 일본군은 수백 만의 대군과 근대병기를 동원하여 약 1,200만 명의 중국인을 살육하며 중국을 침략했지만 중국 군대와 민중의 항전이 거세어지면서 전쟁은 장기화된다.

중일전쟁이 장기화되자 일본은 자원 조달을 위해 인도차이나 반도로 눈을 돌린다. 이에 그곳에 식민지를 둔 미국, 영국, 네덜란드, 프랑스가 반발하여 일본의 물자공급을 모두 끊어버리자 일본은 이를 해결하기 위해 동남아시아 진출을 더욱 강하게 밀어붙이는 동시에 아무도 예상치 못한 작전을 세운다. 1941년 12월 7일, 일본은 미국 태평양함대 기지가 있는 하와이의 진주만을 기습 공격한 후 무서운 기세로 동남아시아 지역을 확보한다. 이를 계기로 미국이 제2차 세계대전에 참전하면서 태평양을 사이에 두고 일본과 치열한 전투를 벌인다. 미국이 미드웨이해전에서 크게 승리하면서 동남아시아를 되찾자 전투기가 부족한 일본은 동남아시아로 진군하는 연합군 군함을 폭파하기 위해 자살공격 특공대인 '가미카제'를 출격시킨다. 이후 미국이 일본 본토를 공격하면서 1945년 8월 6일과 9일에 히로시마와 나가사키에 원자폭탄을 투하하자 8월 15일 정오에 일본 일왕이 무조건 항복을 선언한다. 다음의 두 영화는 한 중국 여성과 상해에 거주하던 한 영국 소년이 겪은 중일전쟁의 참상을 보여준다.

붉은 수수밭 紅高粱 Red Sorghum, 1988

개요: 드라마, 전쟁 | 중국 | 90분
감독: 장예모

영화 《붉은 수수밭》은 중일전쟁 시절 일본군이 저지른 만행과 항일 게릴라 활동, 그리고 일본군에 대한 민중의 저항 이야기를 들려준다. 영화의 원작은 모옌의 『홍까오량 가족』으로, 2012년 노벨문학상 수상작품이다. 장예모 감독과 공리의 첫 데뷔작인 이 영화는 뛰어난 영상과 작품성으로 베를린국제영화제 대상인 황금곰상을 비롯하여 각종 영화제 상을 수상한다. 장예모는 문화대혁명 시절 농촌에서 노동에 종사하는 하방생활을 경험한 후 북경영화학교의 휴교령이 해제되자 그곳에서 공부한 '5세대 영화감독' 중의 한 명이다. 문화대혁명 이전의 중국 영화는 이데올로기의 선전도구에 지나지 않았지만 5세대 감독들은 문화대혁명 시기에 겪었던 경험을 바탕으로 중국의 현실에 대한 새로운 시각을 제시하는 한편 감독의 주관과 예술성을 중시하는 작가주의 경향을 나타낸다. 영화기법에서도 빛과 색채나 몽타주 등의 시각효과를 부각시키면서 새로운 영상미학을 추구하였다. 뛰어난 촬영기사이기도 한 장예모는 영화에서 화면 가득 채운 붉은색으로 중국 민중들의 원초적인 생명력을 표현하는 색의 미학을 유감없이 구현하고 있다. 중국은 고대부터 빨강을 중국의 기상과 정서를 표현하는 색으로 인식되어 황실을 상징하는 색으로 사용하였고 명나라 말기부터는 민중들도 사용하면서 오늘날까지도 모든 중요한 날이나 행사에 주변 모든 것을 빨강으로 치장한다.

영화의 배경은 중일전쟁이 발발하기 전인 1920~1930년대의 산둥반도이다. 가난한 집안의 추알은 18세의 나이에 나귀 한 마리를 받고 오십이 넘은 나병환자인 양조장 주인에게 팔려간다. 양조장으로 가는 길은 거대한 붉은 수수밭 길이었다. 혼례 가마 속에서 추알은 건장한 가마꾼 유이찬아오와 눈이 마주친다. 추알은 양조장에 도착하여 두려움 속에 첫날밤을 지낸 후 관습에 따라 3일 만에 친정 나들이를 나선다. 추알이 수수밭 길을 지날 때 유이찬아오가 복면을 쓰고 나타나 추알을 수수밭 속으로 데려가고, 그를 알아본 추알은 저항 없이 관계를 맺는다. 추알이 양조장으로 돌아오니 남편은 살해되었고 일군들은 떠나려 한다. 이에 추알이 주인, 하인 없이 모두 동등한 자격으로 같이 일해서 이익을 똑같이 나누자고 제안하면서 그들을 붙잡는다. 그녀의 당찬 제안은 농촌사회의 봉건질서를 깨는 것인 동시에 중국 대대로 여성에게 요구되는 부덕과 여성의 지위에 대한 변화를 의미한다. 장예모는 1920년대를 배경으로 한 영화《홍등》(1991)에서는 본처와 3명의 후처 간의 시기질투와 갈등을 통해 여성을 한갓 남성의 성 노리개로 여기는 사회적 관습이 여성의 영혼을 어떻게 파괴하는지를 보여준다. 관습을 깨고자 하는 추알은 일꾼들에게 자신의 이름을 부르라고 요청하지만 가장 오래된 일꾼 뤄한은 그녀를 마님이라고 부르면서 변화 속에서도 질서를 잡아준다. 추알은 뤄한을 친오빠처럼 여기며 따르고 의지한다.

어느 날 술에 취한 유이찬아오가 양조장으로 들어서서 추알을 범한 사실을 사람들에게 떠벌리며 추알의 거처로 밀고 들어가려 하자 그의 무례한 행동에 분노한 추알은 그를 쫓아낸다. 그러나 추알이 조직폭력배 삼포에 의해 납치당하여 뤄한이 어렵게 돈을 마련해 풀려나는 사건이 발생하자 유이찬아오는 다시 양조장으로 와서 새로 빚은 고량주에 오줌을 누고 횡포를 부린 후 그녀를 안아 들고 안채로 들어간다. 그는 추알에게 보호자가 되고자 했고 추알도 이를 받아들인다. 그런데 유이찬아오가 오줌을 눈 고량주는 어느 해보다 맛있는 고량주가 된다. 이 사실을 알리려 추알의 처소를 찾은 뤄한은 그녀가 유이찬아오가 함께 있는 것을 보고는 그녀를 처음으로 추알이라고 부르면서 양조장을 떠난다. 이러한 뤄한의 행동은 매우 상징적인 것으로 중국사회 변화의 한 흐름을 나타낸다. 추알 곁에 유이찬아오가 있어 더 이상 자신의 보호가 필요 없다고 판단한 것도 있지만 한편으로는 사회에 혁명의 물결이 일면서 일군이 마님을 모시던 시대는 이제 지나갔음을 암시한다.

추알과 유이찬아오는 아들을 낳고 양조장을 운영하면서 평화로운 삶을 살아가지만 일본군이 쳐들어오면서 마을의 평화는 깨어진다. 일본군은 군영도로를 건설하겠다며 주민들을 동원하여 수수밭을 짓밟게 하면서 그들의 삶의 기반을 파괴한다. 누가 씨를 뿌리고 재배하지 않았는데도 자연히 나고 자란 야생의 붉은 수수밭은 중국 민중들의 삶의 터전이자 원초적인 생명력의 상징이었다. 일본군은 자신들에게 저항하는 사람을 매달아 산 채로 가죽을 벗기는 비인간적인 행위까지 서슴지 않고 저질러 민중들을 공포로 몰아넣는다.

일본인들이 침략지에서 보여주는 잔인함은 그들 영토 내에서의 일본인들의 모습과는 매우 상반된다. 이는 고대부터 내려온 일본인의 특성 때문으로, 그들은 안과 밖을 구분하는 집단의식이 강하고 외부세력의 침략에 대한 공포가 그들의 DNA에 잠재되어 있어 일본인 이외의 집단에 대해서는 강한 경계심을 드러내며 배척해왔다. 특히 자신들이 상대에 비해 수적으로나 질적으로나 우세함이 드러나면 공격성은 도를 넘을 정도로 증가하고, 집단의 규칙과 명령은 어느 누구도 이견을 제시하지 못하고 절대적으로 따라야 했다. 이는 그들의 집단의식이 공동체의식이 아니라 조직문화이기 때문으로, 집단의 규율과 행동지침을 어기는 것은 배신으로 여겨져 아무리 야만적이고 비도덕적일지라도 따라야 한다.

어느 날 마을을 떠나 항일 게릴라로 활동하던 뤄한이 일본군에게 잡혀 마을 사람들 앞에서 산채로 가죽이 벗겨진다. 그의 처참한 죽음에 분노한 추알이 남편과 양조장 사람들에게 일본군에게 저항할 것을 호소하자 그들은 고량주 폭탄을 만들어서 일본군이 지나갈 때 터뜨리기 위해 수수밭에 잠복한다. 예상보다 잠복시간이 길어지자 추알은 그들에게 음식을 가져가는데, 그때 일본군이 나타나 추알이 기관총 세례로 죽고 뒤늦게 고량주 폭탄이 터져 수수밭은 화염에 쌓인다. 피와 화염으로 온통 붉게 물든 대지 위에서 유일하게 살아남은 유이찬아오과 그의 아들은 함께 서서 붉은 해가 이글거리는 하늘을 본다. 그 순간 개개일식이 일어나고 붉은색이 화면 전체를 채운다. 그 붉은 색은 일본군에게 몰살당한 민중의 피이자 그들의 저항 의식의 표출이었다.

온통 붉은 색의 강렬한 이미지 속에서 감독은 추알의 죽음을 감상적으로 그리지 않는다. 일식 후 다시 나타난 태양을 보며 어린 아들은 "엄마 좋은 곳으로 가세요, 항상 웃으면서 부족함 없이 살아요"라고 힘차게 노래를 반복한다. 중국 고대 서적 『회남자』에 "태양은 덕이요, 달은 벌이라. 달이 뜨면 만물이 죽고 해가 뜨면 만물이 살아난다"라는 구절이 있다. 달이 해를 가린 것은 일본의 중국 침략을 상징하고 해가 다시 나타난 것은 중국이 일제의 침략으로부터 벗어나 재기할 것을 상징하는 듯하다.

태양의 제국 Empire Of The Sun, 1987
개요: 전쟁, 드라마 | 미국 | 153분
감독: 스티븐 스필버그

스티븐 스필버그 감독의 영화 《태양의 제국》은 J.G. 발라드의 동명의 소설을 영화화한 것으로, 작가가 실제로 겪은 일을 기반으로 하고 있다. 영화의 배경은 태평양전쟁 시절의 상하이다. 오늘날의 경제수도인 상하이는 역사가 길지 않은 도시이다. "중국 100년의 역사를 보려면 상하이로, 1천 년 역사를 보려면 베이징으로, 3천 년 역사를 보려면 시안으로 가라"는 말이 있다. 시안은 진나라의 요람이자 진시황이 통일 제국의 기틀을 마련했던 도시로 역사상 가장 많은 왕조가 도읍지로 정한 역사적 도시이다. 베이징은 중국 북방왕조들의 요충지였고 원, 명, 청, 그리고 오늘날 중화인민공화국의 수도이다. 동부 연안의 작은 어촌에 불과했던 상하이는 1차 아편전쟁에서 영국이 승리하면서 증기선 선박에 적합하다는 이유로 영국의 조계지가 된다. 이후 도시 인프라가 구축되고 영국식 건축물들이 세워지면서 상하이는 빅토리아시대의 문화를 옮긴 듯한 도시가 된다. 2차 아편전쟁 역시 영국이 승리하면서 상하이는 영국을 도운 프랑스·일본·미국 등 8개국의 조계지가 되어 서구 자금과 문물이 유입되고 서양식 건축물들이 대거 들어서면서 동양의 파리로 불리게 된다. 오늘날의 상하이는 황푸강을 사이에 두고 영국식 석조건물들이 즐비한 구도심 와이탄과 불과 20여 년 만에 마천루가 즐비하게 들어선 신도시 푸동이 마주 보면서 제각기 중국 굴욕의 역사와 무섭게 성장하는 현대 중국의 대조적인 모습을 보여준다.

아편전쟁으로 상하이를 조계지로 차지한 영국인들은 사업을 위해 상하이로 이주해와서는 영국 도시 같은 타이판에서 중국인을 하인으로 부리며 호사스러운 생활을 하고 있었다. 당시 중국은 일본이 만주사변을 시작으로 상해에서 두 차례 무력충돌을 일으키고 중국판 홀로코스트인 난징대학살을 저지르면서 대륙 전체에 전운이 감돌았지만 상하이 거주 외국인들은 국제거주조약의 보호를 받고 있어서 전쟁을 실감하지 못하고 파티를 여는 등 평화롭게 살고 있었다. 그러나 일본군이 상하이 외곽에 배치되어 본격적인 전쟁신호탄이 될 진주만 기습 소식을 기다리면서 그들에게도 전운이 드리운다.

| 황푸강 왼쪽 신도시 푸동, 오른쪽 구도심 와이탄

11세 소년 짐은 상하이에서 사업을 하는 부유한 영국사업가의 아들로 전투기 조종사를 동경하는 천진난만한 소년이다. 1941년의 어느 날, 파티에 참석 중이던 짐은 야외에서 모형비행기를 날리다가 언덕 너머에 일본군이 잠복해 있는 것을 본다. 곧 전쟁이 일어날 것을 예감한 짐의 아버지는 호텔로 거처를 옮겨 국외로 피난 갈 준비를 하지만 바로 그날 일본의 상하이 공습이 시작되어 호텔에서 나와 피난길에 나선다. 땅에 떨어진 비행기를 줍던 짐은 피난 인파 속에서 가족과 헤어지게 되고, 집에 가 있으라는 어머니의 말을 따라 집으로 돌아간다. 집에 있던 식량이 다 떨어지자 거리로 나온 짐은 자신의 신발을 노리는 중국인의 추적을 피하다 미국인 프랑크와 베이시를 만나게 되고, 그들과 함께 일본군 비행장을 짓는 수초우수용소로 보내진다.

그곳에서 짐은 평소 동경해온 비행기를 실제로 보고는 감격하여 비행기를 만지고 일본조종사에게 경례를 한다. 철장 너머에는 짐처럼 단지 비행사가 되고 싶어 어린 나이에 군에 입대한 일본인 소년비행사가 있었다. 두 소년에게 전투기는 사람을 죽이는 무기가 아니라 멋진 자동차처럼 그저 선망의 대상이었고, 적군과 아군의 개념도 없었다. 4년을 수용소에서 지내던 짐은 어느 날 패색이 짙어진 일본이 자살공격대인 가미카제 특공대를 출격시키는 모습을 지켜보면서 조종사들에게 경례를 한 채 어릴 적 교회 성가대에서 부르던 노래를 부른다. 짐은 출격의 의미를 몰랐지만 그의 노래는 부하를 사지로 보내는 일본장교와 수용소 사람들의 마음을 숙연하게 만든다. 이 장면은 사람의 목숨을 무기로 삼는 잔인한 전쟁이 말살하는 휴머니즘에 대한 본능적인 애도와 살아남기 위해 애써 억눌러왔던 유복하고 평화로웠던 짐의 유년 시절의 기억이 무의식적으로 함께 나타난 순간이었다. 일본 비행기는 일장기를 연상시키는 태양을 향해 날아가다가 폭발한다.

짐은 두 차례 수용소를 옮겨 다닌 후 홀로 수초우수용소로 돌아온다. 그곳에는 수용소에 온 첫날 만났던 일본 소년병이 남아 있었고, 둘은 친구가 된다. 가미카제로 출격하려 했으나 비행기가 뜨지 못해 살아남은 소년병은 죽음에 대한 공포보다 비행기를 조종하지 못한 것을 더 아쉬워했다. 두 소년은 서로를 만나 비로소 본연의 아이의 모습으로 돌아가지만 그곳으로 의약품을 약탈하러 온 베이시가 일본소년병이 칼을 들고 과일을 자르려는 것을 짐을 해치려는 것으로 오해하여 총을 쏜다. 짐이 그를 살리려고 애쓰는 순간 죽어가는 소년병의 모습에 그의 어릴 적 모습이 겹쳐진다. 짐이 살리고 싶은 것은 소년병인 동시에 전쟁이 앗아간 자신의 순수한 어린 시절이었다.

짐은 같이 떠나자는 베이시를 뿌리치고 혼자 수용소에 남아 미군 비행기가 뿌려주는 비상식량을 먹으며 지내다가 미군에게 발견되어 전쟁고아원으로 보내진다. 전쟁이 끝나고 부모들은 그곳으로 아이들을 찾으러온다. 짐의 부모는 아이들 속에서 초점 없는 눈을 한 채 멍하니 서 있는 짐을 발견한다. 살아남기 위해 본연의 모습을 다 버리고 치열하게 생존해오다 전쟁이라는 현실이 사라지자 자아를 상실해버린 모습이다. 짐은 엄마 품에 안기면서 비로소 안도하지만 그의 공허한 눈은 그가 다시는 이전의 평범한 아이로 돌아갈 수 없음을 말해준다.

현대 중국의 탄생: 중국공산당과 중화인민공화국

중국공산당은 1919년에 일어난 5.4혁명을 계기로 형성되었다. 1918년 제1차 세계대전이 종료되면서 파리강화회의에서 패전국 독일의 조차지인 산둥반도를 일본에 이양한다는 조약이 통과되자 1919년 5월 4일에 베이징대 학생들 3천여 명이 천안문에 모여 정부의 매국적 조치에 대해 항의시위를 한다. 정부는 초기에는 가혹하게 시위를 진압했지만 국민의 분노가 격해지고 시위 규모가 전국적으로 확대되자 결국 학생들을 석방하고 관련 외교관들을 파면하면서 강화조약 서명을 거절한다. 시위가 대학생 중심의 정치운동에서 민중운동으로 발전하면서 민중이 개혁의 주체로 부상하고 반제국주의와 반봉건의 구호가 거세지면서 지식인들 사이에 마르크스주의가 빠르게 퍼져나간다. 이에 1917년에 로마노프 왕조를 무너뜨리고 공산당혁명을 성공시킨 소련이 자신들의 세력을 굳히기 위해 중국공산당 창건 작업을 적극 지원하면서 자본주의도 노동자계급도 형성되어 있지 않던 중국사회에 1921년 공산당이 조직된다.

국민당과 공산당은 소련의 지원하에 패권 다툼을 벌이는 군벌들에 대항하기 위해 국공합작을 맺었다가 쑨원 사후 결별하지만 중일전쟁이 시작되자 항일의 기치하에 2차 국공합작을 맺는다. 중일전쟁 당시 국민당 병력은 300만이었던 것에 비해 공산당 병력은 수만에 불과하여 국부군에 편입되거나 게릴라 활동을 하며 싸웠기에 전세에 크게 영향을 주지는 못했다. 공산당은 대신 전쟁 동안 정부와 일본의 통제력이 미치지 않는 곳곳에 해방구를 확보하면서 급격히 세를 불린다. 이것이 가능했던 이유는 1937년 마오쩌둥이 군 간부들에게 한 훈시에서 드러난다: "중일의 싸움은 본당 발전의 절호의 기회로 우리 공산당의 기본정책은 전력의 70%를 자기 세력 확대에, 20%를 국민정부와의 대응에, 나머지 10%를 항일에 사용한다." 모양새만 국공합작이었지 공산당은 일본에 대응하면서도 그들의 세력 확장에 더욱 주력한 것이다. 국민당 역시 일본에 공동대응하면서도 공산당에 대한 견제를 멈추지 않았지만 그들이 전쟁의 주축이다 보니 일본군과 전면에서 싸우면서 수많은 정예병을 잃었다. 그 때문에 중일전쟁이 끝나고 2차 국공내전이 시작되었을 때 국부군은 원기도 병력도 소진된 상태였다. 게다가 전쟁 후 국민당이 경제를 제대로 회복시키지 못하고 오히려 약탈과 부패에 빠지자 민심도 돌아선다. 반면 공산당은 군사력을 늘리고 사기를 유지하고 있었으며, 토지개혁을 통해 농민의 지지를 얻고 공산당군을 인민해방군으로 인식시키면서 결과적으로 중일전쟁의 최대 수혜자가 된다.

항일전쟁을 계기로 공산당이 세를 불리고 이후 재개된 국공내전에서도 승리하자 마오쩌둥은 일본의 침략 덕분에 국민당을 물리치고 중화인민공화국을 수립했다고 생각하여 추후 중국을 방문한 일본 측에 수차례 감사의 뜻을 전한다. 당시의 중국 외교문서에는 그가 중국을 식민지화하기 위해 전쟁을 일으켰던 국가의 주적 일본 측에 "일본제국주의는 우리에게 있어서 좋은 표본이 되었다. 첫 번째로 장제스의 힘을 약하게 해주었다. 둘째로 우리 공산당의 근거지와 군대를 발전시켜주었다. 항일전쟁 이전 우리 군대는 30만 명에 달했지만 자체 작전실패로 2만 명으로 감소하였다. 그러던 중 8년간 항일전쟁으로 우리의 군대는 120만 명으로 발전하였다. 일본이 우리를 도운 게 아닌가?"라고 말한 것으로 기록되어 있다. 이는 오로지 권력과 이념에 사로잡혀 국가의 위신도 국민의 정서도 안중에 없는 매국적인 행위였다.

공산당은 중화인민공화국 건립 1년 만에 마오쩌둥이 소련과 북한의 요청을 받아들여 한국전쟁에 300만 명의 병력을 보내면서 다시 전쟁에 휘말린다. 이로 인해 중국은 수십만의 군인이 사망하고 경제적인 타격을 받을 뿐만 아니라 타이완 문제를 제때 해결하지 못해 현재까지도 분쟁이 계속되고 있다. 중국과 타이완은 해협을 사이에 두고 대립을 계속하다가 1992년 양국 간 교류를 위해 '하나의 중국'이 되자는 것에 합의했지만 이를 받아들이는 서로의 입장은 상당한 차이가 있다. 타이완은 "타이완인에 의한 타이완"을 내세우며 해협 양쪽으로 각기 한 나라씩 존재한다는 '일변일국론'을 주장하는 반면, 중국은 '일국양제'하에서 어느 정도의 외교와 안보 자율성은 인정하되 '하나의 중국'이라는 원칙을 견지하면서 오늘날 침공의 위협까지 가하고 있다.

현대중국의 실책: 대약진운동과 문화대혁명

한국전쟁이 끝난 후 마오쩌둥은 경제를 회복하기 위해 1차 5개년 계획을 실행하여 가시적인 성과를 내었고, 1958년에는 '대약진운동'을 벌여 국가자원을 중공업 분야에 집중적으로 투입한다. 특히 철강생산은 대약진운동의 상징이 되어 마을마다 용광로를 만들어 각 가정에서 수거한 쇠붙이들로 강철을 제련하였다. 인민들은 가사도구까지 수거당해 공동식당에서 무료급식을 해야 했지만 당시 타이완과의 긴장감은 자신들이 제련한 강철로 포탄을 만들어 타이완을 물리칠 거라는 애국심을 고취시켰다. 그러나 결과는 기대와 달라 도시에서는 인구가 급증하면서 필수품 공급 부족이 일어나고 농촌에서는 노동력 부족으로 생산력이 급격히 저하되어 농업경제가 파탄에 이른다. 거기에 자연재해로 인한 흉작과 소련과의 불화로 경제원조까지 중단되면서 수천만 명의 아사자가 발생하자 마오쩌둥은 국가주석에서 사임한다. 이후 류사오치와 덩샤오핑이 도입한 자본주의 정책 일부가 실효를 거두며 그들이 권력 실세로 떠오르자 위기를 느낀 마오쩌둥은 자신의 정치적 입지 회복을 위해 대약진운동 실패 원인을 봉건 잔재와 자본주의 추종자에게 돌리면서 1966년에 문화대혁명을 시작한다.

문화대혁명은 '사회주의 실천'이라는 대의명분하에 반대세력과 자본주의 교육을 받은 지식인들을 탄압하고 유교문화를 비롯한 전통문화들을 파괴시켰다. 그 핵심동력인 홍위병은 마오쩌둥의 주도하에 권력투쟁의 선두에 서서 '구사상·구문화·구풍속·구습관'을 타파한다는 명분으로 정적과 지식인들을 처형하고 전통을 파괴하면서 사회를 혼란에 빠뜨렸다. 아직 학생신분인 그들은 자신들이 중국의 역사를 바꾸는 존재라고 생각하며 무리지어 다녔고, 1966년 국경일에는 수백만 명의 홍위병이 베이징에 집결하여 8차례의 대규모 집회를 열면서 도시를 혼란에 빠뜨렸다. 홍위병의 행동이 도를 넘고 통제가 되지 않자 인민들이 반발하기 시작한데다 그들 간의 내부 노선갈등으로 격렬한 무력충돌까지 일어나자 마오쩌둥은 1968년 홍위병을 해산시킨다. 문화대혁명은 1976년 9월 마오쩌둥과 그의 추종자 4인방이 축출되면서 종결되지만, 이 기간 동안 약 300만 명의 당원과 지식인들과 자본가들이 대거 숙청되면서 사회가 극심한 분열에 빠지고 경제는 피폐해졌으며 부정부패가 만연하였다. 1981년 중국공산당은 문화대혁명에 대해 평가하면서 '당 국가 인민에게 건국 이후 가장 심한 피해와 손해를 끼친 것이 마오쩌둥의 극좌적 오류이며 모든 것이 그의 책임'이라고 규정한다. 아래의 두 영화는 중일전쟁과 국공내전, 그리고 문화대혁명이 중국 민중들의 삶과 중국 사회 전반에 어떤 영향을 미쳤는지를 인상 깊게 그려내고 있다.

인생 人生 To Live, 1994

개요: 드라마 | 중국, 대만 | 132분
감독: 장예모

1940년대의 중국, 부유한 지주의 아들로 도박에 빠져 살던 푸구이는 아내가 딸을 데리고 친정으로 떠나버리고 도박 빚으로 집이 넘어가 아버지까지 돌아가시면서 일순간에 생의 밑바닥으로 추락한다. 이후 아내 자전이 둘째를 낳고 돌아오자 그는 정신을 차려 집을 빼앗은 도박꾼 룽얼에게 자신이 재미삼아 하던 그림자극 도구를 받아 각지로 공연을 다니며 생계를 유지한다. 어느 날 그는 공연파트너인 춘성과 함께 공연을 하러 간 곳에서 국공내전 중이던 국민당의 국부군에게 붙잡혀 억류되고, 국부군이 전멸되면서 다시 공산당의 홍군에게 붙잡힌다. 홍군에게 공연을 해주면서 간신히 살아남아 고향으로 돌아오니 어머니는 아들을 기다리다 돌아가셨고 아들 유칭은 어느새 훌쩍 커 있었으며 딸 펑샤는 열병으로 말을 못하였다. 그들은 새벽부터 물 배달을 하면서 겨우 생계를 유지하고 있었다.

1950년대, 시대는 바뀌어 국민당이 타이완으로 쫓겨나고 공산당 천하에서 대약진운동이 실행되고 있었다. 푸구이는 공산당 군대에서 공연한 인증서로 혁명분자로 인정받으면서 해를 모면하지만 그의 집을 차지했던 룽얼은 지주로 몰려 사형당한다. 푸구이 부부는 살아남기 위해 지주였던 흔적을 철저히 지우고 빈민임을 내세우면서 공산당 정책을 충실히 따른다. 그러나 강철제련을 위해 쇠붙이를 수거하러온 마을 이장에게 유칭이 그림자극 도구통도 쇠라고 꺼내자 푸구이는 민중들 사기 진작을 위한 공연을 제안하면서 도구통을 보존한다. 푸구이가 그림자극 도구와 궤짝에 애착을 가지는 것은 그것이 그의 과거의 삶의 흔적이자 그들 가슴속에 남아있는 중국의 전통이자 정체성이기 때문이다.

강철제련 목표량을 달성한 날 이장은 고기만두로 마을 잔치를 벌이는데, 구장이 학교시찰을 나와 아이들이 다시 학교로 소환된다. 며칠을 잠도 못 자고 노동에 시달린 터라 밥도 먹지 않고 잠든 유칭을 자전은 그냥 자게 두자고 하지만 푸구이는 뒤처져서는 안 된다며 도시락에 고기만두를 싸서 유청을 깨워 업고 학교로 간다. 그러나 유칭은 학교 담벼락 밑에서 잠이 들었고, 후진하던 구장의 차가 담벼락에 부딪히면서 담장 벽돌이 유칭에게 떨어져 죽는다. 그 구장은 바로 춘성으로 그는 푸구이 부부에게 진심으로 사죄하며 어떻게든 도움을 주려하지만 그들은 받아들이지 않는다. 푸구이 가족은 절망했지만 그래도 그들은 살아간다.

1966년 문화대혁명이 시작되자 이장은 푸구이에게 그림자극 도구들을 없애라고 충고한다. 이에 푸구이는 마오쩌둥 사상 선전극을 만들면 어떻겠냐고 제안하지만 오래된 것은 다 반동이라는 말을 듣고는 결국 그림자극 도구를 태운다. 문화대혁명은 전통적인 것, 지식인, 가진 자들 모두를 비판하였다. 펑샤는 어느덧 커서 노동자당원인 얼시와 결혼하고 임신을 하지만 출산 직후 과다출혈로 사망한다. 당시 병원에는 문화대혁명으로 의사들은 반동학술권위로 다 쫓겨나고 홍위병인 간호학교 학생들이 병원을 차지하고 있었다. 푸구이 부부는 아들에 이어 딸까지 잃었지만 손주를 돌보면서 사위와 함께 인생을 살아간다.

지주계급이었던 푸구이와 그의 아내 자전은 가족이 살아남기 위해 철저하게 시대가 요구하는 인민의 모습에 부합하였다. 그들에게 국공내전이나 대약진운동이나 문화대혁명은 이념의 문제가 아니었고 생존의 문제였다. 자전은 손주의

사진을 매년 찍어서 만두와 함께 유칭과 평샤의 산소에 가져간다. 그들에게 인생은 그저 자식들이, 손주가 커나가는 것을 지켜보면서 그들과 함께 배곯지 않고 따뜻한 식사를 하고 웃음을 나누는 것이다. 영화는 공산당을 비판하는 색채가 강해 중국에서 오랫동안 상영이 금지되었다. 공산당의 과오에 대한 직접적인 언급은 하지 않고 있지만 극단적 이데올로기가 남긴 시대적 아픔을 푸구이 가족을 통해 보여주고 있기 때문이다. 푸구이가 아들 유칭을 학교까지 등에 업어서 데려다주면서 나누던 대화와 손주가 산 병아리를 그때까지 간직하고 있던 그림자극 도구통에 넣어주면서 나눈 대화는 내용은 비슷하지만 결이 다르다. 자식들을 떠나보내고 살아남은 푸구이 부부는 손주가 사는 세상이 이념이 지배하는 세상이 아니라 사람이 성장하는 세상이 되기를 바랄 뿐이다.

"유칭이 아버지 말을 잘 들으면 앞으로 우리는 더 잘 살 수 있어. 잘 들어봐, 우리 집은 지금 병아리야, 닭이 크면 거위가 되고 거위가 크면 양이 되고 양이 크면 소가 된단다."

"소 다음에는요?"

"소 다음에는 공산주의지. 매일 고기와 만두를 배불리 먹을 수 있어."

"할아버지, 병아리는 언제 다 커요?"

"병아리는 금방 크지."

"크면 어떻게 돼요?"

"크면… 닭이 크면 거위가 되고, 거위가 크면 양이 되고, 양이 크면 소가 된단다."

"소 다음에는요?"

"소 다음에는…, 우리 찐빵이 클 거야."

"소를 타고 다닐 거예요."

"그래, 소 타고 다녀. 찐빵이 클 때쯤이면 소가 아니라 기차나 비행기를 탈 거야. 그때는 점차 살기 좋아질 거란다."

패왕별희 霸王別姬

Farewell My Concubine, 1993

개요: 드라마 | 홍콩, 중국 | 171분
감독: 첸카이거

영화《마지막 황제》 못지않게 중국의 근대사를 망라하고 있는 작품이 중국 5세대 영화감독인 첸카이거의《패왕별희》이다. 영화는 청조 멸망 후 군벌시대와 중일전쟁을 거쳐 국민당 집권, 중화인민공화국의 탄생, 문화대혁명으로 이어지는 격변의 역사를 겪는 중국 인민들의 모습을 두 경극 배우의 굴곡진 삶을 통해 보여준다. 첸카이거는 중학생 때 문화대혁명을 겪으면서 홍위병이 되어 아버지를 부정하는 행동을 했던 아픈 기억이 있는데, 그 경험은 영화에서 문화대혁명으로 인해 인간성이 파괴되고 가족과 인간 간의 관계가 무너지는 모습으로 나타난다.

패왕별희는 삼국시대의 초나라 군주 항우가 한나라 유방에게 패하면서 항우의 애첩 우희가 그 앞에서 자결하고 이후 항우도 자결하는 비극적인 이야기이다. 영화는 패왕별희의 이야기를 복선으로 깔고 있다. 격변의 시대에 태어난 샬로와 데이는 어린 시절부터 함께 훈련받고 성장하면서 각각 패왕과 별희의 역할을 맡아 최고의 인기를 구가하지만 새로운 지배 세력이 나타날 때마다 항우와 우희처럼 사면초가에 몰리게 된다. 경극을 모욕한 일본군을 폭행하자 샬로를 구속하는 일본군, 극장에서 난동을 피우고 일본군 앞에서 공연했다는 이유로 데이를 간첩죄로 체포하는 국민당의 국부군, 관객석에서 군가를 부르는 공산당의 홍군, 경극을 말살시켜야 할 전통으로 생각하여 그들에게 자아비판을 시키는 홍위병 등 데이와 샬로는 실로 역사의 부침을 낱낱이 겪는다.

중국의 경극은 한국의 창극, 일본의 가부키와 같은 소위 중국식 전통 오페라이다. 청조 말엽에 시작된 경극은 전통음악·노래·낭독·춤·무술이 합쳐진 종합극인 만큼 배우들은 전반적인 기능을 연마해야 한다. 따라서 경극 배우들은 영화에서처럼 어려서부터 혹독한 훈련을 받으면서 키워진다. 경극은 사실적인 무대장치보다 배우의 연기와 상징적인 표현들, 그리고 의상과 분위기가 중시된다. 영화에서 공산당 당원이 된 단원들이 경극도 현대극으로 변화해야 한다고 말하자 데이는 현대 의상으로는 연기와 조화가 될 수 없다고 반대한다: "경국은 본래 노래, 대사, 춤, 그리고 분위기가 중요합니다…목소리는 노래가 되고 움직임은 춤이 되어 그것이 경극의 아름다움입니다." 경극 의상은 주로 15세기 명나라 의상에 바탕을 두고 있는데, 색채가 선명하고 수공이 세밀하여 복장 자체가 하나의 아름다운 예술품이다. 사회 통념상 여성은 무대에 설 수 없어 남성이 여성의 역할을 하고 배우의 화장으로 극 중 인물의 성격과 신분을 나타낸다.

영화 첫 배경은 1924년 군벌시대의 베이징이다. 홍등가에서 일하는 한 창녀가 커가는 아이를 홍등가에서 키우지 못해 경극단에 맡기고자 한다. 그러나 아이가 육손이라 거절당하자 아이 손가락 하나를 자른 후 경극단에 두고 떠난다. 두지의 손가락 절단은 일종의 거세 상징으로, 두지는 우희역을 맡으면서 경극단에서 첫날부터 자신을 보살펴준 패왕역의 시투를 사랑하게 된다. 두지는 곱상한 외모로 여성 역을 맡으면서 어려서부터 성 정체성에 대한 혼란을 겪는다. 그가 "이 몸은 본디 계집으로서"라는 가사를 혼이 나면서도 계속 "이 몸은 본디 사내로서"라고 읊는 것은 흔들리는 성 정체성에 대한 저항심리 때문일 것이다. 두지를 아끼는 시투가 그가 경극단에서 쫓겨날 것을 걱정하여 곰방대를 두지 입에 넣어 피가 날 정도로 흔들어대면서 가사를 올바르게 하라고 다그치자 그의 간절한 호소에 두지는 처음으로 대사를 제대로 하면서 우희의 삶이 시작한다.

우희의 역을 훌륭히 소화한 첫 대가는 극장 실세이자 청나라 시절 궁중 내시였던 장내관의 겁탈이었다.

혹독한 훈련을 견디면서 북경 최고의 경극 배우로 성장한 시투와 두지는 샬로와 데이로 개명하여 활동하면서 최고의 패왕과 우희가 된다. 데이는 무대가 계속될수록 점점 자신을 극 속 우희와 동일시하며 샬로에 대한 사랑이 깊어지지만 어릴 적부터 사내다운 기질을 지녔던 샬로는 화만루 기녀인 주샨에게 관심을 보인다. 그는 어린 시절 힘들어하는 두지를 돌봐줬던 것처럼 남자들에게 시달리는 주샨을 돌봐준다. 주샨이 그들의 삶에 끼어들자 데인은 질투에 휩싸이고, 샬로가 결혼까지 결심하자 건달과 창녀가 만났다고 빈정대면서 각자의 길을 가자고 선언한다. 샬로의 결혼으로 둘의 관계가 틀어진 와중에 그들의 공연장 또한 혼돈의 연속이었다. 일본군이 중국을 점령하면서 그들이 관객이 되었다가 다시 국부군과 홍군이 그들 무대를 찾는데, 그들은 하나같이 공연장에서 무례한 태도를 보여 데이와 샬로와 충돌한다. 무대에서 무력 충돌이 일어나면서 주샨이 유산을 하고 여러 사건으로 데이와 샬로의 관계도 악화된다. 그리고 문화대혁명이 일어나면서 사태는 비극으로 치닫는다. 전통과 옛것이 모두 부정되고 지식인과 예술인들이 탄압받는 가운데 실로와 데이도 홍위병에게 인민재판을 받게 된다.

그들의 인민재판은 그야말로 피의 칼춤이었다. 인민재판장에 데인과 샬로가 분장을 한 채 끌려온다. 공포에 질린 샬로는 자아비판을 하면서 일생을 함께했던 데이를 국민당과 일본군 가리지 않고 모든 권력에 굴복하여 노래했으며 동성애자라고 폭로한다. 이에 분노한 데인이 이제 경극은 끝났다고 분노하면서 주샨이 화만류의 기녀였음을 폭로한다. 홍위병이 샬로에게 주샨을 사랑하냐고 묻자 사랑한 적 없고 남남이라고 말한다. 그런 샬로의 모습은 생존을 위해 우정도 사랑도 예술도 모두 부정해야만 하는 시대적 비극을 보여준다. 샬로에게 버림받은 데인과 주샨은 서로의 아픔을 이해하듯 허탈한 모습으로 보면서 헤어지고,

주샤은 자살한다. 10년 후 샬로와 데이는 둘만의 공연을 위해 한 퇴락한 극장에서 만나고 데이는 우희의 삶에서 벗어나기 위해 패왕의 검을 빼서 자결한다.

공산당마저 극좌적 오류로 규정한 문화대혁명은 영화는 물론 미술계에서도 자주 소재로 등장한다. 철도노동자의 아들로 태어나 자신도 철도노동자로 일했던 왕광이는 문화대혁명과 이후 자본주의 개방으로 인해 일어난 사회적 변화와 시대적 현상들을 중국 최초로 팝아트로 표현해낸다. 그에게 세계적인 명성을 안겨준 정치적 팝아트 〈위대한 비판〉 시리즈는 문화대혁명 시기의 강렬한 사회주의 선전 포스터의 이미지에 서구 자본주의의 유명 브랜드 상표를 결합하여 사회주의 정치체제 속에서 자본주의 경제정책을 취하고 있는 중국의 현실을 표현해낸다. 그는 이 시리즈로 세계의 주목을 끌고 중국의 앤디 워홀로도 칭해지지만, 그 자신은 중국의 눈으로 세계를 바라볼 뿐 중국의 워홀이 아니라고 말하면서 서양적 시각으로 평가되는 것을 거부했다. 그는 또한 중국의 사회상을 담고 있는 그의 작품들이 단순한 현실비판으로 인식되기를 바라지 않는다는 중립적 입장을 취했다. 베이징 아트미아 갤러리와의 인터뷰에서 왕광이는 자신의 작품세계에 대해 이렇게 이야기한다: "사회주의에서 자라왔고 유토피아 이념을 세뇌받으며 자란 세대인 나에게 눈앞의 현실은 사회주의와 자본주의라는 두 개의 큰 물줄기로 보였다. 단지 중간적인 입장에서의 딜레마를 표현한 것이지, 어느 쪽이 옳고 그른가를 비판한 것은 아니었다. 사회주의와 자본주의의 충돌과 공존. 그러나 세상은 나의 그림을 현실비판으로 받아들였다. 서로 자신의 입장으로 작품을 보니 복잡해지는 것이다. 평론가들의 오독이었다." 아이러니하게 그의 작품들은 그 오독으로 인해 세계미술계의 관심을 끌었다. 그는 아라리오 서울갤러리와의 인터뷰에서는 문화대혁명에 대해 언급하면서 그 시기에 자신은 초등학생이어서 손해를 입었다기보다는 행복했고, 문화대혁명은 종교가 없던 중국인들에게 '마오'라는 신앙을 갖게 해주었다고 말한다.

| 〈위대한 비판/Great Criticism〉의 한 작품, 2004년

마오쩌둥 사망 후 1977년에 재복귀한 덩샤오핑은 경제성장을 위해 적극적인 개혁개방정책을 실시한다. "검은 쥐든 흰쥐든 쥐를 잘 잡는 고양이가 좋은 고양이"라는 '흑묘백묘론'과 '부자가 될 능력이 있는 자들이 먼저 부자가 되라, 그 후에 낙오된 자들을 도우라'라는 선부론을 주장하면서 덩샤오핑은 파이를 공평하게 나누는 분배보다 파이를 키우는 성장을 우선으로 여겼다. 덕분에 공산당 체제하에서 중국만의 시장경제체제를 확립시키는 한편 일국양제, 즉 하나의 중국 두 개의 제도를 제시하여 체제가 다른 타이완과 홍콩도 하나의 통일된 중국에 속하게 하는 제도도 확립시킨다. 문제는 중국이 문호를 개방하면서 부와 더불어 민주화에 대한 인식도 들어온 것이다. 덩샤오핑은 중국의 경제적 발전은 원했지만 민주화된 중국을 원하지는 않았다. 따라서 1989년에 천안문에서 민주화투쟁이 일어나자 그는 이를 폭동으로 규정하여 과격하게 진압하고 참가한 학생과 지식인들 다수를 체포하여 탄압하였다. 이로 인해 투쟁지도자 대부분이 국외로 피신하고 재외유학생은 귀국을 거부하였으며 파리에서는 '민주중국전선'이라는 반체제조직이 결성된다. 서구세계 또한 중국정부를 신랄하게 비난하면서 제재조치를 취했다.

오늘날 세계 미술계에서 이름을 떨치는 중국의 여러 예술가들은 국내외에서 그들의 작품으로 천안문사태와 이후의 중국사회를 비판하고 있다. 중국 현대미술 4대 천황으로 꼽히는 쟝사오강은 천안문사태 이후의 중국사회와 중국인의 모습을 비장한 가족사진 같은 〈혈연-대가족〉 시리즈와 〈천안문〉 판화 시리즈로 표현하고, 위에민준은 강요된 부자유와 허무가 숨겨진 웃음을 웃어대는 중국인의 슬픈 자화상들을 그려낸다. 세계에서 가장 영향력 있는 아티스트 1위로 선정되기도 한 아이웨이웨이는 소셜미디어를 통해 거침없이 중국정부를 비판하면서 블로그가 폐쇄되고 스튜디오가 철거되었으며 구타와 감금까지 당한다. 그가 실종되자 서구인들은 그의 소재를 묻는 시위를 하며 중국을 비판했다.

| <혈연, 대가족 No.1>, 장샤오강, 1994

| 〈천안문 광장〉, 장샤오강, 2007

| 위에민준, <처형>, 1995. 고야의 〈1808년 5월 3일〉을 패러디한 작품

| 아이웨이웨이, 다큐멘터리포스터

천안문사태에 이어 같은 해에 베를린 장벽이 무너지고 2년 후에는 소련이 붕괴되자 자유경제체제와 민주주의가 인류가 추구할 수 있는 최종의 단계로 이제 더 이상의 역사적 발전은 없다는 정치학자 프랜시스 후쿠야마의 '역사종말론'이 큰 관심을 받게 된다. 이에 서구사회는 중국 또한 그런 방향으로 변화되어 갈 것으로 예상하지만 중국공산당은 천안문 사태 이후 국가 안정과 질서를 해치는 정치적 권위에 대한 그 어떤 도전도 용납하지 않겠다는 입장을 수차례 밝힌다. 그러나 자신들의 체제의 우월성을 믿고 있던 많은 서구인은 공산당 독재하의 경제 체제는 한계가 있다고 생각하면서 중국이 민주화될 가능성에 대한 환상을 버리지 않았다. 기업과 언론은 물론 학자들도 중국은 어쩔 수 없이 민주화가 될 것이고, 무력이 아닌 경제적 문화적 교류와 제재를 통한 평화적인 방법으로 사회주의 대신 서구식 자본주의 체제를 따를 것으로 전망하였다. 이 환상은 두 가지 사건으로 인해 깨어진다. 첫째는 2008년 글로벌 금융위기이고, 둘째는 2018년 시진핑의 종신 선언이다.

2008년 리먼브라더스 사태로 글로벌 금융위기가 발생하면서 유럽과 북미의 서구식 자본주의는 '잃어버린 10년'으로 불리는 위기를 겪는다. 반면 중국은 경이적인 경제성장률을 유지하면서 중국식 경제모델의 저력을 보여주었다. 2018년에는 시진핑이 주석제 임기를 폐지한다는 선언을 하면서 종신지도자의 길을 여는데, 이는 중국이 서구식 민주주의 모델로 수렴되지 않고 오히려 반대 방향으로 가겠다는 선언과 다름없다. 시진핑이 추구하는 것은 일차적으로 중화민족의 위대한 부흥이고, 궁극적으로는 이를 바탕으로 세계의 패권을 되찾는 신중화주의이다. 중국은 이미 1990년대에 주변국과의 국경분쟁이나 영토 갈등에 대비해 그들이 지배하던 소수민족들을 중화민족에 포함하는 '통일적 다민족국가론'을 새로운 국가관으로 만들었다. 이 개념은 현재 중국 땅에 있는 모든 민족은 광의의 중국인에 속하고 그들의 역사 또한 중국 역사와 직결된다는 논리로, '4개의 함께'라는 개념으로 설명된다. 한족과 55개의 소수민족이 함께 광활한 영토를 개척하였고, 함께 유구한 역사를 써왔으며, 함께 찬란한 문화를 창조하였고, 함께 위대한 정신을 배양해왔다는 것이다. 중국은 2002년에는 고구려를 비롯한 중국 동북방의 모든 역사를 중국 역사에 편입시키는 동북공정을 시작하면서 신중화주의의 서곡을 알렸다.

중국이 서구와 다른 길로 가면서 G2로 부상하자 서구에서는 '신황화론'(新黃禍論)이 대두한다. 황화론은 청일전쟁에서 일본이 승리하면서 급부상하자 독일 황제 빌헬름 2세가 이를 경계하여 주창한 것으로, 황색인종이 유럽 문명에 위협을 주기 때문에 세계의 활동무대에서 몰아내야 한다는 주장이다. 외견상으로는 동양인에 대한 인종 배척이지만 일본의 국력과 국제적 발언권의 강화가 유럽 열강의 아시아 제국주의적 정책에 방해가 된 것이 실제 원인이었다. 황화론은 1980년대에 세계 50대 기업 중 33개를 차지할 정도로 경제대국이었던 일본이 거품 경제로 세력이 꺾이면서 잠잠해졌다가 중국이 G2로 치고 올라오자 '중국위협론'으로 부활한다. 미국은 중국이 민주주의 체제뿐만 아니라 서구식 자본주의 모델을 따를 의사도 없음을 확인하자 중국을 본격적으로 견제하기 시작하면서 소위 '신냉전'이 시작된다. 경제학자 브랑코 밀라노비치는 저서 『홀로 선 자본주의』에서 미국식 자본주의를 '자유주의적 성과 중시 자본주의'로, 중국식 자본주의를 중앙계획경제에 의한 '정치적 자본주의'로 규정지으면서 미중 간의 경쟁을 '글로벌 사우스'라고 불리는 제3세계의 마음을 얻는 싸움으로 해석한다.

중국은 글로벌 사우스의 마음을 얻기 위해 2013년 중국공산당 전체회의에서 고대 실크로드를 복원하는 '일대일로'를 국가전략으로 채택한다. 포괄국이 60여 개국에 추진기간이 150년에 달하는 대규모 대외국책사업이다. 일대(一帶)는 하나의 벨트라는 뜻으로 유라시아 내륙을 통과했던 육상 실크로드를, 일로(一路)는 하나의 길이라는 뜻으로 인도양을 가로질러 동남아시아와 유럽, 아프리카를 연결하는 해상 실크로드를 뜻한다. "로마에서 장안까지"를 잇는 옛 실크로드에서는 비단과 도자기와 향신료를 날랐지만 현대의 실크로드에서는 통신과 전력시설을 구축하여 정보를 통제하고, 송유관을 설치하여 석유를 실어 나르며, 철도를 뚫어 자원을 이동시킨다. 그 첫 출발로 2017년 중국의 화물열차가 섬유와 전자기기를 싣고 항저우에서 출발하여 카자흐스탄, 러시아, 폴란드, 독일로 이어지는 옛 실크로드를 지나 런던에 도착한다. 현재 중국은 제3세계의 국가들에 엄청난 대출을 해주면서 그들을 사업에 동참시키는데, 그들이 대출을 상환하지 못하면 중국에 정치적으로 예속되게 만들면서 실질적으로는 신제국주의를 펼치고 있다.

중국의 꿈

중국이 미래의 패권 국가가 될 수 있을지에 대해서는 회의적인 견해가 우세하다. 고대부터 현대까지 패권 국가들의 공통점은 관용과 포용을 기반으로 한 개방성과 다원성이다. 그 대표적인 나라가 로마제국으로, 로마가 이탈리아라는 좁은 반도를 넘어 유럽과 북아프리카까지 장악한 초강대국으로 성장할 수 있었던 가장 큰 이유는 다신교의 종교적 관용과 누구나 로마 시민이 될 수 있었던 개방성에 있었다. 로마 이전에 페르시아제국이 관용정책을 펼쳤고, 로마가 이를 본받아 식민지인들에게 시민권을 부여하고 능력 있는 자를 기용하며 그들의 문화를 존중하는 포용정책을 쓰면서 수많은 식민지의 충성을 이끌어냈다. 미국을 초강대국으로 만든 주요 동력 또한 이민자들을 적극적으로 수용했던 개방성, 국제법과 도덕적 이상에 기초한 국제주의와 개입주의였다. 미국은 2차 대전 이후 세계 최강대국이 되면서 두 차례의 세계대전으로 황폐해진 유럽을 비롯하여 도움이 필요한 지역에 경제원조 등을 해주면서 수많은 우방과 동맹국들을 만들어왔다.

세계패권을 차지하기 위해서는 개방성과 관용 외에도 법치와 민주주의, 권력의 투명성과 같은 덕목을 갖추어 세계인의 공감대를 형성해야 한다. 로마제국은 법치주의와 기독교를 내놓았고 미국은 민주주의를 내놓았다. 중국은 현재 세계에 공감을 얻을 만한 것을 아무것도 제시하지 못하고 있고 심지어 아시아지역 내에서도 공감을 얻지 못하고 있다. 이는 중국이 지금껏 정치·경제·외교·문화 전반에 있어 G2 국가의 격에 맞지 않는 행동을 해왔기 때문이다. 국제관계에서는 법의 논리보다 힘의 논리를 앞세워 주변 약소국을 상대로 경제보복과 군사위협을 남용해왔고, 국제사회에서는 최소한의 외교예절과 기업 도덕성을 무시하는 행태를 보여왔으며, 중화민족의 부흥을 외치며 역사 왜곡도 거리낌 없이 하고 있다. 무엇보다도 중국 본토는 물론 홍콩이나 티베트 등의 자치구에서 민주화운동과 인권을 탄압하면서 자치제도를 축소하는 한편 타이완의 독립을 막기 위해 무력시위의 압력을 가하고 있다. 게다가 태국이나 미얀마 등의 군부 집권세력과 긴밀한 후원 관계를 맺으면서 아시아 민주주의의 걸림돌로도 부상한다. 이에 동남아시아에서는 중국의 탄압에 저항하는 '밀크티 동맹'이 일어난다. 이 명칭은 온라인상에서 반중운동과 동남아시아 민주주의 연대운동을 펼치면서 해시태그로 '밀크티 동맹'을 사용한 것에서 유래한다. 차 문화에서 중국은 전통방식으로 한 종류의 차만 우려 마시는 반면 홍콩과 타이완 등의 동남아지역에서는 차에 설탕과 우유, 타피오카 등을 탄 밀크티를 즐겨 마신다. 이런 모든 현상들은 중국이 신중화주의를 내세우면서도 여전히 전 근대적인 중화주의의 행태에서 벗어나지 못하고 있음을 말해준다.

일찍이 덩샤오핑은 시장경제를 도입하면서 국가의 백년대계로 '삼보주(三步走)' 정책을 제안했다. 1보는 인민이 먹고 입는 문제를 해결하는 초보적 단계, 2보는 인민을 중산층으로 끌어올리는 것, 3보는 중국사회의 현대화를 실현하는 것이다. 이를 이어받아 시진핑은 위대한 중화민족의 부흥을 실현할 '중국의 꿈'을 천명하면서 '2개의 백 년' 계획표를 세운다. 중국공산당 100주년인 2021년에는 전 국민이 의식주가 해결된 중류생활을 하게 되고, 중화인민공화국 100주년인 2049년까지는 국가부강·민족부흥·인민행복을 추구하는 '사회주의 현대화국가' 목표를 달성하겠다는 것이다. 이는 중국 특유의 사회주의 모델을 견지하면서 세계 패권국으로 도약하겠다는 야심을 드러낸 것이다. 시진핑은 당 대회에서 "신시대 공산당의 역사적 임무는 중화민족의 부흥이며, 이를 위해 중국 특색 사회주의를 견지하고 대외적으로 책임 있는 대국의 역할을 발휘하여 적극적으로 글로벌 거버넌스 체제 개혁과 건설에 참여해야 한다"고 선포하면서, 현재 미국을 비롯한 서구 중심의 국제관계는 불공정하고 합리적이지 않기 때문에 중국이 적극적으로 나서서 국제통화기금과 세계은행 등 글로벌 거버넌스 체제의 개혁을 추진해나가겠다는 포부까지 밝히고 있다.

'중국의 꿈'의 4가지 구체적인 목표는 첫째 경제·정치·외교·과학·군사적으로 강한 중국, 둘째 평등과 공정함, 부유한 문화와 높은 도덕성을 지닌 문명화된 중국, 셋째 사회 계층 간의 화합을 이루는 조화로운 중국, 넷째 건강한 환경과 오염이 적은 아름다운 중국이다. 작금의 현실과 많이 동떨어진 꿈이지만 만약에 이루어진다면 그야말로 세계의 패권 국가가 되어 다른 나라들이 닮고 싶은 중국이 될 것이다. 중국 연구자들은 10여 년 전만 해도 중국의 발전을 지켜보면서 "과연 중국의 굴기가 기존 세계질서를 변화시키고 나아가 서양보다 더 나은 질서를 창출할 수 있을까"라는 기대 어린 질문을 던져 보았다고 한다. 그러나 오늘의 중국사회는 그런 질문을 부질없는 것으로 만들고 있다. 1인 독재체제 공산주의 사회에서, 역사를 왜곡하고 인권과 언론이 탄압되는 사회에서, 정보를 도용하고 국제규약을 무시하는 사회에서, 환경을 경시하고 물질만능주의가 판치는 사회에서 과연 중국인들은 과거 중화민족의 영광을 되찾고 모든 면에서 선진 중국을 이루고자 하는 중국의 꿈이 실현 가능하다고 믿고 있을지 의문이다.

세상을
바꾼
영웅의
숭고한
이야기!
어메이징 그레이스
THE LAST KING OF SCOTLAND
CHARMING. MAGNETIC. MURDEROUS.
IN THEATRES THIS FALL
ROBERT REDFORD
MERYL STREEP
SYDNEY POLLACK
OUT OF AFRICA
KLAUS MARIA BRANDAUER
SYDNEY POLLACK

NETFLIX
BEASTS OF NO NATION

3장

TIA: 이것이 아프리카이다

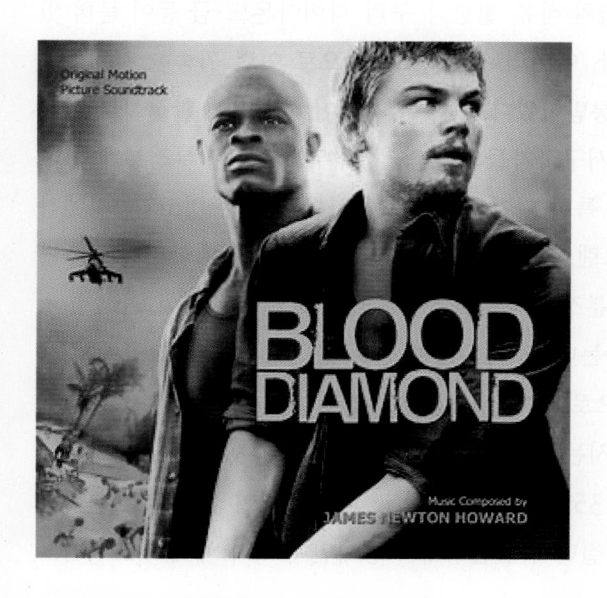

블러드 다이아몬드, Blood Diamond, 2006

개요: 드라마 | 미국, 독일 | 142분

감독: 에드워드즈윅

TIA: 이것이 아프리카이다

아프리카는 지구상에서 가장 가난한 대륙이지만 가장 풍부한 천연자원의 보고이기도 하다. 대륙 전체에 걸쳐 석유·철광석·구리·다이아몬드·금 등이 묻혀 있고 상아·고무 등의 산지이다. 아이러니하게 역사적으로 이런 귀중한 자원들이 발견될 때마다 국민들은 고통받아왔다. 풍부한 자원이 국가경제 활성화로 이어지지 못하고 대외적으로는 서구국가들의 침략을, 내부적으로는 부정부패와 내전으로 이어졌기 때문이다. 특히 다이아몬드를 둘러싼 분쟁은 앙고라, 시에라리온, 콩고 등의 나라에서 오랜 내전으로 이어지면서 국가를 황폐화시키고 수많은 인명피해를 초래하였다. 분쟁지역의 다이아몬드는 그 앞에 blood, conflict, war, red 등의 형용사가 붙는데 그 이유는 내전을 일으킨 반군이 그곳에서 생산된 다이아몬드를 자금원으로 무기를 구입하여 전쟁을 치르고 세력을 넓혀갔기 때문이다. 시에라리온에서는 다이아몬드로 인한 내전이 11년이나 지속되면서 전체 인구 450만 명 중 35만 명이 사망하고 150만 명이 난민으로 전락하였으며 약 6천 명의 신체가 절단되어 인구대비 장애인 수치가 세계 최고이다.

시에라리온은 가뭄이 없고 땅이 비옥하여 농업이 경제의 중심이었다. 그런데 1972년 그곳에서 세계에서 세 번째로 큰 968.9캐럿의 다이아몬드 원석이 발견되면서 불행이 시작된다. 다이아몬드 매장량이 엄청나다는 사실이 밝혀지자 정부가 다이아몬드사업에 매진하면서 농업경제가 무너지고 권력자들이 수익을 독차지하면서 주민들은 더욱 빈곤에 빠진다. 이에 1991년 군 장교 출신의 포데이 산코가 이웃 라이베리아 대통령인 찰스 테일러의 지원 아래 현 정권의 부정부패 척결을 명분으로 반군 RUF를 창설한다. 찰스 테일러가 RUF를 지원한 이유는 다이아몬드에 대한 욕심 때문으로, 실제로 그가 반군을 도와주고 받은 다이아몬드를 밀수출한 수입이 라이베리아 1년 GDP보다 더 많았다고 한다. 반군이 동부광산을 차지하여 발굴한 다이아몬드를 자금으로 무기를 구입하고 군사력을 키워나가자 정부 또한 약한 군사력을 보강하기 위해 광산자원개발권 양도를 조건으로 남아프리카공화국의 용병부대인 EO를 내전에 끌어들이면서 전쟁은 점점 더 다이아몬드광산을 차지하려는 싸움으로 전개된다.

전 세계적으로 천연자원은 종종 축복에서 저주로 바뀐다. 하버드대의 연구에 의하면 풍부한 천연자원을 보유한 국가가 부존량이 적은 국가보다 경제성장률이 낮은데, 그 이유는 천연자원으로 인한 부를 정책적으로 올바르게 활용하지 못하거나 부를 둘러싸고 정부가 부패해지고 내전과 군사쿠데타가 발생하기 때문이다. 천연자원의 보고인 아프리카는 독재와 정치적 불안정으로 인해 이런 현상이 더욱 빈번하게 발생한다. 영화 《블러드 다이아몬드》는 다이아몬드를 둘러싼 시에라리온 내전을 배경으로 무자비한 학살로 파괴되는 아프리카사회, 소년병과 난민의 실태, 불법 다이아몬드 네트워크에 동참한 서구사회의 비도덕적인 모습들을 보여주면서 소위 '자원의 저주'의 실상을 고발한다.

영화는 "시에라리온 1999년, 다이아몬드 광산을 두고 내전이 격해져 수천명이 죽고 수백만이 난민이 되었으나 그들 중 누구도 다이아몬드를 보지 못했다"라는 자막으로 시작한다. 이어 소년병이 섞인 한 무리의 반군이 평화로운 마을에 나타나 주민들에게 무차별 사격을 가하고, 정부가 투표 독려를 위해 미래가 주민들 손에 달렸다고 말하지만 자신들이 미래라고 외치며 주민들 손목을 사정없이 잘라버린다. 실제로 포데이 산코는 "No Hands, No More Votes"를 외치며 1997년 대통령 선거에서 상대 진영에 지지표를 던진 주민들 손목을 무자비하게 절단했다. 아프리카에서 손목 절단은 콩고 학살자로 악명 높은 벨기에의 레오폴드 2세가 시작했다. 그는 1884년 베를린회의에서 콩코를 개인소유지로 할양받아 고무를 채취하면서 할당량을 못 채운 주민들의 손발을 자르는 악행을 저질러 대내외적으로 비난받았다. 시에라리온의 참상은 1999년에 한 NGO가 벌인 캠페인을 통해 전 세계에 알려지면서 큰 충격을 일으킨다.

> "당신이 사랑하는 사람에게 선물한 다이아몬드는 시에라리온의 강바닥에서 채굴되었고, 판매액은 무고한 사람들의 손발을 잘라버리는 RUF의 무기 구입금으로 쓰일지도 모릅니다."

주인공 대니는 EO 출신의 무기밀매업자로, EO의 코츠에 대령과 손잡고 지역 반군에게 무기를 팔고 대금으로 다이아몬드를 받아 밀매업자에게 넘기는 일을 한다. 백인인 대니는 아프리카에서 태어나고 자랐지만 그의 부모가 강간당하고 살해당한 땅에서 언제든 한몫 잡아서 떠날 기회만 찾고 있었다. 대니가 무기대금으로 다이아몬드를 밀매하는 경로는 이렇다. 그가 다이아몬드를 라이베리아로 가져가 중개인에게 넘기면 그것이 라이베리아산으로 조작되어 합법적으로 수출된다. 그 다이아몬드 원석들을 벨기에 바이어가 등급별로 분류하여 인도로 보내면 인도에서 세공된 다이아몬드들은 합법적인 상품이 되어 전 세계로 수출된다. 인도는 고대부터 다이아몬드의 주요 산지였지만 근대 들어 다이아몬드 광산이 점점 고갈되어가던 중에 남아프리카 킴벌리광산에서 다이아몬드가 발견되면서 아프리카가 다이아몬드 생산의 중심지가 된다.

블러드 다이아몬드를 수입하는 서구의 다이아몬드 카르텔은 아프리카의 참혹한 실상을 알면서도 자신들의 이익을 위해 묵인해왔고 그 다이아몬드로 반군이 사들이는 무기 또한 선진국에서 들여오는 것이어서 시에라리온의 다이아몬드 분쟁은 다국적으로 형성된 현대 분쟁의 양상을 띤다. UN은 사태의 심각성을 인식하여 2003년에 분쟁지역 다이아몬드의 거래 금지를 주 내용으로 하는 '킴벌리 프로세스'를 출범시켜 40개국이 서명한다. 협약은 다이아몬드 생산국가는 분쟁과 무관하다는 인증서를 발행해야 하고 인증서가 있는 다이아몬드만 거래가 가능하다고 규정짓지만 큰 성과를 내지 못해 지하시장에서는 여전히 블러드 다이아몬드가 대규모로 거래되고 있다.

블러드 다이아몬드의 세탁과정을 밝혀내기 위해 시에라리온으로 온 미국인 기자 매디는 대니가 하는 일을 알고서는 그에게 자신이 밀매한 무기로 사람이 죽어도 상관없냐고 묻는다. 이에 대니는 아프리카에서는 서로 죽이는 게 삶의 방식이라고 말하면서 국제사회가 노트북과 말라리아약, 손 소독제 등을 가져와서 아프리카를 바꾸겠다고 시도하는 자체가 우습다고 말한다. 그러면서도 그는 내면의 복잡한 심경을 털어놓는다: "가끔은 궁금해요, 신이 우리가 한 짓을 용서해주실지… 그리곤 깨닫죠, 신은 오래전에 이곳을 떠나고 없다는 걸." 대니는 다이아몬드는 수요가 있기에 공급이 있으므로 백인들 모두가 공범이라고 말하면서 아프리카의 상황을 냉소적으로 TIA 즉, "This Is Africa"라는 한마디로 압축해버린다. 국제사회가 아무리 애를 써도 아프리카는 아프리카일 뿐 바뀌지 않는다는 것이다.

현재 남아메리카와 함께 아프리카에는 선진국으로 분류되는 국가가 하나도 없다. 아프리카대륙의 3대 경제대국인 나이지리아, 남아프리카공화국, 이집트의 GDP를 합친 것이 나머지 아프리카 국가들의 GDP 총합에 맞먹을 정도로 대부분의 국가들이 최빈국에 속하고 외채도 막대하다. 때문에 아프리카는 제3세계 중에서도 국제사회의 집중적인 관심과 보호의 대상이다. TV에서는 매일같이 그들이 질병과 기아로 고통받는 모습을 보여주면서 구호를 호소하고 있고, 학계에서도 아프리카를 비롯한 제3세계가 빈곤에서 벗어날 수 있도록 하는 방법을 찾고 있다. 오늘날의 아프리카는 이처럼 대륙 전체가 빈곤과 질병과 투쟁하고 있고, 곳곳에서 내전과 독재에 시달리고 있다. 그러나 고대의 아프리카는 인류의 발생지이자 인류 최초의 문명의 하나가 발생한 곳이다.

현생인류와 문명의 발상지, 아프리카

원시인류의 조상은 동부 아프리카에서 살던 오스트랄로피테쿠스로, 이들은 약 250만 년 전 고향을 떠나 북아프리카, 유럽, 아시아 등지에 정착한 후 각자 사는 지역에 적응하면서 다르게 진화한다. 유라시아 서부지역에는 네안데르탈인이, 동아시아 지역에는 호모 에렉투스가, 동아프리카에는 호모사피엔스가 살았다. 그리고 약 7만 년 전 동아프리카의 호모사피엔스는 아프리카를 벗어나 다른 지역으로 급속히 퍼져나가면서 네안데르탈인을 비롯한 다른 인간 종(種)들을 모두 멸망시키고 지구에서 유일한 인간 종으로 남는다. 유발하라리는 저서 『사피엔스』에서 인간종은 호모 에렉투스가 네안데르탈인으로 진화하고 다시 호모사피엔스로 진화하는 것과 같은 직선모델의 단일계보가 아니라 당대에 여러 집단이 동시에 존재하던 중 호모사피엔스가 이동 중에 모두를 멸망시키고 유일하게 지구상에 남은 것이라고 설명한다. 그 과정에서 미세한 혼혈이 일어나기도 했다. 2022년 노벨생리의학상을 받은 유전학자 스반테 페보는 게놈연구를 통해 당시 호모사피엔스와 다른 집단 간에 짝짓기가 이루어지기도 하여 일부 지역의 호모사피엔스에게는 네안데르탈인의 유전자가 1~2%, 데니소바인의 유전자가 1~6% 정도 존재한다는 사실을 밝혀낸다. 호모사피엔스가 다른 집단에 비해 힘이 약함에도 불구하고 유일하게 생존하게 된 원인으로 유발 하라리는 새로운 사고방식과 의사소통방식을 가져온 인지혁명을 지목한다. 유전자 돌연변이로 인지혁명이 일어나면서 사람들의 언어가 발달하고, 그로 인해 뒷담화가 이루어지고 모이는 무리의 수가 늘어나면서 힘이 커지고 사회적 합의가 생겨났으며, 나아가 국가나 종교나 돈과 같은 가상의 실재들을 창조하여 대규모 협력이 일어나면서 오늘날에 이르는 문명이 발달했다는 것이다.

현생인류의 학명은 'Homo sapiens sapiens'로 Homo는 속(genus), 앞의 sapiens는 종(species), 뒤의 sapiens는 아종(subspecies)을 가리킨다. '속'은

유전적으로나 계통적으로 매우 밀접한 관계를 가지는 근연종으로 사피엔스 외에도 네안데르탈인 등 6종의 원시 인류들이 속해 있다. '종'은 가장 기본적인 생물 분류로 서로 생식이 가능하며 그들 간의 후손 역시 생식력을 가지는 개체이다. '아종'은 서식지 분리로 인해 불연속적인 형질 구분이 생겨나면서 A지역의 아종X는 a라는 특징이 있고 B지역에 사는 아종Y는 a라는 특징이 없음으로써 구분된다. 생물 종들은 평균 2~3종의 아종을 가지지만 현생인류는 전 지구에 걸쳐 분포하고 아종으로 분류될 서식지 고립이 존재하지 않기에 아종이 없다. 대신 인간은 신체와 유전적 특성, 공통의 역사와 문화, 민족, 지정학적 분포 등을 기반으로 서로 차이가 나는 인구집단을 여러 '인종'(race)으로 임의로 분류하고 있다.

인종 구분은 18세기 말부터 시작되었다. 독일 인류학자 요한 블루멘바흐는 인류를 분류하면서 코카서스인을 가장 완전한 기본적 인류로, 그 밖의 인종은 기후·음식물·풍속·습관 등의 차이로 코카서스 인종에서 퇴화한 집단으로 여기면서 인류를 코카시언(주로 유럽), 몽골리언(동북아시아), 이디오피언(주로 아프리카), 아메리칸(아메리카 원주민), 말레이지언(동남아시아)의 다섯 인종으로 구분하였다. 노아의 방주가 상륙하고 프로메테우스가 인류에게 불을 준 죄로 사슬에 묶였던 곳으로 전해지는 러시아의 코카서스 지방은 사람들이 특히 아름답다고 알려진 지역이다. 그는 코카서스라는 명칭을 선택한 이유를 그 지역이 가장 아름다운 인종을 산출했고 그곳 어딘가에서 인류 최초의 발생지를 밝혀낼 가능성이 가장 크기 때문이라고 밝힌다. 그의 인종 구분은 생물학적인 구분이라기보다 심미적인 것으로, 그는 "모든 차이는 구분할 수 없을 만큼 서로 자연스럽게 이어져 있어서 이들 사이에 경계선을 정하더라도 지극히 자의적인 경계만이 탄생하게 된다"라고 말하며 차별을 경계한다. 그러나 백인을 정점에 두고 그 밑에 퇴화된 4개 인종을 대비시키면서 결과적으로는 인종의 위계개념과 인종주의의 기반이 된다. 19세기에는 인류를 코카소이드-몽골로이드-니그로이드 세

인종으로 구분하였고, 이것이 다시 백인-황인-흑인의 3대 집단으로 정립된다.

인류의 유전자는 99.9%가 동일하고 단 0.1%의 유전자 차이가 피부색과 머리카락 색, 얼굴 형태, 신장 등을 다양하게 만든다. 이 같은 차이를 '유전자 변이'라고 하는데, 이 역시 사람마다 크게 다르지 않아 외형적 차이에도 불구하고 그들 간의 생물학적 인종 구분은 무의미한 것으로 인식된다. 특히 인종을 구분하는 가장 중요한 요인인 피부색은 검은 피부를 가진 인류의 조상이 아프리카에서 세계 각 지역에 퍼져나가 고위도나 중위도에 정착하면서 거주지역의 기후에 적합한 피부색을 지니도록 대를 이어 진화한 결과물이다. 자외선은 피부로 침투되어 DNA 손상과 엽산분해를 일으키는데 이를 방지하는 것이 흑갈색 색소인 멜라닌이므로 아프리카처럼 자외선이 강한 지역의 사람에게는 멜라닌이 많이 생성되어 피부가 검다. 그런데 자외선 중의 UVB는 체내 비타민D 형성에 필수적인 요소여서 북유럽처럼 자외선이 약한 고위도 지역에서는 UVB 흡수를 위해 짙은 피부를 가진 자는 도태되고 옅은 피부를 가진 자들이 자연선택 되어 살아남으면서 피부색이 옅어진다. 이처럼 피부색은 거주 환경에 따른 오랜 진화의 결과이지만 유럽인들은 흑인의 검은 피부를 무지와 야만과 같은 부정적인 개념과 연결하여 그들을 문명과는 동떨어진 존재로 규정하면서 인종주의를 형성한다.

일례로, 나폴레옹에 의해 고대 이집트문명이 유럽인들에게 알려지면서 그 우수성에 감탄한 수많은 서구학자들은 흑인이 그처럼 뛰어난 문명을 창조할 수 있다고 생각하지 않아 고대 이집트인들을 흑인과 구분하여 코카소이드의 하위 범주인 햄족으로 분류한다. 코카소이드의 범주에는 유럽계 외에도 그들이 유색인종으로 여기는 아리안 혈통의 인도인과 아랍인이 속해 있기 때문에 대부분이 아랍인인 현대 이집트인들은 명백히 코카소이드 범주에 속한다. 그러나 우수한 문화를 창조했던 고대 이집트의 인종에 대해서는 논란이 많다. 백인사회는 현대 이집트인들을 고대 이집트인의 후손으로 간주하면서 그 근거로 고대 이집트 벽화나 조형물에 이집트인들은 붉은 피부로, 아프리카 내륙 출신들은 검은 피부로 구분한 사실을 내세운다. 또한 흑인민족인 누비안족이 한때 이집트를 지배하면서 흑인 파라오가 존재했던 적이 있지만 그들은 다양한 소수민족의 하나일 뿐 이집트 주류는 아니라고 주장한다. 반면 '유럽중심주의'에 반발하여 아프리카 역사를 달리 해석하고자 하는 '아프리카중심주의'에서는 고대이집트 인종은 흑인이었고 현 이집트인들은 후대에 아랍에서 넘어온 침략자들의 후손이라고 주장하고 있어 현대 이집트인들의 거센 반발을 일으켰다. 그들은 클레오파트라도 모계가 흑인이라고 주장한다. 이러한 대립적인 주장에 대한 학계의 견해는 고대 이집트가 최소한 어느 한 인종만으로 구성되지는 않았다는 것이다.

고대 이집트는 후대의 서구인들이 놀랄만큼 선구적이고 진취적인 문명이 탄생한 곳이다. BC 3000년경 나일강 유역에 형성된 고대 이집트 왕국은 전제군주인 파라오가 통치하면서 이미 그 시절에 상형문자·파피루스·태양력·측량술·역학지식·의학 등의 진취적이고 선구적인 문명을 발달시켰다. 『코스모스』의 저자 칼 세이건은 인류의 위대한 유산으로 주저 없이 이집트의 알렉산드리아 도서관을 꼽았다. 그는 인류만이 유일하게 자신들이 알게 된 지식을 두뇌 바깥의 공간에 따로 저장하여 전수했음을 강조하면서 알렉산드리아 도서관을 BC 3세기부터 이미 인류를 우주로 이끈 지적 모험을 잉태하고 양육한 곳으로 평가한다. 당시 통치자였던 프톨레마이오스 1세는 지구에 있는 모든 민족의 책을 모으라는 명을 내려 그리스와 유럽, 북아프리카는 물론 중동과 인도 등지의 책들까지 수집하여 도서관에 보관하게 했다. 도서관과 그 엄청난 자료들은 불행히도 600년 후 로마군의 침략으로 소실되어 인류문명의 한 소중한 부분이 사라진다. 그러나 이집트가 1974년에 도서관 재건을 추진하자 유네스코와 중동국가들과 프랑스가 적극 협조하면서 2002년에 떠오르는 태양을 형상화한 11층짜리 초현대식 건물에 100만 권이 넘는 서적을 보유한 도서관이 탄생한다.

흑인 파라오

백인이 주장하는 고대 이집트인과 소수민족 흑인

| 고대 알렉산드리아 도서관 복원도

| 현대 알렉산드리아 도서관

이집트는 또한 역사적으로 주요한 전략적 요충지의 하나로 고대부터 수많은 영웅들이 이집트를 정복하여 세계를 지배하는 꿈을 꾸었다. BC 7세기 아시리아를 시작으로 페르시아, 마케도니아를 거쳐 BC 31년 로마제국이 이집트를 정복하면서 '팍스 로마나'(Pax Romana) 시대를 열었다. 그 뒤를 이어 동로마제국과 이슬람제국이 이집트를 정복하였고, 제2의 알렉산드로스가 되기를 원했던 나폴레옹 역시 마찬가지 이유로 이집트를 침공했다. 당시 군사적 성과는 크게 없었지만 나폴레옹이 동반한 수많은 학자와 전문가들이 행한 이집트 역사와 문화에 대한 조사 결과물이 22권의 책으로 출간되어 추후 이집트 연구의 기반이 되면서 학술적 성과는 성공적이었다.

| 장 레옹 제롬, <스핑크스 앞의 나폴레옹>, 1867~1868

나폴레옹은 영국의 해상패권에 도전하기 위해 유럽에서 아프리카대륙을 두르지 않고 바로 인도양으로 갈 수 있는 수에즈운하 건설 계획도 세워 동반한 학자들로 하여금 비밀리에 탐사하게 하지만 영국군의 방해로 소강상태에 빠진다. 이후 수에즈운하는 1859년에 프랑스 주도로 건설되어 지중해와 홍해, 인도양을 잇고 유라시아의 해상실크로드까지 연결하면서 동서양 교역의 지정학적 요충지로 부상한다. 영국은 수에즈운하로 교역거리가 단축되어 영국과 인도 간 이동시간이 180일에서 120일로 줄자 운하 지분을 대폭 사들인 후 다른 나라가 넘보지 못하도록 갖은 방어조치를 취한다. 프랑스가 공사를 할 수 있었던 것도, 영국이 수에즈운하 지분을 사들인 것도 로스차일드가의 자본에 의한 것이어서 두 나라는 수에즈운하가 이집트정부로 넘어가기 전까지는 공동운영하였다.

이집트 국왕은 수에즈운하 개통을 기념하기 위해 그가 열렬히 찬미하는 작곡가인 베르디에게 오페라를 의뢰했는데, 그 때 탄생한 작품이 〈아이다〉이다. 〈아이다〉는 카이로에 오페라극장을 지어 개관작품으로 공연될 예정이었으나 프랑스가 전쟁 중이어서 공연 의상과 소품이 제때 조달되지 못해 초연은 2년 후에 이루어진다. 이집트의 장군 라다메스와 포로로 잡혀온 에티오피아의 공주 아이다의 비극적인 사랑과 운명을 그리고 있는 웅장한 규모의 작품 〈아이다〉는 1913년 8월에 시작된 '베로나 오페라페스티발'의 개관작품이기도 하다. 1913년 초 이탈리아 오페라 가수 제나텔로는 베로나를 방문하면서 우연히 들린 폐허가 된 검투장에서 스피커 없이도 자연음향이 완벽히 구현되는 것을 발견하고는 그곳을 야외공연장 '베로나 아레나'로 변모시켜 오페라페스티발을 시작한다. 단일 공연장으로는 하루에 가장 많은 관객을 수용하는 공연장이다. 〈아이다〉는 그동안 40여 개의 연출 버전이 무대에 올랐지만 개관작품이자 베르디 탄생 100주년을 기리는 공연이었던 초년의 오리지널 프로덕션의 역사적 의미가 커서 오늘날까지도 자주 상연되고 있다.

| 이탈리아 베로나 야외극장에서 열린 <아이다> 공연

아프리카의 지형, 문화, 종교

아프리카는 북으로는 지중해를 사이에 두고 유럽과 인접하고, 동쪽으로는 수에즈운하와 홍해를 사이에 두고 서아시아와 인접해있어 고대부터 유럽과 아시아와 교류하며 세계 문명의 한 부분을 담당하였다. 지중해를 통해 현재의 터키영토인 소아시아반도 사람들은 세 대륙을 누볐고, 동아시아와의 문명교류의 통로인 실크로드 역시 아프리카까지 관통했다. 아프리카, 아시아, 유럽 세 대륙에 둘러싸인 육지 속 바다인 지중해는 대서양항로가 개발되기 이전까지는 세 대륙의 문명이 교류하는 통로이자 경제 중심지였다. 북아프리카는 지리적으로 지중해 문화권에 속할 뿐만 아니라 로마제국에 편입되어 유럽 문화권의 일원으로 수백 년을 지내왔기 때문에 로마제국에 속하지 않았던 타 유럽지역보다 더욱 유럽 문화에 가까웠다.

7세기에 아라비아에서 탄생한 이슬람교 열풍이 북아프리카를 휩쓸면서 아프리카는 유럽 문화권에서 이슬람 문화권으로 들어선다. 이슬람제국이 단기간에 세를 확장해나가면서 북아프리카에는 크고 작은 이슬람국가들이 흥망을 거듭했고, 이슬람상인들이 사하라사막을 건너 지중해와 서아프리카를 잇는 교역로를 개척하면서는 무역과 금광으로 번영했던 가나·말리·송하이 왕국 등이 이슬람 문화권에 편입된다. 이로 인해 북아프리카 국가들과 인접의 이슬람 국가들은 대부분 아랍어를 공식어로 사용하고, 주 인종은 코카소이드 햄족에 속하는 아랍인과 베르베르인이고, 소수의 흑인이 속해있다. 한편 인도양과 통하는 동부 아프리카 해안가에는 아랍상인들이 무역거점기지로 삼은 도시들이 번성하였다. 이처럼 이슬람세력이 아프리카 대륙으로 퍼져나가면서 현재 아프리카는 이슬람교 신자가 전체 아프리카 인구의 약 1/2을, 전 세계 무슬림 인구의 1/4을 차지한다.

아프리카 종교는 크게 이슬람, 기독교, 토착신앙으로 구성되어 있는데, 아프리카 북부는 대부분 이슬람이고 남쪽은 대부분 기독교이다. 기독교는 1세기 이후 지중해 연안에서 북아프리카로 전파되었고, 19세기 말부터 시작된 유럽 식민주의의 영향으로 인해 현재는 아프리카 인구 절반 정도가 기독교도이다. 이들 유일신 종교들이 들어오기 전에는 아프리카인들은 하늘, 땅, 강, 숲 등 만물에 정령이 깃들어 있다고 믿으며 자연과 조상을 숭배해왔다. 유럽인들은 아프리카의 토착신앙을 정통 신앙이 아닌 미신이나 주술, 악마사냥 등의 비논리적이고 감정적인 신앙 행위로 인식하면서 기독교의 도입으로 인해 토착신앙이 소멸될 것으로 보았다. 그러나 아프리카인들에게 토착신앙은 공동체의 관습이자 규례이자 생활 습관으로, 종교의 차원을 넘어 그들의 삶 그 자체이기 때문에 오히려 외래종교들을 포용하고 아프리카화시키는 역동성과 저력을 보인다. 케냐의 신학자인 존 음비티는 저서 『아프리카 종교와 철학』에서 그동안의 역사를 보면 아프리카 토착신앙은 이슬람과 기독교 등 보편종교에 의해 대체되지 않고 오히려 이들을 토착신앙의 영역으로 끌어들이는 놀라운 생명력을 보여주어 아프리카 전역에 아프리카화 된 이슬람과 기독교가 존재하고 있다고 말한다.

아프리카는 지리적으로는 세계 최대면적의 아열대사막인 사하라사막에 의해 남과 북으로 분리되어 있다. 사하라는 단어 자체가 사막 혹은 황무지를 뜻한다. 그러나 사막이라고 모래 평지만 있는 것이 아니라 자갈 평원과 화산도 있고 겨울에는 영하로 내려가는 곳도 있다. 일교차가 심해 밤이면 서늘해지면서 별이 손에 닿을 듯 가깝게 다가오고 바람이 멈추면 완전한 정적 속에서 지구가 자전하는 소리까지 들린다는 말도 있다. 사하라 사막은 무려 10여 개국에 걸쳐 분포되면서 아프리카 전체 면적 1/3을 차지하는데, 그 크기가 미국만 하다. 석유·가스·금·다이아몬드·우라늄 등 많은 천연자원들이 매장되어 있어 19세기부터 유럽의 열강들이 이곳을 탐내었지만 사막이라는 지형적 특성으로 인해 수송이 어려워 프랑스를 제외하고는 대부분 포기하였다. 이 때문에 사하라지역의 대부분의 국가들은 프랑스에 귀속되었다가 2차 세계 대전 이후부터 1964년에 걸쳐 모두 독립한다.

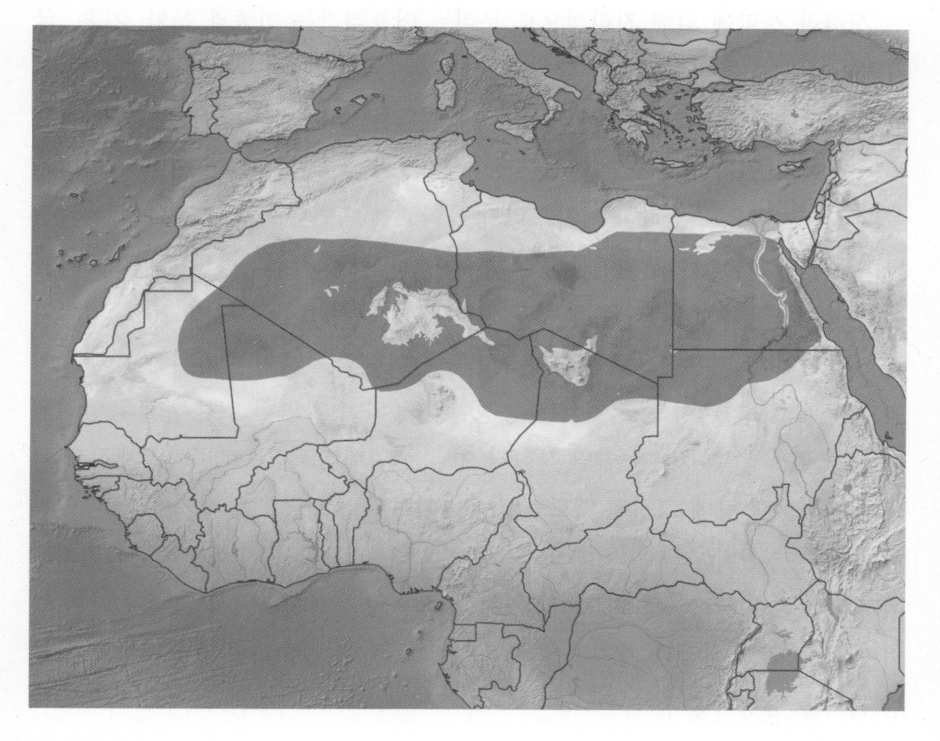

| 사하라사막

사하라 지역은 BC 3천 년까지만 해도 바다생물 등 다양한 동식물이 서식하던 곳이었다. 이후 지각변동으로 사막이 되면서 사하라 이남 지역의 아프리카는 부분적 고립이라는 특이한 위치에 놓인다. 그로 인해 유라시아와의 교류는 제한되지만 대신 아프리카 정체성을 보존하게 된다. 철학자 헤겔은 저서 『역사철학강의』에서 아프리카를 세 지역으로 나눈 후 사하라 이남을 유럽과 아시아와의 연관성이 없는 '진정한 아프리카'로 규정하면서 그곳을 역사적으로 고립된 곳, 자아를 인식할 수 있는 역사적 단계를 갓 넘긴 유년기의 땅, 밤의 장막에 둘러싸인 대륙으로 묘사하며 아프리카를 문명이 개화되지 못한 곳으로 비하시키는 인종주의적 역사관을 드러낸다.

사하라 사막에 의해 지리적으로 분리된 아프리카는 인종과 문화, 기후, 국가형태에서도 큰 차이를 보인다. 사하라 북부는 서남아시아계의 아랍인 등 백인계통이 주를 이루고 사하라 이남은 대개 흑인으로 구성되어 있다. 문화적으로도 사하라 이북은 넓은 의미에서 중동 문화권에 속하는 반면 사하라 이남은 우리가 일반적으로 생각하는 아프리카 문화권에 속한다. 그래서 북아프리카는 화이트아프리카, 남아프리카는 영국령 남아프리카공화국과 독일령 나미비아를 제외하고는 블랙아프리카로 불린다. 남북의 인구 비율은 북부가 20%, 남부가 80% 정도이다. 기후적으로는 사하라 이북은 여름과 겨울이 확연히 구분되어 이집트와 메소포타미아 등지에서는 농경이 가능하여 자연히 고대부터 중앙집권화된 왕국이 발달하였다. 반면 사하라 이남은 열대건조기후로 수렵, 채집과 목축만 가능했던 탓에 고정된 영토를 점유하기보다는 소규모로 시기에 따라 이동하는 종족 중심의 수많은 부족집단이 형성되면서 그 넓은 지역에 중앙집권화된 국가가 거의 없었다. 각 부족은 국가보다 종족을 우선시하면서 제각기 다른 언어와 풍습, 토착신앙과 가치관을 바탕으로 부족 수 만큼이나 독창적이고 다양한 문화를 형성하였다.

아프리카 예술: 춤, 음악, 원시미술

토착신앙과 함께 아프리카의 정체성을 보여주는 문화는 종교의식에서는 물론이고 그들의 일상생활을 함께하는 음악과 춤, 그리고 원시미술이다. 종교의례나 특별한 날, 인생의 희로애락의 순간들에 항상 동반되는 춤은 너무나 자연스럽고 예술적이다. 말하듯이 노래하고 리듬이 풍부한 그들의 음악은 일상을 같이할 뿐만 아니라 영적인 세계나 초자연적인 세계를 접하는 통로 구실을 한다. 그들의 태생적인 춤과 음악은 아프리카를 넘어서 전 세계적으로 영향을 미친다. 세계적인 선풍을 일으킨 맘보·트위스트·디스코 등은 아프리카 춤에서 기원한 것이고, 재즈·리듬앤블루스·소울·가스펠·로큰롤·디스코·힙합 등의 음악 장르는 아메리카 대륙에 노예로 팔려간 흑인들이 보존해온 전통음악에 서구음악이 더해지면서 탄생했다. 아프리카인들은 자연에서 얻는 영감을 바탕으로 구축된 원시미술을 통해서는 강렬한 신앙과 희망과 공포를 표현해내었다. 원시미술을 대표하는 조각과 가면들은 주로 철·청동·점토·나무 등을 소재로 하여 자신들이 숭배하는 동물이나 조상의 모습을 따서 만들어져 출생·성년식·결혼·죽음 등의 통과의례와 농사의 풍요를 비는 데 사용된다. 원시예술이 총 집약된 것이 가면축제로 가면, 의상, 춤, 음악, 구전문학, 연극, 그리고 그들의 믿음까지 총망라되어 있다.

토착 신앙을 바탕으로 인간의 감정과 소망을 허식 없이 표현하는 원시미술은 20세기 초의 서구 예술가들에게 매우 낯설면서도 자유롭고 원초적인 기운을 느끼게 하면서 신선한 충격을 주었다. 아프리카인들은 초자연적인 존재를 조각과 가면으로 가시화하면서 그 모습을 대상의 본질에 집중하여 단순하면서도 기하학적인 형태로 표현하였고 색채도 대담했다. 그들이 사실적 표현의 필요성을 느끼지 않은 이유는 그 목적이 초월적인 세계와 교감하는 데 있기 때문이다. 아프리카 가면을 처음 예술에 도입한 화가는 마티스를 비롯한 야수파 화가들이다. 아프리카 가면의 원시적 색채와 단순한 표현법에 매료된 마티스는 이후 북아프리카를 몇 차례 여행하면서 선과 형태에 초점을 두고 감수성을 단순화시킨 작품들을 탄생시킨다. 피카소는 인물의 사실적인 형태를 무시하고 면들을 분할하여 서로 겹치게 구성하는 아프리카 조각들의 기하학적인 표현기법을 그의 입체주의 작품들에 옮겨 담는다. 사창가의 여성들을 그린 〈아비뇽의 처녀들〉은 조형적인 특성이 두드러지고 그림 속 두 여성의 얼굴은 아프리카 가면을 재현하고 있다. 긴 목과 길쭉한 얼굴의 여인들을 그린 모딜리아니, 〈걸어가는 사람〉 조각으로 유명한 자코메티, 초현실주의 화가인 달리와 르네 마그리트 또한 아프리카 조각과 가면들에서 영향을 받는다. 이처럼 아프리카 원시미술은 피카소가 '현대미술의 바이러스'라고 칭할 만큼 서구미술에 광범위하게 침투한다.

| 〈춤〉, 앙리 마티스, 1910

| 아프리카 가면과 피카소의 〈아비뇽의 처녀〉, 1907

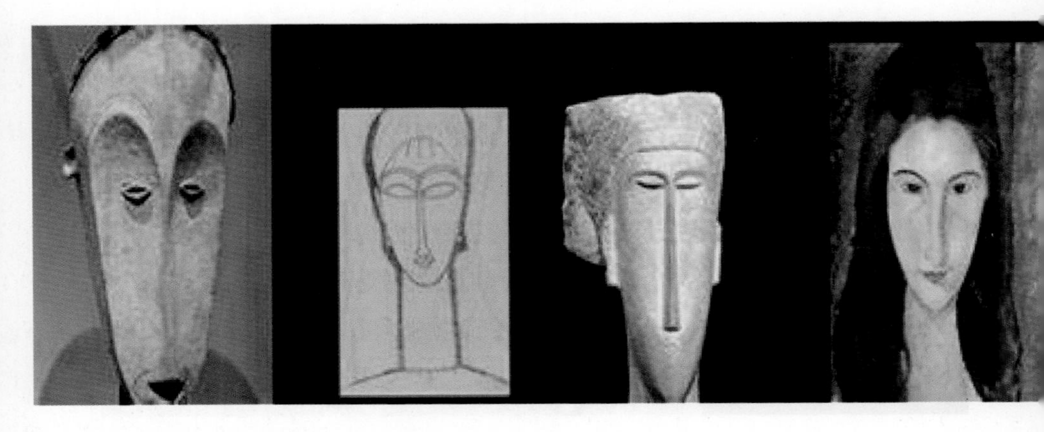

| 아프리카 가면(왼쪽)과 모딜리아니 작품들

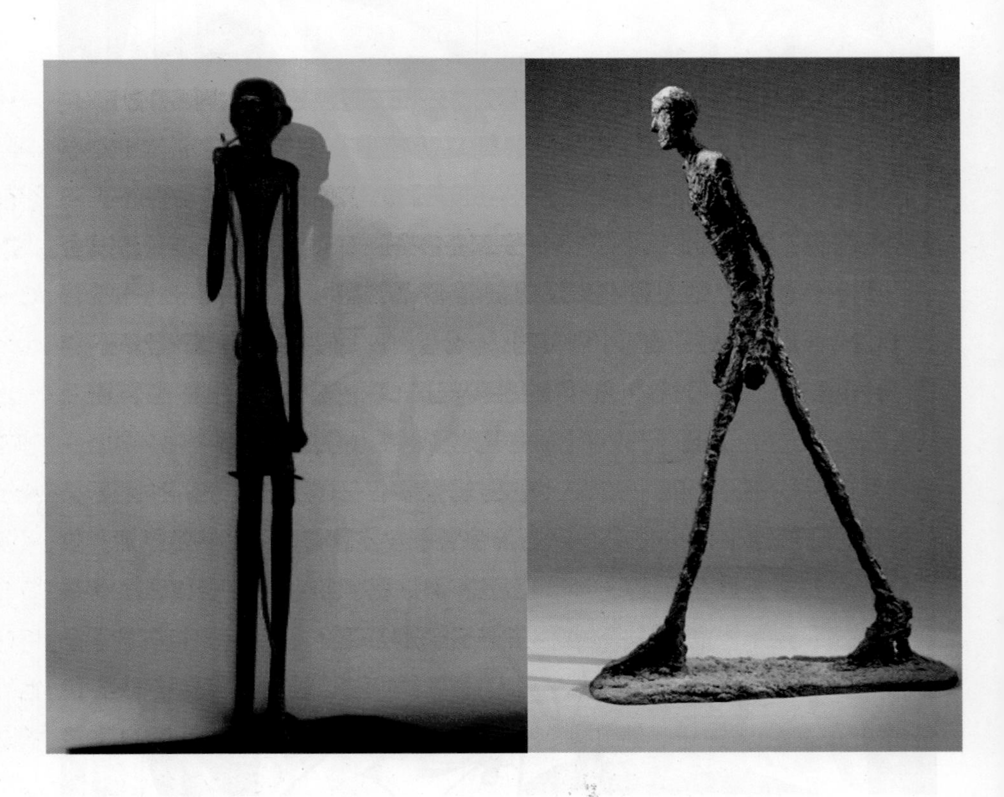

| 아프리카 조각과 자코메티의 <걸어가는 사람>

아프리카의 암흑시대: 흑인노예무역

아프리카는 콜럼버스가 1492년에 아메리카 신대륙을 발견한 이후로 유럽 국가들의 노예보급기지가 되면서 암흑의 역사가 시작된다. 노예무역은 그 이전부터 아프리카 내에서 자주 행해졌고 노예를 아랍에 수출하는 일도 흔했다. 중세 서아프리카의 말리왕국을 비롯한 거대 제국들은 황금과 노예가 주요 수출품으로 주로 인도의 옷감과 중국의 도자기 등과 바꾸었고, 지중해무역을 장악했던 베네치아 상인들의 주거래품목 또한 노예였다. 당시 노예의 최대 공급원은 흑해 연안에 거주하던 슬라브족으로, 그들에게서 오늘날 노예를 뜻하는 단어인 'slave'가 유래했다. 슬라브족은 동로마, 터키, 오스트리아가 끊임없이 침입해와서 그들을 노예로 팔았고 심지어 바이킹까지 먼 바닷길을 건너와서 노예사냥기지를 세웠다는 기록이 있다. 이에 슬라브족은 같은 종교의 사람은 노예화를 금지하는 기독교로 개종하지만 칭기즈 칸의 몽골부대가 쳐들어와서 중국까지 끌려가 노예 신세가 되기도 한다. 중세 이슬람국가들 역시 같은 종교의 사람들을 노예화하는 것을 금지하였기에 인접 아프리카에서 노예들을 사들였다.

아프리카대륙에 처음 상륙한 유럽 국가는 유럽 서남부의 이베리아반도에 위치한 포르투갈이다. 대항해시대 이전에 유럽에서 인기를 끌던 후추의 교역로는 인도-지중해-이탈리아 루트로 이탈리아의 도시국가들과 아라비아 상인들이 주로 무역을 독점하여 유럽 서남단의 포르투갈과 스페인에게는 좋은 경로가 아니었다. 이에 포르투갈은 아프리카 최남단을 지나면 인도양에 이어질 것으로 생각하여 15세기 초반부터 아프리카 항로를 개척하면서 북아프리카 무역중계지인 세우타를 점령하여 중간 거점을 세우고 '세상의 끝'으로 알려져 감히 그 너머로 나아가지 못했던 보자도르 곶을 마침내 통과한 후 금을 찾아 서아프리카 세네갈까지 진출한다. 당시 아프리카 왕국들은 문명이 발전되었고 정치체계도 잡혀 있었다. 14세기 중반에 25년간 세계를 여행하여 역사상 가장 위대한 여행가 중의 한 명으로 꼽히는 아랍인 이븐 바투타는 세네갈을 여행하면서 "금은보화가 넘치고 정의로우며 안정된 사회"로 묘사하였다. 포르투갈이 접근하자 일부 아프리카 부족들이 세력 확장 및 유지를 위해 포르투갈로부터 총을 얻고 대신 노예를 제공하면서 소규모로 노예무역이 시작된다. 이후 이탈리아 제노바 출신의 콜럼버스가 스페인 이사벨 1세의 후원하에 대서양을 거쳐 인도로 가는 도중에 신대륙을 발견하고 그곳에서 플랜테이션이 시작되면서 서아프리카에서 인류 역사상 최대 규모의 노예무역이 이루어진다. 플랜테이션은 자본과 기술을 지닌 서구 열강들이 열대와 아열대 기후 지역에서 원주민이나 흑인노예의 값싼 노동력을 이용하여 상품작물을 대규모로 단일경작하는 농업방식이다.

유럽 국가들은 신대륙에서 처음에는 은광 개발에 몰두했지만 은광이 바닥을 드러내자 담배와 커피, 사탕수수 등의 작물 재배에 눈을 돌렸다. 특히 유럽인들의 미각을 사로잡은 설탕의 원료인 사탕수수 재배가 무역상들에게 막대한 수익을 가져다주자 영국, 프랑스, 네덜란드는 남아메리카에 무역기지를 세운다. 플랜테이션은 막대한 인력이 필요했는데, 아메리카 원주민 대부분이 학살과 전염병으로 멸종하다시피 하여 백인들은 아프리카에서 흑인노예들을 데려오기 시작한다. 17~18세기를 거쳐 플랜테이션이 확대되면서 노예시장의 규모는 더욱 커져 아프리카는 치명적인 폐해를 입게 된다. 아프리카 본토에서는 청장년의 일꾼들이 대거 노예로 팔리면서 노동력 부족으로 생산력이 파괴되고, 심지어 각 부족 간에는 더 많은 노예를 팔기 위해 유럽인들로부터 총을 구입하여 노예사냥이 성행한다. 이로 인해 아프리카 국가들은 정상적인 기능조차 하지 못할 정도로 인구수가 급감하면서 성장이 멈추어버린다. 한편 유럽 국가들 사이에서는 엄청난 수익을 가져오는 노예무역 독점권을 얻기 위한 각축전이 일어난다. 고위험 고수익 사업인 노예무역은 삼각무역의 형태로 이루어졌는데, 유럽의 무역상이 아프리카에 럼주와 총포와 화약 등을 팔고 노예를 산 후 신대륙에 가서는 노예를 팔고 설탕·담배·면화 등을 사서 이를 유럽에 파는 형태이다.

'흑색 다이아몬드'로 불리는 노예들은 노예선에서 서로 팔다리가 쇠사슬로 묶인 채 앉아 있기도 돌아눕기도 힘든 공간에서 수개월의 사투를 벌여야 했다. 아프거나 사망한 노예는 가차 없이 바다로 던져졌고, 도착해서도 판매가치가 없어진 병약한 노예들은 내버려져 죽는다. 배에서 노예들이 많이 죽다 보니 이를 보상하기 위한 보험제도가 생겨나면서 그로 인한 비극도 발생한다. 1781년 노예무역 도시인 영국 리버풀에서 출발한 한 노예선이 항로 착각으로 목적지인 자메이카를 지나쳤는데, 목적지로 돌아갈 동안 노예를 먹일 식량과 물이 부족하고 배에 전염병까지 돌자 선장과 선원은 보험금을 타기 위해 노예 133명을 산 채로 바다에 던져버린다. 이는 보험계약 조건이 노예선에서 노예가 사망하면 선주에게 책임을 물어 보험금을 지급하지 않지만 노예가 실종되면 보험금을 받을 수 있기 때문이었다. 살아남은 노예들은 경매장으로 가기 전에 나체로 거리를 행진했고, 팔린 후에는 낮에는 밭에서 사탕수수를 베고 밤에는 압착기로 즙을 짜면서 매일 20시간의 노동을 하여 당시 노예들 평균 생존 기간이 7년 정도였다. 노예무역으로 19세기까지 300여 년에 걸쳐 약 1,200~1,500만 명의 아프리카인들이 노예로 팔려나갔고, 그중 약 1천만 명이 아메리카에 도착하여 오늘날 미국과 브라질 등에 사는 수억 명의 흑인들을 형성한다.

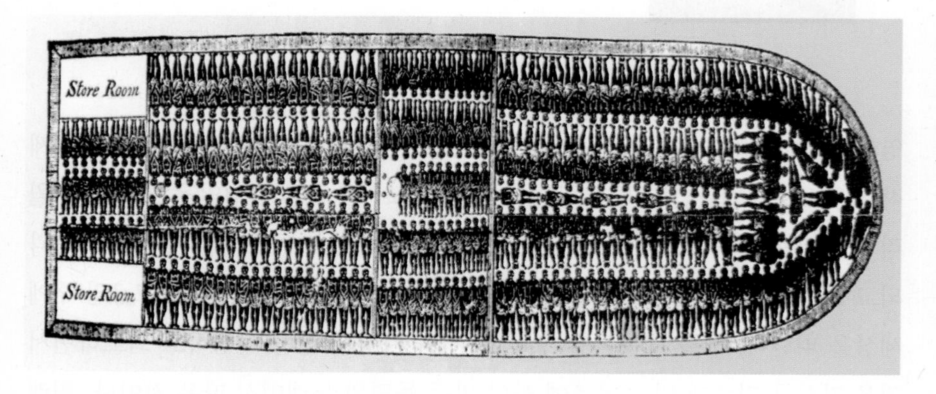

| 아프리카인 노예선

당시 유럽 정부나 국민들은 노예무역이 국가의 번영에 크게 기여하고 있고 교회조차도 이교도에게 자행한 일로 인정하는 편이어서 크게 비난하지 않는 실정이었다. 그러나 18세기 후반부터 인간수렵의 비인륜성과 노예선의 비참한 실정이 전해지면서 노예제도에 대한 비난 여론이 형성되고, 특히 영국에서 꾸준한 폐지운동이 일어난 덕분에 19세기 초에 영국을 선두로 프랑스와 덴마크도 노예무역을 금지하게 된다. 영국에서 노예무역이 금지되고 노예제도가 폐지된 데에는 하원의원인 윌리엄 윌버포스의 공이 지대하다. 그는 21세에 국회의원이 된 이후 평생을 수많은 반대에 부딪치면서 노예무역과 노예제도 폐지에 헌신했는데, 그 고난의 과정을 영화 《어메이징 그레이스》가 담고 있다.

어메이징 그레이스 Amazing Grace, 2006

개요: 드라마 | 영국, 미국 | 118분
감독: 마이클 앱티드

영화 《어메이징 그레이스》는 2007년 노예무역금지법 200주년을 기념하여 제작된 것으로, 20년간의 투쟁 끝에 의회에서 노예무역금지 법안을 통과시킨 윌리엄 윌버포스의 일생을 다루고 있다. 그는 1809년 노예무역금지 법안이 통과되고 26년 후에 노예제도폐지 법안까지 의회에서 통과되는 것을 보고 3일 후에 세상을 떠난다. 영화 제목은 존 뉴턴 목사가 자신의 삶을 반성하고 회고하면서 지은 가사를 기존에 있는 곡조에 붙여 만든 동명의 노래에서 따온 것이다. 원래 노예무역상이었던 존 뉴턴은 어느 날 노예를 싣고 오던 배가 풍랑을 만나지만 기적적으로 살아남으면서 목사로 전향한다. 이후 그는 노예제도 반대에 앞장서면서 윌버포스에게도 많은 영향을 준다. 윌버포스는 의회에서 노예무역폐지를 호소할 때 Amazing Grace를 혼신을 다해 부르기도 했다.

18세 후반의 영국은 세계 최고의 해군력으로 대서양 무역을 독차지하다시피 하여 노예무역이 국가기간산업이 된다. 당시 약 190척의 노예무역선이 연간 5만 명 정도의 노예를 운반하면서 얻은 이윤이 국가수입의 1/3을 차지했다. 이송 과정에서 수많은 노예가 죽고 착취당했지만 흑인을 유인원처럼 여기던 때라 문젯거리가 되지 않았다. 부유한 집안에서 태어나 방탕한 생활을 하다가 하원의원이 된 윌버포스는 어느 날 신앙의 삶에 대한 갈망을 느끼고서는 신앙과 정치 사이에서 갈등을 겪는다. 대학친구이자 귀족 출신의 정치가인 윌리엄 피트는 자신이 수상이 될 거라며 윌버포스에게 자신과 함께 정치를 통해 세상을 바꿀 것을 종용한다. 피터는 윌버포스의 마음을 돌리기 위해 노예해방에 관심이 있는 그를 토마스 클락슨을 비롯한 몇몇 노예폐지론자들과 만나게 한다. 그날 클락슨은 윌버포스에게 노예들의 손발과 목에 채워지는 족쇄를 보여주며 죽음의 냄새로 가득 찬 노예선의 처참한 실태를 알려주었고, 노예로 끌려왔다가 해방된 에퀴아노는 가슴에 찍힌 낙인을 보여준다.

윌버포스는 에퀴아노의 안내로 직접 노예선을 확인한 후에 의회에서 천부인권사상을 토대로 노예무역반대 활동을 시작하지만 예상대로 의원들의 강력한 반대에 부딪힌다. 노예무역폐지 주장은 당시 노예무역으로 부를 축적하던 상인조합과 재벌, 귀족들을 적으로 돌렸고 300명의 하원의원들 또한 노예무역과 이해관계와 얽혀 있어 한 사람만 빼고는 모두 반대하였다. 야당 휘그당의 거물인 찰스 폭스는 당시 독립을 추구하는 미국과의 전쟁을 반대하고 프랑스혁명에 동조하는 진보적인 사상을 지닌 정치가였기에 당적을 넘어 윌버포스에게 동조했다. 의원들은 노예무역제도를 폐지하면 막대한 수입원이 없어져 국가재정을 망칠 뿐만 아니라 영국의 자리를 프랑스가 대신 차지하여 이득을 취할 것이라고 항변하면서, 노예해방이 도리상 옳지만 그로 인한 경제적 여파에 대한 대비가 필요하므로 점진적으로 폐지할 것을 주장한다.

그들은 기본적으로 흑인을 인간으로 여기지 않았고 윌버포스에게 국민들은 노예제도에 신경도 안 쓴다고 반박하자 윌버포스는 약 40만 명의 지지자들의 청원서를 이어붙인 것을 그들 앞에 펼쳐 보이는데, 이는 서구 역사상 처음으로 대중이 정치에 참여한 사건으로 간주된다. 흑인을 인간으로 여기지 않는 것은 당시 일반적인 인식이었다. 당대의 철학자 헤겔은 저서 『역사철학강의』에서 "흑인들은 자연상태 혹은 야생상태에 머물고 있는 종족으로 이들을 대할 때 인간에 대한 경의나 도덕 등 그 어떤 인간적 감정을 적용해서는 안 된다. 인간성과 조화될 수 있는 그 어떤 것들도 흑인들로부터 발견할 수 없을 것이다"라는 말로 흑인의 인간성을 부정할 뿐만 아니라, "흑인과 유럽을 결부시키고 있었던 것으로 오늘날까지 지속되고 있는 유일한 관계는 노예라고 하는 관계이다"라고 말하며 노예무역의 정당성의 근거를 마련해주었다.

18세기 말과 19세기 초는 미국독립혁명과 프랑스혁명이라는 두 역사적인 사건을 통해 서구 전역에 자유주의 사상과 인권 개념이 태동하던 시기였다. 당시 영국은 미국의 독립을 저지하고 나폴레옹 혁명세력을 진압하고자 하는 지극히 보수적이고 국수적인 입장에 있었다. 클락슨은 윌버포스에게 미국, 프랑스에 이어 영국에서도 혁명을 일으켜야 한다고 주장하지만 윌버포스는 혁명은 반대하였다. 윌버포스가 노예무역폐지를 주장한 지 5년이 지났지만 진전은 없고 몸은 쇠약해진다. 게다가 나폴레옹전쟁의 위협이 영국에까지 미치자 수상이 되어 그를 지지해주던 피터까지 노예무역폐지론이 프랑스혁명사상과 맥을 같이하고 있어 국가안보를 위협하는 선동으로 여겨질 거라며 중단할 것을 권유한다. 대내외적인 시련이 닥치면서 몸도 마음도 쇠약해진 윌버포스는 노예무역폐지운동을 거의 포기한 채 지낸다. 그때 그의 뜻에 동조하는 여성 바바라를 다시 만나 결혼하면서 든든한 지지자를 얻게 되고, 존 뉴턴 목사 또한 노예선 선장 시절을 반성하고 기록한 참회록을 그에게 사용하라고 주면서 힘을 북돋운다.

윌버포스는 노예무역폐지운동을 재개하면서 피트의 도움으로 중립국 무역선의 나포(capture) 금지를 폐지하는 우회전략을 구상한다. 당시 인도로 가는 노예선 80%가 영국 국기가 아닌 중립국인 미국 국기를 달고 운항하였다. 이는 영국 무역선은 프랑스해군과 사략선의 나포 대상인 반면 중립국 무역선은 나포로부터 자유로웠기 때문이다. 사략선은 국가로부터 특허장을 받은 개인이 선박을 무장시켜 적성 국가의 상선을 노략질하는 배로, 근세 초기 유럽 국가들은 상비 해군력을 보충하기 위해 사략선에 교전 자격을 부여했다. 중립국 무역선의 나포 금지를 폐지하게 되면 선주들에게 가해지는 나포 위험이 커져 출항을 꺼리게 될 것이고, 따라서 법적으로 노예무역제도가 유지되어도 새로운 노예무역이 이루어지지 않게 된다. 노예무역이 줄면 노예상이 파산하고 의원들에 대한 로비도 줄어들어 의회 내에서 노예해방 여론 또한 확대될 것이다.

이러한 우회 전략은 성공하여 의회에서 싸워 온 지 20년 만인 1807년에 마침내 노예무역폐지 법안이 통과된다. 영국에서 노예무역이 사실상 사라지게 되면서 1833년에는 총 의원 299명 중 283명의 찬성으로 노예제도 자체가 폐지된다. 56년간 계속되었던 노력 끝에 세계 최초로 노예제도 전면폐지 법안이 통과될 때 윌버포스에게 격렬히 반대했던 의원들까지 그에게 기립박수를 보낸다. 윌버포스는 노예제도를 폐지시켰을 뿐만 아니라 당시 방만해진 영국 사회의 도덕성 회복을 위해 다양한 시민단체를 설립하여 영국 사회를 변화시키면서 영국의 양심으로 칭송된다.

근대 아프리카: 유럽 식민지사

19세기 들어 유럽 국가들은 아시아 식민지화가 고착상태에 빠지고 아메리카대륙의 식민지들이 독립한데다가 노예무역까지 폐지되자 경제적으로 막대한 타격을 받는다. 게다가 산업혁명이 일어나면서 대량생산된 물건을 팔고 자원을 싼값에 수입할 수 있는 시장도 필요했다. 이에 그들은 경제회복을 위해 풍부한 천연자원과 시장잠재력이 있는 아프리카로 눈을 돌리기 시작한다. 초기에는 정보 부족과 풍토병, 말라리아로 인해 아프리카 내륙까지는 진출하지 못했지만 1820년에 프랑스가 말라리아 치료제를 개발하고 영국 탐험가 데이비드 리빙스턴이 내륙지도를 만들면서 유럽 세력들이 본격적으로 아프리카대륙으로 들어간다. 1869년에는 지중해와 홍해, 인도양을 잇고 유라시아의 해상 실크로드까지 연결하여 교역 거리를 단축시킨 수에즈운하가 개통되면서 아프리카와 중동, 유럽 세 대륙의 진입문 역할을 하는 이집트의 중요성이 부각된다.

영국을 비롯한 유럽 국가들은 아프리카를 침략하면서 문명 전달과 식민지 교화를 명분으로 내세웠지만 실질적인 목적은 내부의 경제적 문제를 식민지 수탈을 통해 해결하기 위한 것이었다. 일찍이 남아프리카 킴벌리에서 광업에 종사하던 영국인 세실 로즈는 다이아몬드 채굴 자금과 로스차일드의 대출을 받아 1880년에 드비어스 광산회사를 설립한 후 킴벌리에 위치한 대다수 광산을 독점하면서 한때 세계 다이아몬드 생산의 90%를 차지하였다. 2000년대 초반까지 다이아몬드를 구매하는 것은 곧 드비어스의 다이아몬드를 사는 것을 의미할 정도였다. 그는 막강한 경제력을 바탕으로 정계에 진출하여 남아프리카공화국의 총리가 되는데, 그가 쓴 『유언집』을 보면 당시 영국 제국주의의 본질을 알 수 있다.

“어제 런던 이스트 엔드의 실업자 집회에 가서 ‘빵을 달라’라는 절절한 연설만 듣고 오다가 문득 제국주의의 중요성을 깨달았다. 우리는 영국의 4천만 인구를 피비린내 나는 내란으로부터 지키고 과잉인구를 수용하기 위해 새로운 영토를 개척해야만 한다 … 당신이 내란을 피하려 한다면 당신은 제국주의자가 되어야 한다. 나는 우리가 세계에서 가장 우수한 인종이며 따라서 우리가 세계에 많이 거주할수록 인류에 좋다고 주장한다."

아프리카를 가장 탐욕스럽게 정복한 나라는 영국과 프랑스이다. 영국은 남쪽 케이프타운과 북쪽 카이로를 남북으로 잇는 아프리카 종단정책을 추진하였고, 프랑스는 아프리카 서쪽 절반을 차지하는 데 만족하지 않고 동쪽 마다가스카르까지 대륙을 가로지르는 횡단정책을 추진한다. 영국은 또한 인도로 향하는 가장 빠르고 안전한 교통로인 수에즈운하의 주식을 매수하여 이집트 지배권을 강화하면서 카이로(이집트)-콜카타(인도)-케이프타운(남아공)을 연결하는 3C 정책을 세운다. 여기에 새롭게 통일한 독일과 이탈리아까지 뒤늦게 합류하면서 유럽 열강들 사이에 아프리카를 두고 치열한 각축전이 벌어진다. 이를 중재하기 위해 1884년에 독일 재상 비스마르크가 베를린회의를 주최하여 영국·프랑스·벨기에·스페인·포르투갈·독일이 참여한다. 베를린회의에서 아프리카는 '주인 없는 땅'으로 선언되면서 일정 지역을 점령해 실질적으로 지배한 국가가 선점권을 가진다는 분할원칙이 채택된다. 소위 아프리카판 '랜드러시'(Landlush)이다. 미 서부개척시대에 정부는 개척을 유도하고자 1889년과 1893년 두 차례에 걸쳐 추방당한 인디언들의 정착지였던 광활한 오클라호마를 개방하여 정해진 날 정오 이후 말을 타고 나가 어디든 깃발을 먼저 꽂는 사람이 주변 160에이크의 땅을 무상으로 차지하게 했다. 영화《파 앤드 어웨이》(1992)에서 당시의 시대상을 볼 수 있다. 미국보다 먼저 아프리카에서 유럽 열강들 사이에 랜드러시와 같은 일이 일어나면서 미국의 지원을 받던 라이베리아와 이탈리아 침입을 막아낸 에티오피아를 제외한 아프리카 대륙 전체가 전체가 유럽의 식민지가 된다.

아프리카는 오랜 세월 지형을 따라 자연스레 형성된 경계선 내에서 수많은 부족들이 각자의 전통과 언어와 관습을 지키며 살아왔다. 그러나 유럽 열강들은 아프리카대륙을 분할하면서 지리적 경계선을 무시하고 그들의 이해관계에 따라 국경선을 반듯하게 긋는다. 그로 인해 인위적인 국경 내에 서로 다른 부족과 종교와 언어들이 섞이면서 종족 간의 갈등과 분쟁이 끊이지를 않았고, 독립 후에도 국경선으로 인한 종족 분쟁이 계속되어 유럽 국가들이 노예제도를 통해 아프리카에 끼친 피해보다 더 큰 피해를 입히고 있다. 1960년대부터 1980년대 후반까지 아프리카에서는 종족 분쟁으로 70번 이상의 쿠데타와 13번의 대통령 암살사건이 일어났다. 1994년 르완다에서는 인구 85%를 차지하는 후투족 강경파가 100여 일 동안 투치계 주민 1/3을 살해하면서 역사상 가장 짧은 시간에 가장 많은 사람이 살해되는 대학살이 일어났고, 1996년 콩코에서는 내전이 일어나 약 540만 명이 사망하였다. 2003년의 2차 콩고대전에는 아프리카의 8개 국가와 25개 무장 단체가 연관되면서 아프리카의 세계대전으로 불리기도 한다. 이 모든 비극은 자연스레 형성되어온 지리적 경계를 무시하고 유럽이 인위적으로 그은 국경선의 결과물이다. 아프리카는 지금까지도 전통적 단위경제권이 회복되지 않아 풍부한 자원을 보유하고도 대부분의 국가들이 최빈국들에 머물러 있고, 종족분쟁으로 인해 국민 통합이나 국가정체성 확립은 물론 전체 아프리카의 통합도 난항을 겪고 있다.

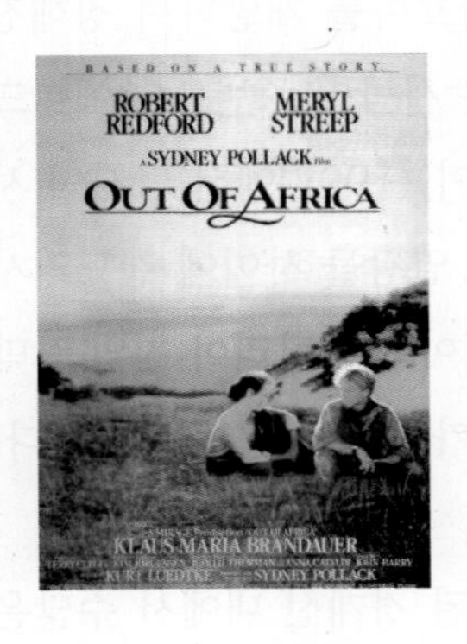

아웃 오브 아프리카 Out Of Africa, 1985

개요: 드라마 | 미국 | 161분

감독: 시드니 폴락

영화 《아웃 오브 아프리카》는 아프리카가 주인 없는 땅이 아닌 원주민의 땅이며, 원주민들이 고유의 문화를 지니며 자연과 조화를 이루고 살아가는 나라임을, 그래서 유럽인들이 소유와 동화를 주장하는 것이 얼마나 오만하고 그릇된 것인지를 보여준다. 케냐에 17년간 거주했던 덴마크 여성 작가 카렌 블릭센이 필명 이삭 디네센으로 출간한 자전적 소설을 기반으로 만든 영화로, 아카데미상 11개 부문 후보에 올라 7개 부문을 수상하였다. 아프리카의 대자연이 모차르트의 클라리넷 협주곡과 함께 화면을 가득 채우면서 그 어떤 설명보다도 아프리카를 그 자체로 존중해야 함을 일깨워준다.

1910년대, 아버지의 막대한 유산을 물려받은 카렌은 여성과 신분으로 인한 제약과 파혼의 여파에서 벗어나기 위해 덴마크를 떠나 아프리카에서 새 삶을 살고자 한다. 이를 위해 그녀는 친구인 브릭센 남작에게 충동적으로 결혼을 제안하고 브릭센이 이를 수락하면서 카렌은 남작 부인의 지위를 얻고 브릭센은 그녀의 돈을 얻는다. 카렌은 먼저 케냐로 떠난 브릭센에게 목장 구입을 위한 자금을 보냈으나 그는 목장 대신 고원지대에 커피농장을 사들인다. 베를린회의에서 영국의 보호령이 된 케냐는 백인들의 식민 이주를 장려하기 위해 내륙 고원에 '백인 고원'이라는 농경지를 형성하여 백인들을 유치하였고, 백인들은 그곳에서 원주민들의 땅을 자신들 소유인양 마음대로 사고팔고 그들을 노예처럼 부리면서 살았다. 노예제도가 폐지된 이후에도 유럽 백인들에게 흑인은 그들의 땅에서도 인간이 아닌 노예에 지나지 않았다. 그들은 제국주의의 혜택을 누릴 뿐만 아니라 남성만 출입 가능한 클럽을 만드는 등 유럽식 생활방식을 유지하며 살았다.

카렌은 케냐에 도착한 날 브릭센과 결혼식을 올리지만 브릭센이 목장이 아닌 커피농장을 구입한 사실을 알게 되면서 첫날밤에 크게 다툰다. 다음날 브릭센이 사파리를 떠나버리자 자유롭고 독립적인 카렌은 혼자서 경작지 면적을 결정하고 인근 키쿠유족 추장을 만나 그들을 일꾼으로 고용한다. 그녀는 키쿠유족을 인격적으로 대해주지만 집에서는 흑인 집사에게 흰 장갑을 끼고 서빙하게 한다. 어느 날 초원으로 나선 그녀는 사자를 만나 위기에 처하는데, 아프리카에 도착한 날 우연히 만난 영국인 데니스가 나타나 그녀를 구해준다. 데니스는 아프리카를 단지 식민지로만 여기며 원주민을 착취하고 이득을 취하고자 하는 여느 백인들과는 달리 아프리카의 대자연을 사랑하고 원주민의 삶을 존중하는 사람이었다. 그는 아프리카에서는 자연 그대로의 섭리를 따르는 게 옳다고 생각하여 야생동물도 목숨을 위협하지 않는 한 죽이려 하지 않는다.

1차 세계 대전이 시작되었고, 아프리카 전선에서 벌어진 영국과 독일 간의 전쟁에 참전한 브릭센은 어느 날 카렌에게 보급품을 싣고 와 달라는 전갈을 보낸다. 카렌은 위험을 무릅쓰고 나섰다가 길을 잃는데, 이번에도 데니스가 나타나 그녀에게 나침반을 준다. 데니스는 이후에도 카렌에게 자연의 순리대로 사는 원주민과 야생동물들과 대자연의 풍경을 보여주면서 그녀가 아프리카를 이해하고 사랑할 수 있게 돕는다. 힘겹게 부대에 도착한 카렌은 브릭센과 하루를 지내면서 매독에 걸려 본국에서 치료를 받고 완치가 되지만 불임이 된다. 아프리카로 돌아온 카렌은 커피농사에 열정을 쏟고 학교를 지어 키쿠유족에게 글을 가르치기 시작한다. 데니스가 그녀에게 왜 그들에게 물어보지도 않고 영어를 가르치냐고 묻자 카렌은 자신의 키쿠유족이 글을 깨우쳐 문맹에서 벗어나기를 바란다고 대답한다. 그녀는 농장도 키쿠유족도 돈을 지불하였기에 자신의 소유로 여기면서 그들을 보살필 책임감도 갖지만 데니스는 "정확히 뭐가 당신 소유죠? 우리는 여기 소유주가 아니오. 그저 지나가는 사람들이지"라고 반박한다. 그는 카렌에게 단지 글로 쓰이지 않았을 뿐 아프리카인에게도 그들만의 문화가 있다고 말하면서, 그들을 타고난 천성대로 자연과 함께 살게 놔두어야지 유럽식 문화를 강요해서는 안 된다고 충고한다. 아프리카 고유의 문화를 존중하는 데니스의 사고는 1930~1950년대에 프랑스의 식민통치와 동화정책에 저항하여 파리에 거주하는 흑인 시인들이 일으킨 문화운동인 '네그리튀드' 운동과 일맥상통한다. 그들은 프랑스를 포함한 유럽문화의 본질적 우위를 부정하고 흑인의 전통적이고 독창적인 문화적 풍요로움을 강조하면서 흑인이라는 사실에 자부심을 느끼고 아프리카 전통사회에 뿌리를 둔 공동체 정신으로 돌아갈 것을 주장했다.

브릭센이 다시 외도를 하여 둘은 별거를 하고, 카렌은 데니스와 며칠 야영을 한 후 동거를 시작한다. 브릭센이 돈 많은 여자를 만나 이혼을 요청하자 카렌은 그와 이혼한 후 데니스와 결혼하기를 원하지만 자유로운 영혼의 데니스는 결혼이라는 제도에 얽매이려 하지 않으면서 집을 나간다. 데니스가 떠난 후 카렌은 커피재배에만 전념하여 수년간의 고생 끝에 대량의 커피를 수확하지만 원인 모를 불로 모든 게 타버리자 고국으로 돌아가기로 결정한다. 떠나기 전에 카렌은 원주민들의 땅을 그들에게 돌려주고자 했지만 총독은 이미 영국 땅이 되어 안 된다고 거절한다. 그녀는 포기하지 않고 새로 부임한 총독에게 무릎을 꿇고 간청하여 결국 키쿠유족의 삶의 터전을 지켜준다.

집으로 돌아간 카렌은 집사의 흰 장갑을 벗겨주면서 자신이 그들에게 유럽식 관습을 강요한 것이 어리석은 일이었음을 인정하고, 그녀를 찾아온 데니스에게 그의 말이 옳았는데 자신이 너무 늦게 깨달았다고 말한다. 데니스는 그녀가 떠나는 날 다시 와서 그녀를 몸바스로 데려다주기로 하지만 전날 비행기 사고로 죽고 만다. 카렌은 아프리카를 떠난 후 다시는 돌아가지 않았다. 그녀는 그저 지나가는 사람이었기 때문이다. 그러나 케냐 정부는 카렌의 집을 박물관으로 개조하여 관리하면서 아프리카를 사랑했던 그녀를 기린다.

현대 아프리카: 아프리카 독립과 독재자들

발칸반도에서 민족주의가 발흥하면서 오스트리아 황태자가 살해되고 그로 인해 유럽열강들 사이에서 이해관계가 충돌하면서 제1차 세계대전이 일어난다. 종전 후 발칸반도에서 여러 민족국가가 독립하자 아프리카 국가들 사이에서도 민족주의가 싹트기 시작한다. 2차 세계대전 이후에는 북아프리카를 중심으로 정치 세력이 형성되면서 식민지에서 벗어나 현대국가를 세우자는 민족주의 운동이 급속히 발전한다. 유럽 국가들은 그들의 천연자원 보고인 아프리카를 잃고 싶지 않았지만 양차 세계대전으로 유럽사회 전체가 혼란에 빠져 있던 터라 아프리카 국가들의 독립을 막을 수가 없었다. 1957년 아프리카 최초로 영국령 골드코스트가 가나로 독립하고, 1958년에는 가나에서 전체 아프리카 민족회의가 열려 독립투쟁을 결의한다. 당시 가나의 독립을 이끌었던 콰메 은크루마는 아프리카 대륙 전체의 해방과 연결되지 않은 가나의 독립은 무의미하다고 말하며 '범아프리카주의'를 주장하여 아프리카 독립운동의 아버지로 불린다.

1960년은 나이지리아를 비롯해 17개 나라가 영국, 프랑스, 벨기에로부터 독립하여 '아프리카 독립의 해'로 불린다. 영국과 프랑스는 2차 세계대전으로 경제력과 군사력이 소진되어 더 이상 식민지를 유지할 수 없게 되자 자국에 유리한 정책을 펼칠 사람에게 정치권력을 이양하고 철수하면서 독립 이후에도 이전 식민지국가들과 경제·외교·군사적 종속관계를 유지하며 간접적인 식민 지배를 행해왔고, 현재까지도 가나·나미비아·나이지리아·남아공 등 많은 국가가 영연방에 속해 있다. 독립을 통해 자신감을 얻은 아프리카 30개 국가들은 1963년 '아프리카통일기구'(OAU)를 만들어 아프리카 국가 간의 정치 경제적 통합을 꾀하고 비동맹중립을 선언하면서 제3세계의 한 축으로 떠오른다. 제3세계는 2차 세계대전 이후 세계가 미국과 서유럽 중심의 제1세계와 소련과 동구권중심의 제2세계로 재편되자 제국주의에서 해방된 아시아·아프리카·라틴아메리카 세 대륙의 신생국가들이 정치 경제적 독립을 위하여 비동맹중립주의 입장을 취하면서 형성된다. 현재는 개발도상국과 동일한 의미로 사용되어 UN 가입국 3/4이 제3세계에 속한다.

아프리카 국가들은 독립 초기에는 강렬한 카리스마를 지닌 지도자를 중심으로 밝은 미래가 전망되었고 잠시 경제호황도 찾아왔다. 당시 세계무대에서 대립

중이던 미국과 소련 양대 진영이 비동맹중립을 표방하는 아프리카 신생국가들을 서로 자기네 진영에 끌어들이기 위해 막대한 원조를 해주었기 때문이다. 그러나 그 과정에서 민족해방투쟁을 이끌었던 다수의 지도자가 권력에 도취되고 막대한 지원금을 개인재산 축적에 사용하는 등 부정부패를 일삼으면서 점차 독재자로 변해간다. 그들은 신생국가를 이끌어갈 지도자의 자질 또한 부족했다. 아프리카 국가들은 독립하면서 헌법을 비롯하여 거의 모든 제도와 기준을 자신들을 지배했던 유럽의 체제에서 따오지만 지도자들이 이를 자국의 현실에 맞는 시스템으로 정착시킬 경험과 능력이 부족하여 숱한 시행착오를 범한다. 이에 국민들의 불만이 커지자 독재자의 길로 접어든 지도자들은 개선책을 추구하기보다는 자신들의 실정을 탄압으로 무마하고자 했다. 그들은 군대와 법원 등 국가 공권력을 사유화하면서 반대파를 제거하고 독재체제를 구축하였으며, 종족주의를 이용하여 분열과 공포정치를 행하면서 학살을 서슴지 않았다. 지도자의 독재와 부패는 공무원의 부패로 이어지고 이는 다시 민중의 빈곤과 청년실업으로 이어졌으며, 거기에 에이즈와 극심한 가뭄과 기아까지 겹쳐 독립의 기쁨은 잠시이고 주민들의 삶은 최악의 상태에 이른다. 하지만 독재자들은 나라가 몰락 직전이라도 풍부한 천연자원만 있으면 개인의 부를 축적할 수 있어 국민들의 고통은 개의치 않고 영원히 권좌에 머물고자 한다.

독재자들은 하나같이 종신을 위해 반대세력을 가혹하게 탄압하고 무능한 경제정책으로 국가 경제를 나락으로 빠뜨린 후 결국은 추방당한다. 아프리카 독립의 아버지로 불린 콰메 은크루마는 반대세력을 탄압한 후 종신대통령이 되지만 그가 추진한 흑인민족주의와 아프리카사회주의가 경제를 나락으로 빠뜨리자 쿠데타로 추방된다. 짐바브웨의 로버트 무가베는 초기에는 백인통치에 저항하는 아프리카 민족해방투쟁의 상징이자 아프리카 지도자의 모범으로 추앙받지만 곧 권력에 도취되어 학살과 정적 암살을 일삼는 공포정치를 하면서 세계 최악의 현직독재자 1위에 선정된다. 그는 잘못된 경제정책으로 경제위기가 오자 화폐를 마구 발행하여 초인플레이션이 일어나면서 경제성장률이 – 62%까지 추락한다. 국민들은 굶고 있는데 그와 그의 부인은 상상을 초월하는 사치를 부렸고 권력 유지를 위해 부통령까지 경질하자 결국 쿠데타가 일어나 추방된다. 우간다의 이디 아민은 그 자신이 쿠데타로 대통령 자리에 올랐다가 쿠데타로 추방당한 인물이다. '검은 히틀러'로 불리는 이디 아민은 그가 집권한 8년간 무려 30~50만에 이르는 우간다 국민을 학살했다. 영화 《라스트킹》은 권력에 집착한 나머지 국민들을 공포에 떨게 하고 폭력을 행사하는 전형적인 독재자 아민을 통해 아프리카 독재정권의 실체를 보여준다.

라스트 킹 The Last King Of Scotland, 2006

개요: 드라마, 스릴러 | 영국 | 121분
감독: 케빈 맥도널드

동명의 소설을 기반으로 만든 이 영화는 주인공 니콜라스 게리건은 허구의 인물이지만 대부분의 내용은 사실에 근거하고 있다. 시대적 배경은 이디 아민이 2대 대통령 밀턴 오보테를 쿠데타로 몰아내고 새로운 대통령으로 취임하는 때이다. 영화는 스코틀랜드에서 의과대학을 졸업한 니콜라스가 모험을 찾아 지구본에서 우연히 찍은 우간다로 가서 의료봉사를 하면서 시작된다. 의료인이 소명의식이 아닌 충동적으로 아프리카로 향한다는 배경설정은 오늘날 서구의 젊은이들이 해당 국가에 대한 지식이나 존중도 없이 인도주의라는 미명하에 자원봉사를 가서는 그 지역에 별반 도움이 되지 않고 있는 실태를 일면 풍자한다. 영국의 식민지였던 우간다는 자연풍광이 아름다워 영국인들이 '여왕의 목걸이'

로 불렀던 곳이다.

니콜라스가 막상 우간다에 와보니 주민들은 의사보다 주술사를 더 믿었고 의료시설은 열악하기 짝이 없었다. 어느 날 니콜라스는 마을에 나타나 연설을 하는 이디 아민을 보게 되고, 아민이 탄 차가 소와 부딪치면서 그가 다쳐 니콜라스에게 치료를 받으면서 둘은 첫 대면을 한다. 아민은 니콜라스의 당당한 모습이 마음에 들었고, 더욱이 그가 스코틀랜드 출신임을 알자 자신이 영국군에서 케냐와 맞서 싸웠다고 이야기하면서 친근감을 표시한다. 아민은 젊은 시절 우간다를 지배하던 영국 식민지군에 들어가서 소말리나, 케냐 등에서 벌어진 반영운동과 민족운동을 진압하며 빠르게 승진하였다. 그는 초대대통령을 몰아내었던 밀턴 오보테의 쿠데타를 도와 참모총장까지 오르지만, 오보테가 우간다 내부 분열을 막는 데 실패하고 그가 내세운 사회주의 개혁 또한 별 성과를 내지 못하자 1971년 그가 싱가포르 정상회의에 참가한 사이 쿠데타를 일으켜 대통령이 된다.

아민은 니콜라스에게 자신의 주치의가 되어줄 것을 요청했으나 거절당하자 그를 만찬에 초대하면서 양복을 맞추게 한다. 양복점에서 만난 영국인 스턴은 아민이 공포정치를 하는 자라고 알려준다. 그러자 스코틀랜드인인 니콜라스는 "너희들도 마찬가지야 빌어먹을 잉글랜드놈"이라고 혼잣말을 내뱉는다. 영국은 게르만계의 앵글로색슨족으로 구성된 잉글랜드가 영국 본토인이었던 켈트계의 웨일즈(1536), 스코틀랜드(1707), 아일랜드(1801)를 차례로 합병하여 오늘날의 연합왕국이 되었다. 영국의 공식 국호는 'United Kingdom of Great Britain and Northern Ireland'로 브리튼은 잉글랜드, 웨일스, 스코틀랜드를 통틀어 이른다. 가톨릭계의 남아일랜드는 종교적 이유로 독립전쟁을 일으켜 1937년 영국으로부터 독립하고, 개신교 세가 강한 북아일랜드는 영국령으로 남는다. 영국을 잉글랜드로 불러온 것은 잉글랜드 중심주의 때문으로, 각 지역은 잉글랜드라는 호칭으로 대변될 수 없는 독자적인 관습과 가치관, 언어, 문화 등을 지니고 있다. 잉글랜드와 스코틀랜드는 오랜 세월 내전과 동맹을 거듭하다

1707년에 통합되지만 영국 역사가 잉글랜드 중심으로 흘러가자 스코틀랜드에서는 꾸준히 분리독립 운동이 일어났다. 2016년에 영국의 유럽연합 탈퇴가 결정되자 잔류를 원했던 스코틀랜드에서 다시 분리독립 요구가 일어나기도 했다. 13세기에 스코틀랜드의 민족 영웅 윌리엄 월리스가 잉글랜드에 투쟁하는 과정을 그린 영화《브레이브 하트》(1995)를 보면 스코틀랜드가 왜 오늘날까지 분리독립을 원하는지를 이해할 수 있다. 현재 스코틀랜드는 독자적인 의회가 있고 외교와 국방을 제외한 대부분의 분야를 자체적으로 통치하고 있다.

니콜라스는 아민이 배탈이 나면서 다시 불려가서 그가 영국 식민지군 시절에 학대당한 이야기를 들으면서 그를 소탈하고 인간적이라 생각하여 주치의 제의를 받아들인다. 이후 니콜라스는 자신이 '이디 아민의 흰 원숭이'로 불리는 것도 모른 채 아민에게 휘둘려 권력과 환락에 빠지면서 아민의 셋째 부인 케이와도 관계를 맺는다. 니콜라스는 아민이 그에게 부여한 지위와 돈에 도취되어 한동안은 그의 실체를 보지 못한다. 그러나 자신의 오해로 보건부장관 와스와가 살해되자 그는 우간다를 떠나려고 하지만 여권을 압수당한다. 스턴은 도움을 청하는 니콜라스에게 아민을 암살하라고 요구하고, 니콜라스는 처음에는 거절했으나 자신의 아이를 임신한 케이까지 살해되자 그 제안을 받아들여 독약을 두통약으로 위장해 아민 암살시도를 하지만 발각되어 구금당한다.

당시 우간다 비행장에는 독일과 팔레스타인 테러범 4명이 이스라엘, 서독, 프랑스 등지에 수감된 팔레스타인 무장세력 53명의 석방을 요구하며 납치한 프랑스 여객기가 억류 중이었다. 아민은 인질협상의 중재자를 자처했지만 실제로는 테러범을 지원하면서 254명의 탑승객 중 100여 명의 프랑스인들은 돌려보내고 이스라엘인들만 억류시킨다. 이에 이스라엘은 특수부대를 우간다 공항에 몰래 착륙시켜 전투기 및 관제시설을 파괴하고 납치범들을 소탕한 후 인질들을 구조하는 '엔테베작전'을 세운다. 이스라엘은 협상을 하겠다며 시간을 벌면서 단 6일 만에 엔테베공항에 대한 정보를 수집하여 모의훈련을 하고 내각의 의결을 거치는 신속함과 결단을 보여주었다. 현장에서 이스라엘 측 사망자는 인질 3명과 작전을 이끈 지휘관 한 명이었고, 시내병원에 입원해있던 인질 한 명은 다음날 처형당한다. 아민은 이스라엘의 공격에 대해 유엔 안보리에 항의하였으나 안보리는 이를 자위권 행사로 인정하였다. 기적 같은 구출 작전은 모세의 출애굽기를 특수전 영역에서 재현한 것으로 평가되면서 수차례 영화와 다큐멘터리로 만들어졌다. 가장 최근의 버전은 《엔테베 작전》(2018)이다.

니콜라스의 눈으로 본 초기의 이디 아민은 유머와 열정 넘치는 연설로 주민들을 사로잡은 매력적인 정치인이었다. 그러나 무력으로 빼앗은 권력을 지키기 위해 그는 반대파의 지식인과 법관, 장교들을 숙청하고 오보테 대통령을 지지하던 다른 부족들을 대량학살한다. 게다가 '우간다화 정책'으로 5만여 명의 우간다 거주 인도인들을 추방하면서 국제적인 비난을 받음은 물론 국가 경제도 파탄에 이른다. 영국은 제국주의 시절 우간다의 자원을 수탈하기 위해 철도를 부설하고 여러 시설을 건설하면서 노동력 충당을 위해 인도인을 이주시켰다. 인도인은 백인의 앞잡이로 여겨져 현지인들과 마찰을 빚어왔지만 독립 후 상당한 이권을 차지하고 있었다. 아민은 인도인을 추방하여 그들의 부를 우간다인에게 돌려준다는 명분을 내세우면서 민족주의 표방과 재정확보라는 두 마리 토끼를 동시에 노렸지만 결과는 실패였다. 그뿐만 아니라 영국이 인도에서 했던 것처럼 종족 간 차별대우하여 갈등과 대립을 조장하는 분할통치를 하면서 최대 부족인 부간다인들과 기타 여러 소수민족 간의 반목이 손을 쓸 수 없을 지경까지 이른다. 아민은 1976년 종신대통령을 선언하지만 반정부투쟁이 일어나 결국 추방당한다. 아민의 축출 후에도 우간다에서는 극심한 종족주의의 여파로 부족 간 내전과 학살이 지속되고 있고 무세베니라는 또 다른 독재자가 정권을 잡아 30년 넘게 무자비한 폭정을 휘두르고 있다.

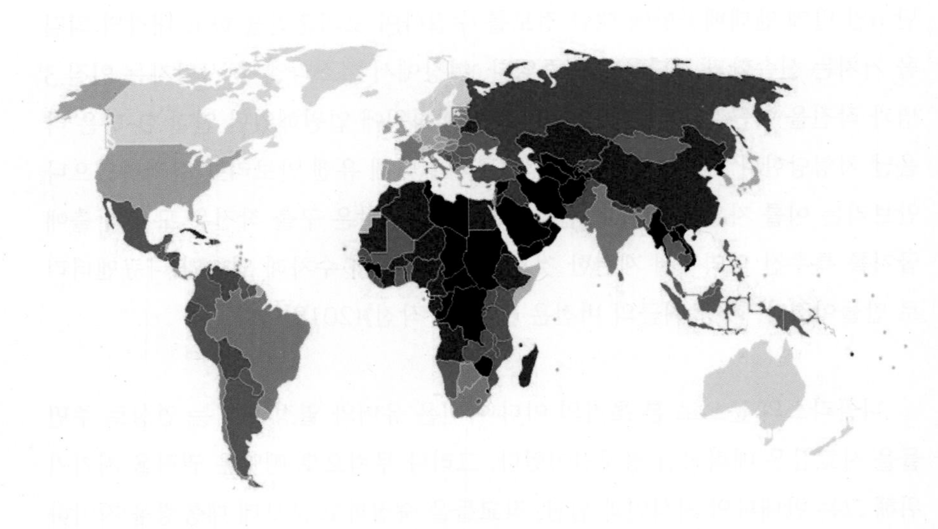

민주주의 지수(2010)

*색상이 짙을수록 독재가 심한 국가이다.

아프리카의 상처, 소년병

내전이 빈번한 아프리카의 심각한 사회적 문제 중의 하나는 소년병이다. 내전을 일으킨 아프리카 반군들은 공격하는 마을마다 소년들을 납치하여 훈련시킨 후 총과 도끼를 쥐여주고 살인과 신체 절단을 하게 만들었다. 소년병이 전쟁의 주요 자원으로 이용되는 이유는 어린아이들은 아직 선악에 대한 판단력이 부족하여 쉽게 세뇌당하고 죽음에 대한 인식이 없어 자기보호 본능이 적기 때문이라고 한다. 게다가 두려움을 잊도록 투여된 마약에 취해서 아이들은 자신이 무슨 일을 저지르는지도 모른 채 총을 쏘고 도끼를 휘두르면서 살인병기가 된다. 그로 인해 소년병들은 전쟁 후에도 고향으로 돌아가지 못하고 무장세력에 남을 수밖에 없고, 심지어 그런 생활에 익숙해진다. 시에라리온 소년병이었던 이스마엘 베아는 자신의 경험담을 담은 책인 『집으로 가는 길』에서 "내가 따라야 할 규칙은 죽이지 않으면 죽는다는 것뿐이었다. 살인이 물 마시기보다 쉬웠다. 나도 모르는 사이 내 어린 시절은 끝나버렸고, 내 심장은 차갑게 얼어붙었다"라고 회고한다.

아프리카 국가 대부분의 군 입대 연령은 18~21세이지만 내전 국가에는 해당되지 않았다. 국제인권법에 의하면 18세 미만 어린이를 전쟁에 동원해서는 안되고, 15세 미만 어린이를 군인으로 모집하는 행위는 전쟁범죄이다. 그러나 시에라리온에서는 다이아몬드를 둘러싼 11년의 내전 기간에 7천 명이 넘는 아이들이 반군에게 납치되었고, 오늘도 수많은 아이들이 대륙 곳곳에서 군벌에 의해 강제징집 되거나 대부분은 반란군에게 납치된다. 소년병은 비단 아프리카뿐만이 아니라 남미나 발칸반도, 아시아 등 분쟁이 있는 곳에는 어디에나 있다. 2019년 미국 하버드대 분쟁연구소에 의하면 세계 90여 개 국가에서 무려 30만여 명의 어린아이들이 전쟁터로 내몰리고 있는데, 이 중 1/3은 소녀들로 음식을 만들거나 성적 착취를 당한다.

소년병의 사후관리는 당사자국은 물론 국제사회의 관심이 매우 필요한 부분임에도 불구하고 시설도 관심도 부족하고 피해자의 정신적 치료를 위한 연구 또한 부족하다. 시에라리온을 비롯한 몇몇 국가는 소년병들이 무기를 반납하는 것으로 시작하여 사회로 복귀하게 하는 DDR(무장해제·동원해제·사회복귀) 프로그램을 운영하지만 낙인과 처벌이 두려워 참여를 거부한 소년병들이 많았고, 소녀들의 참여율도 낮았다. 이런 상황 속에서 맥길대학 교수 미리엄 데노브는 시에라리온 소년병 36명과 소녀병 40명과 2년 넘게 심층면접과 소집단토론을 하면서 그 연구결과를 책 『총을 든 아이, 소년병』으로 출간한다. 미리엄은 아이들이 어떻게 병사가 되었는지, 폭력과 무력충돌에 익숙해지면서 어떤 의식의 변화를 거치고 어떤 상처가 남았는지, 사회복귀 과정은 어떠했는지를 집중적으로 관찰하면서 무력분쟁에 노출된 어린이들의 처우개선을 촉구한다.

심층면접에 의하면 아이들에게는 병사가 되는 것만큼이나 무장단체에서 벗어나는 과정 또한 트라우마로 인해 혼란스럽고 고통스러운 과정이었다. 민간인으로 홀로 서는 것은 비록 폭력적이고 비인간적인 삶이었더라도 그동안 익숙하고 연대감을 느꼈던 삶과의 단절인 동시에 새로운 현실에서 자신의 정체성을 재구성해야 하는 것이다. 어린 소년 중에는 RUF를 자신의 울타리이자 삶의 전부로 생각한 아이도 있었고, 어떤 소년은 처음에는 아무도 죽이고 싶지 않았지만 나중에는 나쁜 짓을 즐기게 되었다고 말한다. 따라서 그들이 일상으로 돌아오는 과정은 결코 쉽지 않다. 그들이 일상으로 복귀하기 위해서는 우선 자신들이 생존자이자 피해자임을 깨달아 마음의 짐과 고통으로부터 벗어나야 하며, 가족과 지역사회와 나아가 국제사회가 그들에게 끈기 있게 관심을 가지고 회복시키면서 재생의 기회를 주어야 한다. 다음의 영화는 소년병이 살인병기가 되는 과정과 거기서 벗어나는 것이 왜 힘든지를 사실적으로 보여준다.

비스트 오브 노 네이션 Beasts of No Nation, 2015

개요: 드라마, 전쟁 | 미국 | 133분
감독: 캐리 후쿠나가

7세의 소년 아구는 완충 지역에서 친구들과 어울리고 부모의 사랑을 받으며 밝게 커간다. 그런데 임시정부군이 완충지대로 들어와서 군사작전을 벌이면서 마을 주민들을 무참히 살해한다. 어머니와 동생은 수도로 탈출했지만 함께 도망가던 아버지와 형이 살해당하자 아구는 정글로 숨고, 그곳에서 반군에게 잡혀 소년병으로 키워진다. 평상시 TV 프레임만 들고 와서 그 속에서 친구들이 즉석 연기를 하게 해서 UN군 병사에게 돈을 받을 정도로 활달하고 밝은 소년이었던 아구는 반군 집단에서 살인을 강요당하고 성폭행을 당하고 마약을 하면서 점점 야수처럼 변해간다. 사령관은 아구에게 첫 살인을 시킨 후 피가 정의라고 외치면서 아구에게 총을 소지하게 한다. 감당할 수 없는 현실에 정신을 놓고 광기어린 살인을 저지른 아구는 "하나님, 제가 무슨 짓을 하고 있는지 보고 계시나요?"라고 자책하거나 "하나님 저, 제가 사람 죽였어요. 정말 나쁜 죄지만, 저도 알지만, 그렇게 해야만 했어요"라고 호소한다.

처음으로 사람을 죽인 날 아구는 또래의 스트라이카에게 전쟁이 좋은지, 가족은 있는지 물어보면서 자기는 엄마가 보고 싶다고 말한다. 아구에게 가족은 자신의 본모습을 일깨워주는 존재이다. 스트라이카는 아구가 무슨 말을 물어봐도 말을 하지 않는다. 그는 아구보다 먼저 들어와서 살인도 서슴지 않고 저지르고 있지만 여전히 말문은 닫고 있다. 그러나 둘은 점점 장난도 치면서 우정을 쌓아가고 서로 의지해나간다. 아구가 사령관에게 처음 성폭행을 당한 날 그보다 먼저 같은 일을 당했던 스트라이카가 그를 위로해주자 아구는 그의 어깨에 기대어 운다. 아구는 현실에 적응해가면서도 엄마를 그리워하고 엄마 또래의 여성을 만나면 엄마로 착각하여 안기기도 한다.

반군의 상황이 나빠지자 병사들은 사령관을 홀로 남겨두고 이탈하면서 UN군에 체포된다. 아구는 다른 소년병들과 NGO 단체에 수용되어 교화 과정을 거치지만 사람들의 비명 소리와 피 냄새에 시달리고 약에 취했던 기분이 여전히 그의 핏속에 남아 있어 마음을 열지 못한다. 이미 전사가 되어버려 수용소에 적응하지 못하는 몇몇은 다시 숲속으로 돌아간다. 아구는 다시 돌아가자는 요청을 거절하지만 수용소에서 회복하기도 쉽지가 않다. 유난히 힘들어하는 아구의 마음을 열게 하고자 노력하는 선생님들께 아구는 어렵게 입을 열면서, 자신이 한 짓을 얘기하면 자기를 짐승이나 악마로 여길 것이고 그럴만한 짓을 했지만 원래는 자기를 사랑하는 가족이 있는 아이였다고 말한다. 아구에게 가족은 자신이 짐승같은 살인자가 아니라 사랑받고 자라던 평범한 아이라는 사실을 알고 있는 유일한 존재이기에 그는 가족에 대한 기억을 놓지 못하고 있고, 그로 인해 악마 같았던 소년병시절의 모습을 스스로 용서하지 못해 친구들이 바다에서 놀고 있어도 늘 바라보기만 한다. 그러던 어느 날, 그는 마침내 바다로 뛰어들어 아이들과 어울린다. 영화나 문학에서 물은 회복과 재생의 상징으로 자주 사용된다. 아구를 비롯한 아이들은 끔찍한 기억을 다 지워버리지는 못하겠지만 재활 과정을 통해 동심을 서서히 회복해나간다.

소년병 사태는 명백한 전쟁범죄이고 국가의 미래를 지어나갈 동력을 파괴하는 행위이다. 이는 군벌에 의해 자행되는 일이므로 근본적으로는 군벌들을 제압하거나 그들이 멈추어야만 해결되는 상황이다. 그러나 그들은 오로지 정권 유지와 재산 증식에만 관심이 있을 뿐 국가의 장기적인 미래나 국제 여론의 비난 따위에는 전혀 관심이 없다. UN보고서에 따르면 2019년에 전 세계적으로 1만 3천여 명의 소년병이 무장단체에서 해방되었지만 오늘도 장기간 분쟁 중인 국가들에서는 여전히 많은 소년병이 전쟁에 이용되고 있다. UN은 매년 2월 12일을 '소년병 반대의 날'로 정하고 있다.

아프리카의 미래

아프리카는 13억이 넘는 인구, 풍부한 노동력, 넓은 영토, 그리고 전 세계 광물의 1/3이 매장되어 있는 곳으로 산업발전을 위한 최적의 조건을 갖추고 있는 땅이다. 그럼에도 불구하고 아프리카 국가들은 비슷한 시기에 독립하여 같이 가난

속에서 출발한 아시아 국가들이 오늘날 성장을 이룬 것과 달리 여전히 빈곤 속에 침체되어 있다. 아프리카는 독립 당시는 민주진영과 공산진영의 관심과 지원 하에 희망차게 시작하였다. 당시 영국수상 해럴드 맥밀런은 "대륙 전역에 변화의 바람이 불고 있다"라며 아프리카 미래를 핑크빛으로 전망했다. 그러나 40년 후 영국수상 토니 블레어는 아프리카를 "세계의 양심에 새겨진 상처"라고 탄식한다. 참담한 아프리카의 현실이 전 세계인들이 함께 책임을 느끼고 치유해야 할 공동과제가 된 것이다. 그러나 그 상처는 더 정확히는 유럽의 양심에 새겨져야 하는 것이다. 유럽강대국들은 노예무역을 시작으로 제국주의에 이르기까지 유례없는 인적·물적 착취를 가해 아프리카의 성장을 가로막았을 뿐만 아니라 인위적인 국경선을 그어 아프리카를 오늘날까지 종족분쟁에 시달리게 하고 있다. 거기에 아프리카의 독재자들이 한몫을 더하고 있는 실정이다.

지금까지 아프리카의 상처를 치유하기 위해 선진국이나 개발도상국들이 상상을 초월할 정도의 규모로 원조를 해왔지만 회복이나 발전은 여전히 더디어 원조 방법에 대한 많은 반성이 제기되고 있다. 지난 50년간 서구사회가 아프리카에 보낸 원조가 2조3000억 달러가 넘는데도 아직도 수백만의 아이들이 0.12달러의 예방약이 없어 목숨을 잃고 기아에 시달리고 있다. 현물 구호물자들은 현지물자의 가격 폭락을 초래하여 농업과 제조업 전반을 붕괴시켰고, 무상원조 뒤에는 천연자원의 이권양도 등 반대급부가 뒤따르면서 선진국과 기업들의 부를 늘려주었다. 기부국들은 최대한 자기 나라에 이득이 되는 방식으로 원조를 해주면서 '공짜 점심'은 없다는 것을 보여주었으며, 구호자금들이 독재정권의 통치자금과 개인 착복용으로 흘러가는 일도 빈번했다. 영화 《콘스탄트 가드너》(2005)는 의료품과 구호품이 아프리카 고위 권력자에 의해 착복되어 주민들에게 제대로 배포되지 못하는 현실과 영국 고위층과 거대 제약회사가 결탁하여 의료혜택을 주는 척하며 아프리카 주민들을 대상으로 결핵치료제를 위한 불법 임상실험을 저지르는 음모와 비리를 고발한다. 정부도 국제사회도 아프리카 주민들의 최소한의 인권과 기본생활권조차 보장해주지 않는 처참한 현실을 여실히 보여주는 영화이다. 이처럼 아프리카 구호정책들이 여러 선진국과 기업과 아프리카 독재자들의 이익추구의 장이 되면서 아프리카 빈곤율은 원조가 절정에 달했던 1970~1998년 사이에 11%에서 66%로 치솟았다. 현재도 자원외교 차원에서 선진국 간의 치열한 원조경쟁이 계속되고 있다.

잠비아 출신 경제학자 담비사 모요는 저서 『죽은 원조』에서 선진국들의 개발 원조를 아프리카대륙의 경제개발을 방해하고 빈곤을 증가시키는 가장 큰 원인으로 꼽는다. 그는 서구국가들의 원조금 약 85%가 부패한 정치가들에게 들어가 그들의 부를 축재시키는 한편 통화량 증가로 인플레이션이 발생하면서 주민들은 더욱 빈곤해져 그나마 존재하던 중산층마저 빈곤층으로 몰락하고 있다고 밝힌다. 그는 아프리카의 발전을 이끌어내기 위해서는 서구국가들이 원조보다는 나라별로 기업을 세울 수 있도록 도와야 한다고 호소한다. 방법도 문제이다. 미국이 중심이 된 IMF 등이 아프리카에 원조를 결정할 때 선행되는 조건들은 국영기업의 민영화와 자유시장경제이다. 『아프리카에는 아프리카가 없다』의 저자이자 외교관인 윤상욱은 "서구화가 곧 문명인가"라는 질문을 던지면서 아직도 토착신앙을 공동체적 전통과 생활방식으로 여기는 그들에게 개인주의와 무한경쟁을 바탕으로 한 서구식 경제모델이 과연 적절한지 재고해야 한다고 말한다. 모요는 경제발전의 가장 낮은 단계에 있는 빈곤국들에 필요한 것은 다수당의 민주주의가 아니라 경제를 움직이는 데 필요한 개혁을 밀어붙일 수 있는 결단력 있는 선한 독재자라는 주장을 펼치기도 한다.

아프리카는 하나의 암흑의 대륙이 아닌 55개의 나라로 구성된 나라로, 국가마다 문화와 풍습과 기후와 자원이 다른 다채로움이 가득한 대륙이다. 그리고 그 대륙은 미개척시장이 무궁무진하고 세계 총 에너지와 광물생산량의 14~15%를 점유하고 있어 다가올 천연자원 고갈을 극복할 최후의 시장이기도 하다. 다행히 오늘날 아프리카는 모든 분야에서 비교적 빠른 성장세를 보이면서 떠오르는 대륙으로 주목받고 있다. 세계적인 컨설팅 기업인 맥킨지는 "지금 아프리카에 투자하지 않는 것은 1990년대에 중국에 투자하지 않은 것과 같고 2000년대에 인도에 투자하지 않은 것과 같다"라고 말하면서 이 미개척 신흥시장에 적극 뛰어들 것을 권유한다. 아프리카에 미래의 부가 있다는 전망이다.

아프리카 경제 규모는 2000년 이후 3배 이상 성장하였고 인구수가 비슷한 인도보다 중산층 숫자가 훨씬 많아 글로벌 소비시장으로서의 전망도 좋다. 인구 100만 명 이상 도시가 52개에 달하고 2030년이 되면 아프리카 인구의 절반이 도시에 거주할 전망이다. 게다가 내전 빈도수가 줄고 아프리카 각국에 민주정부가 들어서는 등 정치적 상황들도 안정되고 있다. 무엇보다도 세계평균의 1.5배의 높은 출산율로 인해 아프리카가 인구의 중심축으로 떠오르는 것이 가장 큰 강점이다. 현재 사하라 이남 지역에는 인구증가율 최상위 20개 중 19개 나라가 속해 있고, 2100년에는 전 세계 신생아의 절반이 아프리카 태생일 것으로 예상된다. 인구 기대수명이 짧다 보니 인구 70%가 30대 이하이고 중위 연령도 18세로 세계에서 가장 젊은 대륙이기도 하다. 짧은 수명으로 인해 인구가 젊은 것은 비극적인 현실이지만 그 젊음을 아프리카의 자력갱생의 바탕으로 삼아 경제를 발전시켜나가면 인구 기대수명도 자연히 늘어날 것이다.

아프리카의 젊은이들은 '치타세대'로 불린다. 그들은 늘 같은 웅덩이에서 하품이나 하고 지내는 하마에 비유되는 부모세대와는 달리 과거의 수렁에서 벗어나기 위해 끊임없이 변화하고 움직이고 탐색해가는 역동적인 세대이다. 그들은 IT 기기 사용에 익숙하고, 정보습득에 열심이며, 민주주의와 부패종식 등의 사회변혁에 대한 열망도 강하다. 열악한 상황 속에서도 변화를 열망하고 이루고자 하는 이들 치타세대는 '블랙 아프리카'를 희망의 빛이 비치는 '블루 아프리카'로 바꾸어줄 성장의 동력이자 미래이다. 아프리카의 발전에 가장 절실한 것은 자생

능력이다. 젊은이들이 경제성장의 중심이 되어 원조가 아닌 그들의 기업에서 그들이 창출하는 수익과 세금으로 나라가 운영될 때 아프리카는 비로소 자생의 길을 걸을 수 있을 것이다. 영화 《블러드 다이아몬드》에서 대니는 아프리카는 어떻게 해도 구제될 수 없다는 의미로 TIA, This Is Africa를 내뱉었다. 이제 아프리카의 젊은이들이 아프리카를 변화시켜 정반대의 의미로 자랑스럽게 TIA를 외칠 수 있기를 기대해본다.

02 PART

서양 이야기

"A MAGNIFICENT AND EXTRAORDINARY PIECE OF WORK"
- STEPHEN FRY
THE FIRST LINE
나의사랑,
그리스

역사상 가장 위대한 전사들이 온다!
300
THE ART OF POWER
MEDICI
ANTHONY QUINN
ALAN BATES • IRENE PAPAS
ZORBA
THE GREEK
PROMAKHOS
JUSTICE RETURNS TO ATHENA
2014

4장

그리스 문명, 그리스 정신

나의 그리스식 웨딩, My Big Fat Greek Wedding, 2002

개요: 코미디 | 미국 | 96분

감독: 조엘 즈윅

그리스 문명, 그리스 정신

BC 3000년경 에게해의 크레타섬에서 최초의 유럽 문명이 탄생한다. 주변의 메소포타미아와 이집트에서 오리엔트 문명이 먼저 발생했고, 그 문명들의 영향을 받으면서 사학자 윌 듀런트가 '연속된 유럽의 첫 고리'로 일컬은 크레타문명이 탄생한다. BC 1700년경부터는 그리스 본토에서 시인 호메로스가 '길이 넓고 황금이 넘쳐나는' 도시로 묘사했던 미케네를 중심으로 미케네문명이 발달한다. 이 시기가 호메로스의 『일리아스』에서 펼쳐진 트로이전쟁의 배경이다. 이후 BC 1100년경부터 약 300년의 암흑기를 지난 후 BC 800년경 고졸기그리스(Archaic Greece)가 시작되고, BC 600년경부터는 고전기그리스(Classical Greece)로 접어들면서 그리스 문화의 최전성기를 맞이한다. 이 시기에 아테네에서 철학과 문학을 비롯한 모든 학문과 예술이 발달하고 민주주의체제가 완성된다. 그러나 BC 431년부터 아테네와 스파르타 동맹 간의 내전이 27년간 계속되면서 그리스는 급격히 쇠락하여 BC 388년에는 알렉산드로스대왕에게, BC 146년에는 로마제국에게 정복당한다.

국가는 정복당했지만 뛰어난 그리스 문화는 알렉산드로스대왕의 정복지와 로마제국 전역에 전파된다. 알렉산드로스는 자신이 정복한 오리엔트 각 지역에 그리스 문화를 전파시켜 그리스 문화와 오리엔트 문화가 융합된 헬레니즘 문화를 태동시켰고, 로마제국 또한 그들의 문화보다 훨씬 우수한 그리스 문화를 적극적으로 수용하고 모방한다. 현세적이고 인간중심적인 그리스 문화는 유럽이 중세 1천 년 동안 신 중심의 기독교사회로 변하면서 사장되었다가 중세 말기에 르네상스운동을 통해 부활하면서 근대의 문을 여는 원동력이 되고, 이후 고전양식이 쇠퇴하고 예술과 사회가 지나치게 방만해지자 이에 대한 반발로 18세기 말에 신고전주의가 일어나면서 한 번 더 서구사회를 풍미한다. 그 뒤로도 그리스 문화는 서구의 학문과 예술의 저변에서 하나의 원형 내지 심층구조로 작용하면서 지금까지도 그 영향력이 이어지고 있다.

유럽을 하나의 문명의 그물로 엮어주는 고대 그리스 문화와 정신은 그들 후손에게는 더할 나위 없이 자랑스러운 유산이자 그들 민족정체성의 뿌리이다. 그리스 민족정체성의 또 다른 뿌리는 그리스정교이다. 올림포스 신들을 믿던 고대 그리스인들은 로마제국 시절에는 기독교신자가, 동로마제국 시절에는 독실한 정교도가 되었다. 그것이 오늘날까지 이어져 그리스 국민 90% 이상이 정교회 신자이고, 정교도가 아닌 사람은 사회제도적으로 차별을 받기도 한다. 그들은 탄생과 죽음에 이르기까지의 모든 삶의 과정과 세시풍속들을 종교와 연관하여 기념할 정도로 정교를 그들 정신과 생활의 중심으로 삼는다. '그리스문명'과 '그리스정교'라는 이 두 가지 민족정체성이 그리스인에게 어떤 의미인지를 알려주는 영화가 《나의 그리스식 웨딩》이다. 영화는 터키와의 전쟁을 피해 미국으로 이주해서 살면서도 그리스문명에 대한 자부심과 그리스정교를 삶의 토대로 삼아 살아가는 구스와 그의 가족의 모습을 담고 있다. 그리스계 캐나다인인 니아 발다로스가 자전적 경험을 바탕으로 각본을 쓰고 주연을 맡아 이민자 1세대와 2세대 간의 가족애와 갈등을 문화적인 맥락에서 유쾌하게 그려낸다.

시카고의 중산층 가정에서 부모님과 함께 사는 30세의 툴라는 아직 결혼하지 못해 부모님의 근심이다. 영화가 시작되면서 툴라의 내레이션이 나온다: "착한 그리스 여자는 일생에 세 가지 일을 해야 한다. 그리스 남자와 결혼하고, 그리스 아이를 낳고, 죽을 때까지 가족들을 먹이는 것이다." 혈통을 중시하고 가족애가 미덕이며 음식을 함께 나누는 것이 삶의 철칙인 그리스 이민자 1세대의 사고방식이다. 툴라의 가족 범주에는 같은 도시에 거주하는 친척 어른들과 27명의 사촌까지 포함되면서 모든 대소사를 함께하며 부대끼고 살아간다. 구스는 그리스식 생활양식을 그대로 유지함은 물론이고 자녀들이 그리스인의 정체성을 잃지 않도록 식탁에서나 일상생활 속에서 끊임없이 그리스 문화의 우수성을 주입시킨다. 툴라는 어려서부터 자신을 미국사회에 동화되지 못하게 하는 그런 삶이 불만이었다.

아버지의 식당에서 일하면서 서른을 맞은 툴라는 더 이상 식당일만 하며 살 수는 없다고 결심하고는 대학에서 컴퓨터를 공부하고자 한다. 반대하는 아버지를 개방적인 어머니가 설득한 후 툴라에게 이렇게 말한다: "남자가 머리라면 여잔 목이야. 원하는 방향으로 머리를 돌리지." 현대의 그리스여성들은 과거 남성에게 절대적으로 종속되어 있던 고대 그리스 여성들과는 다르다. 현대 그리스는 모계 중심의 사회로 어머니가 삶의 중심이고 유산도 일반적으로 딸에게 물려준다. 결혼할 때 보편적으로 여자 쪽에서 집을 준비하고 남자가 여자 집에 들어가 살기도 한다. 모든 가족 행사도 여자 쪽이 우선이다. 최근 그리스에서는 장기간의 경제난으로 청년 실업이 극심해져 자녀들이 성인이 되어서도 독립이나 경제활동을 포기하고 어머니에게 의존하는 현상이 강해졌다고 한다.

컴퓨터를 배운 툴라는 마침내 식당에서 벗어나 이모의 여행사에서 일하면서 삶의 활력을 찾게 되고, 식당에서 손님으로 한 번 보았던 이안을 우연히 다시 만나 사랑에 빠진다. 그는 그리스 남자도, 정교도도 아니어서 부모님의 반대는 자명했다. 몰래 연애를 이어가다 결국 집안에 알려지고, 딸이 당연히 그리스남자와 결혼하리라 생각했던 구스에게 미국인과의 연애 소식은 그야말로 충격이었다. 구스는 이안을 포기시키기 위해 툴라를 그리스 남자들과 선을 보게 하지만 툴라가 이안의 프러포즈를 받아들이면서 갈등이 본격화된다. 이안과 그의 가족에게는 툴라가 이민자라는 사실이 전혀 문제가 되지 않았다. 개인주의가 그들의 신조 중의 하나인 미국사회에서 결혼은 본인 개인의 문제여서 부모가 반기지 않는 상대라고 할지라도 허락을 필요로 하지는 않는다. 하지만 가족 중심적인 그리스사회에서 결혼은 가족의 문제이고 부모의 허락과 축복이 필수적이었다. 더욱이 보수적인 부모세대에서는 정교도가 아닌 사람을 가족으로 받아들이는 것은 상상도 못 할 일이었다.

구스는 "세상에는 두 종류의 사람이 있는데 바로 그리스인과 그리스인이 되길 바라는 사람이다"라고 말할 정도로 그리스인이라는 사실을 자랑스러워한다. 심지어 앞마당 차고 문에는 그리스 국기가 그려져 있고 집 외형은 고대 그리스의 영광의 상징인 아테네의 파르테논 신전을 본 따서 지었다. 그런 그에게 역사가 2백여 년밖에 되지 않은 미국은 돈만 많은 신생국가에 불과했다. 그는 이안을 처음 만나는 자리에서 그리스어로 "우리 조상이 철학을 논할 때 자네 조상은 나무나 탔지"라고 말하면서 미국 역사와 문화의 빈약함에 대해 경멸감을 드러낸다. 그의 자부심을 자민족우월주의로만 치부할 수 없는 것이 실제로 고대 그리스는 현존하는 거의 모든 서양 학문과 사상과 예술의 원천이 될 만큼 찬란한 문화를 창조해내었다.

고대 그리스 문명

최초로 초기 그리스어를 사용하는 부족이 펠로폰네소스반도에 거주하기 시작한 것은 BC 3000~2000년 사이로 추정되고, 이 시기에 주변 오리엔트 문명을 수용하는 요충지인 에게해의 크레타섬에서 그리스 문명의 원형인 크레타문명이 형성된다. 크레타는 농경사회를 형성하며 성장한 오리엔트 제국들과 달리 일찍부터 소아시아와 아프리카를 이어주는 해상교역을 하면서 해양문명과 도시를 탄생시켰고 문자도 사용하였다. 신화에 의하면 올림포스 주신인 제우스가 세계를 방랑하다가 페니키아왕의 딸인 에우로페(Europe)의 아름다움에 반해 흰 소로 변해 그녀를 등에 태워서 자기가 태어난 크레타섬으로 데려갔는데, 그때 그들이 지나온 곳들을 그녀의 이름을 따서 유럽이라고 부르고, 그들 사이에서 태어난 첫째 미노스가 크레타의 왕이 된다. 이 신화만 보더라도 크레타문명과 오리엔트 문명 간의 밀접한 관계를 알 수 있다.

크레타문명은 BC 1400년경에 있었던 테라섬의 엄청난 화산 폭발과 미케네족의 침략으로 인해 멸망하지만 1900년에 영국 고고학자 아서 에번스가 전설의 크노소스궁전을 발굴하면서 세상에 그 모습을 드러낸다. 에반스는 이를 크레타의 명망 높은 미노스왕의 이름을 따 미노아문명으로 명명한다. 크레타문명의 대표적인 건축물인 크노소스궁전은 성벽이나 성문이 없이 복잡한 미궁 형식으로 지어졌고 정교한 도자기와 벽화로 유명하다. 크레타문명을 흡수한 미케네인들은 농업·목축·수공업·무역업 등을 발전시키고 트로이를 비롯한 소아시아까지 진출하여 에게해의 패권을 장악하면서 미케네문명을 형성한다.

| 에게해와 크레타섬 주변도

미케네문명은 BC 1100년경 철기문화를 보유한 도리아인의 침입으로 인해 붕괴되고, 이후 300년간 어떤 역사적 기록도 남지 않은 암흑기가 시작된다. 『한국인이 캐낸 그리스문명』의 저자 김승중 교수는 그리스 지역의 원래 문명으로 알려진 미노아-미케네 문명은 실상은 비그리스적인 문명으로, 미케네문명이 멸망하고 시작된 암흑기에 그리스어를 쓰는 도리아족이 정착하면서부터 그리스가 새로운 문명을 태동시킨 것으로 본다. 사라진 미케네문명은 1896년 독일 고고학자 슐리만이 트로이, 미케네, 타린스 유적들을 발굴하면서 세상에 드러난다. 그의 발굴은 신화로만 여겨졌던 호메로스의 『일리아스』의 내용을 고고학적으로 실증한 것으로 높이 평가된다.

암흑시대가 끝나고 BC 8세기부터 그리스 본토와 소아시아의 이오니아 지방에 '폴리스'로 불리는 독특한 도시국가들이 등장하면서 고졸기그리스가 시작된다. 그리스는 산과 섬이 많은 지형 탓에 통합이 어려워 거대한 국가를 이루지 못하고 평지를 중심으로 소규모 도시국가 체제인 폴리스들이 자생적으로 형성되었는데, 그리스 내에만 200여 개의 폴리스가 형성되고 주변 식민지까지 합치면 1천 개가 넘었다. 구조는 해안에서 멀지 않은 평지에 위치한 도시와 주변의 농촌 취락으로 형성되었는데, 도시 중심부 높은 곳에는 신전과 외적 방어 역할을 하는 성채가 있는 '아크로폴리스'가 위치하고 그 주변으로 광장 '아고라'가 있었다. 종교 활동의 중심지인 아크로폴리스가 신의 영역이라면 아고라는 인간의 영역으로 민회나 재판, 상업, 사교 등의 다양한 활동이 이루어졌다. 각 폴리스들은 공통의 언어와 문화를 공유하였지만 독립적인 성격이 강하여 하나의 통합국가를 이루기보다 필요 시에만 동맹을 맺는 형식을 취하였다.

그리스인들은 자신들을 전설적인 영웅 헬렌의 후손으로 여겨 자신들의 나라를 '헬라스(Hellas)'로, 자신들을 '헬레네스(Hellenes)'로 칭하고 그리스어를 하지 못하는 주변 오리엔트의 이방인들을 '바르바로이(Barbaroi)'로 구분하면서 동족의식을 형성하였다. 그러나 폴리스들이 각자의 이익만을 추구하면서 분쟁이 끊이지를 않자 동족의식 고취를 위해 BC 776년 제우스 신전이 있는 올림피아에서 범 그리스행사인 올림피아제전이 개최되어 AD 393년까지 4년에 한 번씩 빠짐없이 열렸다. 올림픽 경기는 제우스신에게 바치는 제전의 일부인 만큼 참가선수들은 자신의 몸을 단련하여 신에게 바친다는 종교적인 의식으로 임했고, 최종 우승자는 '신의 선택을 받은 최고의 인간'으로 추앙되어 종신의 명예를 누렸다. 제전이 열리면 모든 폴리스들은 제전 전후 3개월간 전쟁을 멈추고 국경을 개방하여 왕과 귀족과 그리스 각지에서 몰려든 민중들이 모두 한자리에 모여 스포츠 경연을 즐겼다. 문명의 초창기에 이처럼 자유로운 경쟁과 대규모 화합을 이룬 행사가 탄생한 것은 전제적인 오리엔트 문화에서는 볼 수 없는 것으로, 실로 그리스의 위대한 창조물 중의 하나이다. 그러나 그 경기에는 순수한 그리스혈통의 자유 시민 남성만 참가 가능했고 여성은 관람조차 제외되었다.

| 폴리스 재현도(출처: deviantart.com)

BC 6세기경에 시작된 고전기그리스 시절에는 그야말로 모든 면에서 우리가 알고 있는 그리스 문화가 찬란하게 개화한다. 우선 왕정으로 출발해 귀족정을 수립한 아테네가 민주정으로 변모하는 큰 변화가 일어난다. 시작은 민회였다. 당시 대권을 잡은 솔론은 귀족과 평민 간의 갈등이 격화되어가자 개혁을 단행하여 상인과 농민도 민주주의의 핵심기관인 민회에 참여하게 하였다. 모든 계층을 포용하기 위한 그의 개혁은 결과적으로는 아무 계층도 만족시키지 못했지만 민주주의의 초석을 마련했다는 의의를 지닌다. 이어 클레이스테네스가 법 아래 모든 시민이 평등하다는 '이소노미아' 개념을 만들고 BC 462년에 페리클레스가 이를 제도화시키면서 민주주의가 탄생한다. 페리클레스는 민주정치뿐만 아니라 델로스동맹을 만들어 아테네의 제국화를 성취한 탁월한 군인이자 정치가로 그로 인해 아테네가 그리스의 중심으로 부상했다고 해도 과언이 아니다.

아테네가 채택한 직접민주주의는 공동체가 작고 시민이 여유로워야 가능한 체제였다. 당시 시민의 자격은 여성과 노예와 미성년자를 제외한 30세 이상의 남성에 국한되어 해당 인원이 제한적이었고, 생산은 노예가 하고 가사는 여성이 담당하였기에 남성들은 마음껏 정치에 참여할 수 있었다. 고대 그리스는 전형적인 가부장사회이자 남성우월적인 사회였다. 당대의 웅변가 데모테네스가 "우리에게는 쾌락을 위해 고급 창부가 있고 일상적으로 우리의 신체를 돌봐주기 위해 내연의 처가 있으며 합법적인 아이를 낳아주고 집안을 충실히 관리하기 위한 아내가 있다"라는 말을 남길 정도로 여성의 지위가 낮았다. 당시는 성에 대해 매우 관대하여 매춘이나 내연 관계가 비난의 대상이 아니었고, 이성애를 정상으로 동성애를 비정상으로 구분하지도 않아 양성애가 사회적 현상으로 자리 잡았다. 특히 귀족들에게 이성애는 의무적이었지만 미소년과의 동성애를 통해서는 육체적 쾌감은 물론 정신적 교감도 느꼈다고 한다. 그들은 여성을 남성보다 열등한 존재로 여겨 남성들 간의 사랑을 더 완전하고 진정한 사랑으로 여겼다.

반면 여성은 내조와 출산과 가사의 의무를 부여받으며 가정에서만 지내야 했다. 그나마 일반 여성들은 그들에게 허용된 유일한 공공장소였던 분수터로 물을 길러다녔지만 귀부인일수록 내실에만 갇혀 있어 피부가 희고 고아서 당시 도자기를 보면 여성의 드러난 팔은 흰색 페인트로 칠해져 있다. 직물을 짜는 일 또한 여성의 미덕으로 여겨져 신분을 불문하고 배워야 했다. 호메로스의 『오디세이아』에서 오디세우스의 부인 페넬로페는 20년의 긴 세월 동안 구혼자들을 물리치기 위해 베를 짜고 풀면서 정조를 지켜 여성의 고귀함과 정숙함의 상징이 된다. 여성의 신분과 미덕은 의상으로도 표현되어 의상이 정교하고 아름답고 질감이 풍부할수록 신분이 고귀함을 뜻한다. 반면 나체를 아름다움의 대상으로 여기는 그리스인들에게 미소년의 아름다운 몸은 관능적 사랑인 에로스의 대상이었다. 따라서 그리스 벽화나 조각이나 도자기를 보면 남성은 완벽한 나체상으로, 여성은 우아한 의상으로 그들의 아름다움을 표현한다. 여성의 아름다운 몸이 에로스의 대상이 된 것은 르네상스 시기부터이지만 그 시기 또한 고전문화의 연속인지라 여성 나체의 아름다움은 여신이나 님프의 모습을 통해서만 그려졌다.

아테네의 민주주의 체제와 문화의 발전은 근본적으로 폴리스라는 도시국가 형태로 인해 가능한 것이었다. 따라서 역사학자들은 폴리스를 서양문화의 시작이자 서양역사와 동양역사를 나누는 분기점으로 인식한다. 아테네를 최전성기로 이끈 페리클레스는 자신들의 도시의 위대함을 이렇게 이야기한다.

> "우리의 정치체제는 이웃 나라의 제도를 모방한 것이 아니다. 우리는 남을 모방하기보다는 오히려 그들에게 본보기가 되어왔다. 우리 정치체제가 민주주의라 불리는 것은 소수자가 아닌 다수자의 이익을 위해 나라가 통치되기 때문이다. 시민들 사이의 사적인 분쟁을 해결할 때는 법 앞에 만인이 평등하다. 그러나 주요 공직 취임에는 개인의 탁월성이 우선시되며, 추첨보다는 개인의 능력이 중요하다. 가난 때문에 능력자가 공직에서 배제되는 일은 없다. 간단히 말해서 우리 도시 전체가 헬라스의 학교이다. 우리 시민 개개인은 인생의 다양한 분야에서 유희하듯 우아하게 자신만의 특질을 개발하고 있다. 이것이 바로 아테네 이 도시의 힘이다!"

| 그리스 도자기에 새겨진 미소년들과 귀부인들

아테네의 전성기는 인구가 십만도 채 안 되는 소국 아테네가 거대제국 페르시아와의 전쟁을 승리로 이끌면서 시작된다. 페르시아는 BC 6세기에 이란 고지대에 왕조를 세운 후 서아시아와 중앙아시아 일대를 점령하고 이어서 강국 바빌론까지 점령하면서 일약 세계제국의 지위로 올랐다. 다리우스 1세는 주변 오리엔트를 통일한 후 발칸반도로 팽창해나가면서 지중해에 위치한 그리스 식민도시들에게도 세금을 징수하였다. 이에 식민지인들이 반란을 일으키고 아테네가 이를 지원했지만 패배한다. 다리우스 1세는 원군을 보낸 아테네에 대한 보복으로 BC 490년에 그리스 원정에 나서지만 마라톤전쟁에서 아테네에게 패하고, 10년 후 그의 아들이 2차 침공하지만 역시 그리스 연합군이 승리한다.

폴리스들로 형성된 작은 나라 그리스가 이집트에서 인도까지 거대제국을 형성한 페르시아를 물리친 것은 지중해권 역사에서 하나의 큰 전환점이 되는 사건으로, 영국 사학자 존 풀러는 이를 "유럽이라는 아기가 태어나면서 낸 소리"로 평가한다. 그리스의 승리가 긴 역사적 관점에서 그리스가 지배하던 지중해권은 물론 유럽문명을 지켜낸 의의를 가진다는 것이다. 이와 같은 인식은 후대 역사가들이 그리스보다 먼저 문명을 발전시킨 페르시아제국을 평가절하하고 인류가 오직 아테네와 유럽을 통해 선진문명을 지속시켜온 것으로 왜곡시키는 유럽중심주의 역사관을 형성하는 기반이 된다.

아테네는 페르시아전쟁에서 주도적인 역할을 하며 승리를 이끌어낸 후 동지중해 지역을 완전히 장악하여 주변 도시국가들의 맹주로 부상한다. 아테네와 동맹 도시국가들은 페르시아의 또 다른 내습에 대비하고 그 지배하에 있는 도시들을 독립시키기 위해 델로스동맹을 만들었고, 동맹의 돈이 아테네로 모여들면서 경제가 풍요로워지고 철학과 예술이 비약적으로 발전한다. 당시 파르테논 신전을 비롯하여 아테네에 지어진 건물과 예술품들은 조각가, 석공, 화가, 건축가, 도공 등 모든 예술가가 합심하여 불과 50여 년의 짧은 시기에 집중적으로 완성된 것이다. 예술사고고학자 김승중 교수는 이것이 가능했던 것은 아테네가 원래 전통이 없이 황무지처럼 비어 있던 곳이어서 타 인간세가 구현해보지 못한 제도와 예술, 그리고 문명의 모험을 감행할 수 있었기 때문이라고 말한다. 일찍이 로마의 시인 호메로스 또한 "그리스인들이 우리처럼 새것에 대한 혐오를 가졌더라면, 오직 낡은 것밖에 남을 것이 또 있었을까? 그리고 새로운 도전을 감행할 용기는 어디서 구할 수 있었을까?"라고 감탄하면서 그리스인들의 도전 정신에 찬사를 보냈다. 그리스인의 새로운 것을 추구하는 도전 정신의 최고의 걸작품이 파르테논 신전이다.

파르테논 신전, 그리스의 영광과 수난의 아이콘

파르테논 신전은 페르시아군이 파괴했던 옛 신전 자리에 페리클레스의 총지휘로 다시 지어져 아테네의 수호신인 아테나 여신에게 바쳐졌다. BC 447년에 착공하여 당대 최고 조각가인 페이디아스의 감독하에 약 9년 만에 완공된 신전은 뛰어난 건축양식과 예술성으로 아테네 문화의 절정을 보여준다. 건축 재료로 아테네 근처 산에서 채석된 고품질 대리석을 사용하여 미적 가치를 높였고, 수직 수평으로 설계하면 휘어 보이는 착시현상을 감안하여 곡선과 곡면으로 주조하고 보는 방향에 따라 건축물이 다르게 보이는 현상까지 고려하면서 더할 나위 없이 정교한 설계능력과 건축기술을 구현하였다. 신전의 안정된 비례와 장중함은 조화로운 질서를 추구하는 그리스의 정신을, 아테나의 탄생 과정과 태고의 전쟁들을 주제로 한 신전의 조각과 부조들은 그리스 신화와 예술의 정수를 담고 있다. 거기에 동서남북 사방으로 열린 공간으로 빛이 들어와 건축물과 어우러지면서 형언할 수 없는 아름다움을 자아낸다. 이처럼 오늘날의 건축학적 시각에서 봐도 경이로운 파르테논 신전은 외세로부터 도시를 지켜낸 정신을 찬미하는 정치 철학적인 의미까지 담으면서 그리스의 최고의 문화재이자 인류문화유산이 된다.

| 파르테논 신전

파르테논 신전은 후대의 건축기술과 미학에 지대한 영향을 줄 뿐 아니라 건축가들에게 영감의 원천으로 작용해왔다. 현대건축의 선구자로 아파트 개념을 창안하여 수백만 서민의 거주지를 해결한 르 꼬르뷔지에는 건축가로 입문한 시절에 그의 천재성을 알아본 스승의 권유로 유럽여행을 하면서 고전 건축물과 조각들을 보고는 깊은 감동을 받는다. 그는 지중해와 발칸반도의 건축물들이 주변 경관과의 조화를 최우선으로 여기고 자연광을 활용한 것을 보면서 당시의 소감을 이렇게 적었다: "형태에서는 자연의 모습을 엿볼 수 없으나 빛과 대리석의 질감 덕분에 자연스럽게 하늘과 땅에 연결된 것처럼 보인다. 이것은 바다나 산처럼 자연 그대로의 인상을 자아낸다. 인간의 창조물 가운데 어느 것이 이 단계에 도달할 수 있을까?" 그는 파르테논 신전을 보고는 "파르테논 신전은 드라마다"라고 감탄하면서 후일 프랑스 시골 마을 롱샹의 탁 트인 언덕에 신전을 닮은 성당을 짓는다. 성당은 자연의 곡선을 살리고 빛을 가득 담는 조형적인 건축물로, 비대칭적이고 조각 같은 외부도 특이하지만 벽 쪽의 수십 개의 작고 불규칙한 모양의 창문과 천장 아래쪽의 길고 수평으로 난 공간을 통해 자연광이 넘쳐들어와 지붕이 거의 공중에 떠 있는 것처럼 보인다.

화가이자 조각가이기도 했던 르 꼬르뷔지에의 가장 큰 업적은 인간을 위한 건축을 했다는 것이다. "건축은 인간의 생활을 담는 기계"라는 철학을 지닌 그는 인간에게 쾌적함을 제공하는 가장 효율적인 건축물과 집을 짓고자 하면서 빛과 공간과 질서를 빵만큼이나 인간에게 필요한 것으로 중시하였다. 그가 죽자 당시 프랑스 문화부장관이었던 소설가 앙드레 말로는 진혼사에서 그를 그리스의 페이디아스와 르네상스의 미켈란젤로의 반열에 올리며 공적을 기린다. 유네스코는 2016년에 그의 7개국에 걸친 17개의 현대건축물을 세계문화유산으로 등재시킨다. 스페인의 안토니 가우디에 이어 두 번째이고, 그의 뒤를 이어 뉴욕 구겐하임 미술관을 건축한 프랭크 로이드 라이트의 작품들이 등재된다.

| 프랑스 롱샹, Notre-Dame du Haut 성당의 외부와 내부

파르테논 신전이 완공된 지 십년도 되지 않아 내전이 일어나고 그 여파로 그리스가 몰락하자 신전 또한 파괴되고 약탈되면서 그리스 수난의 역사를 함께 한다. 파르테논 신전은 당대에는 아테네를 중심으로 한 델로스동맹의 금고를 보관하는 장소로 사용되었다가 동로마제국 치하에서는 정교회의 교회로, 오스만제국 치하에서는 탑이 추가되어 모스크로 사용된다. 1687년에는 오스만제국과 베네치아와의 전쟁 중 오스만군이 신전에 쌓아놓은 화약 더미가 베네치아군의 포격으로 폭발되면서 지붕과 일부 기둥들이 파괴되고, 1822년 그리스 독립전쟁 중에 오스만군의 포격으로 또 한 번 파괴된다. 게다가 남아 있는 신전의 조각과 부조들마저 오스만제국 식민지 시절에 한 개인의 탐욕에 의해 영국으로 옮겨지면서 현재는 그야말로 뼈대만 남아 있는 상태이다. 현재 파르테논 신전은 계속 보수 중에 있지만 아테네의 대기오염이 심각해 산성비로 인한 유적의 부식이 큰 문제점이다. 유네스코는 그리스문명의 상징물인 파르테논을 세계문화유산 1호로 지정하고 신전 모양을 유네스코 공식 마크로 사용하면서 파르테논 신전의 뛰어난 문화적 가치를 알린다.

엘긴 마블스, 그리스 정신의 파괴

파르테논 신전의 조각과 부조들 대부분은 오늘날 대영박물관에 전시되어 있다. 이들 조각들은 '엘긴 마블스(Elgin Marbles)'라고 불리는데, 그리스가 오스만제국의 식민지였던 시절에 오스만주재 영국대사였던 엘긴 경이 약탈해간 조각들이기 때문이다. 대사 시절 그는 고국에 있는 자신의 저택을 당시 유행하던 신고전주의 양식으로 꾸미기 위해 12년에 걸쳐 파르테논 지붕 동서쪽의 페디먼트에 위치한 조각들 중 거의 절반을 떼어내서 영국으로 실어 보냈다. 그 조각상들은 아테나 여신의 탄생과 포세이돈과의 대결의 서사를 형상화한 것으로, 신전의 가장 중심 주제였다. 그는 오스만제국으로부터 허가증을 받았다고 주장했지만 실제로 칙령이 허용한 것은 신전 조각의 모형을 뜨거나 스케치를 하고 주변의 파편을 발굴하는 권한 정도였다. 그는 조각과 부조들을 떼어내면서 톱으로 절단하거나 떨어뜨려 파손시키고 운반 중 배가 침몰하기도 하면서 서양문화의 최고의 유산에 치명적인 손실을 입힌다. 부전자전으로 그의 아들 또한 중국과의 제2차 아편전쟁 당시 청나라 황실 정원인 원명원을 파괴하고 문화재를 대거 약탈하였다.

엘긴은 오스만제국 치하에서는 그리스 문화재가 파괴될 우려가 있어 영국으로 옮겼다고 변명했지만 그리스를 사랑한 지식인들은 이를 약탈행위로 비난한다. 영국 시인 바이런은 시 〈차일드 해럴드의 순례〉에서 약탈당한 파르테논 신전을 보고 이렇게 탄식했다:

이것을 보고 울지 않는 자, 어리석어라
너의 벽은 마멸되고, 허물어진 신전은 앗아져버렸다
이 유적을 보호해야 할 영국인들 손에
다시는 회복될 수 없으리라
그것이 고향에서 강탈당했던 그 시간은 저주 받으라
또다시 너의 불행한 가슴은 상처 나고
너의 쓰러진 신들은 북쪽의 증오스런 나라로 끌려갔도다

그리스를 특히 사랑했던 바이런은 그리스 독립전쟁이 일어나자 전쟁에 참가하기 위해 그리스로 가지만 도착 직후 열병으로 갑자기 사망한다. 이후 유럽 곳곳에서 그리스 지지운동이 일어나는데, 그 이유를 바이런과 가까웠던 시인 셸리의 말에서 찾을 수 있다: "우리는 모두 그리스인이다. 우리의 법, 문학, 종교, 예술은 모두 그리스에 뿌리를 두고 있기 때문이다. 만약 그리스가 존재하지 않았다면 우리는 여전히 미개하고 우상을 숭배하고 있었을 것이다." 이처럼 유럽의 지성인들은 그리스 문명을 유럽 문명의 근원으로 여겼고 자신들을 그 후계자로 간주했다.

| 위에서부터: 파르테논 신전의 페디먼트 재현도, 대영박물관에 전시된 엘긴마블스

엘긴 경은 조각 이송과 집 개조에 엄청난 비용이 들어 파산 지경에 이르자 1816년 영국정부에 파르테논 조각들을 팔겠다고 제안하고 하원이 이를 수락하여 현재 조각들은 대영박물관에 소장되어 있다. 그야말로 희대의 도굴꾼과 장물아비의 거래였다. 문화재는 유형적 가치를 넘어서서 그 나라의 역사와 문화, 종교, 신화 등을 담고 있기에 문화재 약탈은 곧 그 민족의 정신을 훼손하는 것이다. 더욱이 파르테논 신전은 그리스의 정신이자 자부심이었다. 그리스 정부는 식민지 시절에 일어난 파르테논 조각 반출은 그리스 국민과 정부의 의사와는 무관한 불법 문화재 유출이라고 주장하면서 1983년부터 계속해서 반환을 요구해오고 있다. 그러나 영국정부는 엘긴 경의 취득은 합법적이었고 오늘날의 그리스는 사회가 불안정하고 대기오염이 심해 인류 최고의 유산을 안전하게 보호할 수 없다는 이유를 들면서 반환을 거부한다. 그들은 영국에 보존된 작품들은 예술과 고전학 연구에 있어 큰 축복으로, 대영박물관에 있기에 온전하게 보존되었고 앞으로도 더 안전할 것이라고 주장한다. 이에 대해 그리스는 2009년에 건립된 신아크로폴리스 박물관이 파르테논 조각상들을 잘 보존할 수 있는 우수한 환경과 기술력을 갖추고 있으며, 무엇보다도 조각들이 신전으로 원상복귀 되어야만 원래의 예술적 완성도와 문화적 가치를 회복할 수 있다고 반박한다. 그리스 정부가 신아크로폴리스 박물관을 건립한 후 엘긴 마블스 반환을 요구하며 복제품을 전시하자 대영박물관 측이 신아크로폴리스 박물관에 3~6개월 동안 작품들을 대여해주겠다고 제안했지만 그리스는 그것이 영국이 자신들의 유적을 훼손하고 국외 반출한 행위를 정당화하는 꼴이라며 단호히 거절한다.

그리스의 정당한 주장을 영국이 억지 논리를 내세우며 거부하는 것은 대영제국의 전리품인 인류문화유산들이 지닌 상징적인 권력을 잃고 싶지 않아서이다. 또한 엘긴 마블스를 돌려주면 그걸로 끝나는 것이 아니라 그들이 약탈한 다른 문화재들도 돌려줘야 하는 사태가 올 것이고, 그렇게 되면 박물관이 텅텅 비는 선례를 만들게 되기 때문이다. 대영박물관은 세계 최초의 국립 공공박물관이자 세계 최대 규모의 인류문화유산들을 보유하고 있는데, 대부분이 제국주의 시절 세계 각지에서 찬탈한 수집품들이다. 그들은 문화재 반환 요구가 있을 때마다 박물관은 무료로 개방되니 언제든 와서 보라는 고압적인 태도를 보인다. 프랑스 루브르박물관 또한 제국주의 시절과 나폴레옹이 정복지 전역에서 약탈한 유물과 예술품들로 가득 찬 '찬탈의 보고'이다. 나폴레옹은 전쟁 당시 유럽 각지는 물론이고 이집트 원정 시에는 고고학자와 예술가 등 각 분야의 전문가들을 데리고 가서 유적지들을 탐사하면서 수많은 유물들을 약탈해왔다. 그 덕분에 루브르박물관에는 이집트관이 따로 있다. 히틀러 또한 나폴레옹과 함께 가장 악명 높은 문화재 약탈자로 손꼽힌다. 히틀러는 자신이 어린 시절을 보냈던 오스트리아 린츠에 세계 최고 수준의 '총통미술관'을 세우기 위해 2차 대전 동안 유럽 박물관과 미술관에서 2만여 점의 문화재를 강탈했다. 이에 연합군에서는 문화예술품을 되찾기 위한 특수부대를 만들어 문화재들을 추적하고 회수하였다. 영화 《모뉴먼츠 맨》(2014)에서 그 과정들을 볼 수 있다. 이처럼 세계 유수 박물관의 소장품들이 대부분 약탈품이다 보니 엘긴 마블스가 반환될 경우 이를 시작으로 국제사회에서는 문화재 반환소송들이 도미노처럼 이어질 것이고, 그렇게 되면 그들 박물관에는 남아 있는 게 별로 없어 더 이상 인류문화의 보고 역할을 하지 못하게 된다. 따라서 그들은 결코 소송에서 지지 않고자 한다.

2002년, 제국주의시대의 최대 수혜자인 전 세계 18개의 대형박물관들은 '인류보편의 박물관 선언문'을 발표한다. 그들은 "다른 문명과 교차하는 인류보편의 문화재는 한 국가에 속한 것이 아니라 인류 전체를 위한 것이며, 박물관에서 다른 문명과 비교됨으로써 그 지속적 중요성이 인식된다"라고 선언하면서 '원 장소' 맥락을 상실한 문화재에 '인류보편'이라는 새로운 맥락을 부여한다. 그들 입장에서는 문화재 반환은 인류보편의 맥락을 파괴하는 것이므로 받아들일 수 없다는 것이다. 하지만 제국주의 시절 주체와 타자를 엄격하게 분리시키면서 서구중심적 역사를 이끌어왔던 그들이 국경과 문화적 경계를 초월한 인류보편을 변명으로 내세우는 것이 과연 핍박당해온 비서구의 타자들에게 설득력이 있을지는 의문이다.

더 퍼스트 라인 The First Line, Promakhos, 2014

개요: 드라마 | 그리스, 미국 | 91분
감독: 코에르테 부르히스, 존 부르히스

영화 《더 퍼스트 라인》은 파르테논 신전의 조각들을 되찾고자 하는 그리스와 이를 거부하는 영국 간의 문화재 반환소송 과정을 다루고 있다. 감독인 코에르테 부르히스와 존 부르히스 형제는 그들이 이 영화를 만든 이유를 이렇게 말한다: "파르테논의 조각들은 세계의 역사에서 가장 쟁쟁한 예술품 그 이상의 것이다. 그들은 정의와 자유와 민주주의라는 아테네인들의 이상에 관한 이야기를 들려준다. 따라서 그들은 오늘날의 분열된 세계에서 절실히 요구되는 영감이자 통합의 힘이다." 영화 제목은 최전선에서 아테네의 자유와 정의와 민주주의를 지켜온 아테네 수호신인 아테나를 기리기 위해 조각가 페이디아스가 제작한 청동상인 '최전선의 아테나'(Athena Promachos)에서 따온 것이다. 5미터가 넘는 이 거대한 신상은 한 손에는 창을, 다른 손에는 활을 들고 있는 모습으로 원작이 남아있지는 않지만 페르시아의 침범으로부터 정의와 민주주의를 지켜낸 그리스인의 상징물이었다.

영화는 찬란했던 고대 그리스와는 대조적인, 심각한 재정 파탄과 유럽연합의 구제금융에 대한 불만으로 시위가 빈번하고 혼란에 빠진 현대 그리스를 배경으로 한다. 그리스계 미국인으로 사건을 맡아 그리스로 온 안드레아스는 불안과 위기에 빠져 있는 그리스사회를 보면서 오늘날 그리스인들이 영혼을 상실한 채 유럽의 하층계급으로 차별받고 있다는 사실에 자괴감을 느낀다. 그렇기 때문에 그는 더욱 파르테논 조각들을 되찾아 문명을 일으켰던 그리스인들의 정신과 자부심을 회복시켜야 한다는 사명감을 가진다. 그는 엘긴 경이 받은 허가증이 원본이 아닌 영어 번역본이라는 사실을 근거로 문화재 반출이 불법이라고 소송을 제기한다. 사건은 국제사법재판소로 이송되고, 재판 석상에서 영국 변호인은 "세계의 박물관이 텅텅 비는 것을 보시렵니까? 책장을 뜯어내어 바람에 날리시겠습니까? 이 경솔하고 파괴적인 절차를 시작한다면 바로 그렇게 될 것입니다. 문화적 교류의 장에서 조각들을 떼어버리면 세계의 지식이 줄어들 것입니다"라고 호소한다. 이에 안드레아스는 "조각들을 복귀시켜야 합니다. 그래야 아테나와 그녀의 백성들이 온전해지게 됩니다. 그래야 그리스인들이 일치단결하면서 다시 의미를 찾게 될 것입니다. 그래야 수호신에게 정의가 부여될 것입니다"라고 항변한다. 그에게 조각 반환투쟁은 정의를 되살려 도시의 수호신 아테나와 함께 다시는 무너지지 않을 방어의 최전선에 서는 것이다. 그러나 법정은 영국의 손을 들어주었다. 현재 문화재 반환 요구는 계속 진행되고 있지만 영국의 뻔뻔함과 두 국가 간의 힘의 차이로 인해 반환 가능성은 희박하다.

나의 사랑, 그리스 Worlds Apart, 2015

개요: 드라마, 로맨스 | 그리스 | 131분
감독: 라민 바흐러니

영화 《나의 사랑, 그리스》의 배경은 《더 퍼스트 라인》 직후의 그리스이다. 그리스 재정상태가 악화되어 유럽이 더 가혹한 긴축재정을 요구하면서 개인과 기업이 파산하고 국민들의 생활은 최악에 이른다. 설상가상으로 시리아 사태로 수많은 난민들이 몰려와 경제와 치안이 더욱 악화되자 파시스트 자경대가 생겨나 난민들에게 폭력을 가하면서 도시 전체가 긴장과 불안에 휩싸인다. 감독은 오늘날 그리스가 겪는 혼란과 역경에서 벗어나기 위해서는 고대 그리스의 사랑의 정신을 되살려야 한다는 메시지를 전하면서 사랑으로 모든 고난을 극복해낸 에로스와 프시케의 신화를 모티브로 제시한다.

어느 왕국의 셋째 딸인 프시케가 아름다운 외모로 아프로디테와 비견될 정도로 사람들의 찬사를 받자 화가 난 아프로디테는 아들 에로스에게 프시케가 비천한 자와 사랑에 빠지게 만들라는 명령을 내린다. 그러나 에로스 자신이 사랑에 빠지면서 정체를 숨긴 채 인간이 아닌 괴물과 결혼해야 한다는 신탁을 받은 프시케와 결혼한다. 프시케는 우려와 달리 화려한 궁전에서 남편의 사랑을 받으며 행복하게 지내지만 남편은 밤에만 나타나 새벽이면 사라지고 남편의 얼굴을 보는 것도 금지되어 있다. 어느 날, 프시케는 그녀를 질투하는 언니들의 부추김으로 등잔불로 잠든 에로스의 얼굴을 보다가 기름 한 방울이 에로스의 어깨위에 떨어져 그가 깬다. 에로스는 사랑과 의심이 함께 할 수 없다며 프시케를 떠나고, 프시케는 남편의 사랑을 되찾기 위해 아프로디테가 시키는 힘든 일들을 다 해낸다. 심지어 지옥도 마다않고 가서 아름다움이 담긴 박스를 받아오는 심부름을 하는데, 또다시 박스를 열지 말라는 금기를 어기고 열어 그 속에 있던 잠의 씨앗에 의해 죽음과도 같은 깊은 잠에 빠진다. 사랑을 되찾고자 애쓰는 그녀를 에로스는 처음부터 은밀히 도왔고, 이번에도 프시케를 깨운 후 제우스에게 그녀의 용서를 구한다. 그녀의 참회와 에로스의 사랑으로 프시케는 '두 번째 기회'를 얻고 그들은 '기쁨'이라는 딸을 낳는다.

| '에로스와 프시케', 안토니오 카노바, 1793년경, 루브르 박물관

영화에서는 경제위기와 난민문제로 사회 전체에 불안과 폭력이 난무한 가운데 희망도 사랑도 없이 살아가는 20대, 40대, 60대의 세 커플에게 에로스의 사랑의 힘을 일깨워주는 '두 번째 기회'가 찾아온다. 여대생인 다프네는 경제와 치안이 무너진 도시에서 길을 가다 강도의 습격을 받는데, 그때 시리아 난민 청년 파리스가 그녀를 구해주고 둘은 우연히 다시 만나면서 사랑에 빠진다. 그리스 사회에서 난민에 대한 혐오가 팽배했지만 다프네는 개의치 않고 그와의 만남을 계속한다. 그들은 파리스가 살고 있는 버려진 비행기 속에서 파리스가 그린 에로스와 프시케 조각의 스케치를 보면서 미래를 기약할 수는 없지만 현재의 사랑에 충실하고자 한다. 그러나 난민들을 소탕하기 위해 그들이 있는 곳으로 출동한 자경대원인 아버지 앞에서 다프네가 다른 자경대원의 총에 맞아 죽으면서 암울한 현실을 사랑으로 이겨내고자 했던 그들의 '두 번째 기회'는 사라진다.

다프네의 오빠인 40대의 지오르고와 그리스로 출장을 온 엘리제는 술집에서 우연히 만나 하룻밤을 같이 지낸다. 그런데 그녀는 지오르고의 회사가 스웨덴 대기업에 넘겨지면서 본사에서 직원들 정리해고를 위해 파견된 간부였다. 둘은 불편한 상황에도 불구하고 관계가 깊어진다. 그러던 중 지오르고의 친구 오디세아가 구조조정 대상자가 되면서 지오르고에게 부서 이동을 부탁했으나 결국 해고되어 자살한다. 이혼과 아들 양육 문제로 고민이 많던 지오르고는 친구까지 자살하자 결국 엘리제와 결별한다. 엘리제 또한 오디세아의 자살과 지오르고까지 해고해야 하는 지경에 이르자 이를 감당하지 못하고 회사에 후임자를 부탁한 후 그리스를 떠난다. 생활 전선의 중심에 있는 40대의 연인은 결국 그들이 처한 현실에 굴복하여 '두 번째 기회'를 외면한다.

다프네의 어머니인 60대의 마리아는 자경대에 가입한 남편과 생활고로 인해 현실이 버겁기만 하다. 그런 그녀 앞에 그리스가 좋아서 퇴직 후 아예 이사를 온 독일인 교수 세바스찬이 나타난다. 세바스찬이 슈퍼마켓에서 마리아의 도움을 받은 것을 계기로 그들은 매주 한 번씩 만나 서로 말은 잘 통하지 않지만 얘기를 나누는 사이가 된다. 토마토 한 통도 살 돈이 없이 삶에 지쳐 있는 마리아의 모습은 과거의 영광이 다 사라진 현재의 그리스의 모습을 닮았다. 그런 마리아에게 세바스찬은 그리스가 세상에 미친 엄청난 영향에 대해 알려주면서 그리스인의 자긍심을 일깨워주었고, 에로스와 프시케를 모티브로 한 소설책 『The Second Chance』를 선물로 주어 읽기를 권하면서 그녀에게 사랑이 모든 것을 이겨내는 고대 그리스 정신을 되살려주고자 한다. 다프네가 죽고 일년 후, 지오르고는 어머니가 읽고 있는 책의 첫 페이지에 세바스찬이 쓴 "두 번째 기회가 마땅한 그리스 여인에게. 언제까지든 기다릴게요"라는 글을 보고는 그를 찾아가 어머니의 근황을 알려준다. 세바스찬이 마리아를 찾아가고 그녀는 '두 번째 기회'를 받아들인다.

고대 그리스인들은 사랑의 힘을 깨달았고 사랑을 신으로 만들었다. 사랑의 신인 에로스 때문에 많은 전쟁이 일어나고 많은 사람이 죽고 온 세상이 변화했는데도 누구도 그의 힘을 꺾지 못했고, 그렇기 때문에 사랑의 '두 번째 기회'가 가능했다. 오늘날의 그리스는 가난과 증오와 폭력이 만연하다. 그 속에서 서로 다른 언어를 말하는 세 연인은 서로의 언어를 몇 마디씩 배워가면서 따뜻한 마음을 나누었다. 감독은 이들 연인에게 '두 번째 기회'를 주면서 그것의 성취 여부와 무관하게 사람과 세상에 대한 사랑을 되살리고자 했다. 《더 퍼스트 라인》과 《나의 사랑, 그리스》 두 영화 다 꿈과 희망을 잃고 쇠락하고 있는 그리스가 역경을 이겨내고 고대 그리스의 정신과 위대함을 되찾기를 간절히 바라고 있다.

고대 그리스의 정신, 아레테

고대 그리스인들은 인간중심적이고 현세적이며 합리적인 문화를 발전시키면서 인간이 추구할 수 있는 최상의 능력 혹은 최선의 상태인 '아레테(Arete)'를 그들의 미덕이자 정신으로 삼았다. 아레테는 인간이나 사물이 각자 주어진 잠재력을 최대한으로 발휘하면서 자신의 기능을 온전하게 수행하는 탁월성을 의미한다. 예를 들면 토지의 아레테는 토지가 비옥한 것이고, 운동선수의 아레테는 실력을 향상하여 경기에서 우승하는 것이며, 귀족들의 아레테는 전사로서의 체력과 용기와 무예 실력을 갖춰 시민들을 지키는 것이다. 이처럼 고대 그리스인들은 누구나 자신의 잠재력을 발견하고 그것을 최대한 발휘하는 삶을 살 때 탁월한 인간이 되고 도덕적 미덕을 실현하는 것으로 여겼다. 인간의 최고의 모습을 염원하는 아레테는 고대 그리스의 정신이자 서양 인본주의의 근간이다.

아레테의 화신은 인간의 최고의 탁월함을 발휘해내는 영웅들이고, 그 영웅들의 아레테에 대한 가장 뛰어난 서사가 호메로스의 『일리아스』와 『오디세이아』이다. 암흑기가 지나고 시작된 고졸기그리스 시기에 태어난 호메로스는 개인의 탁월함으로 운명과 고난을 이겨내고 성숙해진 두 영웅들의 아레테를 시대적 이상으로 제시하였다. 호메로스의 위대함은 신과 신화가 지배하는 시절에 이미 인간은 어떤 존재인지, 어떻게 살아야 잘 사는지, 어떻게 죽을 것인지에 대해 성찰하고 숙고했다는 점에 있다. 그는 그리스와 소아시아 트로이와의 전쟁 서사인 『일리아스』에서는 전쟁에 참여하면 죽을 운명을 타고난 아킬레우스가 겪는 고통과 정신적 성숙의 과정을 통해 명예와 가치를 추구하는 영웅의 아레테를 그려낸다. 그리스 신화나 문학에서 죽음은 영웅의 필연적 요소로, 죽음이라는 어쩔 수 없는 인간의 한계를 뛰어넘는 위대함을 보여주는 자들이 바로 영웅들이다. 아킬레우스는 가장 가까운 친구인 파트로클로스가 전쟁에서 죽자 자신의 운명을 알면서도 나서서 트로이의 명장 헥토르에게 복수하는 용기와 신의를 보여주었고, 아들의 시신을 돌려달라고 간곡하게 부탁하는 트로이의 왕 프리아모스의 부탁을 거절하지 못할 만큼 인간적인 면모를 보이기도 한다. 호메로스는 서양문학사에서 모험담의 원형으로 인식되는 『오디세이아』에서는 명장 오디세우스가 10년간의 고된 귀향길에서 만난 여러 신과 괴물들의 온갖 고난과 유혹을 지혜롭게 극복해내고 아내와 아들에게로 돌아가는 충절의 모습을 그려낸다. 오디세우스는 트로이 목마를 고안하여 전쟁을 승리로 이끈 지략가이자 용감한 전사였고, 10년간 거친 바다를 항해해낸 뛰어난 항해사였으며, 아내와 아들을 그리며 귀향에 최선을 다하는 충실한 가장이었다.

그리스 영웅들의 서사를 펼친 호메로스에 대한 후대 철학자들의 평가는 달랐다. 플라톤은 호메로스 같은 시인이 들려주는 시와 신화의 세계는 인간의 정신을 혼미하게 만들어 교육에 부적절하고 인간을 선량하게 만들 수 없으므로 수호자계급이 접해서는 안 된다고 금한다. 반면 개별적인 것을 말하는 역사보다 보편적인 것을 말하는 시가 더 철학적이고 중요하다고 생각하는 아리스토텔레스는 호메로스를 오직 인물들의 본질과 탁월함을 노래하고 그 밖의 모든 것은 제외시킨 시인으로 평가한다. 플라톤과 아리스토텔레스는 각각 '이데아'와 구체적 사물인 '개별자'를 참된 존재로 보면서 사상이 대립된다. 꽃의 아름다움을 예로 들면, 플라톤은 아름다움의 이데아가 있고 그것이 각각의 꽃에서 구현되는 것으로 생각하는 반면 아리스토텔레스는 하나하나의 꽃이 있음으로써 아름다움이 있다고 생각한다. 그래서 르네상스 시대의 화가 라파엘로의 작품 〈아테네학당〉에서 플라톤의 손은 위를 향하고 아리스토텔레스의 손을 아래로 향하고 있다. 아리스토텔레스는 형이상학·논리학·시학·정치철학·윤리학·자연철학·생물학 등 거의 모든 분야의 학문에 통달하고 그 기초를 마련한 학자로, 스승인 플라톤과 함께 서양철학사에서 가장 위대한 철학자이자 지성인으로 꼽힌다. 알렉산드로스대왕의 스승이기도 했던 그는 알렉산드로스에게 『일리아스』를 추천하여 그의 애독서가 되면서 그로 하여금 제2의 아킬레우스를 꿈꾸게 한다.

| 〈아테네학당〉, 라파엘로, 1509-1510

아레테의 개념은 시대상에 따라 조금씩 달라진다. 암흑기가 지나고 새로운 시대가 열린 호메로스 시절에는 아레테는 주로 왕과 귀족의 전유물로, 소수의 권력자들이 지배하는 체제인 과두정과 전시상황에서 왕과 귀족들의 아레테는 전사가 되어 시민들을 지키는 것이었다. 페르시아전쟁 이후 민주정이 시작되고 철학이 발전하자 왕과 귀족뿐만 아니라 일반 시민들의 아레테에 대한 고찰도 시작된다. 이때 아레테의 개념을 정립한 철학자가 소크라테스이다. 소크라테스는 아레테를 옳은 것이 무엇인지를 알고 실천하는 윤리적인 개념으로 인식하였다. 그는 무지가 악덕을 초래한다고 생각하여 덕과 앎을 일치시키고, 덕을 알면 실천해야 한다는 지행합일(知行合一)을 주장한다. 즉 장인이 아레테를 발휘하려면 자신의 기술에 대해 잘 알아야 하듯 인간으로서의 아레테를 발휘하려면 덕이 무엇인지 알아야 하고 덕을 알면 그것을 실천해야 한다는 것이다.

소크라테스의 철학사적 중요성은 무엇보다도 신화나 자연에서 벗어나 인간 자체에 집중한 철학을 발전시킨 것이다. 그가 활동하기 이전의 해외식민지 출신의 철학자들은 주로 자연과학에 집중하였다. 아테네가 철학의 중심지가 되고 소크라테스, 플라톤, 아리스토텔레스가 등장하면서는 인간이 철학의 중심이 된다. 소크라테스는 펠로폰네소스 전쟁으로 인해 아테네가 정치 사회적 혼란에 빠지자 사람들과 자연 현상이나 전쟁영웅담이 아닌, 아테네 시민으로서 지녀야 할 덕목과 정의와 용기 등에 대해 질문하고 대화하면서 자기성찰을 이끌어내는 철학을 탄생시킨다. 그런 소크라테스를 직접민주주의라는 체제가 사약을 내려 죽게 하자 소크라테스의 제자 플라톤은 민주주의는 필연적으로 도덕적 타락으로 이어지고 정치가들이 무지한 민중을 선동하는 중우정치로 타락할 수 있다고 우려한다. 플라톤은 민주주의가 아닌 철인(哲人)이 지배하는 국가를 이상국가로 제시하면서 이상국가를 실현하려면 개인들이 각자가 속한 계급에서 자신들의 아레테를 실현하면서 각 계급 간 조화를 이루어야 한다고 강조한다.

고대 그리스의 세계관, 신화

그리스 문명은 주변 오리엔트 문명의 영향을 받으며 형성된 만큼 신화 또한 이집트를 비롯한 주변 오리엔트 신화들과 교류하면서 1500년 이상의 형성과 변화의 과정을 거쳐왔다. 다신교 신화 간에는 흡수 및 동화가 많아서 그리스와 오리엔트 신화들은 겹치는 부분이 상당히 많다. 그런데도 유독 그리스 신화만이 오늘날까지 학문과 예술 전반에 걸쳐 사상과 영감의 원천으로 작용하고 있다. 이는 그리스 신화가 BC 800년경부터 문자로 기록되면서 그들의 세계관에 맞도록 재창조되고 시와 연극과 조각 등을 통해 전승되면서 여타 신화들과는 비교될 수 없을 만큼 풍부한 내용과 예술적 가치를 지녔기 때문이다. 호메로스와 헤시오도스는 서사시를 통해 신과 영웅들의 덕을 서술하고 계보를 정립하였고, 철학자들은 신화의 내용에 성찰과 비판을 더했으며, 예술가들은 신과 영웅들의 이상적인 모습을 조각과 그림으로 형상화했다. 로마제국이 기독교를 국교화한 이후로는 신화의 종교적 의미는 상실되고 예술적 의미와 가치는 더욱 증대한다.

그리스의 신들은 강력하고 죽지 않는 존재이기는 하지만 기독교의 신과 달리 우주의 창조주도 절대자도 아니다. 불멸의 존재라는 사실을 제외하고는 그들 또한 우주의 피조물이다. 신보다 아무것도 없는 혼돈 상태인 카오스(chaos)가 먼저 있었고, 카오스에서 천지가 자연발생적으로 생겨났다. BC 8세기경 헤시오도스는 『신통기』에서 최초의 우주 공간은 어떤 정해준 규칙이나 질서가 없이 하늘, 땅, 바다 등이 무질서하게 흩어져 있는 카오스의 상태였고, 카오스가 코스모스(cosmos)로 우주의 질서를 잡아가는 과정이 그리스 창조 신화와 신들의 역사라고 기록한다. 카오스에서 스스로 생명을 얻은 최초의 신들인 어둠과 밤의 신, 대지의 여신 가이아와 명계의 신 타르타로스, 사랑의 신 에로스가 태어나면서 코스모스가 형성된다. 가이아와 그녀가 처녀생식으로 낳은 하늘의 신 우라노스 사이에서 최초의 인격신인 티탄족이 태어나고, 그 후손이 제우스를 비롯한 올림포스 신들이다. 그리고 제우스의 명령으로 티탄족의 프로메테우스가 흙으로 신의 모습을 본 딴 인간을 만들어낸다. 인간은 신의 피조물이지만 신 또한 우주의 피조물이기에 시인 핀다로스는 "신과 인간은 별개의 것이지만 모두 한 어머니 밑에서 태어나 숨 쉬고 있다"라고 노래했다.

고대 그리스인은 '신인동형동성(神人同形同性論, anthropomorphism)'의 개념을 지녔다. 그리스 신들은 불멸의 존재로 인간보다 키가 더 크고 생김새도 더 훌륭했지만 모습도 기질도 인간과 닮았고 습성이나 일상생활 또한 별 차이가 없다. 그들은 인간과 마찬가지로 사랑, 증오, 질투 등의 감정을 드러내며 서로 경쟁하였고, 빈번히 인간 세계에 나타나 아름다운 인간들을 탐하면서 자손을 낳았다. 신과 인간 사이에서 태어난 자들은 '반인'의 속성으로 인해 신의 계열에 오르지 못하고 경계선상에 존재하면서 죽을 운명을 타고나지만, 주어진 한계에 굴복하지 않고 최고의 잠재력을 발휘하면서 인간들의 영웅이 된다. 그들은 신 앞에서도 욕망을 숨기거나 위축되지 않으면서 자신들의 주체성과 의지에 따른 자유로운 삶을 살고자 했고, 그 삶이 유한하고 불완전하기에 더욱 소중히 여겼다. 이처럼 그리스인들은 신들을 인격화시켜 보편적인 인간의 본질을 고찰하는 한편 영웅들을 통해 인간의 위대함을 찬양하면서 인간중심적인 세계관을 형성하였다.

올림포스의 신들은 자신들은 마음 내키는 대로 인간 세계를 침범하면서도 인간들이 그들의 영역을 침범하거나 권위를 손상시키는 것은 허용하지 않았다. 따라서 제우스는 인간들에게 신의 영역에 속하는 불을 허락하지 않는다. 그러나 프로메테우스가 인간을 만들면서 그의 명을 어기고 불을 훔쳐 가져다준 덕분에 인간들은 진화하고 문명을 발전시키면서 때때로 신들에게 저항하기도 한다. 분노한 제우스는 프로메테우스를 산 절벽에 견고한 쇠사슬로 묶은 후 독수리를 보내어 매일 재생되는 그의 간을 파먹게 하면서 3천 년간 고통받게 한다. 프로메테우스가 제우스도 언젠가는 자식에 의해 멸망할 거라는 도발적인 예언을 하자 제우스가 그 자식의 이름을 알려주면 풀어주겠다고 제안하지만 프로메테우스는 자신의 행위가 정당하다고 생각하여 이름을 밝히지 않고 끝까지 형벌을 감당해낸다. 프로메테우스는 그의 도움을 받았던 헤라클레스가 독수리를 처치하면서 마침내 사슬에서 풀려나고, 제우스도 그를 용서한다. 풀려난 프로메테우스가 제우스에게 당시 포세이돈과 제우스가 동시에 구애하고 있었던 여신 테티스가 아버지를 넘어서는 아들을 낳을 것이라고 알려주자 두 신은 테티스를 포기하고 그녀를 왕의 아들로 태어나 험난한 방랑 인생을 살고 있는 펠레우스와 결혼시킨다. 둘 사이에서 태어난 아들이 아킬레우스이다.

프로메테우스의 저항 정신은 인간에게서도 나타난다. 바람의 신과 인간 사이에서 태어난 코린토스의 왕 시지프스는 나라가 가뭄으로 고통받자 강의 신에게 그의 딸을 납치한 신이 제우스라고 고해바쳐 마르지 않는 샘을 얻지만 대신 제우스의 분노를 산다. 그를 하데스로 데려오라는 제우스의 명에 몇 번이나 저항하다 결국 끌려간 시지프스는 산꼭대기로 돌을 밀어 올려 정상에 닿으면 돌이 굴러떨어져 다시 돌을 밀어 올리는 형벌을 받는다. 시지프스는 돌을 미는 일 자체에 의미를 부여하면서 끝없이 반복되는 형벌을 꿋꿋이 해낸다. 프랑스 실존주의 작가 알베르 카뮈는 시지프스의 저항을 오로지 인간이기에 가능한 일이라고 해석한다. 신은 불멸의 존재라는 사실로 인간보다 우위에 있지만 삶에 대한 열정과 애착과 의지는 유한한 존재인 인간만이 지닐 수 있다는 것이다. 신화학자 조지프 캠벨은 인간이 궁극적으로 찾는 것은 흔히 말하듯 삶의 의미가 아니라 '살아 있음에 대한 경험'이라고 말했다. 시지프스는 무의미한 행위를 매일 반복하면서도 살아 있음을 경험했기에 버틸 수 있었는지도 모른다.

신화는 인간의 삶에 대한 가장 오래된 기록이자 역사이다. 각 나라의 신화들은 시공간이 다름에도 유사한 이야기 구조를 가지는데, 이는 신화가 근본적으로 삶의 구조가 유사한 인류의 집단무의식을 표출하기 때문이다. 심리학자 칼 융은 집단적 무의식을 인류 모두가 공유하는 보편적 심상인 '원형(archetype)'의 영역으로 규정한다. 다시 말해 인간은 각 개인의 심리에 내재해 있는 '원형'으로 인해 선천적으로 신화에 익숙해져 있고, 그 이야기들이 수천 년을 살아남아 오늘날까지도 수많은 이야기의 모델이자 원형으로 작용한다는 것이다. 그중에서도 그리스신화는 인간의 모습을 한 신들의 이야기를 통해 인류가 무의식적으로 공유하는 보편적인 정신과 정서와 행동들을 표현하고 있기에 수천 년간 존속하면서 문화와 예술의 자양분이 되어왔다.

유럽중심주의 vs 오리엔탈리즘

그리스 문명은 그보다 먼저 발달한 인근의 이집트를 비롯한 오리엔트 문명과 자유롭게 교류하고 영향을 받으면서 탄생하였다. 그런데 18세기 중반부터 유럽 국가들이 근대화를 이루고 세계를 제패하기 시작하자 유럽 사학자들과 철학자들은 유럽 문명을 그리스에서 독자적으로 발생하여 수천 년을 내려온 찬란한 '백인의 문명'으로 인식시키는 유럽중심주의 역사관을 만들어낸다. 그리스인이 고안해낸 정치체제와 문화는 유럽 문명의 근원이 되기에 충분하기에 그들은 고대 그리스를 출발점으로 삼아 유럽을 세계사의 중심에 위치시키고 자신들을 그 문명의 유일한 상속자로 자처한다. 그러면서 그들은 유럽은 문명을 이룬 우월한 주체로, 동양은 비근대적이고 비합리적인 열등한 타자로 구분짓는데 이는 고대 그리스 문명의 '헬레니스'와 '바르바로이'의 구분을 유럽 대 비유럽으로 확대시킨 것과 다름없다. 그러나 실제 그리스 문명의 위대함은 주변 오리엔트 문명과의 자유로운 교류와 개방성에 있다. 그럼에도 유럽중심주의 역사학자들은 그리스가 오리엔트와는 상관없이 독자적으로 문명을 이루고 진보를 성취했다고 주장하며 거들먹거린다.

그런데 문명의 빛은 오리엔트에서 왔고, 고대 아테네의 수호신인 아테나 여신이 만약 실존했다면 백인이 아니라 이집트-메소포타미아 지역에서 유입된 흑인이었을 거라는 파격적인 주장을 하는 학자가 있다. 정치학자 마틴 버낼은 저서 『블랙 아테나』에서 "고대 그리스문명의 뿌리는 고대 이집트, 나아가서는 페니키아를 포함한 오리엔트 문명이다. 그런데 18세기 인종주의가 세력을 떨치던 시절 유럽이 이를 백인중심의 역사로 날조했다"라고 비난한다. 이는 유럽의 실증사학자들이 그때까지 그리스의 가장 오래된 역사로 받아들여졌던 그리스신화를 역사 논의에서 배제하면서 오리엔트가 그리스를 지배한 전승적 근거였던 청동기 역사를 한낱 신화로 치부했기 때문이다. 고대의 많은 문명은 역사와 신화를 뚜렷하게 구분하지 않았고 고대 그리스도 그랬다. 그들은 신화를 허구가 아닌 오랜 역사로 간주하였고, 그들이 추구하는 인간의 덕성을 신화적 이야기들을 통해 보다 보편적인 가치로 표현해냈다. 예술사고고학자 김승중 교수는 역사는 진실이고 신화는 허구라는 이원론으로 고대를 바라보면서 역사에 대해 신화를 폄하해서는 안 된다고 일침한다.

고대 그리스인들은 그리스 본토뿐 아니라 에게해 주변의 오리엔트에 인접한 많은 섬에 흩어져 살았기에 오리엔트와 활발한 교류를 이어왔고, 그로 인해 그리스 연극이나 철학서에는 이집트인이나 페르시아인 이야기들이 종종 등장한다. 버낼은 그리스어 어휘의 상당 부분이 페니키아와 이집트에서 왔고 그리스 신들의 이름 또한 이집트에서 온 것이며 여러 제도와 문물도 이집트의 영향을 받은 것이어서 두 지역을 전혀 다른 문화권으로 나누어 아무 관계도 없는 것처럼 말하는 것은 억지에 불과하다고 말한다. 그는 1820년 이전까지는 그리스 문명이 오리엔트 문명의 영향으로 성립된 것은 유럽의 일반인에게도 하나의 상식이었다고 지적하면서, 그럼에도 불구하고 백인 역사가들이 고대 동지중해권 역사에서 그리스사를 과대평가하고 특권적 지위를 차지하게 만든 배경에는 백인우월주의와 인종주의가 존재한다고 밝힌다. 버낼의 주장은 그리스 문화의 자생적 발전과 독자성을 부인하는 것이어서 서구 학계의 반발이 거셌다. 여러 학자들이 공저로 그의 주장에 반박하는 책을 출간하자 버낼은 그에 대한 반박 서적을 다시 출간하면서 유럽이 오만과 광신적 애국주의의 일환인 유럽식 쇼비니즘에서 벗어나야 한다는 의견을 굽히지 않는다.

300, 2006

개요: 액션, 모험, 드라마, 전쟁 | 미국 | 116분
감독: 잭 스나이더

유럽 쇼비니즘을 보여주는 대표적인 영화가 《300》이다. 페르시아와 스파르타 간의 테르모필라이 전투를 다룬 이 영화는 스파르타의 왕 레오니다스와 전사들은 나라를 위해 목숨도 불사하는 가장 용감하고 엄격하며 단련된 고귀한 전사로, 높은 수준의 문화와 정치제도를 갖춘 페르시아제국의 크세르크세스왕과 군사들은 거칠고 잔인한 야만인으로 그려내면서 그들의 대결을 서양과 동양, 문명과 야만, 선과 악의 대결로 이분화시키고 병력 숫자도 300대 1백만으로 과장하였다. 당시 페르시아는 아시아와 유럽지역에 걸친 대제국이자 선진문명국이었다. BC 550년 페르시아제국의 막을 연 키루스 대제는 이전의 제국들이 정복국가의 백성들을 노예로 만들어 통치했던 것과 달리 정복지의 종교와 문화를 포용하고 그들을 정치나 군사직에 기용하면서 다민족공동체 시대를 열었다. 그는 당시 최강국이었던 신바빌로니아를 정복한 후 인류 최초의 인권선언문을 발표하면서, 모든 시민은 종교의 자유를 가질 수 있고 노예제를 금지하며 궁궐을 짓는

모든 일꾼에게 급여를 지급한다고 명시했다. 그는 바빌론에 유폐되어 있던 이스라엘인을 해방시켜 본국으로 돌려보내주고 유대교 신앙과 제례의식도 허락하였다. 그리스 역사가 크세노폰은 키루스 대제를 '이 세상에서 비길 자가 없는 가장 위대한 세계 정복자, 아버지처럼 자상하게 배려해준 지도자'라고 극찬했다. 그의 아들 캄비세스 2세는 이집트를 병합했고, 다리우스 1세에 이르러서는 제국의 영토가 인더스강에서 유럽에 이르기까지 최대에 달했다. 그에 비해 그리스는 아직 그들의 문명이 개화되기 전으로 발전된 페르시아 문명을 많이 흡수하던 시기였다. 그런 페르시아를 영화에서는 야만적인 전제 제국으로 그려낼 뿐만 아니라 페르시아 군대를 노예의 군대로, 스파르타군을 자유인의 군대로 묘사하면서 스파르타군이 패배한 전쟁을 고귀한 영웅담으로 재탄생시킨다.

팔레스타인 출신의 컬럼비아대 교수인 에드워드 사이드는 저서 『오리엔탈리즘』에서 서구인들의 동양에 대한 왜곡된 인식과 재현 방식을 '오리엔탈리즘'으로 명명하면서, 이를 통해 동양은 스스로 존재하지 못하고 언제나 서구의 편견 속에 투사되고 왜곡된 모습으로만 재현되어왔다라고 지적한다. 서구인들이 동양을 과학이나 예술이나 상업에 있어 인간 진보의 본류에서 벗어난 지역으로 정의하면서 동양적 특질을 정의하는 용어로 관능성, 전제적 경향, 도착적 심리, 부정확한 습관, 후진성 등의 단어들을 사용해왔고, 이와 같은 그릇된 믿음이 동양을 지배하고 재구성하고 착취하는 서구제국주의의 정당성을 제공했다는 것이다. 오리엔탈리즘을 기반으로 백인들은 식민지에서 자신들을 강인하고 진취적인 문명인으로 부각시키는 한편 원주민들로 하여금 스스로를 나약하고 무지한 존재로 여기게 만들면서 소수가 다수를 손쉽게 지배하였다.

오리엔탈리즘은 학문이나 역사에 국한되지 않고 예술에서도 두드러진다. 예술에서의 오리엔탈리즘은 '동방취미', 즉 이국적인 동양에 대한 서양인들의 관심과 취향을 나타내지만 그 저변에는 사이드가 정의한 오리엔탈리즘도 깔려 있다. 오리엔탈리즘 예술은 특히 유럽대륙에서 가까운 중동을 대상으로 한 작품들이 많은데, 그중에서도 '오달리스크'는 19세기 초에 서양회화에 자주 등장하면서 근대 나체화의 주요 주제가 된다. 오달리스크는 터키 황제 술탄의 별궁에서 봉사하는 여자, 즉 하렘의 여자를 의미한다. 서양 작가들은 제각기 오달리스크를 그려내면서 동양여성의 모습을 그들의 성적 환상을 충족시키는 관능적인 모습으로 그려낸다. 대표적인 작품으로는 인체의 비율을 벗어난 아름다움을 표현한 앵그르의 〈그랑드 오달리스크〉와 열쇠 구멍을 연상하게 하는 원형 캔버스를 통해 여성들의 목욕 장면을 몰래 보는 환상을 불러일으키는 〈터키탕〉, 들라크루아의 〈사르다나팔루스의 죽음〉 등이 있다.

그중에서도 사치와 방종한 생활을 즐기던 아시리아의 왕 사르다나팔루스가 반란군이 왕의 군대를 물리치고 궁전으로 밀려 들어오자 자신의 모든 보물과 애첩들과 신하들과 함께 장작 더미 위에서 불타 죽는 장면을 묘사한 작품 〈사르다나팔루스의 죽음〉은 동양의 이국적이고도 야만적인 모습을 표현해내면서 오리엔탈리즘의 중첩적 의미를 잘 드러내고 있다. 원작인 영국 시인 바이런의 희곡에서는 백성을 사랑하는 왕 사르다나팔루스가 반란군에게 패하자 고귀한 죽음을 위해 장례용 장작 더미에 올라갔고 애첩들이 뒤를 따라갔다는 내용이지만, 들라크루아의 그림에서는 그가 애첩과 시동에게 동반 죽음을 명한 후 그들을 냉혹하게 지켜보는 가학적인 모습으로 묘사된다. 들라크루아는 화폭에 생의 본능과 죽음의 충동, 고통과 공포가 혼재된 죽음의 향연을 펼치는 가운데서도 여성들을 관능적으로 묘사한다.

| 〈그랑드 오달리스크〉, 도미니크 앵그르, 1814

| 〈사르다나팔루스의 죽음〉, 들라크루아, 1827

동양에 대한 편견은 진보사관의 두 축인 헤겔과 마르크스, 그리고 합리성을 중시하는 베버에게서도 나타난다. 세계사를 자유의 정신이 발전해나가는 과정으로 인식한 헤겔은 저서 『역사철학강의』에서 동서양의 역사 발전 단계를 다음과 같이 설명한다: "동양은 한 사람만이 자유라는 것을 알 뿐이고, 그리스와 로마 세계는 특정한 사람들이 자유를 알며, 게르만세계는 모든 사람이 자유라는 것을 알고 있다." 동양세계를 군주만 자유로운 전제주의에 고착된 세계로, 근대 유럽 중에서도 특히 자신의 모국 프로이센을 모두가 자유로운 가장 진보한 세계로 여기는 헤겔의 관점은 자유를 핵심가치로 삼으면서 동양에 대한 서양의 우월주의적 시각을 드러낸다. 마르크스는 프랑스 혁명사를 다루는 글에서 동양인을 "그들은 스스로 자신을 대변할 수 없고 다른 누군가에 의해 대변되어야" 하는 존재로 규정했다. 그는 영국의 인도 지배에 대해서도 "영국은 인도에 대해 두 가지 의무가 있는데, 첫째는 아시아적 사회를 없애버리는 것이고 둘째는 그런 다음 서구사회의 물질적 기반을 그곳에 세우는 것이다"라고 말하며 동양사회를 비하했다. 세계역사를 '합리성'의 확장으로 인식한 막스 베버 또한 동양을 전제적 사회로, 서양을 합리적 사회로 규정하면서 '개인이 예속된 동양'과 '개인이 자유로운 서양'이라는 개념을 만들어 후대까지 큰 영향을 끼쳤다.

동양에 대한 전제주의 가설은 동양인들이 자유가 없이 전제군주 밑에서 노예처럼 사는 것보다는 서구 식민지하에서 법적 보호를 받으며 사는 것이 더 낫다고 합리화시키면서 서구 제국주의를 옹호한다. 그들은 또한 동양이 근대화되고 발전하기 위해서는 서구의 가치관과 문물과 정치 시스템을 받아들여서 서구의 길을 따라야 한다고 압박하면서 동양의 문화와 전통을 완전히 부정한다. 이처럼 서양은 동양을 무기력한 타자로 만들어놓고 스스로는 주체적 자아를 획득하는 지배 철학을 만들어내었다. 사이드는 서양이 동양을 '타자화'시키고 지배하는 과정을 단계적으로 설명한다. 우선 서양에게 동양은 하나의 실체가 아닌, 서양의 경험과 의식 속에 투사된 그림자로서만 존재한다. 서양은 그런 동양을 신비화시킨 다음 그 환상과 낭만을 수탈하기 위해 동양을 식민지화시킨다. 그리고는 동양을 자신을 비추어 볼 수 있는 하나의 거울로 삼아 서양은 지배자, 교화자, 우수 인종이라는 이미지를 창조한다. 한편 동양인들은 백인의 지배하에서 그들이 만들어낸 오리엔탈리즘에 익숙해지면서 이를 내면화시킨다. 마르크스는 재현하는 것은 권위를 가진다고 했다. 동양인이 지배받는 존재에서 벗어나기 위해서는 동양이 서양인의 시각으로 재현되는 것에서 벗어나 스스로를 재현할 권리를 가져야 한다.

그리스 문화 vs 기독교 문화

아테네는 페르시아 전쟁에서 승리한 후 그리스의 최강 세력이 되지만 폴리스 간의 내전으로 인해 그 영광을 오래 지속시키지는 못한다. 아테네를 중심으로 한 델로스 동맹이 적극적인 대외팽창 정책을 실시하면서 이탈리아 남부까지 그 영향력을 미치자 스파르타가 주도하는 펠로폰네소스 동맹국들이 반발하면서 내전이 일어났기 때문이다. 과두정 체제의 스파르타는 아테네가 성장하면서 정착시킨 민주정이 그리스 전역으로 확산되는 것도 두려웠다. 이에 BC 431년 두 동맹 간에 '그리스의 자살'로 일컬어지는 펠로폰네소스 전쟁이 일어나 27년간 계속되었고, 전장이 그리스 본토뿐 아니라 마케도니아, 이오니아, 시칠리아까지 확장되면서 고대 지중해 대전이 된다. 전쟁은 스파타의 승리로 끝나지만 오랜 내전으로 인해 그리스 전체 국력이 쇠락하여 BC 388년 알렉산드로스대왕에게 정복당한다.

당시 그리스와 페르시아를 넘어 인도까지 정복한 알렉산드로스대왕은 정복지 각국에 그리스 문화를 전파하여 동서양 문화를 융합시키면서 헬레니즘시대(Hellenisitc Age)를 연다. 폴리스를 중심으로 한 고전기그리스의 고전시대

(Hellenic Age)와 달리 이 시대는 알렉산드로스대왕이 "모든 사람은 세계를 자신의 모국과 같이 생각하라"고 명하면서 세계시민사상을 형성한 코스모폴리스(comopolis)의 시대였다. 알렉산드로스대왕은 그리스식으로 건축된 '알렉산드리아'라는 도시를 정복지 곳곳에 만들어 그리스 문화를 오리엔트 전역의 보편문화로 만들었으며, 자신을 그리스와 오리엔트의 유산을 함께 물려받은 계승자로 부각시켰다. BC 146년에 그리스를 정복한 로마제국 역시 시인 호라티우스가 "정복된 그리스가 야만적인 승리자를 정복했다"라는 말을 남길 정도로 그리스 문화를 적극적으로 받아들인다. 이 시대의 왕들은 그들의 도시가 그리스처럼 보이도록 수많은 조각들을 만들도록 후원하였다. 당시 로마가 모방한 것은 헬레니즘시대의 양식들로 대표적인 작품으로는 〈밀로의 비너스〉, 〈사모트라케의 니케〉, 〈라오쿤의 군상〉 등이 있다. 이들 조각들은 고전 작품들을 변용한 것으로 그리스적인 아름다움에 관능이 더해지고, 인체나 의상의 표현이 역동적이고 사실적이며, 승리의 기쁨이나 죽음의 공포 등이 격정적으로 표현되고 있다.

서양문명의 또 다른 근원인 기독교 문화는 유럽 사회를 고대 문화에서 벗어나 중세 기독교 사회로 이끈다. 인본주의와 현세를 지향하는 그리스 문화와 달리 기독교는 신본주의와 내세를 지향한다. 그리스인들은 유한하고 불완전한 인생이지만 인간에 대한 관심과 애정으로 현세의 삶을 탐미하였다. 『오디세우스』에서 트로이전쟁에서 전사하여 영웅들이 사후에 머무는 낙원인 엘리시온의 통치자가 된 아킬레우스는 그를 찾아온 오디세우스에게 "죽은 이들의 통치자가 되느니 산 사람의 머슴이 되는 게 낫다"라고 털어놓는다. 엘리시온이 아무리 아름답고 영원해도 현세의 삶이 더 좋다는 것이다. 반면 유일신을 믿는 기독교인들은 현세에 대한 집착을 버리고 절대자이자 창조주인 신에 대한 믿음과 헌신으로 내세의 구원을 추구한다. 때문에 단테의 『신곡』에서 호메로스, 소크라테스, 플라톤, 아리스토텔레스 등의 위대한 그리스의 시인과 철학자들은 그리스도의 세례를 받지 않았다는 이유로 지옥의 1옥인 림보에 거주한다. 이곳은 지옥의 나머지

| 왼쪽부터 라오콘 군상, 밀로의 비너스, 사모트라케의 니케

8개의 림보와는 달리 육체적 형벌은 없으나 천국으로 올라가지는 못한다. 기독교시대가 시작되면서 과학과 문학과 예술 등 거의 모든 영역에서 기독교적 관점과 가치관에 어긋나는 것은 금기시되고 그리스 문화가 추구하던 인간 본연의 개성과 창의성도 철저히 무시된다. 예술에서도 감각적이고 생동적인 인간의 최고의 모습을 구현한 고대 예술에 비해 중세 예술은 영성의 표현에 중점을 두면서 인간은 여위고 가냘픈 모습으로 표현되는 경우가 많았다.

기독교는 사도 바울이 그리스 북부지역인 빌립보에 교회를 세운 후 로마제국으로 들어가 기독교를 확산시키면서 유럽사회에 정착되기 시작된다. 로마제국은 처음에는 기독교를 탄압하였지만 이후 정치적 이유로 기독교를 공인하고 국교로 정하면서 훗날 기독교가 전 유럽으로 퍼져나가는 발판을 마련한다. 기독교를 공인한 것은 로마제국이지만 기독교를 본격적으로 발전시킨 것은 프랑크왕국이다. 476년 서로마제국이 멸망한 후 최초의 게르만 통일국가를 형성한 프랑크왕국은 서로마의 영토들을 정복해나가면서 두 가지 과제에 부딪힌다. 하나는 왕권을 강화하고 왕의 정통성을 확립시켜 여러 민족을 통합하는 것이고, 다른 하나는 로마제국의 문화유산에서 벗어나 새로운 문화를 창조하는 것이었다. 프랑크왕국은 기독교를 통해 이 두 가지를 해결하면서 유럽에 새로운 중세 기독교사회를 형성한다.

로마제국 시절 콘스탄티누스 황제가 오랜 세월 박해해온 기독교를 공인한 것은 황제직을 둘러싸고 암살과 찬탈이 계속되자 기독교의 유일신 사상이 세속에도 적용되어 황제의 신성불가침과 세습정당화에 도움이 될 수 있다고 판단하였기 때문이다. 프랑크왕국의 시조 클로비스도 같은 이유로 세례를 받고 정통 기독교의 후계자임을 자처하였고, 점령하는 곳마다 교회를 세우면서 기독교의 보호 아래 제국을 통합시키고자 했다. 이후 기독교는 다신교의 그리스 로마문화를 대신하여 유럽의 정신세계를 천년 넘게 지배하면서 정치·경제·사회·문화·예술 등 모든 영역에서 영향을 끼친다.

신 중심의 중세 천년은 인본주의가 말살당하고 그리스 로마 문화가 사장되면서 암흑기로 불린다. 중세를 다시 조명하면서 암흑기로 불리는 것이 부당하다는 견해도 나오지만 그 시절에 일어난 수많은 전쟁과 재앙과 전염병은 그 어느 때보다도 인간들의 삶을 고통스럽게 만들었다. 실제로 중세는 가난, 무지, 전쟁, 종교적 박해, 흑사병 등 부정적인 특성을 많이 드러내었다. 게르만 왕국들이 유럽대륙에 자리를 잡는 과정에서 전쟁이 계속되었고, 기독교 국가가 되면서 황제와 교황 간에 성직임명권을 둘러싼 세력 다툼이 반복된다. 건너편 아랍지역에서는 610년 이슬람교가 등장하여 급격히 세를 키우고 유럽 진출까지 시도하면서 기독교를 위협했고, 셀주크족이 예루살렘을 점령하여 성지 순례자들을 학살한 것을 계기로 1095년부터 8차례의 십자군전쟁이 일어났다. 14세기 들어서는 기아와 지진이 발생하고 흑사병까지 덮쳐 전 유럽 인구 1/3 이상이 몰살당했다. 당시 전염병에 무지했던 성직자들은 교회에서 기도와 신앙고백으로 병을 고치고 방지하고자 하면서 좁은 공간에 사람들을 불러 모아 오히려 병을 더 전파시킨다. 이처럼 무수한 죽음을 목격하고 살아남은 유럽인들은 십자군전쟁의 부패를 막지 못하고 전염병 앞에 속수무책이었던 교회에 회의를 가지게 되고, 이는 사회 전반적으로 종교와 인간에 대한 인식의 변화를 불러오면서 이탈리아에서 인문주의 운동이 일어난다.

그리스 로마 문화의 부활: 르네상스와 신고전주의

중세 말기인 13~14세기에 이탈리아에서는 고대 그리스와 로마의 시인들과 철학자들의 영향을 받은 페트라르카와 단테, 보카치오 등의 시인들을 중심으로 중세 천년 동안 묻혀 있던 고대 그리스 로마문화를 복원하여 기독교의 내세주의와 금욕주의로부터 인간을 해방시키고자 하는 인문주의 운동이 일어난다. 그 주창자인 페트라르카는 인간의 본질을 알지 못하거나 왜 우리가 태어났는지, 어디에서 와서 어디로 가는지에 대한 관심을 두지 않는 학문은 무의미하다고 말하면서 인간의 지적, 창의적 힘을 억누르는 중세를 암흑시대로 치부한다. 그리고 약 1세기 후에 이탈리아에서 고전문화의 본격적인 부활을 알리는 르네상스 운동이 태동하여 유럽 각지로 퍼진다. 르네상스는 신 중심에서 인간중심으로의 사고의 전환을 이루면서 중세와는 확연히 구분되는 새로운 시대를 여는 출발점이 된다.

르네상스의 어원은 『르네상스 미술가 평전』을 쓴 화가이자 건축가인 조르조 바사리가 미켈란젤로의 작품을 고대 그리스와 로마의 'rinascita(재림)'으로 평가하고 이를 역사가 쥘 미슐레가 'renaissance(부활)'로 번역한 것에 기원한다. 이탈리아가 르네상스의 발원지가 된 것은 로마제국의 발생지라는 역사적 사실 외에도 여느 국가보다 그 환경이 잘 조성되어 있었기 때문이다. 이탈리아에는 수많은 고전문화의 유산이 남아 있을 뿐만 아니라 당시 서유럽보다 훨씬 풍부한 문화를 발전시켜온 동로마제국과 활발히 교류하면서 고대 그리스 로마의 문헌들을 거의 복원해놓은 상태였다. 동로마제국이 오스만제국에 정복된 후에는 동로마의 학자와 예술가들이 대거 이탈리아로 옮겨와 르네상스 운동에 활기를 더한다. 이탈리아가 통일국가를 이루지 못한 탓에 봉건제도가 자리 잡지 못하고 수많은 도시국가가 발달하면서 중세 말기부터 경제적 번영을 누리게 된 것도 큰 요인으로 작용한다. 당시 십자군 원정과 영토 전쟁 등으로 유럽 강국들과 이슬람이 주춤하고 있는 사이에 이탈리아 도시국가들은 지중해 무역을 장악하여 중계무역과 금융업으로 부를 축적하고 그로 인해 시민사회 또한 성장하고 자유로워지면서 일찍이 근대로 진입하였다. 게다가 막대한 자본력을 갖춘 각 도시의 군주들은 그들의 명성을 유지하기 위해 문예와 학문을 부흥시키고 재능 있는 예술가들을 후원하는 메세나(Mecenat) 활동을 경쟁적으로 펼치면서 르네상스 운동의 주축이 된다.

르네상스 운동의 중심에 피렌체의 메디치 가문이 있다. 13세기 양모 상인에서 시작하여 상업과 금융업으로 성공한 후 교황청 재산을 관리하면서 재력 가문이 된 메디치가는 군주와 교황들을 배출할 뿐만 아니라 15세기부터 300여 년간 예술을 폭넓게 후원했다. 그들은 브루넬레스키를 고용하여 대성당 돔을 완성하고 도나텔로, 보티첼리, 미켈란젤로, 레오나르도 다빈치 등의 예술가들을 대거 후원하여 피렌체를 예술의 도시로 만들었으며, 플라톤 아카데미를 세우고 공립도서관을 짓고 피사에 라틴어 연구를 위한 대학을 세워 르네상스를 이끌어갔다. 1737년에는 메디치가의 마지막 후손인 마리아 루이자가 우피치 궁과 그들 가문이 소장해온 예술품을 밖으로 나가게 하지 않는다는 조건으로 피렌체에 기증하여 르네상스시대의 걸작들이 대거 전시된 우피치 미술관이 탄생한다. 그들 가문의 흥망성쇠와 문화적 업적을 영국과 이탈리아 합작으로 만든 3개의 시즌으로 구성된 드라마에서 볼 수 있다.

메디치, Medici, 2016~2019

개요: 드라마, 전기 | 이탈리아 | TV 시리즈, 시즌 3개
감독: 크리스티안 두구아이

메디치 가문을 소재로 영국과 이탈리아가 공동 제작한 드라마 〈메디치〉 시리즈는 국부 코시모 메디치와 가문과 예술을 가장 번성시켰던 위대한 로렌초를 중심으로 메디치 가문이 번성하는 과정, 그 과정에서 그들이 행했던 권모술수, 피렌체의 주도권을 두고 코시모와 로렌초와 대립하는 알바치 가문과 파치 가문의 갈등, 교황과의 유착과 대립, 시민을 위하면서도 그들 위에 군림하고자 하는 이중적인 모습, 무엇보다도 예술에 대한 그들의 열정을 잘 보여주고 있다. 전반적

으로 사실에 기반하지만 허구적인 내용들도 더해져 있다. 드라마는 메디치 가문의 초석을 다진 지오반니의 의문스러운 죽음으로 시작하면서 피렌체 내의 가문들 사이에 일어나는 수많은 권력 다툼을 노출시키고, 그 가운데서 코시모와 로렌초가 내부 분쟁을 진압하고 타 도시국가들과 대항하면서 대를 이어 피렌체공화국을 지키고 이끌어가는 모습을 보여준다. 드라마는 메디치가의 어두운 면도 드러내면서 그들을 무조건적으로 미화하지는 않지만 그들이 피렌체라는 도시와 시민들을 얼마나 사랑하고 지키고자 했는지, 그 도시를 어떻게 예술의 도시로 만들었는지를 충분히 보여준다. 드라마에는 대성당의 돔이 완성되는 과정, 로렌초의 전적인 후원을 받은 보티첼리와 미켈란젤로의 작품들, 레오나르도 다빈치에 관한 일화 등이 담겨 있다. 보티첼리는 메디치가로부터 주로 신화적인 주제의 그림 의뢰를 많이 받으면서 그의 대표작인 〈봄〉을 비롯한 걸작들을 탄생시켰고, 15세의 미켈란젤로는 메디치가에 4년간 머물며 조각에 몰두하고 인문학 수업을 듣는 등 파격적인 후원을 받는다. 그는 로렌초가 죽자 메디치가를 떠나 로마에서 주로 활동하면서 〈피에타〉, 〈모세〉, 시스티나 예배당의 천장화와 벽화 같은 걸작들을 창조해내었다. 다큐멘터리영화 《미켈란젤로》(2017)에서 그의 인생과 작품세계를 볼 수 있다.

『메디치 가문 이야기』의 저자 G.F. 영은 르네상스의 기원을 13~14세기에 발흥한 인문주의로 보면서, 단테나 페트라르카 같은 시인들이 미와 문화에 의식을 일깨워주어 "서로마의 몰락으로 사막으로 변해버린 서유럽에 예술과 문학의 물줄기가 다시 흐르기 시작하여 9백 년이나 말없이 앉아 있던 로마문화라는 그 무덤에서 새로운 영감 곧 재생이 솟아나게 되었다"고 기술한다. 그리고 한 세기 후에 메디치가문이 등장하면서 솟아나기 시작하던 문화의 물줄기가 거대하게 분출된다. 영은 메디치 가문이 인문주의가 발생한 도시에서 문학과 예술에 대한 뜨거운 사랑과 그것을 뒷받침할 만한 재력까지 겸비한 덕분에 학문을 무덤에서 일으켜 유럽 전역에 퍼뜨리고 예술가들로 하여금 최상의 작품들을 내놓게 하면서 피렌체를 서방의 아테네로 만들었다고 그 업적을 기린다.

| 〈프리마베라/봄〉 산드로 보티첼리, 1476

르네상스 이후 전쟁과 종교개혁 등으로 사회가 불안정해지면서 인간 중심적이고 우아하고 절제된 아름다움을 추구하는 고전양식이 쇠퇴하고 인간을 거대한 우주의 미미한 존재로 여기며 인간의 감정이나 고통을 강렬하고 극적으로 표현하는 바로크양식이 등장한다. 바로크는 '일그러진 진주'라는 뜻의 포르투갈어 'barroco'에서 유래한 단어이다. 양식사로서의 미술사를 정립한 미술사학자 하인리히 뵐플린은 양식의 변화는 세계를 바라보는 눈이 변했기 때문이라고 말하면서 바로크를 17세기 유럽의 새로운 시대정신이 탄생시킨 새로운 양식으로 규정한다. 바로크 이전에 매너리즘(mannerism) 혹은 마니에리즘(manierism)이 기존 르네상스양식을 파괴하면서 시대적 변화를 먼저 알린다.

이탈리아어로 보고 따를만한 '방식' 혹은 '기법'을 뜻하는 마니에라(di maniera)에서 유래된 이 양식은 자연의 관찰에 기초한 사실주의 대신 레오나르도 다빈치, 미켈란젤로, 라파엘로 등의 르네상스 대가들의 완벽에 가까운 인체묘사와 원근법, 공간 구성 등을 모방하는 것으로 시작하였다. 그러면서 그들은 르네상스예술의 조화와 균형과 이상적인 미에서 벗어나 과장되고 뒤틀린 포즈나 비대칭적인 구도와 부자연스러운 조명 등의 강렬한 주관적 묘사들을 시도하면서 추상적이고 초현실주의적인 특성까지 보인다. 인간의 내면세계를 강렬하게 표출하는 마니에라를 예술사가 조르조 바사리는 자연과 사물의 충실한 모방에 대비되는 예술가 개개인의 주관적 표현이나 독특한 스타일로 규정한다. 대표적인 화가로 종교적 주제나 감정을 자신만의 왜곡된 형태와 불균형한 화면, 강렬한 색채와 극단적으로 대조되는 빛 등의 과장된 특성들을 통해 표현한 엘그레코와 틴토레토 등이 있다. 바로크의 대표적인 화가인 카라바조, 루벤스, 렘브란트 역시 그들의 작품에서, 특히 종교화에서, 비대칭적인 구조와 빛과 명암대비를 통한 극적인 화면 연출을 보여주고 있지만 그들의 작품은 훨씬 사실주의적이다.

바로크예술은 16세기에 일어난 종교개혁이라는 시대적 사건과 맞물려 두 가지 상반된 형태로 발달한다. 1517년 로마교황청이 베드로대성당 재건 비용을 마련하기 위해 면죄부 판매를 시작하자 독일신학자 마르틴 루터가 부패한 가톨릭교회에 반기를 들면서 종교개혁에 대한 요구가 서방교회에 퍼진다. 루터는 95개의 반박문을 통해 교회는 성상도 면죄부도 아닌 오직 믿음으로 구원에 이른다고 주장하면서 바티칸의 권위에 도전한다. 이에 가톨릭교회는 격렬해지는 종교개혁에 대처하고 교회의 권위를 되찾기 위해 '대항개혁'이라는 강력한 운동을 추진하면서 개신교가 반대한 성상을 오히려 적극 종교선전에 활용한다. 그들은 시각예술과 건축을 영성강화의 매개체로 사용하기 위해 종교적 경외심을 자아내는 예술작품들과 황금으로 교회를 더욱 화려하고 웅장하게 치장하였다. 이에 이미 예술을 후원하고 있던 교회와 추기경들은 예술후원을 강화하였고 그러한 풍조가 유럽 전역의 가톨릭교회로 퍼지면서 바로크예술이 발달한다. 교회 주도의 바로크예술은 절대왕정 치하의 프랑스로 와서는 궁전문화를 주도하면서 더욱 사치스럽고 웅장해진다. 루이 14세가 자신의 강력한 권력을 상징하기 위해 지은 베르사유궁전은 바로크시대의 화려하고 장엄한 건축물의 대표작이다.

한편 신교가 발생한 네덜란드와 플랑드르 지역에서는 종교화가 금지되자 상업의 발달로 경제력을 갖춘 시민들이 풍속화, 정물화, 초상화들을 주문하거나 구입하면서 역사상 처음으로 시민이 그림의 주제가 되고 소유권을 가지는 부르주아적 바로크예술이 발달한다. 〈진주귀걸이를 한 소녀〉를 그린 베르메르나 자서전적인 자화상으로 유명한 렘브란트가 그려내는 소박한 일상과 평범한 인물들은 삶의 연민을 느끼게 하고, 아드리안 판 위트레흐트의 바니타스(vanitas) 정물화는 죽음 앞에서는 모든 것이 헛되다는 삶의 유한성과 인간 존재의 미미함을 깨닫게 한다. 위트레흐트는 세속적인 물질이나 일시적인 것의 추구가 '바니타스'의 의미 그대로 '공허'하고 '가치 없음'을 나타내기 위해 해골, 젊은 여성, 진주목걸이, 썩어 없어질 음식, 꽃, 촛불, 악기 등을 상징물로 사용하였다. 같은 시대의 바로크예술이지만 종교적 입장에 따라 각 지역별로 이처럼 다른 성격의 예술이 발달했다.

| 바로크시대의 화려한 성당 내부

| 바로크 예술의 상징인 베르사유궁전 외관

<우유 따르는 여인>, 얀 베르메르, 1632

| <꽃과 해골이 있는 정물화>, 아드리안 판 위트레흐트, 1642

프랑스에서는 루이 14세 사후 왕권이 약화되면서 귀족들이 다시 힘을 얻고 부를 축적한 부르주아 세력까지 등장하면서 기념비적인 것, 장엄하고 권위적이며 격정적인 것을 지향하는 바로크적 취향은 사라지고 우아하고 사치스러우며 감각적인 경향이 자리 잡으면서 로코코양식이 발달한다. 직선보다 정교한 곡선과 비대칭을 선호하는 로코코예술은 위대함과 권력 대신 인생의 미와 우아함을 표현하면서 향락적인 예술로 자리매김한다. 로코코양식은 회화에서는 우아하고 섬세한 화풍이 돋보이고, 곡선이 많이 들어간 실내장식물과 가구 등의 디자인에서 그 특성이 두드러진다. 상류층에서는 당시 유럽사회에 유입된 중국도자기로 차를 마시고 중국풍의 벽지나 자개장 등으로 집을 꾸미는 중국취미 '시누아즈리'가 유행하였다.

바로크와 로코코 예술이 지나치게 과시적이고 퇴폐적으로 흘러가자 18세기 말부터 프랑스를 중심으로 고전예술의 질서와 조화를 되찾고자 하는 신고전주의가 태동한다. 당대의 독일 예술사학자 빙켈만은 고대 그리스예술을 '고귀한 단순성과 고요한 위대성'으로 표현하면서 고대의 조각이 이상적으로 보여주고 있는 바와 자연을 모방함은 물론 고대 예술에서 발견되는 도덕적 품성을 따를 것을 촉구했다. 때마침 18세기 중엽에 이탈리아 남부에서 화산폭발로 사라진 고대도시 폼페이와 헤라크라네움이 발굴되면서 고대 문화유산에 대한 관심이 되살아났고, 프랑스에서는 사치와 부패에 빠진 절대왕정의 구체제에 강한 반발을 느낀 시민들 사이에 계몽주의가 전파되면서 합리적이고 이성적인 고대 사회에 대한 동경이 일었다. 특히 로마시대를 동경했던 나폴레옹은 자신의 황제 즉위를 로마제국의 영광을 다시 구현하기 위한 것으로 미화시키면서 스스로 왕관을 썼다. 이처럼 신고전주의는 고전을 동경하고 사회가 격변하는 가운데 탄생하면서 화가들은 복고풍으로 고대 역사화를 그리거나 혁명정신을 옹호하는 그림들을 그리면서 의도했던 아니든 정권안정과 홍보에 기여하게 된다. 대표적인 화가로는 나폴레옹의 초상화와 대관식을 그린 다비드와 제자 앵그르가 있다.

| <최후의 만찬>, 레오나르도 다빈치, 1495~1498. 르네상스 양식

<최후의 만찬>, 자코포 틴토레토, 1592~1594. 매너리즘

〈십자가에 매달리는 예수〉, 루벤스, 1609~10, 바로크 양식

〈그네〉, 프라고나르, 1767. 로코코 양식

〈나폴레옹 대관식〉, 다비드, 1807. 신고전주의 양식

로마 가톨릭 vs 그리스 정교

그리스인은 종교적인 민족이다. 고대에는 올림포스 신들을 숭배했고, 로마제국 치하에서는 기독교인이 되었으며, 동로마제국 치하에서는 독실한 그리스정교도가 되어 오늘날까지 이어온다. 동로마제국은 1453년 제국이 멸망할 때까지 근 천년간 기독교 정신에 따라 통치된 가장 거대한 기독교 제국이었다. 로마의 속국이 된 유대에서 예수 그리스도가 탄생하고, 예수를 핍박하던 바리새인이었다가 예수를 만난 후 기독교를 전파하게 된 바울과 예수를 배반했다가 회개하여 그의 수제자가 된 베드로가 다신교의 로마제국에 기독교를 전파한다.

로마의 기독교인들은 유일신 사상을 이유로 신격화된 황제 숭배를 거부하고 전쟁을 반대하여 병역을 기피하면서 로마사회의 이단자가 된다. 기독교인들의 수가 점점 늘어나자 황제들은 제국의 전통과 종교적 기초를 위협한다는 이유로 그들을 탄압하기 시작하면서 기독교 근절을 위한 법까지 선포한다. 그 선두주자가 네로황제로, AD 64년 로마에 대화재가 일어나자 그 책임을 기독교인들에게 전가하여 십자가형, 화형 등에 처하면서 대대적인 박해를 가했다. 당시 베드로는 신자들의 권유로 로마를 벗어나 도망을 가다가 자신과는 반대로 로마로 향하는 예수의 환영을 보고는 깜짝 놀라 "주여, 어디로 가시나이까"라고 묻는다. 예수가 "십자가에 다시 못 박히러 로마로 간다"라고 말하자 베드로는 부끄러움에 통곡하면서 로마로 돌아가 순교했다고 전해진다.

베드로는 로마 가톨릭교의 초대 교황이다. 성서에 의하면 베드로는 예수 승천 후 예수를 대신하여 교회의 새 지도자가 되면서 예수로부터 하느님 나라의 열쇠를 부여받는다: "잘 들어라. 너는 베드로이다. 내가 이 반석 위에 내 교회를 세울 터인즉, 저승의 세력도 감히 그것을 누르지 못할 것이다. 또 나는 너에게 하늘나라의 열쇠를 주겠다. 네가 무엇이든지 땅에서 매면 하늘에도 매여 있을 것이며, 땅에서 풀면 하늘에도 풀려 있을 것이다." 이 성경 구절은 가톨릭교회가 베드로를 초대 교황으로 추대하는 근거이자 전체 교회에 대한 로마교회의 수위권을 주장하는 근거가 된다.

오늘날 바티칸시국의 베드로대성당은 베드로의 순교지로 알려진 곳에 콘스탄티누스 황제가 지은 성 바실리카성당을 재건한 것이다. 1506년 교황 율리오 2세는 세상에서 가장 아름다운 대성당을 하나님께 바치겠다는 꿈으로 재건을 시작한다. 바티칸 광장은 위에서 보면 열쇠 구멍 모양으로 만들어졌는데, 베드로의 상징물이 예수로부터 받은 하느님 나라의 열쇠이기 때문이다. 바티칸 광장 중앙에는 로마황제 칼리큘라가 이집트 신전에서 가져와 맨 위에 십자가를 붙인 오벨리스크가 서있고, 성당 지붕에는 12사도의 형상이 조각되어 있다. 오벨리스크는 고대이집트의 태양신전 문 앞에 좌우로 세워진 사각석주로 태양신앙을 상징하는 기념비이다. 현재 오벨리스크는 바티칸 외에도 파리, 런던, 워싱턴 등으로 반출되어 이집트에는 두서너 개만 남아 있는 실정이다. 이집트 문명과 권력의 상징인 오벨리스크는 서구 열강들에게 최고의 전리품이었다.

베드로대성당 내부에는 미켈란젤로의 조각 〈피에타〉가 있고, 천장은 금장으로 도배되었다. 시스티나예배당 천장에는 미켈란젤로의 〈천지창조〉가, 4면의 벽에는 보티첼리를 비롯한 6명의 화가들이 그린 모세와 예수의 생애를 담은 12장면의 성화와 원래 있던 성화 2장면을 지우고 그 위에 미켈란젤로가 그린 〈최후의 심판〉이 있으며, 바티칸궁전의 미술관에는 라파엘로의 〈아테네학당〉과 카라바조의 〈그리스도의 매장〉이 걸려있고 정원에는 〈라오콘 군상〉이 있다. 그야말로 있어 성당 전체의 그림, 조각, 건축이 르네상스와 바로크 시대를 대표하는 작품들로 엄청난 예술적 가치를 지닌다. 그리고 베드로대성당 지하에는 베드로와 역대 교황들의 시신들이 안치되어 있다.

| 바티칸시국

| 〈피에타〉, 미켈란젤로, 1498-9

| 천장화〈천지창조〉, 벽면화〈최후의 심판〉, 미켈란젤로, 1508, 1533

박해를 받던 기독교는 313년 콘스탄티누스황제가 기독교를 공인하고 380년 테오도시우스1세가 국교로 선포하면서 상황이 급반전된다. 기독교가 공인된 것은 아이러니하게 박해의 원인이었던 유일신 사상이 황제의 권위와 안전을 보장받는데 유효했기 때문이다. 당시 사도 바울은 "현실 세계에서 존재하는 모든 권위는 신의 지시가 있었기에 권위가 된 것이므로 그 권위에 복종하는 것은 결국 이런 현세의 권위 위에 군림하는 지고의 신에게 복종하는 것이다"라고 설교하였다. 이에 콘스탄티누스는 현실세계를 통치할 권리를 군주에게 주는 것은 신이고 신의 뜻을 인간에게 전하는 것은 기독교지도자들이므로 그들을 자신의 편으로 만들면 신의 뜻 아래 통치 권리를 보장받을 수 있다는 판단을 내린다. 결국 기독교 공인은 지배의 문제로, 유일신에 절대 복종을 요하는 기독교가 교황의 지배권에도 유리한 도구로 작용할 수 있기 때문이었다. 따라서 기독교의 국교화를 기독교가 로마를 정복한 것으로 보는 시각이 있는가 하면 기독교가 로마에게 정복당한 것으로 보는 시각도 있다. 후자의 시각에서 로마가톨릭은 로마화된 기독교, 즉 로마의 종교였다. 문명비평가 제러미 리프킨은 저서 『공감의 시대』에서 콘스탄티누스가 단 한 번의 조치로 보편성을 내세우는 종교를 로마제국의 보편종교로 탈바꿈시켜 주교들에게 그들이 갈망했던 영적 합법성과 후원까지 허락한 덕분에 정부는 한동안이나마 제국의 통합과 유지에 필요한 보편적인 영적 에너지는 확보했으나 교회가 제국화 되면서 기독교 공동체에 의해 진척되었던 공감의 힘을 잃었다고 비판한다.

로마가 동서로 분할된 후로 서로마에서는 가톨릭교회가, 동로마에는 그리스정교가 발전한다. 두 종교는 처음에는 분쟁 속에서도 신앙의 일치를 추구했지만 사용하는 언어가 라틴어와 그리스어로 달랐고 관습과 제도의 차이도 있었으며, 무엇보다도 세력이 강해진 콘스탄티노플 대주교가 로마교회가 전체 교회의 우두머리임을 주장하는 교황수위권을 인정하지 않으면서 충돌이 시작된다. 두 교회는 성상문제로 더욱 분열된다. 서로마교회가 성경의 말씀을 이미지로 형상화한 성상들을 게르만인들에게 종교적 교리와 내용을 전달하는 포교 수단으로 인정한 반면, 동로마교회 일각에서는 이를 우상숭배로 여기면서 762년에는 황제 레오 3세가 대대적인 성상파괴운동까지 일으켜 큰 마찰을 빚는다. 그런 와중에 800년에 로마교황이 프랑크왕국의 카를로스 1세에게 471년 이래 폐위된 서로마황제의 관을 하사하여 신성로마제국을 탄생시키면서 동로마제국의 심한 반발을 불러일으킨다. 1054년에는 노르만족의 침략을 저지하기 위해 동로마에 협조를 구하는 로마교황의 요청을 동로마 총대주교가 거부하면서 두 교회는 서로를 파문한 후 서로마의 기독교는 로마가톨릭, 동로마의 기독교는 올바른 믿음이라는 의미의 동방정교로 분리된다. 그러나 이러한 갈등에도 불구하고 두 교회의 교류가 완전히 단절된 것은 아니어서 1075년 셀주크족이 예루살렘을 정복하여 교회를 파괴하고 순례자들을 살해하며 동로마제국까지 공격하자 동로마는 서유럽에 도움을 청한다. 교황 우르바노 2세가 동로마의 지원 요청을 받아들이면서 1095년부터 성지탈환을 위한 8차례의 십자군 원정이 일어난다.

십자군 원정은 순수하게 종교적 성격의 전쟁만은 아니었다. 십자군 원정에 가담한 교황이나 봉건영주, 지주, 농민들은 제작기 권력과 영토와 경제적 이익 등에 대한 욕망에서 가담하였고, 때문에 시간이 갈수록 종교적 이유는 더욱 퇴색되었다. 심지어 4차 원정에서는 재정 문제로 같은 기독교 세력을 공격하는 일까지 벌어진다. 원래 이집트를 공략하기로 되어있던 십자군이 베네치아에서 수송비를 조달하지 못해 원정에 나서지 못하자 베네치아 도제가 헝가리의 기독교 도시인 자라를 탈환해주면 경비를 탕감해주겠다고 제안한다. 십자군이 이를 수락하여 자라를 침략하자 교황은 그들을 파문한다. 그러나 십자군은 동로마제국의 알렉시우스 왕자가 아버지의 제위를 찬탈한 큰아버지 알렉시우스 3세를 몰아내주면 이집트 정복을 위한 병력을 제공하고 콘스탄티노플을 로마가톨릭 관할로 주겠다고 제안하자 다시 콘스탄티노플을 침략하여 그곳에 라틴제국을 세워서 약 60년간 존속한다. 당시 십자군의 침략과 약탈로 인해 동로마제국의 고대 유산들이 대거 파괴되고 동서교회의 관계도 대분열로 치닫는다. 세력이 약해진 동로마제국은 오스만제국이 계속 침입을 해오자 로마가톨릭과의 화의를 시도했으나 무산되고 1453년에 함락된다. 천년수도 콘스탄티노플은 이스탄불로 개명되고 비잔티움 정신의 상징이었던 성소피아 성당은 이슬람사원으로 개조된다.

현존하는 최고의 비잔틴 건축물인 성소피아성당은 역사학자 토인비가 '인류문명이 살아 있는 거대한 옥외박물관'으로 칭할 만큼 동로마제국 최고의 문화유산이다. 모자이크와 대리석 기둥, 그리고 건축의 역사를 바꿨다는 찬사를 듣는 성당의 돔 등 뛰어난 예술적 가치를 지닌 성소피아 성당은 16세기에 스페인의 세비야 대성당이 세워지기까지 약 1천 년간 세계 최대 규모의 성당이자 그리스정교 창설의 중심지였다. 이런 역사적 가치를 지닌 성소피아 성당은 파르테논신전과 유사하게 국가 영욕의 역사를 함께 겪는다. 콘스탄티누스대제가 창건하고 유스티니아누스대제가 재건한 성당은 지진과 화재로 파괴되면서 수차례 개축, 보수되었으나 제4차 십자군전쟁 때 수많은 문화유산과 성유물이 약탈되어 베네치아를 위시한 유럽으로 빠져나갔다. 그리고 당시 세워진 라틴제국에 의해 성소피아 성당은 가톨릭성당으로 개조되었고, 오스만제국 치하에서는 모스크로 개조되면서 모자이크에 회반죽이 칠해지는 수모까지 당한다. 이후 첨탑이 개축되면서 이슬람 모스크로 거듭나고, 1923년 터키공화국이 수립된 후에는 세속주의를 앞세워 박물관으로 개조되면서 내부의 회반죽이 제거되고 화려한 모자이크 일부가 다시 드러난다. 그러나 2020년 터키정부는 성소피아 성당의 박물관 지위를 박탈하고 다시 모스크로 바꾸겠다는 결정을 내린다. 터키는 성당의 기독교적 상징물을 보존한 채 모든 사람에게 개방하여 인류보편유산의 지위를 이어나가겠다고 했으나 정교회와 유네스코는 이를 분열을 부추기고 해당 유산의 보편성을 해치는 행위로 비판하면서 강력히 반발한다.

| 성소피아 성당 내부(출처: reddit.com)

동로마제국 vs 비잔티움제국

동로마제국은 원래 다민족국가로 그리스인과 라틴인 외에 튀르크인·아랍인·페르시아인·유대인·흑인 등 다양한 민족이 어울려 있었다. 그러나 주류계층은 그리스인이고 공용어 또한 그리스어로 바뀌면서 라틴어 저서와 법전들도 그리스어로 번역된다. 이는 비잔티움이 원래 고대 그리스가 세운 식민지인데다 알렉산드로스가 그 일대를 정복하여 통치하면서 그리스 언어와 문화를 보급하고 그리스 중심의 통치를 하면서 그리스적 전통이 깊게 뿌리내렸기 때문이다. 따라서 동로마제국은 제도적인 면에서는 로마적이지만 구성원과 언어, 문화면에서는 그리스적이었다. 애당초 로마제국이 유럽 전역으로 진출할 때부터 서지중해권 공용어는 라틴어, 동지중해권 공용어는 그리스어였으며 라틴어권의 서로마제국이 몰락하면서 동로마의 그리스적 색채는 더욱 강해진다. 이처럼 동로마제국은 초기부터 서유럽과는 다른 면모를 보이면서 그리스는 물론 소아시아와 이탈리아 여러 섬을 포함한 강력한 중앙집권체제를 갖추면서 사회 문화적으로 수용력이 매우 큰 제국으로 발전한다.

이런 역사적 배경 때문에 동로마제국은 비잔티움제국으로도 불린다. 하나의 국가로 존속해온 나라를 동로마제국과 비잔티움제국 두 명칭으로 지칭하는 것은 전자는 서로마제국과 구분하기 위해, 후자는 동로마의 중세 천 년을 특징짓고자 후대 역사가들이 구분한 것이다. 19세기에 서유럽 국가들이 세계패권을 차지하면서 한껏 자부심에 도취된 서유럽 역사학자들은 자신들을 로마제국의 정통 후계자로 여기는 한편 동양적 색채가 강한 동로마를 비잔티움제국으로 칭하여 로마답지 않은 국가로 평가절하하면서 유럽 역사에서 소외시키고자 했다. 그러나 동로마는 서로마 멸망 이후 로마제국의 국가체제를 단절 없이 이어받은 적자로, 제국의 공식 명칭은 로마제국이었고 국민들 또한 자기 자신들을 '로마니아', 즉 로마인으로 칭했다. 로마제국은 말기에 제국을 동로마와 서로마로 분할통치했을 뿐 분열된 것이 아니었다. 따라서 서로마 멸망은 로마의 반이 몰락한 것이고 동로마는 여전히 로마제국으로 존속해왔다. 그렇기 때문에 서로마제국의 대를 잇는다는 명분으로 탄생한 신성로마제국의 황제들은 동로마로부터 자신들을 서로마황제로 인정받고자 했고, 십자군이 동로마에 세운 라틴제국의 황제들도 본인들을 '로마니아의 황제'로 칭하였다.

동로마제국이 유럽 역사에 남긴 가장 큰 의의는 번성하는 이슬람세력으로부터 유럽의 기독교 문화를 지키는 방파제 역할을 한 것이다. 7세기에 아라비아 대륙에서 이슬람교가 창시되면서 중동 지역 대부분에서 기독교가 소멸하고 이슬람이 자리 잡은 후 717년에는 유럽대륙까지 침범해온다. 옛 로마제국 전성기의 영토를 거의 회복했던 동로마제국은 이슬람세력의 침입으로 오늘날의 시리아와 터키 대부분에 해당하는 지역을 잃게 되지만 그들이 유럽에 진입하는 것은 막아낸다. 이후 이슬람의 서양에 대한 대규모 침공은 막을 내리지만 동로마는 셀주크튀르크족의 침입과 4차 십자군의 침략으로 큰 타격을 받아 세력이 약해지면서 1453년 오스만제국에게 정복된다.

디오니소스의 후예, 그리스인

그리스신화에서 신과 인간 사이에서 태어난 자녀는 인간으로 취급되지만 디오니소스만이 유일하게 올림포스 신의 대열에 오른다. 다른 반신반인들은 죽음이라는 태생적 한계를 가지고 태어나지만 디오니소스는 태어나기도 전에 이미 죽음을 한 번 극복했기에 정통은 아니지만 신의 계열에 오른 것이다. 테베의 공주 세멜레가 제우스의 아들 디오니소스를 임신한 상태에서 헤라의 계략으로 죽자 디오니소스는 제우스의 넓적다리에서 자라서 태어난 후 헤라의 눈이 미치지 않는 소아시아의 니사에서 님프에 의해 길러지면서 포도 재배법과 양조법을 터득한다. 이후 그는 헤라가 그에게 불어넣은 광기로 인해 이집트, 시리아 등을 떠돌아다니면서 가는 곳마다 포도 재배와 양조법을 전수했고 그리스로 돌아와서는 술과 풍요, 비극과 음악의 신이 된다. 그는 도취와 광기, 야성, 풍요, 황홀경 등의 속성들을 부여받으면서 올림포스의 다른 신들과 달리 민중들의 절대적인 신앙의 대상이 된다. 사회의 약자와 소외자, 여성들은 술이 현실의 고통을 잊게 하듯 그를 신으로 모시며 의지하고 살았고, 디오니소스 축제 기간에는 마음껏 술을 마시고 가면을 쓴 채 광란의 춤을 추면서 잠시나마 사회적 제약과 삶의 고통에서 벗어났다.

디오니소스는 니체의 철학에서 현실 긍정적이고 생명 긍정적인 사상으로 연결되면서 비극의 근원이자 초인의 원형이 된다. 니체는 저서 『비극의 탄생』에서 그리스 비극을 빛과 이성을 상징하는 '아폴론적 충동'과 어둠과 도취와 광기를 상징하는 '디오니소스적 충동'이 서로 대립하면서 탄생한 것으로 설명하면서, 디오니소스적인 충동을 인간의 근원적인 삶의 체험이자 본질로 규정한다. 아름다운 신 아폴론은 태양과 예술과 이성과 진실의 신으로 디오니소스와 그 특성이 상반된다. 조형예술로 표현되는 아폴론적 충동은 실존의 공포와 경악을 '잊게 하는' 미적인 세계를 구현하지만 그것이 인간의 현실이 될 수는 없기에 궁극적인 위안이 되지는 못한다. 반면 음악으로 표출되는 디오니소스적인 충동은 비극을 주관하는 필연의 흐름을 '긍정하면서' 비극적 도취를 체험하게 한다. 한미디로 디오니소스적인 충동은 고통을 부정하지 않고 지금 이곳에서의 삶을 긍정하고 즐기는 것이다. 이는 니체가 인간에게 절대적 가치를 부여하여 구속하던 신을 죽이고 탄생시킨 '초인'의 본질이기도 하다. 초인은 넘치는 생명력으로 자신 자신을 극복하고 피할 수 없는 삶을 직시하면서 긍정하는 자이고, 고통스런 현실 한가운데서 환희에 차서 춤출 수 있는 자이다. 니체는 자기 자신을 사랑하고 운명을 사랑하는 자만이 비로소 춤을 출줄 안다고 했다. 영화 〈그리스인 조르바〉의 주인공 조르바가 그랬다.

그리스인 조르바 Zorba the Greek, 1964

개요: 모험, 드라마 | 그리스, 영국, 미국 | 142분
감독: 마이클 카코야니스

디오니소스적인 충동은 독립전쟁과 영토전쟁 등 거친 역사의 부침을 겪어온 현대 그리스인들에게도 필요했다. 그리스 작가 니코스 카잔차키스는 자전적 체험을 바탕으로 쓴 소설 『그리스인 조르바』에서 슬픈 일이나 불행이 닥쳐도 음악과 술과 춤으로 불행한 감정을 털어내고 고통을 유쾌하게 헤쳐나가는 조르바라는 자유로운 영혼을 통해 디오니소스의 후예인 그리스인의 표상을 그려낸다. 60대의 나이에도 늘 보는 노새도 바닷가 돌멩이도 항상 새롭게 느껴지고 "아직 모태인 대지에서 탯줄이 떨어지지 않은 사나이" 조르바는 니체의 천진난만한 아이의 영혼을 지니고 있다. 니체는 『차라투스트라는 이렇게 말했다』에서 인간이 본연의 모습을 찾는 자기창조의 변신 과정을 낙타, 사자, 아이의 단계에 비유한다. 낙타는 자신의 삶을 무겁게 만드는 사회 관습과 종교적 도덕적 명령에 순종하는 단계, 사자는 기존 관습을 파괴하고 새로운 가치를 위한 자유를 얻어내고 의무에 대해서도 신성하게 '아니오'라고 말할 수 있는 단계, 아이는 "순진무구하며 망각이며 새로운 시작, 놀이, 스스로의 힘에 의해 돌아가는 바퀴, 최초의 운동, 거룩한 긍정"의 단계로 설명한다. 『인생에 한번은 차라투스트라를』의 저자 이진우 교수는 낙타의 순종의 단계를 'you should'로, 자유와 새로운 가치를 위해 명령하는 사자의 단계를 'I will'로, 어린아이의 자연스러움의 단계를 'I am'으로 설명하면서 앞의 두 단계를 거쳐야 아이의 단계에 도달할 수 있

다고 설명한다. 조르바는 아이의 순진무구함으로, 초인의 정신으로, 디오니소스적인 충동으로 그의 파란만장한 운명을 사랑하였다. 니체는 이를 삶의 필연적인 고통과 몰락마저 사랑하는 운명애로 표현하면서 고통의 삶이 끊임없이 반복되더라도 바로 그 순간을 즐겨야 한다고 말한다. 매 순간에 충실한 조르바 역시 생명이란 일회적이어서 즐기려면 바로 이 세상에서 즐길 수밖에 없다고 강조한다. 그는 디오니소스의 후손이고 그리스인이다.

디오니소스의 후예인 조르바와 그리스인들의 삶에는 춤과 음악이 항상 함께한다. 그리스인들의 고된 삶을 위로해주는 음악은 19세기에 소아시아에서 인구 교환으로 그리스 본토에 정착한 이민자들의 음악으로부터 발전한 것이다. 각 나라에는 민족의 대표적인 정서를 담고 있는 음악들이 있다. 포르투갈에 파두가 있고 아르헨티나에 탱고가 있다면 그리스에는 레베티카가 있다. 1830년에 오스만제국에서 독립한 그리스왕국은 자신들을 로마제국의 정통 후계자로 여겨 발칸반도 남쪽 끝의 영토로 만족하지 못하고 발칸반도 및 소아시아의 아나톨리아반도 전역에 거주하는 모든 그리스민족의 통일과 고대 영토의 회복을 목표로 하는 '메갈리 이데아', 즉 '대그리스주의'를 국시로 삼아 영토를 조금씩 확장해나갔다. 1차 세계대전 후 오스만제국이 패전국이 되면서 그리스는 예전 영토인 아나톨리아반도에 발을 들이게 되고, 이에 고무되어 옛 수도 콘스탄티노플과 아나톨리아반도 전역을 수복하기 위해 1922년 터키와 전쟁을 일으키지만 패한다. 그리고 다음 해에 터키의 그리스인은 그리스로, 그리스의 터키인은 터키로 추방하는 인구교환이 실시된다. 터키공화국은 오스만제국이 1차 대전에서의 패배로 무너지면서 건립되었고, 현재는 튀르키예로 국명이 바뀌었다.

소아시아지역의 약 150만 명의 그리스인들은 인구 교환에 의해 본국으로 강제송환 되지만 그들 중 약 40만 명은 그리스어를 하지 못하는 상태인데다 정부 또한 그들을 돌보지 않자 그리스 사회에 융화되지 못하고 겉돌다가 그들 중 다수가 그리스 공산당에 투신하여 추후 그리스 내전에 참여한다. 이민자들은 주로 아테네 외항에 거주하면서 주류에 융합되지 못한 채 그들만의 개성 있는 문화를 형성하며 살아갔다. 이들이 거리의 카페나 술집에서 부르던 노래가 레베티카로, 부주키라는 현악기가 애절하면서도 경쾌한 울림이 있는 선율을 연주하면 노래와 춤이 어우러진다. 이후 레베티카는 보다 현대적이고 대중적인 면모를 지닌 라이카로 발전하여 오늘날 그리스 고유의 색채를 지닌 대중음악이 된다. 라이카는 사랑과 이별, 고통, 슬픔 등을 노래하면서 그리스인들의 삶의 애환을 표현하는데, 부주키 선율이 흐르면 그리스인들은 자리를 박차고 일어나 춤을 춘다.

음악과 춤 못지않게 그리스인의 영혼을 달래주는 것은 음식이다. 영화《나의 그리스식 웨딩》에서는 구스의 가족과 친지들은 일상에서나 특별한 날 음식을 풍족하게 차려서 함께 나눈다. 그들에게 가족은 음식을 함께 먹는 사람이다. 그래서 이안이 결혼 허락을 받은 후 집에 들렀을 때 마리아는 그에게 식사를 권하고 식사를 했다고 말해도 밥을 차려준다. 툴라의 이모도 이안에게 집에 와서 밥을 먹으라고 청한다. 그들은 이안이 채식주의라는 사실을 개의치 않고 그들이 좋아하는 양고기를 대접할 것이다. 그리스인들은 가족과 친지뿐만 아니라 나그네에게도 음식을 푸짐히 대접하는 전통이 있다. 고대 그리스인들은 모든 나그네와 거지들을 신들이 변장하고 찾아온 모습으로 생각하여 그들에게 숙식을 제공하며 정성껏 대접했다고 한다. 그 후손들 역시 낯선 이들을 환대하는 미덕과 전통을 매우 중요시했고, 손님을 환대할 때 풍족한 음식으로 마음을 표시하고 함께 술과 음악과 춤을 즐긴다. 구스는 이안을 사위로 받아들이기로 결정한 후 그의 부모를 초대하면서 수십 명이나 되는 친척들을 모두 불러 인사시키고, 그들 모두 환대의 표시로 이안의 부모에게 끊임없이 음식과 술을 권한다. 그러나 이안 부모가 낯선 그리스식 환대에 당황하여 거부의 몸짓을 드러내자 구스는 그들이 '꿀도 잼도 바르지 않은 바싹 마른 토스트' 같다며 크게 실망한다. 서로가 상대의 문화를 이해하지 못하던 부모들은 그러나 자녀들의 결혼식에서 비로소 한 가족이 되었음을 받아들이면서 함께 먹고 마시고 춤을 추며 경계를 허문다.

영화 《그리스인 조르바》에서도 음식은 영혼에 생명을 불어넣는 양식이었다. 조르바는 책에서 진리를 찾고자 하는 전형적인 지식인인 자신의 젊은 고용주와 함께 생활하면서 그에게 이런 질문을 던진다: "보스, 음식을 먹고 그 음식으로 무엇을 하는지 대답해보시오. 당신 안에서 그 음식이 무엇으로 변하는지 설명해보시오. 그러면 나는 당신이 어떤 인간인지 알려드리리다." 그리고 그는 그 답을 이렇게 말한다: "마침내 나는 먹는다는 것은 숭고한 어떤 의식이며 고기, 빵, 포도주는 정신을 만들어주는 원료라는 것을 깨달았다." 그는 음식이 신체적 허기는 물론 영혼의 허기까지 채워준다고 믿기에 갈탄광산이 망한 후 낙심해있는 보스에게 음식을 먹게 하고 그를 일으켜 세워 부주키에서 나오는 선율에 맞춰 함께 춤을 추면서 그를 웃게 만든다. 사람에게는 어느 정도의 광기가 필요하다고 믿고 있는 조르바는 항상 머리가 앞서고 진정한 자유를 억제하는 끈에 묶여있는 보스가 그 줄을 끊고 광기를 체험하기를 원했다. 보스는 갈탄 사업이 망하면서 비로소 그 줄을 끊어낸다. 느리게 시작해서 흥겨워지는 음악에 덩실덩실 춤을 추면서 삶의 패배를 떨쳐버리는 그들은 진실로 도취와 광기의 신인 디오니소스의 후예들이다.

그리스의 오늘과 내일

그리스 역사는 여러 면에서 한국의 역사와 매우 유사하다. 그리스는 오스만제국의 오랜 식민통치를 겪었고, 독립 후에도 영토와 천연자원을 두고 터키와 오늘날까지 분쟁이 끊이질 않는다. 2차 대전 후에는 영국과 미국의 지원을 받는 정부군과 소련의 지원을 받는 공산당이 이끄는 게릴라군 사이에 내전이 일어나면서 이념전쟁의 장이 되었고, 군부독재가 시작되면서는 정치적 자유와 인권이 크게 억압당한다. 이처럼 20세기 후반까지 그리스와 한국은 유사한 역사적 굴곡을 겪어오지만, 20세기 말부터 큰 성장을 이룬 한국과 달리 그리스는 지속적인 경제악화로 수차례 국가부도의 위기까지 맞이한다.

그리스의 경제 몰락은 1981년부터 시작된다. 당시 그리스 총선에서 사회당이 승리하면서 "국민이 원하는 것은 모두 다 해준다"라는 슬로건 하에 대학 무상교육과 무료 의료혜택 등을 지원하는 포퓰리즘을 실시하였고, 이후의 정권도 표심을 위해 공무원 증원과 파격적인 연금제공 등 포퓰리즘 경쟁을 이어갔다. 국가 전체가 분배와 복지에 익숙해지다 보니 경제가 어려워지는데도 개혁이나 긴축재정 등을 실행할 수가 없었다. 그러나 그들이 즐긴 혜택과 복지는 모두 '공짜 점심'이었고 빚이었다. 게다가 2001년에 가입 요건에 미치지 못함에도 유로존에 무리하게 들어가서는 단일통화시장의 폐해를 고스란히 안으면서 환율이 상승하고 신용하락까지 겹쳐 국가부도 상태에 이른다. 설상가상으로 2004년에 열린 올림픽 경기 개최 또한 엄청난 적자를 안겨준다.

그리스를 국가부도로 내몬 고질병은 복지정책 외에도 정치인과 관료계층이 공무원과 노조 등에 인금 인상과 연금과 특혜를 보장해주면서 자신들의 자리를 유지해온 후견주의이다. 이로 인해 촌지와 정치적 특혜가 남발되고 탈세와 착복이 난무하는 지하경제를 양성하면서 그리스 경제위기를 가속화시킨다. 2012

년 그리스는 결국 트로이카(유럽재무장관회의·국제통화기금·유럽중앙은행)에 구제금융을 요청한다. 트로이카가 구제금융의 조건으로 정부지출의 축소와 증세를 요구하자 안 그래도 생활고를 겪고 있던 국민들은 크게 반발한다. 2015년에는 국가부도가 결정된 상태에서 그리스 정부가 채권단의 요구에 대한 찬반을 묻는 국민투표를 실시하여 구제안 거부로 결론이 나면서 그렉시트(Grexit), 즉 그리스의 유럽연합 탈퇴가 가시화된다. 그러나 최종적인 국가부도를 앞두고 그리스는 결국 더 심한 긴축재정의 조건하에 세계 금융역사상 최대의 구제금융을 받아들인다.

그리스는 현재는 구제금융에서 벗어난 상태이지만 아직도 청년실업률이 40%에 육박하는 등 미래가 밝지는 않다. 그리스의 산업구조는 국가 경제성장의 기반인 제조업 비중이 6%가 채 안 되고 3차 산업이 90%나 차지하는 기형적인 구조이다. 때문에 세계 최고 해운업국가이지만 조선업은 없고, 세계에서 손꼽히는 올리브 산지이면서도 그것을 가공할 인프라가 빈약해 원물을 수출해서 가공된 제품을 수입하는 형편이다. 그리스 해운업은 아리스토틀 소크라테스 오나시스의 시절에 전성기를 누렸다. 그리스의 위대한 철학자 아리스토텔레스와 소크라테스의 이름을 이어받은 그는 해운업계의 전설이자 세계적인 부호로 자리매김하면서 그리스인들에게는 신화적 인물로 여겨진다. 세계적인 오페라 가수 마리아 칼라스의 연인이었지만 케네디 사후 칼라스를 버리고 재클린 케네디를 부인으로 맞이하여 세계적인 주목을 끌기도 했다. 이처럼 그리스는 국가기간산업이 부재하다시피 하여 경제회복에 큰 걸림돌이 되고 있지만 그보다 심각한 것은 복지에 의존하고 부정부패와 자괴감에 빠져 있는 그들의 정신이다. 그들이 오늘날의 침체에서 벗어나기 위해서는 영화 《더 퍼스트 라인》과 《나의 사랑, 그리스》가 전하고자 하는 메시지처럼 인간 개개인이 자신의 최고의 모습에 도달하는 것을 미덕으로 삼고 인간과 세상에 대한 사랑을 중시했던 고대 그리스인의 정신을 되살려야 한다.

그리스는 서양문화의 모체이기에 서구가 주도하는 국제사회는 그리스의 쇠락을 단지 그리스만의 문제는 아닌 것으로 여겨왔다. 그리스는 1821년의 독립전쟁 이후 약 이백 년간 다섯 차례의 디폴트, 즉 채무불이행을 겪어왔는데 그때마다 국제사회는 그들을 도우려 애썼고 그들도 그 사실을 알고 있다. 이로 인해 그리스 정부나 국민들은 세계에서 가장 당당한 채무자가 되었지만 그들이 영원히 조상 덕을 보면서 살 수는 없다. 이제 그리스는 서양문명의 발상지라는 이유로 국제사회의 인도주의적 지원을 바랄 것이 아니라 고대 그리스인의 정신을 되살려 그들 스스로가 '최전선'에 나서서 국가를 회복시키기 위한 투쟁을 해야 한다. 그러지 않으면 그들의 후손들이 그 책임을 온전히 안은 채 유럽 문명의 발상지에서 계속 유럽의 하층계급으로 살게 될 것이다.

SCHINDLER'S LIST
오퍼레이션 피날레
THE BOY IN THE STRIPED PAJAMAS
위대한독재자
전세계를 울린 위대한 사랑
인생은 아름다워

5장

'홀로코스트' 우화

인생은 아름다워, Life is Beautiful, 1997

개요: 드라마, 코미디 | 이탈리아 | 116분

감독: 로베르토 베니니

'홀로코스트' 우화

나치가 제2차 세계대전 중에 독일 본토와 유럽 점령지들에서 자행한 유대인 대학살은 인류 역사상 인간이 인간에게 저지른 가장 잔인한 사건의 하나로 평가된다. 홀로코스트는 독일 게르만족이 과학적 근거도 없는 순혈주의를 근거로 그들의 땅에서 유대인 민족 전체를 말살시키려고 한 야만적인 시도였고, 독일사회 전체가 암묵적으로 인종주의에 동조한 구조악으로 인한 범죄였다. 구조악은 사회의 체질적 악이다. 프랑스 사상가 루소는 자연상태의 개인 각각은 선량하고 좋지만 사회가 사람들을 악하게 한다면서 그러한 악을 구조악이라고 했다.

독일의 구조악은 오랜 세월 유럽사회에 만연했던 반유대주의에서 비롯되었다. 이스라엘 역사학자 예후다 바우어는 홀로코스트의 기본적 동기는 아리아인이 지배해야 할 세상에서 국제적으로 유대인들이 반동을 일으킬 것이라는 나치의 허황된 상상에 기반을 두고 있다고 말하면서 여태까지 알려진 어떤 학살도 이렇게 전적으로 미신과 환상, 추상적이고 비합리적인 이데올로기를 바탕으로 하지 않았다고 비판한다. 홀로코스트의 동기는 이처럼 비합리적인 것이었지만 정작 실행은 역사상 가장 계획적이고 조직적으로 이루어졌다. 역사학자 유발 하라리는 한 대담에서 정치 지도자들이 선을 행하는 데는 한계가 있지만 악행을 저지르는 데에는 한계가 없고 인간은 아무런 이유 없이 미친 짓을 저지를 수 있기에 인간의 어리석음을 과소평가하지 말라고 경고한 바 있는데, 히틀러가 그 대표적인 예이다. 일개 개인에 지나지 않는 국가 지도자가 모든 국가 권력을 동원하여 특정 민족집단 대다수를 그처럼 속전속결로 학살한 것은 역사상 유례가 없었다.

홀로코스트는 비인륜성이 극에 달하여 인종과 종교를 초월하여 인류 모두에게 충격을 주었다. 때문에 수많은 다큐멘터리와 영화, 소설들이 홀로코스트를 소재로 다루면서 나치의 폭력성과 광기에 대해 파헤치고자 했다. 그런 가운데 이 엄청난 비극적 사건을 희극적 틀 속에서 다룬 영화가 등장한다. 이탈리아의 로베르토 베니니가 각본, 감독, 주연을 맡은 영화《인생은 아름다워》이다. 영화가 토론토영화제와 칸영화제에서 개봉되었을 때 홀로코스트 사건을 희화화한 것에 대해 우파와 좌파 비평가 양측에서 비난이 쏟아졌다. 이에 베니니는 자신은 홀로코스트를 희극으로 다룬 것이 아니라 홀로코스트라는 부조리한 현실에 대해 부조리한 반응을 보인 한 희극적 인물을 다룬 것이라고 응수한다. 그는 비극과 희극은 이야기가 아름답기만 하면 결국은 같은 것이라는 자신의 철학을 밝히면서 때로는 희극인만이 비극의 절정에 도달할 수 있다고 강조한다. 귀도의 우화적 서사가 그랬다.

영화는 주인공 귀도의 아들 조슈아가 수용소에서 죽은 아버지를 회상하면서 시작한다: “나는 단순하지만 하기 어려운 이야기를 하려고 한다. 한편의 우화처럼 슬픔이 있고, 한편의 우화처럼 경이로움과 행복이 가득 담긴 이야기이다.” 그가 들려주는 우화는 어느 날 갑자기 어린 아들과 함께 유대인 수용소로 끌려가게 되자 아들을 보호하기 위해 끊임없이 유머와 기지를 발휘하여 죽음과 공포의 수용소를 게임의 장으로 변모시킨 아버지의 이야기이다. 소설가 마크 트웨인은 유머의 원천은 기쁨이 아니라 슬픔이고, 따라서 천국에는 유머가 존재하지 않는다고 했다. 귀도는 지옥과도 같은 홀로코스트의 현실을 유머의 원천으로 삼아 우화로 바꾸면서 어린 조슈아에게 경이로움과 행복을 선사했다. 베니니는 유머를 ‘용기’라고 정의 하였는데, 귀도의 유머는 진정한 용기였다.

영화 타이틀은 레닌 사후 권력다툼에서 스탈린에게 패하여 축출당한 후 터키, 프랑스, 멕시코 등지를 떠돌며 저항운동을 해오다 멕시코에서 암살당한 비운의 소련 혁명가 레온 트로츠키의 유언에서 발췌된 것이다. 그의 유언은 베니니가 영화에서 말하고자 하는 메시지와 상통한다.

> "방금 나타샤가 마당을 질러와 창문을 활짝 열어주어 공기가 훨씬 자유롭게 내 방 안을 들어오게 됐다. 벽 아래로 빛나는 연초록 잔디밭과 벽 위로는 투명하게 푸른 하늘, 그리고 모든 것을 비추는 햇살이 보인다. 인생은 아름다워! 훗날의 세대들이 모든 악과 억압과 폭력에서 벗어나 삶을 마음껏 향유하게 하자!"

영화의 배경은 2차 대전이 발발하기 직전인 1939년의 이탈리아로, 유대인인 귀도는 시인 친구 페루치오와 함께 서점을 열겠다는 꿈을 안고 아레초 마을로 온다. 귀도는 그가 머물 숙부 집에 도착한 첫날부터 유대인에 대한 폭력을 경험한다. 그러나 귀도는 그들을 엄습하고 있는 적대감과 파시스트 정부의 인종주의를 애써 웃어넘기며 자신의 일을 해나간다. 귀도는 아름다운 교사인 도라를 우연히 만나 첫눈에 사랑에 빠지고, 이후 우연을 가장한 만남을 계속하면서 자신의 마음을 드러내지만 불행히도 그녀는 그곳 파시스트 관리의 약혼녀였다. 그러나 사랑 없는 결혼이 싫었던 도라에게 귀도의 진심이 통하여 도라는 결혼식장에서 귀도와 함께 빠져나와 그들의 동화 같은 사랑이 성취된다.

도라와 귀도는 가정을 이루어 아들 조슈아가 태어나고 귀도가 바라던 서점도 연다. 하지만 귀도를 엄습해오던 반유대주의는 유대인을 사회에서 배척하는 각종 법으로 구체화되면서 일상생활에서도 유대인들을 옥죄인다. 2차 대전 종결 3개월 전 조슈아의 5번째 생일날, 귀도는 조슈아와 숙부와 함께 수용소로 끌려간다. 도라는 유대인이 아니지만 그들과 함께 있기 위해 기차에 올라탄다. 귀도는 조슈아에게 그들이 수용소로 온 것은 진짜 탱크를 상품으로 내건 게임에 참여하기 위해서라고 말하면서 아들과의 게임을 시작한다. 고된 노동에 시달리고 순간순간 위기가 닥쳐왔지만 귀도는 갖은 기지를 발휘하여 수용소의 현실로부터 아들을 보호했다. 니체는 왜 살아야 하는지 아는 사람은 그 어떤 상황도 견딜 수 있다고 했다. 귀도는 살아야 하는 이유를 알기에 그 모든 상황을 견디어 내었다.

귀도도 가끔은 감당할 수 현실에 절망한다. 어느날 연회에 차출되어 일을 마친 후 잠든 조슈아를 안고 숙소로 돌아가는 중에 연기가 자욱한 밤길에서 길을 잃은 귀도는 이렇게 독백한다: “여기가 어디야? 길을 잘못 들었나 봐. 자 착하지, 좋은 꿈 꾸렴. 전부 꿈일 거야. 조슈아, 우린 꿈꾸고 있는 거야. 내일 아침이면 엄마가 우릴 깨우러 와서 우유와 쿠키를 줄 거야.” 연기가 나는 곳의 끝에는 타고 남은 유골이 쌓여있었다. 아들을 보호하기 위해 삶의 의지로 철벽무장한 귀도에게도 그런 현실은 너무 끔찍해서 모든 것이 꿈이고 그 꿈에서 빨리 깨어나기를 바란다. 베니니는 한 인터뷰에서 관객들에게도 이 영화가 단지 하나의 꿈이기를 바란다고 말한다. 그만큼 홀로코스트는 귀도에게도, 인류에게도 악몽이었다.

2차 대전 당시 유대인학살은 독일뿐만 아니라 폴란드와 프랑스 등 유럽 전역에 걸쳐 시행되었지만 유럽사회는 눈앞에서 벌어지는 비극에 침묵했다. 이는 유럽 대부분의 나라가 독일 점령하에 있었던 탓도 있지만 오랜 세월에 걸쳐 기독교 유럽사회에 반유대주의가 만연해 있었기 때문이다. 유대교와 기독교는 아브라함을 조상으로 모시는 한 뿌리의 종교이다. 그런데 유대인들은 왜 유럽의 기독교사회에서 박해받는 존재가 되었을까.

유대인 박해의 역사

유대인은 고대 이집트 치하에서 오랜 세월 노예로 지내오다 선지자인 모세의 지도하에 이집트를 탈출하여 광야에서 40일간 방랑한 후 하나님이 약속하신 가나안 땅에 정착한다. 유대인들은 하나의 왕국을 이루어 번성해오다 북이스라엘

왕국과 남유다왕국으로 분열된 후 북이스라엘왕국이 먼저 멸망한다. 이후 남유다왕국이 신바빌로니아에게 정복당하면서 BC 597년 유대인들이 바빌론으로 노예로 끌려가는 바빌론 유수가 일어난다. 페르시아가 신바빌로니아를 정복한 후 유대인들은 본국으로 돌려보내지지만 BC 332년에는 알렉산드로스대왕에게, AD 77년에는 로마제국에게 다시 정복당한다. 그들은 로마제국 치하에서 두 차례 독립운동을 벌였지만 실패하고 추방당하면서 '디아스포라'(diaspora)의 역사가 시작된다. 디아스포라는 유대인이 세계 각지로 흩어져 사는 이산 혹은 그 과정에서 형성된 공동체를 의미하는 것으로, 유대인들은 1948년 이스라엘이 건국되기까지 1900여 년간 유럽 사회를 떠돌며 숱한 박해와 추방의 고난을 겪는다. 그러나 그들은 어디를 가든 유일신 사상과 자신들이 신의 선택을 받은 유일한 민족이라는 선민사상을 바탕으로 배타적인 공동체를 형성하면서 그들의 신앙과 민족정체성을 유지하였다.

유대인은 디아스포라의 과정 속에서 지력과 재력을 개인의 생존과 민족의 존속을 위한 필수요건으로 여겼다. 국가, 민족, 계급, 지위 등 인간의 개별적 속성을 넘어 누구나 인정할 수밖에 없는 가치가 바로 지식과 돈이기 때문이다. 지력은 생존의 요건이기 이전에 신앙의 근본으로, 그들은 하나님의 섭리를 일깨워주는 배움을 기도와 똑같은 신앙생활로 간주하여 아이들이 6~7세가 되면 성경을 읽을 수 있도록 의무교육을 받게 하였다. 그들의 지력은 재력의 바탕이 된다. 기독교사회에서 유대인은 공동체의 구성원 자격을 부여받지 못하여 토지 소유가 금지되고 길드에도 속하지 못하면서 일찍이 도시로 밀려나 기독교인들이 천하게 여기던 상업과 금융업에 종사하게 된다. 당시 귀족이나 성직자 외에는 거의 문맹인 유럽에서 유대인들은 글을 익혔을 뿐만 아니라 그들의 종교 자체가 신과의 계약을 통해 성립된 것이라 사업상의 계약 또한 중시하였다. 이처럼 유대인은 태생적으로 상업과 금융업에 적합한 소양을 지니고 있었기에 어디를 가든 상업과 무역을 석권했다.

유대인은 유럽대륙에서 중세 초창기에는 큰 어려움 없이 살았다. 일찍이 도시로 나간 유대인은 상업이나 대부업에 종사한 덕에 돈을 운용하는 방법을 터득했고, 그 덕분에 왕실이나 귀족들의 재정업무를 도맡다시피 하면서 부를 축적하였다. 이에 봉건제도에 예속되어 궁핍한 삶을 살아야 했던 기존 구성원들은 국가와 사회에 별 기여함이 없이 부와 권세를 누리는 유대인들에게 시기와 증오를 느끼기 시작한다. 그들은 특히 돈을 빌려주고 이자를 착취해가는 고리대금업에 대한 경멸과 반감이 매우 심했다. 청빈을 덕목으로, 고리대금을 악으로 여기는 중세 기독교의 카논법에는 이자를 받는 것은 도둑질과 마찬가지이고 성직자가 이자놀이를 할 경우에는 더 혹독한 벌을 받는 것으로 명시되어 있다. 반면 유대교는 같은 유대인 외에는 이자를 허용하고 부의 축적을 축복으로 여겼는데, 이는 노동을 통해 부를 축적하는 것을 신의 소명에 응답하고 구원의 증표로 여기는 청교도와 일맥상통한다.

유대인이 번성할수록 민중들의 적대감도 커져 자신들의 궁핍한 삶과 여러 고통을 모두 유대인 탓으로 돌릴 뿐만 아니라 그들이 예수살해자라는 사실까지 되살리면서 사회 전반적으로 반유대인 정서가 심화된다. 십자군전쟁 시에는 상대가 이슬람세력이었지만 유대인에 대한 미신과 편견 또한 증폭되어 엄청난 수의 유대인들이 학살되었고, 그 여파로 전쟁이 끝난 이후에도 유럽에서는 유대인을 이유도 없이 살해하는 일이 빈번히 일어난다. 당시 교황은 기사들에게 기독교 이외의 이교도들은 죽여도 죄를 묻지 않는다고 선포하였는데 유대인도 그 대상에 속했다. 그러나 종교는 명분이었고 실질적으로는 자산이 많은 유대인에 대한 약탈이었다. 국가 또한 종교재판이라는 미명하에 유대인을 사형시키고 재산을 몰수하면서 국고 재정을 불렸다.

1215년에는 교황이 주최한 세계교회회의인 라테라노 공의회에서 유대인은 옷깃에 노란 배지를 달아야 한다는 규정이 만들어지면서 유대인에 대한 차별이 공식화되어 그들의 삶이 근본적으로 바뀌기 시작한다. 1290년에는 영국이 유대인에게 손에 들 수 있는 것만을 가지고 나라를 떠나라는 추방령을 내려 그들은 유럽대륙으로 건너가서 곳곳에 정착하지만 정착한 곳에서 다시 추방당하는 고난의 삶이 이어진다. 유럽 국가들이 왕실재정까지 맡았던 유대인을 추방시킨 것은 반유대주의의 확산 외에도 초기 봉건사회에서 경제를 담당했던 유대인의 자리를 기독교인들이 대체하기 시작하면서 유대인의 필요성이 줄어들었기 때문이다. 1516년 이탈리아 베네치아에서는 추방당한 유대인들이 들어와서 상권을 장악하자 그들을 기독교인과 분리된 곳에 유폐시키는 게토가 처음으로 만들어졌고, 이후 유럽 전역으로 퍼진다.

기독교인들이 고리대금업자인 유대인에 대해 얼마나 적개심을 지니고 있는지는 무역이 한창 번성하던 베네치아를 배경으로 한 셰익스피어의 희극 『베니스의 상인』에 잘 나타나 있다. 유대인 고리대금업자인 샤일록은 평소에 자신을 무시하고 공개적으로 망신을 준 젊은 상인 안토니오가 친구 바나시오의 결혼비용을 위해 돈을 빌리러 오자 이자를 받지 않는 대신 돈을 갚지 못할 경우 심장에서 가까운 살 1파운드를 줄 것을 조건으로 내건다. 안토니오는 상선이 물건을 싣고 오면 빚을 갚을 예정이었으나 배가 모두 침몰하여 제때 빚을 갚지 못하게 된다. 재판이 열리면서 안토니오 측이 더 나은 금전적 보상을 제시하지만 샤일록은 계약대로 살 1파운드를 요구한다. 그러나 재판관으로 변장한 바나시오의 아내 포샤가 살을 가져가되 피를 한 방울이라도 흘리면 전 재산을 몰수당하고 사형에 처해진다는 판결을 내리면서 샤일록은 보복도 하지 못하고 전 재산을 잃을 위기에 처한다. 이에 안토니오는 재판관에게 자비를 요청하면서 재산몰수를 철회하는 대신 샤일록을 기독교로 개종하게 한다. 소설은 유대인의 몰인정과 기독교인들의 자비를 부각시키면서 기독교인들의 승리로 끝나지만 그 이면에는 유대인들이 사회에서 겪는 수모와 유대인에 대한 적개심을 자비로 감추는 기독교인들의 위선을 엿볼 수 있다.

중세 후반의 유대인들은 공식적인 차별정책들이 시행되면서 유럽 각 지역에서 고난을 겪지만 근대가 시작되어 도시가 발달하고 상공업과 금융업이 주요 산업으로 부각되자 본격적으로 자신들이 거주하는 지역의 경제를 주도하면서 세계 경제를 장악해나간다. 유대인들의 경제 장악력은 그들이 한 곳에서 추방당하여 다른 곳으로 가면 새로 정착한 지역은 경제부흥이 일어나고 떠나온 지역은 경제침체에 빠질 정도였다. 대표적인 예가 15세기의 스페인이다. 스페인은 8세기에 이슬람에게 정복당했던 이베리아반도를 되찾는 국토회복전쟁인 '레콩키스타'를 1492년에 완료하면서 스페인에 거주했던 무슬림들을 추방하는데, 이때 일찍이 이베리아반도에 터를 잡았던 유대인도 기독교사회를 어지럽힌다는 이유로 함께 추방한다. 당시 유대인들은 스페인경제에서 중심 역할을 하고 있던지라 그들이 빠져나가자 스페인 내수경제가 타격을 받고 국제교역 또한 급감하면서 경제가 급격히 쇠락한다. 추방당한 유대인들은 벨기에의 도시 엔트워프에 정착하여 보석유통업을 일으켰고, 신교가 중심세력인 네덜란드 암스테르담으로 옮겨가서는 소금·향신료·다이아몬드 등의 무역을 독점하고 금융업을 발전시킨다. 그들은 네덜란드 동인도회사 탄생에도 주요역할을 하면서 암스테르담을 글로벌 경제의 중심으로 만든 후 17세기 말에는 영국으로 건너가 영국을 금융업의 중심으로 만든다. 이들의 능력이 워낙 출중하다 보니 네덜란드와 해운무역을 둘러싸고 전쟁을 하던 청교도혁명의 주동자 올리버 크롬웰은 영국에서의 활동을 요청하는 유대무역상들에게 런던의 일정 면적을 유대 자유경제지구로 지정해준다.

영국에서는 1642년 청교도혁명이 일어나 찰스 1세를 처형하고 크롬웰의 공화정 정부가 형성되었다가 그의 지나친 강압정치에 대한 반발로 왕정이 복고되면서 제임스 2세가 왕위에 오른다. 그러나 그가 가톨릭을 옹호하여 폐위되면서 1688년 신교도인 메리와 그녀의 남편인 네덜란드 총독 윌리엄 공이 영국 왕으로 추대된다. 그들은 다음 해에 왕위에 오르면서 왕권을 제약하고 의회의 우위를 다지는 권리장전을 승인하여 유혈사태 없는 정권교체인 명예혁명을 이룬다. 이때 유대인들도 대거 총독을 따라 영국으로 건너갔고, 왕이 된 윌리엄 공이 프랑스와의 전쟁비용을 위해 그들에게 대출을 요청하자 화폐주조권을 갖는 조건으로 수용하면서 현재 영국중앙은행의 전신인 영란은행을 설립한다. 이후 유대인들은 영국 금융시장을 석권하고 글로벌 경영에도 진출하면서 대영제국의 발전과 산업혁명 토대구축에 큰 몫을 담당한다.

이 당시 영국 금융시장에 뛰어든 가문이 로스차일드가이다. 독일 프랑크푸르트 게토에서 환전상으로 시작한 마이어 암셸 로트실트는 나폴레옹전쟁 시기에 자신들이 구축한 정보망과 유통망을 이용한 무역업으로 막대한 부를 축적하였고, 유럽군주들이 구질서를 지키기 위해 빈체제를 성립한 이후에는 유럽 주요 국가들의 공채 발행과 왕과 귀족들의 자산관리를 맡으면서 유럽 전역으로 세를 확산시킨다. 그는 다섯 아들을 유럽 주요도시인 빈·런던·파리·나폴리에 배치하여 유럽 금융네트워크를 형성하였으며, 죽으면서는 형제간 협력과 일족 안에서의 혼인과 주요직책 계승을 유언으로 남긴다. 이후 로스차일드가는 유럽의 철도와 석유산업을 주도하며 근대화로의 발달을 이끌었고, 전쟁이나 식민지 침탈에 필요한 자금을 유럽 각국에 제공하면서 정치에도 큰 영향을 미친다. 그들은 1차 대전 중에는 유대인 협력이 필요한 영국으로부터 이스라엘 건국을 약속하는 밸푸어 선언을 받아내었으며, 이스라엘 건국 시에도 팔레스타인 땅을 구입해주는 등 건국비용을 전폭 지원하였다.

서유럽의 유대인들은 뛰어난 지력과 재력으로 권력과 유착하고 경제를 이끌어가면서 성공적인 도시민으로 부상하지만 근대화가 이루어지지 못한 동유럽과 러시아에서는 유대인 박해가 계속되었다. 경제적 번영을 누리는 유대인 공동체는 빈곤한 지역주민 대다수에게 여전히 반감의 대상이었고, 범게르만주의와 범슬라브주의라는 민족주의 또한 반유대주의에 영향을 미친다. 특히 러시아의 유대인들은 국내 이동의 제약을 받을 정도로 심한 압제 속에서 살았으며, 19세기부터 20세기 초에 걸쳐서는 포그롬이라는 유대인 대학살사건도 수차례 일어난다. 그런 와중에 1917년 제정러시아를 타파하려는 러시아혁명이 일어나자 유대인들은 적극 혁명을 지원한다. 러시아혁명의 중심인물 50명 중 레닌과 트로츠키를 비롯해 44명이 유대인이었다. 미국의 유대인도 측면지원을 하여 로스차일드가의 은행가인 제이콥 시프는 혁명 당시 트로츠키에게 자금을 대주어 혁명의 성공에 일조한다. 그는 1904년 러일전쟁에서도 일본 국채를 대거 인수해주어 당시 열세였던 일본의 승리에 일조하였다.

유대민족의 디아스포라는 1948년 이스라엘이 건국되면서 종결을 맞이한다. 19세기 말부터 옛 이스라엘의 땅인 팔레스타인에 유대국가를 재건하고자 하는 시온주의가 퍼지기 시작하면서 러시아의 젊은 유대인들을 시작으로 팔레스타인으로 이주하는 사람들의 수가 점점 늘어난다. 1차 세계대전 중에는 영국으로부터 건국을 약속받았으나 아랍의 협조가 필요한 영국이 팔레스타인에게도 독립을 약속하면서 아랍인과 유대인 간에 긴장이 고조된다. 이에 영국이 UN에 중재를 넘기고 UN이 팔레스타인 분할을 결의하면서 1948년 이스라엘이 건국되어 세계각지에 흩어져있던 유대인들이 고국으로 돌아온다.

우생학과 홀로코스트

독일이 제1차 세계대전에서 패배하면서 정치 경제적 혼란에 빠지게 되자 그 틈을 타 권력을 장악한 히틀러는 패전의 책임을 유대인에게 떠안기면서 대학살의 시작을 알린다. 홀로코스트는 우생학이 정치적 이데올로기로 이용된 최악의 경우로, 나치는 소위 과학의 이름으로 유대인 혈통과 민족을 말살시키고자 했다. 우생학의 기원은 고대 그리스까지 거슬러 올라간다. 이상적인 국가건설을 위해서는 인간 종족의 번식 또한 국가에 의해 감시되고 통제되어야 한다고 생각한 플라톤은 우수한 유전적 형질을 가진 남녀들을 결합시켜 자녀를 많이 낳게 하고 그들의 아이들을 좋은 양육시설에서 키우는 한편 열등한 부모에게서 태어났거나 결함이 있는 아이는 비밀스러운 장소에 숨기는 선택적 배양을 제안했다. 스파르타에서는 자신들의 인종을 강하게 만들기 위해 아이가 태어나면 원로들의 판정하에 건강한 아이는 전사로 키워지고 질병 판정을 받은 아이는 인근 골짜기에 버리는 우생학적 살인까지 행하였다.

인류를 유전학적으로 개량시키고자 하는 우생학의 본격적인 역사는 1883년 찰스 다윈의 사촌인 프랜시스 골턴으로부터 시작된다. 그는 지능이 유전에 의해 결정된다고 믿으면서 유전소질이 발생하는 모든 조건과 인자 등을 통계학적으로 연구하여 우생학을 창시한다. 우생학자들은 인간 종 사이에 생물학적인 적자와 부적격자가 존재한다고 믿으면서 국가를 위해서는 인종적 퇴화를 일으키는 부적격자들을 제거 또는 개선해야 한다고 주장한다. 진화론을 사회에 적용시켜 적자생존의 경쟁사회를 주장하는 사회진화론에서도 약자가 도태되는 것은 당연한 결과이다. 이것이 민족과 국가와 인종으로 확대되면 우수한 민족이 열등한 민족을 지배하고, 강한 국가가 약한 국가를 착취하고, 우월한 인종이 세상을 지배하는 것도 당연시된다. 우생학과 사회진화론이 백인과 나치의 정치 경제적인 목적에 부합하면서 흑인은 노예로 부려지고 유대인은 기생충 같은 존재로 취급되면서 홀로코스트가 일어난다. 인종주의를 기반으로 인간을 한갓 노동력으로만 취급한 흑인노예제도는 서구 인본주의의 위선을 드러내었고, 나치의 홀로코스트는 그 잔혹함으로 인종차별에 대한 경각심을 전 세계에 일깨우면서 인종에 관한 과학적 주장을 금기시하게 만들었다. 유네스코는 인종차별을 2차 대전의 주요 원인으로 지목하면서 'race' 대신 'ethic groups'라는 단어를 쓸 것을 제안한다.

다윈은 애당초 인종주의에 반대한 사람으로, 실제 다윈의 저서들에는 우생학에 관련한 어떠한 구절도 찾아볼 수 없다. 그는 수년간 인류의 진화과정을 탐구하면서 "지구에서 살아남은 종은 가장 강한 종도 아니고 가장 지적인 종도 아닌, 환경 변화에 가장 잘 적응하는 종"이라는 결론을 내리고는 자연선택을 진화의 기초로 내세웠다. 자연선택은 우연에 따라 일어나는 현상이고, 적자생존은 우월성의 문제가 아니라 환경적응의 문제이다. 또한 근본적으로 우수한 형질이 무엇인지 알 수 없고, 열등하게 보이는 유전자가 주어진 환경에 따라 반드시 열등한 것만도 아니다. 그는 무엇보다도 유전적 다양성을 종 자체의 생존력의 근본으로 여겨 중시하였다. 따라서 다윈의 진화론은 사람이 인위적으로 적자를 선택하고 부적격자들을 도태시키는 우생학이나 사회진화론과는 근본적으로 차이가 있다.

영화 《인생은 아름다워》에서 베니니는 우생학을 거침없이 풍자한다. 교사인 도라를 만나기 위해 그날 방문 예정인 로마의 장학사로 위장하여 학생들 앞에 선 귀도는 학생들에게 이탈리아 민족의 우월성을 알려달라는 교장의 부탁에 귓불, 배꼽, 엉덩이 등을 우월함의 근거로 내보여 교장을 경악시킨다. 도라의 결혼식 피로연에서는 학교 교장이 연회테이블에서 독일에서는 시골 초등학교 3학년이 "정신병자는 부양비가 하루 4마르크씩 들고 절름발이는 4.5마르크, 간질환자는 3.5마르크가 든다. 평균치가 하루 4마르크이고 환자가 30만이라고 가정할 때 이들을 모두 제거한다면 절약하게 되는 돈은 얼마인가"라는 어려운 문제를 푼다고 감탄하면서 독일인을 위대한 민족으로 칭송하자 주위 참석자들이 그녀에게 동조하는 모습을 보여주며 우생학에 휘둘리는 독일과 이를 추종하는 이탈리아 사회를 풍자한다.

우생학을 근거로 선천적 장애자와 범죄자에게 강제 불임시술을 시키는 단종법을 법률로 제정한 최초의 국가는 미국이다. 미국은 과학의 힘으로 부적격하거나 결함이 있는 사람들의 출생을 방지함으로써 종을 개량하고 사회를 개선할 수 있다고 생각하여 1907년 미국 인디애나주를 시작으로 1950년까지 33개

주에서 단종법을 제정하였고 이를 이민 제한의 근거로도 사용하였다. 독일·캐나다·노르웨이·스웨덴·덴마크도 1930년대에 같은 법을 통과시켰으며, 나치 정권하에서는 40만 명 이상이 거세당하고 약 7만 명이 살해되었다. 그 정점으로 히틀러는 2차 대전 중에 독일제국과 독일점령지 전역에 걸쳐 유대인·슬라브족·집시·동성애자·장애인 등 약 1천1백만 명을 계획적으로 학살한다. 사망자 중 유대인이 약 6백만 명으로, 당시 유럽에 거주하던 9백만 유대인의 2/3에 해당한다.

유대인 학살은 오늘날의 35개국에 달하는 독일 점령지 전역에 걸쳐 자행되어 폴란드에서 300백만 명, 소련에서 1백만 명이 죽었고 서유럽과 북유럽에서도 많은 수의 유대인이 학살당했다. 히틀러가 이토록 잔인하게 유대인 대학살을 감행한 이유는 종종 언급되는 유대인에 대한 히틀러의 개인적인 반감은 차치하고 유럽사회에서 뿌리 깊은 반유대주의가 정치적 선전도구로 매우 유용했기 때문이다. 나치당의 전신인 독일노동당은 민족주의·반유대주의·사회주의를 기치로 내세웠는데, 히틀러가 나치당을 집권하면서 지지 상승을 위해 게르만우월주의와 반유대주의를 전면으로 부각시킨다. 그는 "원래는 창조적이던 민족의 혈통이 더럽혀져 멸종되었기 때문에 위대한 지난날의 문화가 모두 소멸되었다. 단지 혈액의 순수성 상실로 영원한 내적 행복이 파괴된다. 그것은 사람을 영구적으로 타락시키고 그 결과는 결코 신체와 정신으로부터 제거될 수 없다"라고 연설하면서 반유대주의를 선동하였다.

경제적 이유도 크다. 1차 대전 패배 이후 독일사회는 배상금지불과 인플레이션, 대공황 등으로 경제적 위기상황에 빠지게 되지만 당시 독일 인구의 1%에 불과한 유대인들은 금융, 언론, 의료 분야 등에서 활동하면서 별다른 타격 없이 여전히 부를 축적하고 있었다. 이에 불만을 가진 히틀러는 그들의 부를 탈취해서 군비확장을 위한 자금으로 충당하고자 했다. 독일태생의 유대인 철학자 한나 아렌트는 저서 『전체주의의 기원』에서 당시 유대인들이 정치 활동을 했다면 반유대주의가 나타나지도 학살을 당하지도 않았을 것이라고 말하면서, 역사적으로 반유대주의가 줄곧 작용했다고 말하는 것은 궁극적으로 유대인 스스로 책임을 회피하는 관점이라는 견해를 표명한다. 아렌트는 유대인은 무익한 부로 인해 증오의 대상이 되고 권력의 결여로 인해 경멸의 대상이 되었는데, 나치가 이러한 반유대주의 정서를 잘 포착하여 이를 인종이론과 결합시키면서 끔찍한 반유대 절멸정치로 나아갔다고 지적한다.

오늘날 유대인들은 고난을 역사를 딛고 일어서서 이제는 모든 분야에서 전 세계적으로 지대한 영향을 미치는 민족이 되었다. 그들은 1948년 나라를 건국하면서 홀로코스트라는 과거를 잊지 않기 위해 독립기념일 전날을 '홀로코스트의 날'로 정해 반유대주의의 희생제물이 된 선조들을 기린다. 예루살렘에 있는 홀로코스트 추모관에는 젊은 세대가 선조들의 고난을 잊지 않도록 하는 글귀가 새겨져 있다: "용서는 하지만 망각은 또 다른 방랑으로 가는 길이다." 그러나 그들은 이스라엘을 건국하고 영토를 확장하는 과정에서 자신들이 나치에 의해 당한 고통을 망각한 채 원래 그 땅에 살고 있던 팔레스타인 사람들에게 폭력을 휘두르며 나치와 크게 다르지 않은 학살을 감행하고 있다. 이스라엘이 건국될 당시 팔레스타인의 아랍인은 영토의 87.5%를 소유하고 있었고 유대인은 6.6%만을 소유하고 있었다. 팔레스타인이 영토를 유대인 56, 아랍 43으로 나누라는 UN의 결정을 거부하면서 전쟁이 일어났지만 이스라엘이 승리하면서 UN이 정한 땅보다 더 많은 땅을 차지하였고 이후에도 계속 영토를 확장해나가 현재는 팔레스타인 땅의 대부분을 차지하고 있다.

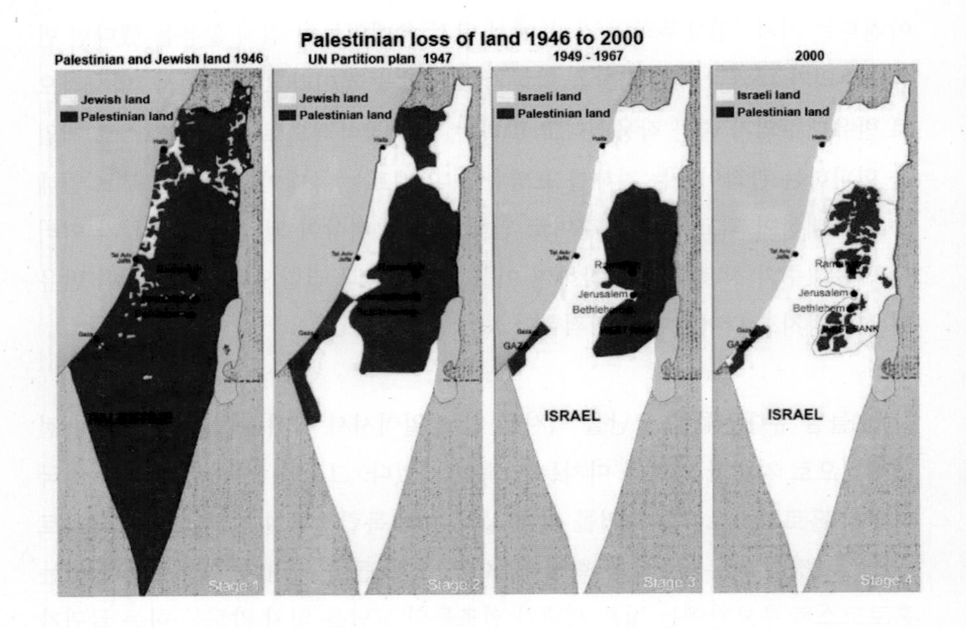

| 팔레스타인 영토가 축소되어가는 과정

현재 재외 유대인이 가장 많이 몰려 있는 곳은 미국으로 700여만 명의 유대인이 살고 있다. 이스라엘의 인구수는 900여만 명이다. 주로 유럽에 거주했던 유대인들은 홀로코스트를 계기로 미국으로 몰려들면서 이번에는 미국을 글로벌 경제의 중심지로 만든다. 그들은 자신들의 재력과 지력, 그리고 강력한 네트워크를 통해 미국 정치 · 경제 · 언론 · 문화 · 군사 · 외교 등 전 분야에 걸쳐 막강한 영향력을 발휘하면서 본토 이스라엘을 지원한다. '로비공화국'으로 불리는 미국에서 유대인들의 로비의 힘은 막강하다. 대표적인 유대인 로비단체인 AIPAC 총회에는 미 대선후보들을 비롯한 유력한 정치가들이 대거 초청되어 친이스라엘적인 대중동정책을 펼친다. 미국 인구의 2%에 불과한 유대인들은 초강대국 미국을 좌지우지하면서 전 세계 또한 움직인다. "황금으로 사람의 마음을 살 수 있다. 또한 모든 나라에 돈을 대부할 수 있다. 그리고 그 다음에는 우

리 뜻대로 국가를 손에 넣을 수가 있다. 이미 중요한 은행, 전 세계의 어음, 모든 정부의 신용은 우리 수중에 있다." 어느 유대인 랍비의 말이다. 배타적인 선민의식 때문에 타 공동체의 질시와 박해를 받아왔던 유대인들은 이제 그야말로 선택된 민족이 되었다.

한나 아렌트의 '악의 평범성'

홀로코스트는 인류에 대한 최악의 범죄로 평가되면서 인간이 왜 그렇게까지 악해질 수 있는지에 대한 의문을 불러일으킨다. 그 의문에 대한 답을 한나 아렌트는 '악의 평범성'으로 설명한다. 제2차 세계대전이 끝난 후 아르헨티나로 도피해 15년간 종적을 감추고 살았던 나치 친위대 중령 출신의 아돌프 아이히만이 1960년 이스라엘 비밀경찰에게 체포되어 다음 해 예루살렘 법정에서 재판을 받는다. 나치 시절 유대인 탄압을 피해 파리로 이주했다가 2차 대전 발발 후 다시 미국으로 이주한 아렌트는 전체주의하의 범죄행위자를 직접 대면하고 싶어 잡지 「뉴욕커」 특파원 자격으로 재판을 참관한다. 그녀는 33번의 공판 기록을 『예루살렘의 아이히만』이라는 책으로 엮으면서 '악의 평범성'에 관한 개념을 내세워 세계적으로 파장을 불러일으킨다.

재판 과정에서 아렌트가 관찰한 아이히만은 반유대주의와 나치즘을 맹신하는 악마적 인간이 아니라 선과 악에 대한 관념조차 없이 관료제하에서 충실히 명령을 수행했던 '거대한 기계의 한 톱니바퀴'에 불과했다. 아이히만은 법정에서 자신은 공무원으로서 상부의 명령을 따랐을 뿐 자신의 손으로는 단 한 사람도 죽이지 않았기에 신 앞에서는 죄가 있을 수 있으나 법 앞에서는 죄가 없다고 당당히 무죄를 주장한다. 유대인을 장거리 이동 후 살상하는 것이 불편하다며 열차 안에 가스실을 만들어 신속히 죽이는 방법을 고안해낸 것에 대해 책임을 묻자 그는 자신이 제작한 열차 덕분에 조직이 시간 낭비 없이 일을 처리할 수 있었다고 답한다. 그는 자신은 단순히 상부에서 시킨 행정업무만 했을 뿐, 그 많은 유대인의 신분을 알아내고 가스실로 데려가고 학살 장치를 가동하고 일부 숨거나 탈출하려는 사람들을 검거한 사람은 완장을 찬 유대인들이었다고 항변하기도 한다. 어느 사회에나 반역자가 있고 자신의 안위를 위해 자의적으로 동조한 자들도 있겠지만 당시 동족 유대인들을 가스실로 데려가 학살 장치를 가동하고 시체들을 옮기는 '비밀운반자'로 불리는 유대인들은 독일군이 사실 은폐를 위해 3, 4개월마다 처형하는 소모품에 지나지 않았다. 영화 《사울의 아들》(2015)이 그들의 삶을 보여준다.

무죄를 주장하는 아이히만의 정신감정을 위해 6명의 정신과 의사들이 투입되었는데, 그가 긍정적인 사고를 가진 평범한 사람이라는 결과가 나와 큰 충격을 주었다. 법정에서 아이히만을 관찰하던 아렌트 역시 충격을 받는다. 반사회적 악 그 자체일 것으로 생각했던 아이히만이 단지 언어 표현능력이 떨어지고 사유기능이 상실된 평범한 관료의 모습이었기 때문이다. 아렌트는 "그는 타인의 관점에서 사유할 능력이 없었다. 의지도 없었고 판단도 하지 않았다. 도덕적 행동을 하는 것 자체가 불가능했다"라고 기술하면서 그의 변론을 단순히 책임을 면하기 위한 것이 아닌, 현실감각을 없앤 사고와 언어의 무능력에서 비롯된 상투적 변론으로 판단한다. 재판과정을 모두 지켜본 후 아렌트는 유대인 학살은 상부의 명령에 순응한 지극히 평범한 사람에 의해 자행되었다고 결론지으면서 '악의 평범성'의 개념을 제시한다. 즉 악은 악마적 본성에서 기인한 것이 아니라 평범한 사람들이 체제 속에서 무비판적으로 상부의 명령에 복종할 때 발생하며, 타인의 고통을 헤아릴 줄 모르는 생각의 무능은 말하기의 무능과 행동의 무능을 낳는다는 것이다. 아렌트는 저서 『전체주의의 기원』에서는 자신의 언어를 갖지 못해 전체주의 체제의 담론으로 자신의 언어를 채워버렸던 무사유의 인간이야말로 20세기의 근본악의 진정한 모습이라고 지적했다.

당시 아이히만뿐만 아니라 독일 국민들 또한 인간으로서의 도덕성이 둔해져서 악에 이용당하거나 습관적으로 악을 도왔다. 독일국민들이 자신들은 끔찍한 실상을 몰랐고 나치를 지지하지도 않았다고 변명하자 그들을 조롱하는 'Good Germans'라는 단어가 생겨나기도 한다. 실제로 세계 2차 대전 영화들을 보면 독일이 유럽 전역에 걸쳐 전쟁을 하고 있음에도 불구하고 태풍의 핵인 베를린은 정작 고요하고 평화로웠으며, 수용소의 존재는 군인들조차 그 실상을 다 알지 못하고 있는 형편이었다. 그러나 그것이 독일국민들의 면죄부가 될 수는 없다. 눈으로 보지 않아도 악은 저질러지고 있었고, 그들은 악을 감지하면서도 사유하거나 판단하지 않았고 아무런 유의미한 행동도 하지 않았다. 신학자 팀 켈러는 "당신이 어떤 체제의 일부로서 거기에 참여하고 있다면, 거기에는 그 시스템에 의해서 이루어지는 일들이 있고 당신이 그 사회에 참여하고 있기 때문에 경우에 따라서 어떤 수준의 책임을 갖게 된다"라고 말한다. 그 책임의 수준은 어느 정도 동조하거나 알고 있었는지에 따라 다르겠지만, 그런 체제에 있으면서 나치의 만행에 대하여 제지하지 않은 사람들은 누구나 다 그 범죄의 책임을 갖게 된다는 것이다.

아이히만의 범죄를 사고의 무능과 상황 탓으로 돌리는 아렌트의 시각은 세계 각지 유대인들의 비난과 협박을 불러왔고 학자들도 반론을 제기한다. 그들은 아이히만이 명령만을 충실하게 따르는 평범한 관료가 아니라 반유대주의와 인종적 정화에 집착한 인물이며, 그의 범죄는 설령 명령에 의한 것이었더라도 악의 평범함의 개념으로 희석할 수 없는 행위라고 반박한다. 혹자는 그녀가 법정에서 내적 신념을 철저히 숨긴 아이히만의 기만에 속은 것으로 보기도 한다. 그러나 설령 속았다고 하더라고 그녀가 제시한 악의 평범성이라는 개념은 개인이 국가의 부속품에 지나지 않는 전체주의하의 순응과 억압에의 동참 과정에 대한 유의미한 비판적 관점을 제공한 것으로 평가된다. 아렌트는 악에 저항하는 방법으로 스스로 사유하는 능력을 강조하였는데, 이는 맹목적이고 비이성적인 신념과 증오로 사회가 극심하게 분열되고 있는 오늘의 현실에도 절실히 필요한 것이다.

아렌트는 홀로코스트 당시 유대인 위원회가 나치에 동조하여 유대인 재산을 처분하도록 도와주고 유대인들을 죽음의 열차에 태웠다는 사실도 폭로한다. 이스라엘 정부는 치부를 건드린 그녀를 파문했고, 유대인사회는 그녀를 '나치 창녀'로 욕하면서 숱한 살해위협과 비난을 가한다. 사회적 반감과 살해 위협 속에서도 자신의 주장을 굽히지 않는 아렌트의 모습은 영화 《한나 아렌트》(2012)에서 볼 수 있다. 영화 말미에서 한 학생이 아이히만이 저지른 일들에 대한 희생자는 유대인인데 왜 교수님은 그의 악행을 인류에 대한 범죄로 칭하느냐고 묻자, 아렌트는 "유대인이 인류이기 때문입니다. 그리고 나치가 그것을 부정하려고 했기 때문입니다"라고 답하면서 홀로코스트를 인륜을 저버린 범죄로 설명한다. 그리고 그녀는 말한다: "나는 아이히만을 옹호하지 않았다. 이해하려고 했다. 그것은 글을 쓰는 자의 의무다." 다음의 세 편의 영화는 나치의 집단광기를 보여주면서 아이히만의 죄가 과연 '악의 평범성'으로 설명이 될 수 있는지를 묻게 한다.

쉰들러 리스트 Schindler's List, 1993

개요: 드라마, 전쟁 | 미국 | 196분
감독: 스티븐 스필버그

영화 《쉰들러 리스트》는 1,100여 명의 유대인의 목숨을 구해준 독일인 사업가 오스카 쉰들러의 실제 행적과 사실적 기록들을 바탕으로 만든 것으로, 행정직이 아닌 현장업무를 담당하는 또 다른 아이히만들이 무비판적으로 시스템의 명령에 순응할 때 어떤 비극이 발생하는지를 사실적으로 보여주고 있다. 그들은 개인성과 자발성이라고는 찾아볼 수 없는 전체주의의 근본악에 휘둘리는 꼭두각시였다. 특히 유대인을 벌레처럼 여겨 아무 이유 없이 죽이고 전쟁을 이용하여 부를 챙기는 아몬 괴트 같은 인물은 단순히 체제에 부응하는 평범한 인간으로 보기에는 너무나 비인간적이고 잔인했다. 그러나 그는 끝까지 침착하게 자신의 무죄를 주장하는 아이히만과는 달리 자신의 감정과 본성을 그대로 드러내는 단순한 인물이기도 하다. 쉰들러는 유대인 회계사인 슈탄에게 온갖 악행을 저지르는 괴트에 대해 전쟁 책임자로서 압박이 심해 최악의 면을 드러내고 있지만 일반적 상황이었다면 괜찮은 친구였을 거고 좋은 면도 있다고 말해 그의 심기를 불편하게 한다. 그러나 전쟁이 면죄부가 되기에는 그와 나치대원들이 벌이는 광란의 살인행위는 사유의 부재로도 설명할 수 없을 정도로 도를 넘어선 것이었다. 그 때문에 유대인인 스티븐 스필버그 감독은 영화를 제작하면서 감정이입이 심해 무척 힘들어했다고 한다.

영화는 전체가 흑백으로 촬영되었지만 상징적으로 몇 군데에서 색채가 나타난다. 첫 장면에서 이주 명령을 받은 한 유대인 가족이 촛불을 켜고 기도를 올린다. 컬러영상으로 시작되었다가 가족의 모습이 사라지고 촛불도 점점 꺼져가면서 흑백영상이 시작된다. 유대인 대학살의 시작을 알리는 신호이다. 두 번째 장면은 유대인 폐쇄작전 중 혼자 거리를 헤매는 어린 소녀의 빨간 코트가 흑백영상 속에 선명하게 대비되어 나타난다. 그 빨간색은 인간 생명의 존엄성을 상징한다. 이후 소녀는 수레 위 시체 더미에서 발견된다. 마지막으로 아우슈비츠행을 면하고 체코의 쉰들러 공장에 안착한 유대인들이 안식일 기도를 드리기 위해 촛불을 켠다. 곧이어 종전 소식이 들리면서 촛불은 유대인의 소생을 암시한다. 그리고 영화 에필로그의 컬러영상에서 쉰들러가 살린 유대인들이 자신의 역을 맡았던 배우들과 함께 쉰들러의 묘지를 참배하는 모습이 나온다.

영화는 1939년, 단 2주 만에 폴란드를 점령한 독일군이 모든 유대인에게 강제적인 호적등록과 이주명령을 내려 매일 1만 명이 넘는 유대인이 크라코우로 몰려든다는 문구로 시작한다. 1941년에는 강제이주 명령이 내려져 유대인들은 모두 크라코우 외곽의 유대인 거주지에 강제 입주해야 했다. 전형적인 속물 사업가인 쉰들러는 전쟁을 기회로 사업에서 재기하기 위해 크라코우로 와서 나치당에 가입하고 장교들에게 뇌물 공세를 펼치며 친분을 다진다. 이후 유대인 회계사 이작 슈텐을 고용해 돈 한 푼 안 들이고 공장을 인수하여 인건비가 싼 유대인들을 노동자로 고용한다. 슈텐은 기지를 발휘하여 음악가나 팔이 하나 없는 사람 등 근로 능력이 없는 사람들까지 허가증을 받아주면서 350명의 직원을 채용한다. 슈텐이 회사를 경영하고 쉰들러의 지속적인 로비로 물품들을 군에 납품하면서 회사는 승승장구 한다.

1942년 겨울에 아몬 괴트가 책임자로 전출해오자 쉰들러는 그와 친분을 다진다. 괴트는 평상시에도 기분내키는대로 유대인들을 죽였고, 가정부로 들인 헬렌 허쉬에게 연정을 느끼는 동시에 유대인에 대한 혐오감이 뒤섞인 복잡한 감정 때문에 그녀에게 폭행을 일삼았다. 1943년 3월, 거주구역 폐쇄 명령에 따라 군인들은 유대인들을 모두 거주지에서 쫓아내고 한밤중까지 숨어 있던 사람들을 샅샅이 뒤져 죽인다. 그들은 광란의 학살을 벌이는 도중에 피아노를 연주할 정도로 자신들의 악행에 대한 도덕적 자각이 없었다. 쉰들러는 말을 타고 언덕에 올라갔다가 끔찍한 살육 현장을 보고서는 경악을 금치 못한다. 그는 나치와 달리 유대인들을 동등한 인간으로 여기며 연민을 느껴왔고 자신의 생일날 케이크를 가져온 유대인 여성에게 감사 키스를 하여 구속되기도 한다. 게다가 그의 곁을 지키는 슈텐은 그의 양심이 집단광기에 함몰되지 않도록 항상 일깨워주는 존재였다.

근로자들이 모두 수용소로 끌려가서 공장이 가동되지 못하자 쉰들러는 괴트와 공동 경영을 하여 이득을 나누기로 하고 자신의 근로자들을 데려온다. 괴트는 이익을 확실히 챙기기 위해 슈텐을 자기 관사로 데려와 일을 시키고 공장에 직접 시찰을 나가기도 한다. 유대인들에게 쉰들러의 공장은 목숨이 보장되는 천국으로 소문이 났고, 슈텐은 계속 뇌물을 주며 근로자들을 고용하였다. 그러나 괴트가 사업에 연유된 이상 쉰들러는 그런 사실이 자신에게 위험이 된다고 느껴 슈텐에게 더 이상 근로자를 받지 못하게 하지만 죽음의 문턱에 선 사람들을 차마 외면하지는 못한다. 유대인들 사이에 가스실 이야기가 떠돌고, 수용소에 새 유대인들이 실려 오면서 병자들은 선별되어 열차에 태워진다.

1944년 괴트가 크라코우에서 학살된 1만 명 유대인 시체를 발굴하여 소각하라는 명령을 이행하면서 온 도시에 시체를 태운 재가 떠돈다. 독일군이 철수를 준비하자 쉰들러는 슈텐에게 많은 돈을 벌었으니 고향으로 떠나겠다고 말하지만 자신이 떠난 후 공장의 유대인들이 사지로 내몰릴 것을 알고 있었다. 고민 끝에 그는 괴트에게 근로자 수만큼 돈을 지불하고 유대인 근로자들을 고향으로 데려가 군수품 공장을 차리겠다고 제안한다. 괴트는 쉰들러의 의중을 알면서도 돈 때문에 그 제안을 받아들였고, 쉰들러는 1,100명의 유대인을 체코로 극적으로 탈출시킨다. 그 속에는 헬렌 허쉬도 포함되어 있다. 슈텐은 감격하여 말한다: "명단이 의심할 바 없이 좋네요. 이 명단은 생명부예요. 가장자리 여백이 죽음의 폭풍을 막아주는 방패죠." 1,100명의 '쉰들러 리스트'가 생명부였다면 1,100만 명의 '아이히만 리스트'는 살생부였다. 1942년 1월에 열린 반제회의에서 유대인에 대한 최종해결책의 방향이 '절멸'로 확정된다. 회의록 6페이지에는 유럽 전역의 유대인 학살대상자 수를 정리해놓은 '아이히만 리스트'가 있었다. 유형 A, B로 나눠진 그 리스트에서 A형은 당시 독일이 직할하던 점령 지역의 유대인이고 유형 B는 그 외의 지역들의 유대인들로, 총합 1,100만 명이었다.

쉰들러가 고향에 세운 군수품 공장은 7개월 동안 아무것도 생산하지 못한 채 종전을 맞는다. 그동안 쉰들러는 독일군 장교를 매수하고 유대인들을 먹여 살리느라 가진 재산을 모두 날린다. 독일의 항복이 선언된 날 쉰들러는 경비병들을 공장 안으로 불러들여 상부명령을 따라 살인자가 되든지 인간으로서 가족에게 돌아가든지 선택하라고 말한다. 독일군들은 무기를 내려놓고 돌아가고 쉰들러는 전범이 된다. 유대인 근로자들은 그가 체포될 경우를 생각하여 탄원서를 써서 서명하고 한 근로자의 금니를 빼서 반지를 만들어준다. 그 반지에는 "한 사람을 구함은 세상을 구함이다"라는 『탈무드』 잠언이 새겨져 있다. 오늘날 폴란드에 홀로코스트에서 살아남은 유대인은 4천 명이 채 안 된다. 쉰들러가 살린 유대인 후손은 6천 명 이상이다. 1958년 쉰들러는 예루살렘의 야드바셰위원회에 의해 정의로운 자로 선언되었고, '정의의 거리' 식수를 위해 초대되었다.

오퍼레이션 피날레 Operation Finale, 2018

개요: 드라마, 스릴러 | 미국 | 122분
감독: 크리스 웨이츠

영화 《오퍼레이션 피날레》는 이스라엘 정보기관인 모사드 요원들이 아르헨티나에 은둔해 있던 아이히만을 체포해서 비밀리에 이스라엘로 데려가 법정에 세우는 과정을 보여준다. 영화 《쉰들러 리스트》에서 유대인 회계사 슈텐 역을 맡았던 벤 킹슬리가 이 영화에서는 아이히만 역을 맡았다. 영화 제목 '최종 작전'은 유대인 대학살 작전명인 '최종 해결'에서 비롯된 듯하다. 누나와 조카가 아이히만의 군대에 의해 살해된 피터 말킨을 비롯하여 작전에 참여한 요원들은 모두 나치에게 가족을 잃었기에 아이히만을 보면서 감정을 통제하기가 쉽지 않았지만 그를 생포하여 이스라엘 법정에 세우는 것이 그들의 임무였기에 개인적인 원한은 접어두어야 했다. 이스라엘 정부는 그를 법적으로 단죄할 뿐만 아니라 그를 조사하여 진상을 더 확실히 밝히고자 했다.

유대인 대학살의 설계자이자 실무자인 아이히만은 독일이 패한 후 미 육군 포로수용소에 수감되지만 퇴역 공군장교로 신분을 속여 재판을 피한다. 그는 1946년 수용소를 탈출한 후 옛 친위대 동료들과 함께 1950년에 부에노스아이레스에 정착한다. 그는 그곳에서 15년을 '리카르도 클레멘트'라는 가명으로 살면서 직장생활을 하고 나치 잔당모임에 참석하면서 여전히 반유대주의자로 살아왔다. 그러다 다하우 수용소 출신의 한 유대인이 자신의 딸이 사귀는 남자의 삼촌이 아이히만임을 알게 되어 이를 제보하면서 1960년 5월 모사드 요원들에 의해 체포된다. 아이히만은 체포된 후 여론 조작용 재판에 서서 자신의 역사가 그들 마음대로 각색되고 그들이 원하는 사람으로 인식될 바에는 차라리 죽겠다며 이스라엘이 아닌 독일에서 재판을 받게 해달라고 요구한다. 그는 요원들에게 자신은 "최종해결"의 설계자가 아니라 하루에 20시간씩 일하는 기계의 톱니바퀴에 불과했고, 자신의 임무는 그저 사랑하는 조국의 파멸을 막는 것이었다고 항변하면서 이스라엘로 가기를 거부한다. 요원들은 아이히만을 안전가옥에 9일간 감금한 뒤 이스라엘 정부사절단이 아르헨티나 혁명 150주년을 축하하기 위해 타고 온 이스라엘 여객기에 태운다. 그들은 아이히만에게 승무원 옷을 입히고 주사를 놓아 정신을 잃게 한 후 일등석에 앉혔는데, 당시 이스라엘 사절단조차 아이히만의 동승 사실을 알지 못했다고 한다.

아이히만의 체포 소식을 들은 아르헨티나 정부는 외교 분쟁에 휩쓸리지 않기 위해 아이히만을 이스라엘 특별항공기로 압송할 때 자의에 의한 탑승이라는 서명을 받도록 요구한다. 이에 요원들과 아이히만 간에 서명을 두고 심리전이 벌어진다. 조국의 실수를 혼자 뒤집어쓸 수는 없다고 억울함을 호소하는 아이히만에게 말킨은 떳떳이 법정에 서서 사실을 밝히고 정당한 역사의 심판을 받으라고 설득한다. 아이히만은 아내를 마지막으로 보게 해달라는 조건으로 결국 서명하고 이스라엘로 이송되어 '전쟁범죄', '인류에 대한 죄' 및 '유대민족에 대한 범죄' 등의 혐의로 예루살렘 법정에 선다. 그는 법정에서는 단지 시킨 일을 했을 뿐이라고 무죄를 주장했지만 사석에서는 달랐다. 아르헨티나에서 반유대주의 운동을 함께하던 출판업자인 동료와의 인터뷰에서 그는 이렇게 말한다: "당신에게 솔직히 말하겠습니다. 1천만 명의 유대인, 아니 지구상의 모든 유대인을 죽여야만 나와 동료들은 만족했을 것입니다. 그랬어야만 나와 내 동료들이 적을 절멸했다고 말할 수 있었을 테니까요. 난 단순하게 명령을 수행하는 자가 아니었습니다. 만약 그랬다면 난 그저 멍청한 놈에 불과했을 겁니다. 나는 나치당원들과 똑같이 생각했으며, 함께 지구상에서 유대인을 지워버리고 싶었던 이상주의자였습니다." 그는 자신의 재판을 반유대주의의 마지막 투쟁으로 간주한 듯 끝까지 무죄를 주장하면서 자신의 행위를 뉘우치지 않았다.

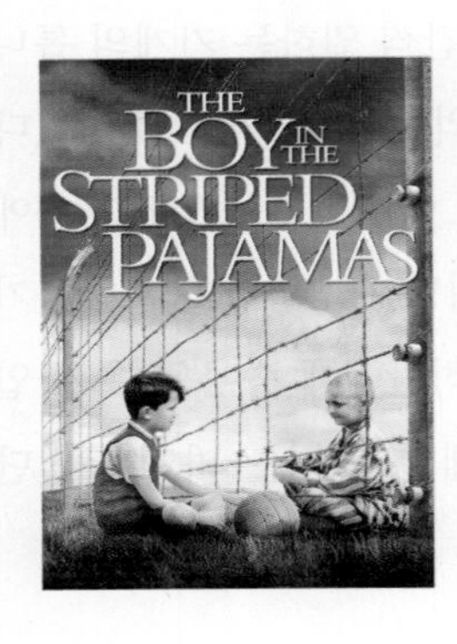

줄무늬 파자마를 입은 소년 The Boy In The Striped Pajamas, 2008

개요: 전쟁, 드라마, 스릴러 | 영국, 미국 | 94분
감독: 마크 허만

아이히만의 무죄변론이 얼마나 잘못된 것인지를 일깨워주는 영화가 있다. 동명의 소설을 기반으로 만들어진 《줄무늬파자마를 입은 소년》은 8살의 독일 소년이 수용소의 동갑내기 유대인 소년과 친구가 되면서 어린아이들의 순수한 눈으로 보는 아우슈비츠 수용소의 참혹한 모습을 담고 있다. SS친위대의 유능

한 장교인 랄프는 진급하면서 아우슈비츠 수용소 총책임자가 되어 가족들과 함께 베를린을 떠나 수용소 근처의 관저로 이사 간다. 탐험을 좋아하는 브루노는 청문 너머로 수용소가 보이자 몰래 집을 빠져나와 숲속을 지나 수용소로 향한다. 그는 철조망 너머에서 동갑내기 유대인 소년 슈무엘을 발견하고 둘은 친구가 된다. 매일 혼자 집에서 갇혀 지내는 브루노는 그곳에서 또래의 아이들과 함께 지내는 슈무엘이 부러웠다. 브루노는 그곳을 농장으로 알고 있고, 슈무엘은 그곳이 어떤 곳인지를 알지 못한 채 지내고 있다. 브루노와 누나 그레텔은 아버지와 가정교사로부터 유대인은 인간 이하의 해충 같은 존재로 그들이 독일을 망치고 있고 1차 세계대전도 유대인 때문에 졌으며 독일이 재기하려면 그들을 제거해야 한다고 배워왔다. 누나는 그런 사고에 서서히 물들어갔지만 어린 브루노는 슈무엘에게 "우린 친구가 될 수 없대, 우리는 적이래"라고 말하면서도 그도 슈무엘도 왜 그런지를 이해하지 못한다.

어느 날 슈뮤엘이 집으로 차출되어 작은 유리컵을 닦고 있는 것을 본 브루노는 반가워하면서 그에게 케이크를 준다. 그때 아버지의 부관인 코틀러 중위가 나타나 슈무엘이 케이크를 훔쳐 먹는 것으로 오해하고 다그치자 슈무엘은 자신이 브루노와 친구이고 그가 준 것이라고 말한다. 그러나 코틀러가 두려운 브루노는 슈무엘을 처음 봤고 케이크도 자신이 준 것이 아니라고 거짓말을 한 후 자신의 비겁한 행동에 눈물을 흘리며 자책한다. 다음날 브루노는 사과하기 위해 슈무엘을 찾아가지만 그는 계속 보이지 않다가 며칠 후 눈에 피멍이 잔뜩 들어 나타난다. 브루노는 자신이 한 일에 대해 사과하고, 둘은 악수를 하면서 다시 친구가 된다.

한편 랄프의 아내 엘사는 사람을 태워 죽이는 수용소의 실체를 알게 되어 경악하면서 남편과 다툼이 잦아진다. 당시 수용소의 실체는 군인 가족들에게도 기밀로 되어 있었는데 부관이 실수로 엘사에게 말해버린 것이다. 그만큼 자신들도 수용소의 실체가 외부에 드러낼 수 없는 것임을 알고 있었다. 엘사가 그곳에서는 아이들을 키울 수 없다고 완강히 나가자 결국 랄프는 가족들을 다른 곳으로 보내기로 한다. 브루노는 떠나기 전날 슈무엘을 찾아가는데, 슈무엘이 아버지가 사라졌다고 걱정한다. 대화 중에 나무 막대기로 울타리 밑의 흙이 파지는 것을 보고 브루노는 자신의 잘못을 만회하기 위해 떠나는 날 아침에 수용소로 들어가서 같이 슈무엘 아버지를 찾아주기로 한다. 다음날 브루노는 삽을 들고 가서 울타리 밑의 흙을 파내고 철조망 너머로 들어간 후 슈무엘이 가져온 죄수복을 입고 수용소로 들어간다. 수용소는 집에서 본 선전용 영상과는 너무나 달라 브루노는 충격과 공포를 느낀다. 그는 집으로 돌아가고 싶었으나 슈무엘의 약속을 지키기 위해 슈무엘의 막사로 따라 들어간다. 그날은 그 막사 사람들이 가스실로 끌려가는 날이었고, 브루노와 슈무엘도 함께 끌려가 옷을 벗고 강제로 샤워를 한 후 가스실에 넣어진다. 그들은 두려움으로 손을 꼭 잡았고 가스가 주입된다.

집에서는 브루노가 사라진 것을 알고 찾기 시작한다. 바깥으로 나가는 문 앞에 샌드위치가 떨어진 것을 보고 수용소로 달려간 가족들은 울타리 앞에서 브루노가 벗어놓은 옷과 삽을 발견한다. 브루노가 수용소에 들어간 것을 깨달은 랄프는 수용소로 뛰어 들어가 가스처형을 중단시키려하지만 때는 늦었다. 브루노의 허망한 죽음은 그들의 게르만우월주의가 옷 하나 바꿔 입으면 무의미해지는 그릇된 이념임을 여실히 보여준다. 두 어린 소년의 죽음을 보면서 관객들은 충격을 받고 가슴이 먹먹해지는 가운데 순간 "브루노는 죽어야 할 아이가 아닌데"라는 생각이 들면서 유독 그의 죽음이 안타까울 것이다. 그러나 감독은 주인을 잃은 채 가스실 문 앞에 널브려져 있는 유대인의 옷들을 하나씩 클로즈업시키면서 브루노뿐만이 아니라 슈무엘도, 모든 유대인도, 그 누구도 가스실에 들어가서는 안 될 사람들이라는 사실을 일깨워준다.

찰리 채플린의 '홀로코스트'

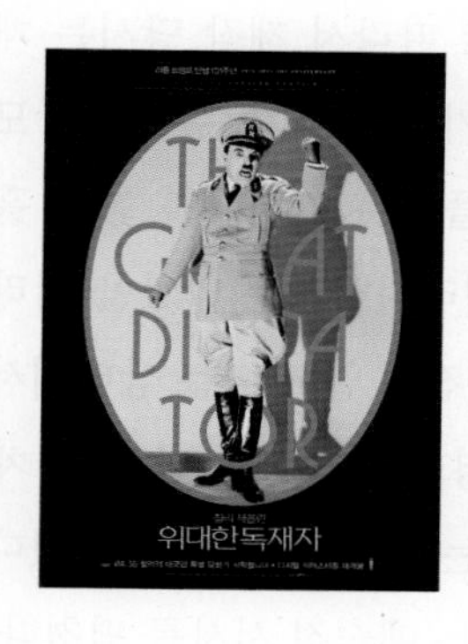

위대한 독재자 The Great Dictator, 1940

개요: 코미디 | 미국 | 126분
감독: 찰리 채플린

《인생은 아름다워》 이전에 홀로코스트를 희극적으로 다룬 영화가 있다. 찰리 채플린이 감독, 제작, 배우를 맡은《위대한 독재자》로,《인생은 아름다워》는 이 영화에 대한 오마주이다. 주인공 귀도의 수용소 번호 7397은 채플린의 주인공인 이발사 찰리의 수용소 번호와 같다. 영화는 채플린 특유의 슬랩스틱과 코믹하지만 마냥 웃을 수만은 없는 상황들을 통해 히틀러의 폭압과 반유대주의를 신랄하게 풍자한다. 채플린은 자서전에서 영화를 제작할 무렵의 상황을 이렇게 적고 있다: "다시 전운이 감돌기 시작했다. 나치가 무섭게 세력을 확장해나가고 있었다. 우리는 4년 동안 지속된 지옥과도 같은 1차 세계대전의 상흔을 어떻게 그렇게도 빨리 잊을 수 있었을까… 전쟁에 나가 죽지도 않고 부상도 당하지 않은 자들 역시 똑같은 피해자들이었다. 그들은 죽을 때까지 헤어날 수 없는 정신적 고통을 안고 살아야 했다." 영화는 당시로서는 매우 민감한 소재를 다룬지라 상영 가능성의 여부도 불투명했지만 채플린은 나치의 터무니없는 순혈주의를 세상에 알리기 위해 영화를 반드시 완성하여 상영하고자 했다. 그가 유대인이어서 고집을 꺾지 않는다는 말이 나오자 채플린은 "나치에 반대한다고 해서 모두 유대인인 것은 아니다. 정상인이라면 모두 나치에 반대한다"라고 반박한다.

영화 제작은 제2차 세계대전이 발발되기 직전에 시작되었고 개봉 당시 미국은 중립을 지키던 상태여서 나치의 추악한 실상을 제대로 알지 못했다. 나치는 집권 초기인 1933년 남부 독일의 다하우를 시작으로 강제수용소를 세우기 시작하여 1941년부터 본격적으로 유대인들을 학살했다. 따라서 제작 당시는 채플린이 강제수용소의 존재와 실상을 제대로 알지 못했기에 영화 속 수용소의 모습은 일반 수용소와 큰 차이가 없다. 1960년대에 채플린은 인터뷰를 통해 홀로코스트의 진상을 알았더라면 그런 식으로 가볍게 패러디하지는 않았을 거라고 사과한다. 후대에 베니니는 홀로코스트의 실상을 온전히 알고 있는 상태에서 영화를 제작했기에 채플린과는 다른 입장에 있었고 영화의 성격도 달랐다. 채플린이 홀로코스트를 희화화하면서 인류애를 호소하는 정치적 서사를 펼쳤다면 베니니는 인생의 슬픔과 경이로움과 행복을 들려주는 예술적 서사를 펼쳤다.

영화에서 채플린은 히틀러를 패러디한 독재자 힌켈과 평화를 사랑하는 유대인 이발사 찰리 1인 2역을 맡는다. 1차 세계대전에 참전 중이던 토메니아제국의 유대인 이발사 찰리는 부상을 입은 장교 슐츠를 도와 비행기를 타고 탈출하는 도중에 비행기가 추락하여 기억상실증에 걸린다. 그동안 토메니아제국에는 쌍십자당을 이끄는 힌켈이라는 독재자가 등장하여 유대인과 언론을 탄압하면서 권력을 휘어잡고 전쟁을 도모한다. 세계 정복을 꿈꾸는 그는 지구본을 가지고 기이한 춤을 추면서 자신이 세상의 왕이라고 스스로를 쇠뇌한다. 이 장면에서 중세 '백조의 기사'를 소재로 삼은 리하르트 바그너의 〈로엔그린〉 1막 전주곡이 흘러나온다.

19세기의 독일 음악가 바그너는 게르만신화와 중세기사도 문학 등을 음악의 소재로 삼아 과거의 고귀하고 장엄했던 독일의 민족정신을 되살리고자 했다. 이를 위해 그는 문학과 음악, 웅장한 무대장치들이 어울린 종합예술작품을 만들어 '음악극'으로 칭하면서 당시 유행하던 세속적인 이탈리아 오페라와 차별화시킨다. 당대의 이탈리아 오페라는 로시니, 도니체티, 벨리니, 베르디 등 쟁쟁한 음악가들이 활동하던 전성기였다. 그는 자신의 음악극을 특정한 장소에서 음악제 형식으로 상연하기 위해 바이로이트에 페스티벌하우스를 건립하여 1년 또는 2년마다 음악제를 열었다. 나치 독일시절에도 그를 추종하는 히틀러의 후원으로 음악제는 계속되었고, 오늘날에는 세계적인 음악제로 자리 잡아 매년 7~8월에 바이로이트에서 열린다. 바그너는 민족주의자인 동시에 반유대주의적 입장을 종종 표명하였다. 그는 「음악에서의 유대주의」라는 소논문에서 동시대 음악가인 멘델스존이나 마이어베어와 같은 유대인 음악가들은 민족의 참된 정신과의 연결이 전혀 없이 모방만 하면 얕고 인위적인 음악만 쓴다고 비판하면서 그들이 유대문화를 포기하고 독일문화계에 융합될 것을 주장하였다. 이에 바그너를 숭배하여 자신의 첫 저작인 『비극의 탄생』을 그에게 헌정했던 니체는 그의 폐쇄적인 독일민족주의와 반유대주의에 실망하여 그와 결별한다.

히틀러는 청년 시절부터 거대서사와 웅장한 무대연출로 민족정신을 고취시키는 바그너의 음악을 숭배했고, 정치인이 되어서는 그의 음악극을 정치적 선전이나 자신의 영웅 신화를 만들어내는 데 활용했다. 그가 연설에서 보여주는 과장된 몸짓과 표정이나 언어들은 바그너의 제의적 무대연출의 영향을 받은 것이고, 바그너의 희가곡 〈뉘른 베르그의 명가수〉 서곡으로 시작하는 전당대회는 바그너 음악극을 현실무대에서 재현하는 정치적 제의였다. 심지어 유대인을 가스실에서 학살할 때는 바그너의 〈탄호이저〉 3막의 '순례자의 합창'을 틀게 했다. 이처럼 바그너의 음악과 신념이 히틀러에게 영감을 주고 증폭되면서 바그너는 민족주의자와 반유대주의자로 낙인찍힌다. 그로 인해 이스라엘에서는 그의 작품을 무대에 올리는 것이 사실상 금기시 되었고, 소신 있게 바그너 작품을 무대에 올린 지휘자들은 거센 항의를 받기도 했다. 그러나 오늘날 많은 음악평론가는 이제 바그너의 음악이 정치적 프레임에서 벗어나서 음악 자체로 이해되고 평가되어야 한다고 말한다. 사실 바그너는 자신의 국가에 대한 사랑이 나치즘과 홀로코스트와 연관되리라는 것은 상상도 못했을 것이다.

| 바그너 〈로엔그린〉, 2017년 러시아 마린스키 극장

《위대한 독재자》에서 사고로 기억을 상실한 찰리가 병원을 탈출하여 다시 유대인 거주지역으로 돌아와 보니 주민들은 힌켈의 반유대주의 정책으로 인해 폭력과 착취에 시달리고 있다. 찰리는 페인트로 유대인 표식을 하던 독일군에게 대항하다 길거리 교수형을 당할 위기에 처하지만 때마침 그곳을 지나가던 슐츠가 자신을 구해주었던 찰리를 알아보고 구해준다. 한편 독재자 힌켈은 전 서구세계에 파란 눈과 금발머리의 아리아인만이 남아야 한다고 다짐하면서 다음 전쟁을 위해 끊임없이 신무기를 개발하게 한다. 전쟁비용이 필요해지자 그는 유대인 탄압을 잠시 중단하고 그들에게 돈을 빌리려 하지만 유대인들은 자신을 학대하는 중세 미치광이와는 거래하지 않겠다고 거절한다. 이에 힌켈은 다시 탄압을 강화하고, 슐츠는 탄압정책에 반대하다가 수용소로 끌려간다.

그 사이 힌켈은 오스트렐리히를 침략할 기회를 노리는 박테리아국의 나폴로니와 협상을 벌이다 실패하자 먼저 오스트렐리히를 침공하기 위해 국경에서 오리사냥꾼으로 변장하여 매복한다. 그 시간 수용소의 찰리와 슐츠가 장교복을 훔쳐 입고 탈옥하여 병사들이 찾아 나선다. 병사들은 오리사냥꾼으로 변신한 힌켈을 찰리로 오인하여 잡아넣고, 반면 찰리는 힌켈로 오인되어 수많은 군중 앞에서 오스르텔리히 침략 성공을 기념하는 연설을 하게 된다. 내무장관이 먼저 연설을 하면서 가치 있는 것은 승리뿐이고 민주·자유·평등은 약자의 넋두리이며 유대인은 민족의 적이라고 선동한다. 뒤이어 연단에 선 찰리는 인간성과 인류애의 회복을 촉구하는 연설을 하고, 그 연설은 라디오를 통해 세계 방방곡곡에 방송된다. 80여 년 전의 연설이지만 오늘날의 전 인류에게 하는 연설로 받아들여질 만큼 설득력이 있다. 그만큼 인간성과 인류애가 여전히 회복되지 않고 있다는 증거이다.

"미안하지만 저는 황제가 되고 싶지 않습니다. 그건 제 일이 아닙니다. 누구를 지배하거나 통치하기를 원하지 않습니다. 유대인이든, 비유대인, 흑인, 백인이든 간에 모든 사람을 돕고 싶습니다. 인간들이 그렇듯 우리는 다른 사람의 불행이 아닌 행복으로 살기를 바랍니다. 다른 사람을 미워하거나 경멸하길 원하지 않습니다… 인생을 충분히 자유롭고 아름답게 살 수 있는데 우리는 그 방법을 잃고 말았습니다. 탐욕이 인간의 영혼을 중독시키고 세상을 증오의 장벽으로 가로막고 우리에게 불행과 죽음을 밀어 넣었습니다. 모든 것이 빨라졌지만 우리는 그 속에 갇혀버렸습니다. 기계문명은 풍요를 가져왔지만, 우리는 오히려 결핍상태에 있습니다. 지식은 우리를 냉소적으로 만들고 영리함은 우리를 모질고 불친절하게 만듭니다. 생각은 많이하지만 가슴으론 느끼는 게 없습니다. 기계보다 인류애가 더욱 절실하고 지식보다는 친절과 관용이 더욱 필요합니다. 그렇지 않으면 인생은 폭력적이 되고 우리는 모든 것을 잃을 것입니다."

희극이 주는 메시지

채플린과 베니니는 지극히 비극적인 사건인 홀로코스트를 희극적 틀 속에서 다루면서 삶에 있어서 유머가 가지는 힘을 알려주고자 했다. 오랜 세월 박해와 추방을 당해온 유대인들 또한 유머를 부조리한 상황에 매몰되지 않게 하는 힘으로 여기면서 그들의 자녀들에게도 어려움에 부닥칠 때 유머를 사용하면 심각하거나 불편한 상황에서 한 걸음 떨어져 볼 수 있다고 가르쳐왔다. 실제로 유머는 인간이 이해할 수 없는 삶의 부조리한 상황들을 이겨내게 하는 힘이 되어왔다. 유대인 정신분석의인 빅터 프랭클은 아우슈비츠에서 보낸 3년의 삶을 서술한 『죽음의 수용소』에서 가족과 모든 것을 빼앗긴 상황 속에서 그와 그의 몇몇 동료들을 지탱하게 해준 힘의 하나가 바로 유머였다고 회상한다: "유머는 자기보존을 위한 투쟁에서 또 다른 영혼의 무기였다. 몇 초에 지나지 않는 것이라도 인간에게 다시 일어설 수 있는 초연함과 능력을 부여해주었다." 이처럼 우울하고 절망적인 현실을 대면했을 때 다시 일어설 수 있는 힘을 주는 유머는 인간의 자존감을 지켜주는 능력이자 인간만이 지닐 수 있는 특별한 능력이다. 인공지능이 지적능력은 폭발하고 있지만 유머를 이해할 능력은 지니지 못하는 이유이다.

유머는 고통에 함몰되지 않게 할 뿐만 아니라 고통을 웃어넘기면서 회복의 단계로 나아가게 하는 힘이다. 『탈무드』에 "모든 생물 중에서 인간만이 웃는다. 인간 중에서도 현명한 사람일수록 잘 웃는다"는 잠언이 있다. 고통을 대면했을 때 웃어넘길 수 있는 자만이 현실에 현명하게 대처할 수 있다는 것이다. 니체 또한 웃음을 신성하게 여겨 인간들에게 웃는 것을 배우기를 호소하면서 "환하게 웃는 자만이 현실을 가볍게 넘어설 수 있다. 맞서 이기는 게 아니라 가볍게 넘어서는 것이 중요하다"라고 말한다. 채플린도 같은 맥락에서 "내 삶에는 많은 문제가 있다. 그러나 내 입술은 모른다. 내 입술은 항상 웃고 있다"라는 말을 남겼고, 베니니는 고통이 있다고 해서 기쁨이 간과되어서는 안 된다고 말한다. 채플린이 웃음을 얼마나 중시하는 지는 그가 1936년에 만든 영화 〈모던 타임즈〉의 사운드 트랙곡명이 'Smile'로 붙여진 것에서도 알 수 있다. 이 곡은 선율이 너무나도 아름다운 곡으로 채플린이 푸치니의 오페라 〈토스카〉의 영향을 받아 만들면서 편곡도 푸치니 스타일로 요구했다고 한다. 제목과 가사는 추후 다른 음악가가 영화 주제를 기반으로 만들었는데, 곡 제목 'Smile'에는 인간이 자본주의에 의해 기계의 한 부품처럼 취급되고 인간성이 철저히 무시되는 현실 속에서도 웃음을 잃지 않기를 당부하는 채플린의 철학이 반영되어 있다.

채플린과 베니니가 그들의 희극을 통해 궁극적으로 말하고자 하는 것은 인생은 어떤 상황에서도 충분히 아름다울 수 있으므로 그 방법을 찾아야 한다는 것이다. 그들은 관객들이 그들의 영화를 보면서 희극과 비극 사이에서 일희일비하기보다는 피할 수 없는 고통은 웃어넘기고 기쁨은 놓치지 않으면서 긴 안목으로 인생의 아름다움을 느끼며 살아가기를 원한다. 채플린이 "인생은 가까이서보면 비극이지만 멀리서 보면 희극이다"라고 말한 것도 같은 맥락에서이다. 백미는 채플린의 다음의 말이다. 이 말 속에는 그와 베니니의 희극적 삶에 대한 철학이 압축적으로 표현되어있다: "불행해하면 인생이 너를 비웃을 것이고, 행복해하면 인생이 네게 웃음 지을 것이다. 만약 다른 사람을 행복하게 한다면 인생은 네게 경의를 표할 것이다." 우리가 귀도에게 경의를 표해야하는 이유이다.

"I have many problems in my life.
But my lips don't know that. They always smile."
- Charlie Chaplin

GOYA'S GHOSTS
TIME IS THE ENEMY
1917
WORLD ON FIRE
덩케르크
DARKEST HOUR
SUITE FRANÇAISE
love
act

6장

유럽, 대립과 통합의 역사

스패니쉬 아파트먼트, L'auberge Espagnole, 2002

개요: 코미디, 멜로 | 프랑스, 스페인 | 122분
감독: 로망 뒤리스

유럽, 대립과 통합의 역사

세계에서 두 번째로 작은 대륙인 유럽은 그 속에 44개의 크고 작은 나라들이 국경을 맞대고 있는 만큼 대립과 분쟁이 끊이지 않았다. 대륙 안팎에서 일어난 영토분쟁은 물론이고 각 나라의 왕족들 간에 국익을 위한 혼사가 빈번하게 이루어지면서 왕위계승권을 두고도 전쟁이 빈번했다. 같은 혈통을 나눈 군주들은 상황에 따라 서로 연합하거나 대립하면서 영토와 권력 앞에서는 진정한 아군도 적군도 없었다. 영국 빅토리아여왕의 경우 9명의 자식과 42명의 손주들이 유럽의 여러 왕가를 연결하고 있어 '유럽의 할머니'로 불리는데, 제1차 세계대전을 발발시킨 독일의 빌헬름 2세는 빅토리아여왕의 외손자이다. 이처럼 유럽은 로마제국이 몰락한 이후로는 하나의 거대한 세력에 의한 통합을 이루지 못하고 대립과 분열로 점철되었지만 문화적으로는 그리스 로마 문화와 기독교를 양 축으로 하는 공동의 문명을 형성해왔다. 그런 유럽에서 불과 30년 동안에 세계대전이 두 차례 일어난다.

양 세계대전의 주원인은 과열된 민족주의와 제국주의이다. 계몽주의와 프랑스혁명의 여파로 유럽 전역에 자유주의와 함께 민족주의가 퍼져나가는 한편 산업혁명이 일어나면서 잉여제품들을 수출하고 자원을 공급받을 수 있는 식민지 확보가 절실해지자 유럽 국가들 간에 제국주의 팽창경쟁이 과열된다. 제국주의가 각지에서 부상하고 있던 민족주의와 충돌하던 중에 발칸반도에서 그 도화선이 터지면서 1914년 제1차 세계대전이 발발한다. 전쟁이 끝난 후에도 배상문제 등으로 인한 갈등 요소들이 잔존하면서 불과 20년 만에 말 그대로 전 세계 거의 모든 국가가 참여한 2차 세계대전이 일어난다. 이로 인해 유럽 전역이 파탄으로 치달으면서 세계체제는 유럽 중심에서 미국과 소련 양 체제로 재편된다.

유럽은 그들 땅에서 더 이상의 전쟁이 발발하지 않도록 대립적인 민족국가 체제를 벗어나 운명을 같이하는 공동체를 결성할 필요성을 절감한다. 그 첫 단계가 1951년에 결성된 ECSC(유럽석탄철강공동체)이다. 철강이 풍부한 프랑스와 석탄이 풍부한 독일을 공동체로 묶어 군수산업의 핵심자원인 석탄과 철강을 공동 관리하면서 전쟁 재발을 막고자 한 것이다. ECSC가 성공적으로 작동하자 1958년에는 경제공동체인 EEC(유럽경제공동체)가, 1967년에는 여러 공동체를 합친 EC(유럽연합공동체)가, 1994년에는 경제는 물론 정치·경제·외교·법률 등에서도 상당한 권한을 행사할 수 있는 EU, 즉 오늘날의 유럽연합이 탄생한다. 유럽연합은 민주진영인 서유럽 중심체제에 공산진영에 속했던 중부와 동부 유럽 국가들을 대규모 경제지원과 함께 포함시키면서 민주주의와 시장경제 체제를 기반으로 하나 된 유럽을 만들고자 했다.

유럽연합은 그들의 체제가 하나의 배타적인 경제블록에 그치지 않고 초국가주의에 기인한 사회로 형성될 수 있도록 사람에게로 눈을 돌린다. 그 프로그램의 하나가 유럽연합의 젊은이들이 공동체 의식을 가질 수 있도록 소속국의 어느 대학에서든 공부할 수 있도록 지원하는 교환학생 프로그램 ERASMUS(European Region Action Scheme for the Mobility of University Students)이다. 통합 유럽인재를 육성함으로써 장차 유럽 내 협력을 강화하겠다는 큰 그림을 그린 것이다. 프로그램 명칭의 기원인 네덜란드 철학자 에라스무스는 르네상스 시대의 대표적인 인문학자로 이미 그 시절에 프랑스, 이탈리아, 영국 등 유럽 여러 나라에서 수많은 인문학자와 교류하면서 세계주의자의 면모를 나타냈다. 그의 이름에 걸맞게 에라스무스 프로그램은 유럽연합 대학생들의 국제적 경쟁력과 통합유럽의 정체성을 기르는 것을 목표로 한다. 실제로 이 프로그램을 통한 유럽 학생들 간의 활발한 교류가 하나의 사회적 현상으로 부상하면서 유럽연합의 정체성 형성에 큰 역할을 하고 있다. 유럽연합 집행위원회가 2004년에 에라스무스 교환학생들을 상대로 실시한 여론조사에 따르면, 응답자 중 국적 정체성 인식은 42%인 반면 유럽인 정체성 인식은 56%로 높아졌다.

영화 《스패니쉬 아파트먼트》는 프랑스 대학생 자비에가 에라스무스에 지원하여 스페인 바르셀로나의 한 아파트에서 유럽 각국의 젊은이들과 함께 지내면서 유럽연합 시민의 정체성을 형성해가는 과정을 보여준다. 24세의 자비에는 유럽이 하나의 정치경제공동체가 되었으므로 스페인어와 경제학을 배우면 유망한 직장을 구할 수 있다는 아버지 친구의 조언에 따라 바르셀로나의 한 대학에 교환학생으로 간다. 어렵게 구한 아파트에서 자비에는 영국·벨기에·스페인·이탈리아·독일·덴마크에서 온 학생들과 함께 지내게 된다. 자비에가 아파트에 입주하는 과정은 마치 유럽연합 회원국들이 정책 결정을 내리는 과정의 축소판 같다. 그는 기존에 거주하던 학생들과의 인터뷰를 거쳐야 했는데, 한 학생이 그의 국적을 묻자 다른 학생이 국적이 무슨 상관이냐고 타박을 준다. 국적 불문은 개별 국가를 넘어선 하나의 유럽을 지향하는 유럽연합 정체성의 기본이다. 자비에는 다른 의견들이 거침없이 오가는 자유롭고 혼란스러운 분위기에 곧바로 끌린다: "나는 곧바로 이곳이 좋았다. 어떻게 해서든 들어가고 싶었다. 그들 간의 혼란은 마치 내 안에 항상 존재했던 혼란과 똑같았다… 그들의 언쟁은 마치 어린 시절부터 내 머릿속에서 일어났던 것 같았다."

입주 학생들은 냉장고 사용과 청소 등 사소한 것부터 두 달마다 방을 바꾸는 등 모든 면에서 공평하고 민주적인 원칙을 세우고 있지만 원칙들이 잘 지켜지지는 않아 크고 작은 갈등이 끊이질 않는다. 영국인 웬디가 공동생활의 사감 역할을 하면서 원칙을 지키지 않는 친구들에게 잔소리를 하지만 그들은 크게 개의치 않는다. 그들의 공동생활은 자유로운 영혼의 젊은이들이 함께 모여 있는 만큼 남녀 간의 만남과 이별, 동성애, 미혼모, 불륜 등 그야말로 사건과 혼란의 연속이었다. 게다가 그들의 공간에 웬디의 남동생 윌리엄이 들어와 그들의 사적인 영역을 침범하고 타문화에 대한 편견을 서슴없이 내뱉으면서 분란이 더해진다. 그러나 한편으로는 같은 세대가 겪는 혼란들에 공감하고 타지에서의 문화적, 언어적 난관을 함께 겪어가면서 서로 간에 끈끈한 우정이 형성되어간다. 서로의 고민을 들어주고 조언을 해주며, 특히 영국에 있는 남자친구의 기습 방문으로 미국인과 함께 있던 웬디의 외도가 발각될 상황에 처하자 모두가 나서서 상황을 수습한다. 이러한 모습들은 역사적으로 내내 분쟁과 전쟁 속에 있던 유럽이 마침내 각자도생에서 벗어나 하나의 유럽이 되고자 하면서 외부로부터 어떤 위기 상황이 발생하면 이를 해결하기 위해 하나로 단결하는 모습을 그려보게 한다.

영화의 배경인 바르셀로나는 스페인에서 두 번째로 큰 도시이자 카탈루냐 지방의 중심도시로 유럽이 겪어온 대립과 통합의 과정을 스페인 내에서 겪어온 도시이다. 바르셀로나가 속한 카탈루냐주는 중세 봉건왕국이었다가 1714년에 스페인에 정복되지만 자신들은 스페인 타 지역과는 문화와 역사가 다르다는 인식이 강했고 언어도 달랐다. 게다가 스페인 경제지표의 30%를 차지할 정도로 부유한 지역이어서 정부가 자기 주에 과도한 세금을 매겨 다른 주에 사용하는 것에 대한 불만이 많았다. 이에 카탈루냐주는 1931년 공화국을 선포하면서 분리독립하고자 했으나 좌절된다. 1936년에는 공화파의 인민전선 내각에 반대하는 프랑코군부가 반란을 일으켜 내전이 시작되자 그에 맞서 싸우다 패하면서 카탈루냐어 사용이 금지되고 바르셀로나 민족주의도 탄압된다. 스페인내전은 파시즘과 반파시즘의 대리전이 되어 독일과 이탈리아가 프랑코군부를 지원하고 인민전선 내각은 영국과 프랑스가 물자를, 소련이 병기를, 파시즘에 반대하는 50여개국에서 국제의용군들을 지원했지만 프랑코군부의 승리로 끝난다. 스페인을 사랑하는 작가 어니스트 헤밍웨이는 내전에 종군기자로 참가한 경험을 소설 『누구를 위하여 종은 울리나』로 탄생시켰다. 1975년 프랑코가 죽고 스페인의 군사독재가 끝나자 카탈루냐어 사용금지조치가 해제되고 지방자치도 확대된다. 카탈루냐는 2017년 말 다시 분리독립을 시도했지만 성사되지는 못했다.

영화에서 교수가 카탈루냐어로 강의를 진행하자 벨기에 교환학생인 이사벨이 15명의 교환학생을 위해 표준어인 카스티야어로 강의해줄 것을 요청한다. 카탈루냐인은 표준어 사용이 가능하지만 교수는 "여긴 카탈루냐이고 카탈란어가 공식 언어야. 표준 언어를 사용하려면 마드리드나 남미로 가야지"라고 말하면서 강한 지역색을 드러낸다. 이런 상황에 대해 교환학생들 간에 토론이 벌어진다. 이사벨이 지금 유럽연합이 만들어지고 있는 마당에 카탈란을 옹호한다는 건 모순이라고 말하자, 다른 학생은 카탈루냐가 스페인의 여타 도시들과 정체성이 다름을 존중해줘야 한다고 말하면서 획일적인 정체성 추구에 반대한다. 영화는 곳곳에서 유럽연합의 정체성 문제를 언급하면서 다양한 시각을 보여준다.

오늘날의 유럽문화권을 구분 짓고 유럽을 최초로 광범위하게 통합했던 나라는 고대 로마제국이었다. 로마제국에 의해 통합된 역사적 경험은 유럽사에서 서양문명의 원천인 그리스사 못지않게 중요한 위치를 차지한다. 독일 역사학자 랑케는 신성로마제국 황제인 막시밀리안 2세에게 역사학 강의를 하면서 로마제국의 역사적 의의를 이렇게 말한다: "고대사는 많은 개울이 호수로 흘러 들어가듯 모두 로마사로 흘러 들어간다고 할 수 있습니다. 그리고 근대사는 다시금 로마사에서 흘러 나옵니다. 로마가 존재하지 않았더라면 역사는 무의미한 것이라고 저는 과감히 주장합니다." 유럽을 하나의 문화권으로 만든 로마제국이 없었다면 오늘날의 유럽은 존재하지 못했을 것이라는 로마제국에 대한 찬사이다.

고대 유럽: 로마제국의 탄생과 몰락

BC 8세기경 이탈리아 중부의 한 작은 도시에서 왕정으로 시작한 로마는 BC 6세기 초에 집정관과 원로원과 평민회로 구성된 공화정으로 변모한다. BC 27년에는 카이사르의 양자이자 후계자인 옥타비아누스가 원로원으로부터 '존엄자'라는 의미의 아우구스투스 칭호를 받고 실질적으로 황제가 되면서 로마제국 시대가 시작된다. 그 당시 공화정 시절의 가장 위대한 명장이자 지도자였던 카이사르는 젊은 나이로 집정관이 되고 갈리아전쟁을 성공적으로 이끌면서 1인 지배자가 된 후 평민들을 위한 각종 사회정책과 경제개혁들을 시도한다. 그러나 이러한 개혁들은 원로원에 불리했을 뿐만 아니라 그에게 여러 특권과 특전들이 부여되어 권력이 집중되자 왕정과 다름 없는 그의 독재를 우려한 원로원이 공화정 체제수호를 명분으로 그를 살해하면서 그의 양자인 옥타비아누스가 뒤를 잇는다.

옥타비아누스는 내심 카이사르의 후계자를 기대했던 정적 안토니우스와의 내전에서 승리하고 안토니우스와 연합한 클레오파트라의 이집트 또한 멸망시켜 로마의 영토로 만든 후 카이사르의 비극을 되풀이하지 않기 위해 내전이 종결되었으므로 자신에게 위임된 비정규적 특권을 원로원과 로마 시민에게 반납한다고 선언한다. 이에 BC 27년 원로원이 그에게 '아우구스투스'라는 존칭을 부여하면서 그는 실질적인 황제가 된다. 카이사르는 그 자신은 황제가 되지 못하고 죽었지만 옥타비아누스에게 성을 몰려주어 그의 이름이 옥타비아누스의 제호 '임페라토르 카이사르 아우구스투스'(Imperatore Caesar Augustus)에 계승되면서 황제개념의 시초가 된다. 독일어권에서 황제를 이르는 '카이저'(Kaiser)와 슬라브어권의 '차르'(Czar) 역시 그의 이름에서 유래된 것이다. 옥타비아누스가 로마의 첫 황제가 될 무렵, 유대지역에서는 그리스도가 태어나서 후일 기독교 시대를 예고한다.

로마제국은 지중해를 중심으로 유럽, 북아프리카, 페르시아와 이집트 등 당시 문명이 발생한 지역의 절반을 차지한 고대 최고의 보편제국이었지만 시작은 로마라는 한 작은 도시였다. 문명이라고 내세울 것이 없었던 로마는 그리스를 정복했을 때 도시 건축물과 예술과 학문 등 모든 면에서 뛰어난 그리스 문화를 대면하고는 큰 충격을 받으면서 로마인들 사이에 그리스 열풍이 일어난다. 부유한 귀족들은 그들의 부와 권력을 과시하기 위해 그리스 예술품들을 수집하였고, 학자와 예술가들은 그리스 문화를 적극 수용하면서 거기에 로마적인 특성을 입힌다. 로마의 시인들은 그리스 문학과 신화를 차용하면서 신화적 영웅이 아닌 카이사르나 아우구스투스 등의 현실의 영웅들을 숭배하는 서사시를 지었고, 주로 청동이나 대리석과 테라코트 등으로 만들어진 그리스조각들은 이탈리아가 고품질의 대리석 산지인 이유로 대리석으로 대거 복제되었다. 원래 그리스조각들은 색채가 다양하게 입혀졌으나 오랜 세월을 지나며 그 색채가 바라거나 소실되고 대신 대리석으로 만든 로마시절의 복제품들이 잘 보존되면서 그리스조각들이 애당초 백색 대리석 조각이었던 걸로 잘못 인식되기도 한다. 그리스 조각들은 인물을 숭배하지 않고 신들의 모습을 이상적으로 묘사하면서 보편가치를 추구하였지만 로마의 조각들은 점점 황제와 정치가 등 실존 인물들을 이상화시키는 방향으로 발전하면서 황제들을 그리스 신처럼 묘사하고 신격화시켰다. 그리스는 전쟁에 승리할 때마다 신에게 감사를 표했지만 로마는 전쟁에서 승리하면 황제의 업적을 기록하기 위해 기념비와 개선문을 세웠다. 아울러 로마는 그리스 건축물의 영향을 받아 공공시설물을 대거 세우면서 축조기술의 혁명이라고 할 수 있는 아치를 비롯한 건축토목기술을 발전시켜 콜로세움을 비롯한 엄청난 문화유산들을 남긴다.

로마인들은 본질적으로 변화와 실용을 추구하고 타문화에 대해 관용적인 민족이었다. 로마는 왕정시절부터 정복지 주민들에게 동등한 권리와 자격을 주었고, 제국시절에도 정복지를 다스릴 때 그들의 문화와 종교를 인정하고 로마시민권을 부여하는 유연함을 보이면서 제국의 통합과 번성을 이루었다. 로마는 법 문제에도 탁월하여 시민법·만민법·자연법 등을 제정하여 법에 의한 국가질서 확립의 기초를 다졌으며 그 법이 유럽 여러 나라의 법제로 계수되면서 후대까지 지대한 영향을 미친다. 결정적으로, 그들은 처음에는 다신교 전통에 어긋난다고 하여 박해했던 기독교를 국교로 공인하면서 서로마제국의 멸망 후에도 유럽을 통합하고 지배하는 정신이자 문화가 되게 한다. 로마법학자 루돌프 폰 예링은 로마제국의 통합력을 다음과 같이 요약한다:

> "로마는 세 번 세계를 제패했고, 세 번 제민족을 통합시켰다. 첫 번째는 로마민족이 아직 융성기에 있을 때 국가의 통합으로, 두 번째는 이미 쇠망한 후에 교회의 통합으로, 세 번째는 중세에 로마법의 계수의 결과로서 법의 통합으로 결합시켰다."

로마제국의 첫 번째 통합은 아우구스투스부터 제5현제 시기까지의 약 200년 동안의 '팍스 로마나'시대에 이루어진다. 카이사르 시절 끊임없는 정복전쟁으로 영토를 넓혀왔던 로마는 아우구스투스 황제가 라인강과 다뉴브강을 경계로 국경선을 확정한 후 더 이상 국경을 확장하지 않는다는 결정을 내리면서 평화의 시대를 연다. 아우구스투스는 전쟁 대신 내실을 기하여 도시계획을 세워 도로와 수도를 정비하고 건축물들을 세우면서 "나는 벽돌이던 로마를 인계받아 대리석의 로마를 남겼다"라는 말을 남긴다. 그 덕분에 로마는 오늘날까지 '영원한 도시'라는 별칭을 지니고 있다. 그의 또 다른 업적은 길이다. 초기 로마군대는 로마의 평민들로 구성되어 있었는데, 그들은 평시에는 농업에 종사했고 전시에는 병사나 공병대로 활약했다. 공병대의 임무는 점령지와 로마를 잇는 직선도로를 만드는 것으로, 그들은 산에 굴을 뚫고 골짜기에 높은 다리를 놓으면서 무려 8만 5천km의 포장도로를 닦아 후대 우화에 "모든 길은 로마로 통한다"라는 말까지 등장한다. 길은 로마인의 진취적인 정신을 나타내는 것으로, 길로 인해 정복을 완성하고 상업을 발달시켰으며 그들의 사상과 문화를 세계에 전할 수 있었다. 후일 그 길들은 유럽의 주요 도로들을 잇는 간선도로의 모체가 된다.

팍스로마나는 200년 만에 끝이 나고 무능한 황제들의 실정과 군인황제 시절이 이어지면서 로마는 쇠퇴일로로 들어선다. 군인 황제시대는 235년부터 50년간 로마제국 각지의 군대가 원로원과 민회의 승인 없이 스스로 황제를 옹립하고 폐위하면서 26명의 황제가 등극하고 살해당했던 시대로, '3세기의 위기'로도 불린다. 이처럼 로마가 내부적으로 무너지고 있던 차에 라인강과 다뉴브강의 경계에 살던 게르만족이 국경선을 위협하고 페르시아군까지 침략해오면서 로마제국은 위기에서 몰락으로 치닫는다. 로마제국의 붕괴는 게르만족의 침입이 결정타였지만 오랜 시간에 걸쳐 내부적 요인들 또한 심각하게 작용하였다. 몰락의 내부적 요인에 대해서는 역사가들마다 관점이 다르지만 정치행정체제가 거대한 보편제국이 된 로마제국을 다스릴 수 있도록 개선되지 못한 점, 사리사욕을 채우기에 바빴던 황제와 정치인들의 권력다툼과 부패, 출산율 저하와 역병으로 인한 인구 감소, 그리고 경제 파탄 등이 주요 요인으로 꼽힌다. 특히 연이은 화폐개혁은 경제파탄을 가속화시켰다.

로마제국의 주요 국가사업은 농업과 전쟁이다. 농업은 국가의 경제적 기반이었고 정복지에서 데려온 노예들은 농촌과 도시 경제의 기본노동력을 충당했다. 그런데 제국확장이 중단되어 노예공급이 줄고 노동력이 감소되면서 경제시스템이 약화된다. 게다가 자영농민들이 전장에 있는 동안 방치되어 황폐해진 농경지들을 귀족들이 헐값으로 사들이면서 농민들의 피해가 극심해지고 농업기반도 흔들린다. 토지를 잃은 농민들이 도시로 밀려들고 상공업 쇠퇴로 중산층 시민들까지 몰락하면서 도시 빈민이 증가하자 황제들이 정치적 불안을 감소시킬 방책으로 무료급식과 오락거리를 제공하는 포퓰리즘 정치를 펼치면서 국가재정까지 악화된다. 특히 대중적 인기를 위해 서민에게 아낌없이 돈을 뿌렸던 네로황제 시절에는 도시계획과 황금궁전 건축비용까지 더해져 재정이 더욱 악화된다. 이에 네로황제는 금화와 은화의 금 은 함량을 줄이는 화폐개혁을 실시하여 화폐공급량을 늘리지만 그로 인해 화폐가치가 떨어지면서 인플레이션이 일어난다. 카라칼라황제 시대에는 금과 은 함량을 더욱 줄여 통화가치가 30%나 떨어지자 구 통화가 숨으면서 인플레이션이 극심해졌고, 군인황제시절에는 은 함량이 5%까지 떨어져 통화가 제 가치를 못하자 조세를 현물로 받고 물물교환까지 이루어지면서 초인플레이션이 일어난다. 4세기에는 게르만족이 로마로 이동하여 도시들을 침략하고 약탈을 자행하자 황제들이 전비 마련을 위해 통화를 마구 발행하면서 식량 가격까지 폭등한다. 이처럼 연이은 화폐개혁은 인플레이션을 극대화시키면서 국가 경제를 파탄으로 몰고 간다.

서로마 몰락의 결정적인 외부 요인은 게르만족의 대이동이다. 4세기 말부터 중앙아시아의 훈족이 심각한 기후변화를 견디지 못해 흑해 연안과 동유럽으로 이주해오자 선주민인 게르만족이 서쪽으로 밀려나면서 로마 국경 쪽으로 대이동을 한다. 그들은 로마 국경 밖에 정착하여 살다가 점차 로마 영내로 침입하거나 이주하여 용병으로 고용되고 군사지도자도 생겨난다. 훈족과 게르만족의 침입이 계속되면서 로마가 위기에 몰리고 있던 차에 476년 게르만 출신 용병대장 오도아케르가 정변을 일으키자 로마는 어이없이 무너진다. 오도아케르는 황제에 오르는 대신 동로마를 섬기는 왕위에 오르지만 정적에 의해 곧 암살되어 서로마의 영토는 주인 없는 땅이 된다. 이에 여러 게르만족 분파들이 크고 작은 국가들을 세워 난립하면서 로마에 의해 통합되었던 유럽은 수많은 나라와 영역으로 분열되기 시작한다.

역사가 에드워드 기번은 로마 몰락의 주요인을 내부적 붕괴에 돌리고 부차적 요인으로 기독교의 승리와 게르만족의 야만주의를 꼽았다. 반면 역사가 피터 히더는 로마 몰락의 주원인을 게르만족의 침입에 두면서 5세기부터 게르만족 군대가 로마에 맞서 연합하기 시작하면서 수적으로나 전투력에 있어 로마군보다 우위에 있었다고 주장한다. 무엇이 주된 요인이든 게르만족은 진행 중이던 로마의 붕괴에 마침표를 찍고 유럽의 중세시대를 연다.

중세 유럽: 신성로마제국과 십자군원정

로마 변방의 야만인에서 서로마를 몰락시키고 유럽 각지로 뻗어나간 게르만족은 매우 호전적인 집단으로, 그들은 소규모의 집단 내에서 전투력과 지도력이 뛰어난 전사를 왕으로 선출하는 전통을 지녔다. 따라서 왕이 자리를 유지하려면 계속 전쟁을 벌여 승리해야만 했고, 왕의 자식들 가운데서도 전쟁에서 두각을 나타내는 자만이 왕위를 계승할 수 있었다. 정치학자 조홍식 교수는 저서 『문명의 그물』에서 이와 같은 게르만족의 호전적인 지배체제로 인해 전쟁이 빈번한 중세유럽에서 권력자들은 전쟁을 통해 정통성을 확인하고 영광을 내세우는 존재가 되었고, 그들이 타고난 신분의 특권을 누리는 대신 백성들을 전쟁으로부터 보호하는 것을 가장 우선적인 의무로 여기는 호환의 지배체제가 '노블레스 오블리주'(Noblesse oblige)의 근간이 되었다고 말한다.

서로마를 붕괴시킨 게르만의 반달족, 고트족, 프랑크족, 앵글로색슨족 등은 제각기 로마제국의 여러 영토로 진출하여 왕국들을 세우지만 대부분 인적 물적 자원이 부족하여 단명한 반면 오늘날의 프랑스·이탈리아·독일 지역에서 발흥한 프랑크왕국은 최초의 통일왕국을 이루고 영토를 확장해나가면서 유럽의 중심 세력이 된다. 프랑크왕국은 그들의 세력을 확장하고 공고히 하는 과정에서 기독교를 적극 활용한다. 초대왕 클로비스는 문화적으로도 수적으로도 우월한 로마계 시민들을 지배하기 위한 방안으로 기독교를 수용하여 그들이 정복한 중부유럽과 북유럽으로 확산시킨다. 메로빙거왕조를 무너뜨리고 카롤링거왕조를 세운 재상 출신의 피핀은 자신의 통치권을 공식적으로 인정받기 위해 교황 스테파누스 2세에게 왕관을 하사받으면서 그 대가로 교황에게 지금의 바티칸시국이 세워진 땅을 기증한다. 그의 아들 카를로스 1세는 고대 로마제국시절의 영토 대부분을 정복하면서 서유럽에서 이슬람세력의 교두보를 제거하고 교황을 적대적 세력으로부터 지켜줄 뿐만 아니라, 땅은 황제가 다스리고 정신은 교황이 다스리는 것으로 분리하여 교황의 종교적 수위권을 보장해준다. 이에 대한 보답으로 AD 800년에 교황 레오 3세가 카를로스 1세에게 '서로마황제'의 관을 씌워주면서 신성로마제국이 탄생한다. 교황의 황제제위 수여는 924년 황제 암살로 중단되었다가 962년 독일왕국의 오토 1세가 이탈리아왕국을 통합한 후 교황 요한 12세에게 황제 대관을 받으면서 부활되어 지속된다. 역사가에 따라서는 이때를 신성로마제국의 시작으로 보기도 한다. 신성로마제국은 로마제국과 달리 수백 개의 왕국·공국·후국·백국·자유시 등으로 구성된 연방국가 형태여서 사실상 황제의 권력은 제한적이었다.

유럽문화권에서 '황제'라는 칭호를 최초로 사용한 자는 아우구스투스이다. 당시 로마가 거의 유럽 전역을 지배하였기에 로마가 제국이 된 것은 고대 유럽이 그리스의 도시국가 형태에서 벗어나 거대한 중앙집권체제로 접어들었음을 의미한다. 그런데 서로마가 몰락하자 유럽의 왕국들은 자신들이 계승자가 되기를 원했지만 동로마제국이 로마황제 제위를 정당하게 계승하였기 때문에 선불리 자처하지는 못했다. 동로마제국은 신성로마제국이 서로마황제 칭호를 쓰는 것에 반발했지만 주위 이슬람세력이 점점 위협을 가해오자 '로마인의 황제'는 아니지만 '로마 땅의 황제'라는 칭호를 사용하는 것으로 타협한다. 그러다 보니 후일 동로마를 정복한 오스만제국이 국가 슬로건을 "로마의 나라, 로마의 땅"으로 정한 후 정교회를 법적으로 보호하고 자치교회들을 유지시키면서 자신들이 로마의 계승국임을 주장하고 나섰다. 오스만의 술탄들에게 동로마정복은 그들의 가장 큰 꿈이자 과제였는데 메흐메트 2세가 이를 실현하면서 자신을 로마황제로 칭한 것이다. 그러나 이는 유럽 입장에서는 어불성설이었다. 유럽 역사상 최강의 왕국을 세운 프랑스의 루이 14세도, 해가 지지 않는 나라의 기반을 만든 영국의 엘리자베스여왕도 국왕이었지 황제로 불리지 못했기 때문이다. 로마제국의 속주 중에서도 변방에 지나지 않아 존재감조차 없었던 영국은 이후 거대한 대영제국을 건설하였지만 로마제국의 후계자로 자처할 명분이 없어 빅토리아여왕이 인도제국의 황제 호칭을 얻는 것으로 그쳤고, 신성로마제국으로 인해 제국을 표방하지 못했던 프랑스는 1804년에 나폴레옹이 제1제국을 수립하면서 제국과 황제의 타이틀을 스스로 부여한다.

황제가 교황으로부터 대관을 받는 것은 상생의 관계이다. 황제 대관식을 교황이 주관하면 왕은 신의 선택을 받은 대리자로서 지상의 통치권을 얻는 왕권신수설을 확립하게 되고, 교회는 교황이 국왕과 신 사이를 중재하므로 세속권으로부터 독립되는 이득을 얻는다. 그러나 그들의 상생 관계는 국왕과 교황이 각자의 권한강화를 위해 당시 왕의 소관이었던 대주교 서임권을 두고 대립하기 시작하면서 무너진다. 그로 인해 신성로마제국 황제가 자신의 파문을 막기 위해 교황에게 무릎을 꿇는 '카노사의 굴욕'(1075)과, 황제가 교황청을 아비뇽으로 옮겨 7명의 교황을 그곳에 거주시키면서 황제권 강화를 알린 아비뇽 유수(1309~1377)같은 사건들이 일어난다. 게다가 십자군원정과 흑사병 등으로 교회의 권위가 떨어지자 황제들은 더 이상 교황의 황제대관에 큰 의미를 가지지 않게 된다.

신성로마제국은 가톨릭과 개신교 국가 간의 30년 전쟁으로 세력이 약화되고 있던 중 나폴레옹의 침공으로 1806년에 멸망한다. 그러나 로마제국의 계승에 대한 야망은 먼 후대까지 이어진다. 1933년 나치 독일은 자신들을 제3제국으로 부르면서 그들이 신성로마제국과 1871년에 탄생한 독일제국의 맥을 잇는다고 주장했다. 나치 독일의 문장에는 갈고리 십자가 외에 로마의 상징이었던 독수리가 있다. 파시즘을 탄생시킨 무솔리니도 정계에 진출한 후 로마제국의 위엄과 권위를 되찾는다는 명분하에 '검은 셔츠단'이 로마를 침입하는 '로마진군'을 거행하여 무혈 쿠데타를 성공시켰고 로마식 경례도 부활시켰다.

서로마제국의 멸망은 고대와 중세를 가르는 중요한 분기점이 된다. 찬란했던 고대 그리스 로마의 도시문명이 끝나고 중세 봉건제도가 시작되었기 때문이다. 로마제국이 무너진 후 서유럽사회는 강력한 중앙집권적 권력이 없는 상태에서 내분과 외적들의 빈번한 침입으로 인해 혼란과 무질서가 만연해진다. 이에 왕족과 영주계급은 안보를 위해 봉신들에게 토지를 하사하는 대신 군사적 의무와 충성을 맹세하게 하는 쌍무적 계약관계를 맺는다. 즉 상위영주인 군주는 토지를 제공하고 영주는 대신 세금과 일정 기간의 군사적 봉사를 제공하는 봉건제도가 성립된 것이다. 봉토를 물려받은 영주는 자신의 영지 내에서는 재판이나 조세 부과 등에 대해 자치적 통치권을 가지면서 지방분권체제가 형성되고, 자신들의 영지를 보호하기 위해 대규모의 지역 봉신들로 구성된 전투집단을 형성하면서 기사집단이 생겨난다. 초창기 기사들은 영주에게 약간의 영토를 하사받은 소영주들로 농민과 귀족의 중간계층이었지만 13세기부터는 귀족이 자신들을 위협하는 부유한 평민들을 견제하고자 스스로 기사가 되기를 자처하면서 기사계급의 수장이 된다. 귀족이 기사가 된 이후로는 아무나 기사가 될 수 없었고, 14세기에는 기사와 귀족 명칭을 바꿔 쓸 수 있을 정도로 두 집단이 동일화되면서 기사는 특권계급이 된다. 봉건제도하의 중세 국가들은 이처럼 일련의 영지를 기반으로 형성된 것으로 오늘날과 같은 지리적이나 문화적 연결성을 기반으로 한 '민족' 개념에 기초한 것이 아니었다. 민족이라는 개념은 봉건제도가 무너지면서 싹트기 시작하여 프랑스혁명을 기점으로 본격적으로 등장한다.

중세 봉건사회는 두 가지 주요 사건에 의해 몰락하게 되는데, 1095년에 시작된 십자군원정과 그로 인한 도시와 상공업의 발달이다. 십자군원정은 예루살렘을 정복한 셀주크 튀르크족이 예루살렘 성지순례자를 박해하고 동로마까지 공격하자 동로마황제가 로마교황에게 지원을 요청하면서 시작된다. 로마교황은 이를 그동안 로마교회와 반목했던 동방교회와 주교서임권을 두고 갈등을 일으키던 세속 군주들에 대한 영향력과 권위를 높일 기회로 판단하여 서방세계에 십자군전쟁을 호소한다. 교황의 호소는 종교적 목적 외에 정체하기 시작한 봉건사회를 타개하기 위해 새 영토가 필요했던 국왕과 봉건제후와 기사들의 욕구에 부합하였고, 상인들 또한 동방무역을 확장할 기회를 얻게 된다. 십자군전쟁은 계속되는 침략과 전쟁으로 인해 유럽 내에 만연했던 폭력을 외부로 배출하는 계기이자 부유층에게는 참회의 기회이기도 했다. 기독교에서는 부유층은 속물적 가치를 부정해야만 죄를 참회할 수 있는데, 교황 우르바노 2세가 하느님께서 원하신다면서 신의 정의를 위해 싸우다 쓰러지는 자는 죄 사함을 받는 구원의 길이 열려 있다고 선언한 것이다. 이에 부유층과 기사들이 대거 참여하면서 죄의 사면은 물론 축복 기원까지 받는 기회를 얻게 된다. 당시 서유럽에서는 반기독교세력에 대항할 군대소집의 임무와 권한이 세속군주에서 교회로 이관되었기 때문에 교황이 서유럽세계의 평화를 파괴하는 적에게 성전을 포고하였다.

십자군원정은 첫 출정에서는 예루살렘을 함락시켰으나 이후 대부분의 전쟁에서 패배하면서 결과적으로는 실패로 끝난다. 그러나 십자군원정으로 인해 동방과의 교류가 활발해지면서 유럽은 다시 도시가 발달하고 경제와 문화 또한 활기를 띠게 된다. 고대 그리스도 로마도 애당초 도시를 기반으로 발달하였지만 중세 들어 봉건제도로 인해 도시의 발달이 주춤했다가 십자군원정으로 고대 문화중심지 간의 동서교류가 다시 활발해지면서 상업도 번성한다. 특히 봉건제도가 정착되지 못한 탓에 일찍이 상업이 발달했던 이탈리아의 베네치아와 제노바의 상인들은 그들의 배로 십자군 장병들을 이동시킬 때 동양의 후추를 비롯한 향신료나 보석과 비단 등을 싣고 와서 지중해 무역을 활성화시켰다. 정치적으로는 봉건제후와 기사가 쇠퇴하고 중앙집권이 강화되면서 절대군주가 출현하였고, 문화적으로는 로마의 멸망 이후 단절되었던 동서 문화의 교류가 촉진되고 인문주의와 르네상스 운동이 일어나면서 유럽은 기독교사회의 중세에서 벗어나 근대로 진입하게 된다. 결론적으로, 십자군원정은 서양사에서 단순한 성지탈환 전쟁이 아니라 유럽이 중세 기독교문화와 봉건 사회를 벗어나 근대를 향해 발전하고 팽창하는 시작점이 된 거대한 사회운동이었다. 십자군원정을 시작으로 유럽은 대항해시대를 거쳐 제국주의시대에 이르기까지 끊임없이 외부로 팽창한다.

근대 유럽의 태동: 과학혁명, 계몽주의, 프랑스혁명

대항해시대 이전까지의 중세 유럽은 중국이나 인도의 거대 왕국들과 비교해볼 때 경제규모나 과학기술에 있어 매우 뒤처져 있었다. 인류의 4대 발명품인 종이, 화약, 나침반, 인쇄술은 일찍이 중국에서 발명되었다. 그러나 15세기 말부터 유럽 국가들이 인도를 향한 바닷길을 개척하기 시작하면서 항해에 필요한 기술과 도구는 물론 천문학과 수학적 지식이 발달하였고, 신대륙 발견 이후 신대륙과 유럽 구대륙 간에 인구와 동식물, 문물 등이 교류되는 '콜럼버스의 교환'을 통해 동식물과 감염병 등에 대한 다양한 연구들이 행해지면서 과학 전반에 걸쳐 급격한 발전이 일어난다. 역사학자 유발 하라리는 저서 『사피엔스』에서 '근대 초기에 유럽은 어떤 잠재력을 개발했기에 근대 후반세계를 지배할 수 있었을까' 라는 질문을 던지면서 그 답으로 현대과학과 자본주의를 들었다. 그는 유럽인들은 기술적인 우위를 누리기 전부터도 과학적이고 자본주의적인 방식으로 생각하고 행동하는 습관이 있었고, 그 결과 뛰어난 과학자와 정복자가 되었다고 설명한다. 과학자와 정복자는 둘 다 저 밖에 무엇이 있는지를 모른다는 무지를 인정하는 데서 출발하여 밖으로 나가서 새로운 발견해야 한다는 강박을 느끼는 자들이다. 신대륙은 그런 탐구정신에 의해 발견되면서 서세동점(西勢東漸)의 발판이 된다. 당시 거대제국인 중국과 인도의 경우 그 자체가 대륙이자 세상이며 그곳에 자원, 자본, 노동력이 모두 있었기에 굳이 외부세계로 눈을 돌릴 필요가 없었다. 이처럼 동양이 안주하고 방심한 사이에 유럽인들은 과학적 지식과 개척정신으로 무장하여 동양을 향해 나아가기 시작한다.

과학혁명이 일어난 유럽은 중세적 세계관에서 벗어나 지동설을 입증하고 신이 세상을 지배하는 것이 아니라 자연이 스스로의 법칙에 의해 움직인다는 기계론적 우주관을 확립하면서 우주의 원리를 이성을 통해 파악하기 시작한다. 다윈의 진화론은 심지어 신을 우주 설계자의 지위에서도 내려오게 만들었다. 이러한 획기적인 사고의 변화는 지적, 사회적 환경에도 변화를 일으켜 이성과 합리적 사고를 중시하는 계몽주의 사상이 등장한다. 계몽주의는 왕의 권리는 신으로부터 주어진 것이라는 왕권신수설과 인간을 불평등한 위계질서에 얽어매고 있는 구제도(ancien régime)를 비판하고 천부적 인권을 주장하면서 시민혁명의 이론적 배경을 형성하였고, 그 결실로 1789년 프랑스혁명이 일어난다.

절대왕정시대의 프랑스 신분제는 제 1신분 성직자, 2신분 귀족, 3신분 평민으로 구성되어 있었다. 인구 약 2%에 불과한 제 1, 2 신분인 성직자와 귀족은 국토의 절반과 관직을 독점하면서 면세특권을 누리는 반면 제3신분인 평민은 여전히 봉건적 속박상태에 있었다. 당시 귀족들은 왕에게 국가운영을 위한 세금을 바치는 대신 평민들에게 세금을 거둘 권리를 얻었는데, 귀족들은 그들이 바친 돈보다 더 많은 세금을 걷기 위해 영지 주민들을 가혹하게 착취하였다. 그런데 프랑스왕실이 루이 14세 때부터 막대한 부채를 물려받은 데다 궁정의 사치와 연이은 전쟁 실패로 인해 재정파탄이 일어난다. 이에 루이 16세가 성직자와 귀족들에게 임시과세를 제안하지만 귀족들은 납세를 거부하고 대신 평민들에게 증세할 것을 주장한다.

귀족들의 이기적인 태도는 굶주리고 있던 파리 시민들의 극심한 반발을 불러일으켜 부르주아를 주축으로 혁명이 일어나면서 구체제가 무너진다. 당시 부르주아는 상공업의 발달로 상당한 부를 축적하거나 교육을 받아 변호사나 교수, 의사 등의 전문직을 맡으며 귀족과 대적할 경제적 능력이나 지식을 지녔지만 여전히 신분제와 세금으로 핍박을 받자 구체제에 불만이 커지면서 시민혁명의 주체가 된다. 시민들은 파리를 탈출하려던 루이 16세와 왕비 마리 앙투아네트를 붙잡아 처형한 후 군주제를 폐지하고 공화제를 수립하여 유럽 군주들에게 큰 충격을 안긴다. 프랑스혁명 이전에도 유럽에서 군주들이 반란으로 폐위되거나 살해당하는 예들은 많았지만 시민들이 군주를 재판하여 처형한 경우는 처음이었고, 게다가 특권적 지배질서까지 무너졌기 때문이다. 혁명 이후 프랑스는 급진

공화파의 국민공회, 5인 집정관 체제의 총재정부, 나폴레옹이 쿠데타로 총재정부를 뒤엎고 세운 통령정부, 그리고 나폴레옹이 황제로 등극하는 프랑스 제1제국으로 이어진다. 황제가 된 나폴레옹은 구체제를 수호하기 위해 대프랑스동맹을 맺은 유럽 국가들에 대한 대외정벌에 나선다.

나폴레옹의 황제 등극은 혁명정신을 퇴색시킨 것이기에 많은 지식인의 반발을 샀는데, 베토벤도 그들 중 한 명이었다. 당시 독일과 오스트리아의 전제군주정치에 대해 반감을 지녔던 베토벤은 나폴레옹이 등장하자 그를 로마공화정의 위대한 집정관처럼 공화주의를 실현시킬 새로운 시대의 지도자로 여겨 교향곡을 작곡한 후 그에게 헌정하고자 필사본 표지에 "보나파르트를 위하여"라고 적는다. 그만큼 베토벤은 프랑스 혁명정신에 대한 기대가 컸다. 그러나 그가 황제에 등극했다는 소식을 듣고는 그 역시 모든 사람 위에 군림하여 폭군이 되고자 하는 평범한 인간에 지나지 않는다고 분노하면서 표지를 찢어버린 후 제목을 '영웅교향곡'으로 수정한다. 당시 베토벤은 청력을 잃은 데다 지병의 악화로 작은 마을에서 요양하면서 유서를 써놓고 이 곡을 작곡하였다. 비장한 각오로 치열하게 작곡된 교향곡이었기에 그에게는 의미가 컸던 만큼 나폴레옹의 황제 등극 소식은 그를 더욱 실망시켰다. 〈영웅교향곡〉은 개별 악장들이 확장되어 연주 시간이 50분을 넘고 감정과 내용이 더욱 깊어진 작품으로, 베토벤이 선대 하이든과 모차르트의 영향에서 벗어나 독자적인 작품세계를 구축하는 시발점이자 고전주의에서 낭만주의로 넘어가는 작품으로 평가된다. 음악사적으로도 음악가들이 귀족들의 후원을 받아 그들의 취향에 맞는 작품을 작곡하면서 교향곡 역시 30분을 넘지 않던 시대에 작곡가의 음악적 역량과 정신세계를 마음껏 표출하여 교향곡의 위상을 높이는 동시에 음악이 예술가 중심으로 넘어가는 계기가 된다. 그 역시 귀족들에게 후원은 받았지만 예술가의 자존심이 강하여 그들에게 얽매이지 않았으며, 청력을 상실한 이후로 독서와 사색에 몰두하면서 그의 음악은 더욱 깊어진다.

나폴레옹전쟁

황제의 자리에 오른 나폴레옹은 자신을 구체제의 군주들과는 달리 주권자인 국민의 뜻에 따라 통치권을 행사하는 황제로 부각시킨다. 실제로 그는 법치주의를 실행하고 스스로 최고 업적으로 여기는 법전을 만들었으며, 시민평등사상을 옹호하고 교육과 과학에서도 개혁을 이루며 많은 공적들을 세웠다. 무엇보다도 그는 자신을 혁명의 계승자로 여겨 자신의 영예와 프랑스의 영광과 혁명정신이 모두 하나라고 생각하였고, 유럽대륙을 혁명정신 아래 하나로 통합하여 오늘날의 유럽공동체와 유사한 체제로 재구성하는 것을 사명으로 삼았다. 이에 유럽 열강들이 구체제를 지키기 위해 1803년부터 5번에 걸쳐 대프랑스동맹을 결성하면서 유럽 전역에 걸쳐 전쟁이 일어나게 된다. 나폴레옹은 자신의 전쟁을 '혁명 프랑스 대 구체제 유럽의 전쟁'으로 여기면서 프랑스혁명의 연속으로 간주했지만 유럽 각 지역을 점령하는 과정에서 정복지 주민들의 자유를 억압하고 학살과 약탈을 자행하면서 그가 내세운 혁명의 대의명분이 허상임을 드러낸다. 그는 또한 가는 곳마다 수많은 예술품과 문화재들을 약탈하여 루브르박물관을 채워 루브르박물관은 한때 나폴레옹박물관으로 불리기도 했다.

루브르박물관은 원래는 궁정이었으나 1682년 루이 14세가 왕궁을 베르사유로 옮기면서 왕실 예술품을 보관하고 전시하는 공간으로 변모한다. 1692년에는 궁내에 왕립예술아카데미를 세워 예술가들을 교육시키고 배출하였으며, 1667년부터는 국립미술학교인 '에꼴 데 보자르' 졸업생들의 작품 전시를 시작으로 향후 200여 년간 국전 성격의 '살롱전'을 개최하여 뛰어난 화가들을 발굴하고 전시회를 열어주었다. 살롱전과 함께 전시작에 대한 해설과 비평이 시작되면서 현대적 의미의 미술평론도 시작된다. 1793년에는 국민공회가 루브르궁에 수집해놓은 방대한 미술품들을 국민들에게 돌려주기로 결정하면서 미술관으로 정식 발족한다.

살롱전의 심사위원들은 신고전주의에 충실한 보수적인 화풍을 선호하면서 새로운 시도나 사조에 대해서는 무척 인색했다. 당시 신고전주의를 탈피한 아방가르드 예술이 대두하여 살롱전에 새로운 화풍의 작품들이 출품되기 시작하면서 1863년에는 출품작 약 70%가 심사위원들의 엄격한 심사기준에 못 미쳐 무더기 탈락하는 사태가 일어난다. 그들 중에는 후일 사실주의와 인상주의를 대표하는 쿠르베, 마네, 피사로의 작품도 포함되어 있었다. 다수의 낙선자들이 심사결과에 항의를 하자 나폴레옹 3세는 그들의 불만을 잠재우기 위해 '낙선전'을 열어주는데, 그것이 모더니즘 예술의 길을 터주는 계기가 된다. 모더니즘의 시초로 여겨지는 인상파 또한 살롱전의 보수성에 반발하여 1874년 무명화가들이 모여 첫 민간전시회를 열면서 탄생한다. 당시 미술평론가인 루이 르로이가 모네의 〈인상, 해돋이〉를 보고 그림이 아니라 하나의 스케치에 지나지 않는다고 말하면서 그림 제목을 빗대어 "날로 먹는 장인정신이 참으로 인상 깊다"라고 혹평을 하자 화가들이 그가 냉소적으로 사용한 '인상'이란 단어를 기꺼이 선택하여 자신들의 예술 사조를 인상주의로 일컫는다.

1863년의 낙선작 중에서 부르주아계층으로 보이는 신사들과 나체의 매춘부 여성들이 숲속에서 함께 피크닉을 즐기는 마네의 〈풀밭 위의 점심 식사〉(1863)는 당시로서는 너무 외설적이고 파격적인 그림이어서 세간의 혹평과 관심을 동시에 받는다. 서양회화에서 나체는 그때까지 여신이나 님프 등 신화적 문맥 속 그려져왔기 때문에 사실적이고 대담한 현실의 여성의 나체는 매우 충격적이었다. 대부분의 비평가와 대중들은 매춘부 여성과 신사의 비도덕적인 관계를 드러낸 마네의 그림에 비난을 가했지만 당대의 전위적인 화가들과 후대화가들에는 모더니즘의 출발을 알리는 혁신적인 그림으로 인식되어 다양한 오마쥬 작품들이 탄생한다. 모네와 세잔느가 동명의 오마쥬 그림을 그렸고, 피카소 또한 이를 여러 형식으로 재해석하여 27장의 회화작품을 남겼다.

<1824년 살롱전에서 화가들에게 상을 수상하는 샤를 10세>, 프랑수아 조셉 하임, 1827

| <인상, 해돋이>, 클로드 모네, 1872

| 〈풀밭 위의 점심 식사〉 1863, 에두아르 마네

유럽대륙을 거의 장악하여 위용을 떨치던 나폴레옹은 영국과의 해전에서 패한 것에 대한 보복으로 유럽대륙과 영국과의 무역을 봉쇄시키는 대륙봉쇄령을 내린다. 그러나 경제난에 처한 러시아가 이를 어기고 영국과 무역을 재개하자 나폴레옹은 이를 응징하기 위해 1812년에 러시아로 진군한다. 무리한 러시아 원정은 그곳에서 혹독한 겨울을 지내면서 엄청난 인력과 장비와 훈련된 말 등의 손실을 가져왔고, 그로 인한 타격으로 유럽을 뒤흔들던 나폴레옹의 대장정은 일단락된다. 러시아 황제 알렉산드르 1세는 나폴레옹 군대를 물리친 것을 기념하기 위해 러시아정교 대성당을 착공시킨다. 성당은 2대를 거쳐 완성되는데, 이를 기념하기 위해 탄생한 음악이 차이코프스키의 〈1812〉 서곡이다. 이 곡에는 프랑스국가인 라 마르세예즈 선율과 대포 소리, 승리와 평화를 알리는 성대한 교회 종소리가 삽입되어 표제음악의 진수를 보여주지만 정작 본인은 애정없이 쓴 탓에 소음만 가득한 졸작으로 평하였다.

영국 BBC가 2016년에 톨스토이의 『전쟁과 평화』를 각색하여 3년에 걸쳐 제작한 동명의 드라마는 나폴레옹군대의 침략으로 혼란에 빠진 러시아 사회와 러시아의 겨울을 이기지 못하고 나폴레옹군대가 몰락하는 과정을 보여준다. 주인공 피에르는 프랑스 유학을 다녀온 후 나폴레옹 사상에 공감하여 러시아도 그와 같이 변해야 한다고 주장하지만 나폴레옹이 러시아를 침략하여 수많은 인명 피해와 불행을 초래하자 회의를 느끼고 사고의 변화를 겪은 후 프리메이슨(Freemasonry)에 가입하여 러시아 사회의 변혁에 일조하고자 한다. 프리메이슨은 공식적으로는 1717년 영국에서 창설되었는데 통상 그 기원을 13세기 말의 폐쇄적이고 강력한 내부규율로 유명한 석공 길드에서 찾는다. 조합원을 지칭하는 'freemason'은 'freestone mason'의 약어로, 정교한 조각 가공에 적합한 freestone이라는 무른 석회암을 다루는 숙련된 석공을 의미한다. 성전을 짓던 건축 장인들의 조합은 이제 박애주의와 인도주의를 추구하는 마음의 성전을 짓는 조합이 된다. 종파를 초월하여 신의 존재와 영혼불멸을 믿는 명망 높은 남성만 가입 가능했고, 교회의 타락을 비판하여 가톨릭교회의 탄압을 받기도 했으며, 지부 모임이 비밀결사로 이루어져 여러 음모론이 제기되기도 했다. 창설 당시부터 영국 왕족이 조직의 수장인 그랜드마스터를 맡아온 덕분에 수많은 유럽의 엘리트들이 프리메이슨에 가입하였다. 오늘날은 사회 각계각층의 중견인사들로 구성되어 있고 여성의 참가가 가능한 조직도 생겨났다. 2017년에는 런던 로얄알버트홀에서 그랜드마스터인 에드워드왕자 주재로 공식창설 300주년 기념식이 열렸다.

프랑스혁명이 나폴레옹전쟁을 거치면서 혁명의 이상과는 다른 방향으로 흘러가기는 했지만 그 여파로 19세기의 유럽은 자유주의와 민족주의 이념으로 뒤덮인다. 자유주의는 왕이나 국가권력에 맞서 자유와 권리를 옹호하고자 하는 저항운동이고, 민족주의는 한 민족이 단결하여 다른 민족이나 국가의 간섭에서 벗어나 민족의 독립을 이루고자 하는 저항운동이다. 유럽 전역에 민족주의와 자유주의 바람이 일자 유럽 90개 왕국과 53개 공국 대표들은 나폴레옹전쟁의 전후 처리와 보수적 질서 유지를 위해 오스트리아 빈에 모여 빈체제(1815~1848)를 성립시킨다.

빈회의는 유럽의 지배권과 영토를 프랑스혁명 이전으로 되돌리는 복고주의, 강대국들 간에 힘의 균형을 이루어 어느 한 나라가 패권을 차지하지 못하게 하는 세력균형의 유지, 계몽주의와 프랑스혁명을 통해 유럽 곳곳에 퍼진 자유주의와 민족주의 억압이라는 대원칙들을 세워 합의한다. 그러나 변혁의 움직임을 거스르지는 못해 발칸반도에서는 그리스가, 라틴아메리카에서는 스페인 식민지국가들이 대거 독립한다. 한편 프랑스에서는 1830년과 1848년에 각각 부르주아혁명과 노동자혁명이 일어나면서 공화정이 세워졌고, 오스트리아에서도 1848년에 3월 혁명이 일어나 빈회의의 주도자인 메테르니히가 축출되면서 빈체제는 막을 내린다. 이탈리아와 독일에서는 민족주의가 고취되면서 각각 1861년과 1871년에 통일을 이루며 근대국가로 탄생한다. 이탈리아는 나폴레옹이 통합하기 이전에는 수많은 도시국가로 구성되어 있었고 나폴레옹 전쟁

이후에도 유럽 강대국들이 나누어 가지면서 통합을 이루지 못하다가 세 차례의 전쟁을 통해 독립한다. 독일은 천년이 넘게 수많은 왕국과 공국, 교회령, 자유도시 등으로 분열되어 있다가 나폴레옹의 통치로 처음으로 하나의 정치권력과 법체제 아래 놓이면서 독일제국이 탄생한다. 이처럼 나폴레옹은 유럽에 큰 변혁을 일으켰지만 그 자신은 야욕으로 인해 멸망으로 치닫는다.

고야의 유령 Goya's Ghosts, 2006

개요: 드라마 | 스페인, 미국 | 113분

감독: 밀로스 포만

영화《고야의 유령》은 스페인 궁정화가인 고야의 판화와 그림을 모티브로 하여 당시 스페인의 구시대적인 사회와 변질된 프랑스혁명의 실상을 고발한다. 고야는 매우 복합적인 인물이다. 스페인 왕가의 궁정화가였지만 나폴레옹의 형인 조제프 보나파르트가 스페인 왕으로 즉위하자 그의 초상화를 그렸고, 이어 스페인에서 프랑스를 퇴출시킨 영국의 웰링턴 공의 그림을 그리기도 하여 기회주의자로 평가된다. 그러나 한편으로는 판화와 그림을 통해 당시의 부패한 교회와 시대상을 비판하고 변질된 프랑스혁명정신을 기록한 냉철한 역사의 증인이었다. 영화는 민중들을 폭압하는 가톨릭교회를 비판하는 고야의 판화 연작으로 시작한다. 그의 충격적인 판화들이 국내는 물론 로마와 멀리 멕시코까지도 공공연히 팔리자 종교재판소 성직자들은 그들의 부패상을 고발하는 고야를 악마의 대리인으로 비난한다. 그러나 그에게 초상화를 의뢰한 로렌조 신부는 그가 문제가 아니라 그의 그림에 등장하는 이단아들이 문제라며 심문을 부활시켜 이단아들을 잡아들이자고 제안한다.

이단아 색출이 시작되면서 무고한 사람들까지 희생자가 되는데, 그중의 한 명이 부유한 상인의 딸이자 고야가 초상화를 그려준 아름다운 소녀 이네스이다. 식당에서 돼지고기 먹기를 거부했다는 이유로 이단아로 잡혀간 이네스는 심문을 견디지 못해 비밀리에 유대 교리를 따랐다고 거짓자백을 한다. 구약성서에 돼지는 부정한 동물이어서 이를 먹거나 손대면 부정하다고 기록되어 있어 유대교에서 돼지고기는 금기 음식이다. 생태학적으로 중동지역은 돼지고기 사육이 힘든 지역으로, 이슬람교에서도 돼지고기를 먹지 않는다. 부유한 상인인 이네스의 아버지 토마스는 고야가 로렌조 신부의 초상화를 그린다는 사실을 알고는 그를 통해 로렌조를 집으로 초대하여 막대한 금액의 성당재건 비용을 제안하면서 딸의 석방을 부탁한다. 로렌조가 그녀가 자백해서 종교재판에 넘겨질 거라고 하자 토마스는 그것이 고문에 의한 허위자백임을 입증하기 위해 로렌조를 천장에 매달아놓고는 그에게도 허위자백을 강요한다. 고통을 참지 못한 로렌조는 "나 로렌조 까사마레스는 인간의 탈을 썼지만 사실은 침팬지와 오랑우탄의 자식으로 종교재판소를 욕보이기 위해 성직에 몸담은 것을 고백한다"라는 자백서에 서명한다. 토마스가 딸을 풀어주지 않으면 자백서를 재판소로 넘길 것이라고 말하자 로렌조는 재판관에게 이네스의 석방을 타진하지만, 재판관은 돈만 받고 석방해주지 않는다. 이에 토마스가 로렌조의 자백서를 공개하자 로렌조는 자취를 감추어버리고, 아네스는 거의 20년을 습기 찬 교회 지하 감옥에서 산다.

20년이 흐른 1807년, 나폴레옹은 포르투갈을 정복한다는 명분으로 스페인의 카를로스 4세와 동맹을 맺는다. 스페인은 나폴레옹의 군대가 스페인을 경유해서 포르투갈을 목적지로 삼고 있다고 생각했지만 동맹은 속임수였고 스페인 정복이 목적이었다. 다음해 나폴레옹은 형 조제프 보나파르트를 스페인 국왕으로 임명하였고 시민들이 이에 반대하여 봉기를 일으키자 나폴레옹 군대는 거의 5만 명에 달하는 시민들을 무자비하게 학살한다. 처음에 나폴레옹 혁명에 동조했던 고야는 그들이 저지른 만행에 분노하여 학살의 참상들을 그림으로 남긴다. 고야는 나폴레옹의 점령이 시작되기 직전 콜레라에 걸려 고열에 시달린 나머지 청력을 잃지만 "주께서 내 시력은 가져가지 않으셔서 이 모든 일을 증거하고 일어난 일을 기록하게 해주신 걸 감사드린다"며 나폴레옹군대가 저지른 살육과 폭행, 강간 행위들을 그림으로 고발한다.

대표적인 작품이 시민들의 처형장면을 그린 〈마드리드의 1808년 5월 2일〉과 〈1808년 5월 3일〉이다. 〈1808년 5월 3일〉의 구도를 사용하여 마네가 〈막시밀리언 황제의 처형〉을, 피카소가 한국전쟁을 소재로 한 〈한국에서의 학살〉을, 중국의 위에민준이 〈처형〉이라는 그림을 그렸다. 〈한국에서의 학살〉은 군인의 민간인 학살을 담은 그림으로, 학살 주체가 명확히 밝혀지지는 않았지만 피카소가 1949년에 프랑스공산당 가입이력으로 미국 입국이 거부된 경험이 있어 미군으로 추정된다. 피카소는 1937년에는 스페인 프랑크군부의 민간인 학살을 담은 〈게르니카〉를 그렸었다. 그는 두 작품들을 통해 무고한 민간인이 희생당하는 전쟁의 참혹함을 알리고자 했지만 우익의 민간인 학살은 화폭에 옮기면서 스탈린의 대대적인 민간인 학살에는 침묵했고 1950년과 1962년에 스탈린평화상과 레닌상까지 받아 정치적 편향성의 논란이 일기도 했다.

나폴레옹 군대와 함께 혁명가로 변신한 로렌조가 특별검사가 되어 돌아온다. 그는 폭압의 상징인 종교재판관에게 사형을 언도하면서 민중들에게 프랑스혁명의 이상을 전하기 위해 왔다고 외친다. 종교재판소가 없어지면서 수감자들이 석방되고 이네스도 석방된다. 그녀는 20년간의 옥고로 몸도 정신도 망가질대로 망가졌고, 로렌조의 겁탈로 감옥에서 낳은 딸은 수녀원에 보내진 후 행방도 모른다. 이네스는 집으로 가지만 가족들이 모두 살해당하여 고야를 찾아간다. 고야는 한때 그의 뮤즈였던 이네스를 집에 데리고 있으면서 그녀의 딸을 수소문한 끝에 아이가 창녀 생활을 하고 있음을 알게 된다.

| 〈1808년 5월3일〉, 파란시스코 고야, 1814

| 〈한국에서의 학살〉, 파블로 피카소, 1951

로렌조는 볼테르, 루소의 서적을 읽고 자유와 평등과 인권을 외치지만 여전히 타락한 인간이었다. 그는 자신의 현재 지위와 가족을 보호하기 위해 아네스를 정신병원에 집어넣고 딸을 비롯한 창녀들을 체포하여 미국으로 추방시키려 한다. 그러나 영국 군대가 프랑스를 몰아내면서 스페인 왕이 복귀하고 교회도 옛날로 돌아간다. 로렌조는 회개를 거부하여 처형당하고, 이네스는 창녀촌에서 발견한 아기를 자신의 딸로 생각하여 한 속에 안고 다른 한 손은 죽은 로렌조의 손을 꼭 잡은 채 수레를 따라 걸어 간다.

고야의 판화집 〈Los Caprichos〉의 43번 작품 속에는 "이성의 잠은 괴물을 낳는다"라는 문구가 적혀 있다. 이 문구에 대한 해석은 다양하다. 예술적으로는 계몽주의에 의해 억압된 꿈과 무의식의 세계가 이성에서 해방되는 낭만주의 사조의 탄생으로 해석되고, 정치적으로는 스페인을 침공한 나폴레옹 군대의 비이성적인 학살행위를 비난하는 것으로 해석된다. 프로이트적으로 해석하자면 괴물은 인간의 이성이 통제할 수 없는 무의식적인 힘으로, 특별한 사람에게만 나타나는 것이 아닌 모든 인간의 내면에 잠재된 것이다. 고야는 이성을 중시하였지만 동시에 인간을 폭력과 광기에 이르게 하는 어두운 힘을 발견하고는 판화를 통해 프로이트가 무의식의 세계를 탐구하듯 이를 집요하게 탐색했다. 계몽주의는 이성의 힘으로 괴물을 억제하고 다스리고자 하지만 이성이 방심하면 괴물은 언제든 튀어나올 수 있다. 혁명정신도 마찬가지이다. 나폴레옹은 계몽주의의 결실인 프랑스혁명 정신을 유럽정복전쟁의 대의명분으로 내세웠지만 그들이 정복지에서 행한 비이성적이고 폭력적인 행적은 이성이 잠든 괴물의 행적과 다름없어 계몽주의사상을 지지하던 진보주의자들을 깊은 회의에 빠지게 한다.

| 고야 판화집 〈Los Caprichos〉 43번, 77번

계몽주의와 프랑스혁명이 유럽의 정치적 근대화를 이루었다면 18세기 중엽 영국에서 일어난 산업혁명은 유럽의 경제적 근대화를 이룬다. 산업혁명을 통해 유럽은 농업사회에서 공업사회로 접어들고 소규모 수공업방식의 생산체제가 대규모 공장제 생산방식으로 변하면서 산업자본주의가 발달한다. 그로 인해 유럽이 여전히 전근대적 체제에 머물러 있던 중국과 인도를 누르고 경제적 우위를 차지하면서 동서양 힘의 역전이 일어난다. 특히 중세까지 유럽 변방의 섬나라에 불과했던 영국은 대항해시대 이후부터 식민지를 팽창해나가면서 발전하였고 그것이 산업혁명과 제국주의로 이어지면서 세계 영토의 1/4, 인구의 1/6 을 차지하는 역사상 유래가 없는 대제국으로 성장한다.

영국이 산업혁명의 근원지가 될 수 있었던 것은 엄청난 석탄 매장량과 증기기관의 발명, 그리고 식민지가 주요 요인으로 꼽힌다. 농업시대의 주요 동력이 사람이나 동물이었다면 산업시대의 주요 동력은 석탄과 같은 천연자원으로부터 얻어지는데, 당시 영국은 세계 석탄생산량의 90% 정도를 생산하면서 막대한 동력을 확보했다. 또한 증기기관을 발명하여 산업혁명의 시초가 된 방적기를 비롯한 기계들을 더 효율적으로 활용하면서 상품의 대량생산이 이루어졌고, 증기기관차와 철도들을 만들어 운송수단의 혁신도 일어난다. 게다가 영국은 생산된 제품들을 소비하고 원료를 싼 값으로 제공해주는 식민지까지 확보하고 있어 명실공이 '세계의 공장'으로 부상한다. 영국에서 산업자본주의가 발달한 데에는 정치적인 배경도 작용했다. 영국은 일찍이 명예혁명으로 입헌군주제를 이루어 절대권력이 사라지고 신흥 부르주아계급이 국가의 주요세력으로 자리잡으면서 꾸준히 자본을 축적해왔다. 그들은 산업혁명이 시작되자 효율적인 기계와 값싼 노동력을 최대한 활용하면서 튼튼한 자본가계급을 형성하였다.

산업혁명은 나라에 엄청난 부를 가져왔지만 자본가와 임금노동자라는 새로운 사회계층의 대립 속에서 착취와 불평등으로 인한 사회적인 문제들을 초래했다. 당시 자본가들은 더 많은 수익을 얻기 위해 공장을 쉴 새 없이 가동시키면서 여성과 아동들까지 동원하여 열악한 환경에서 노동착취를 하였고, 잉여노동으로 인한 수익을 그들이 독점하면서 빈부격차와 계층 간의 불평등은 더욱 커진다. 그 시절에 영국에 망명해 살고 있던 마르크스는 잉여가치의 한없는 추구가 노동자 착취로 이어지는 자본주의의 폐단을 지켜보면서 노동자들을 자본가와 임금노동으로부터 해방시켜줄 혁명이론을 전개한 『자본론』을 저술한다. 그는 사회계급을 '생산수단'을 소유한 유산계급인 부르주아와 그렇지 못한 무산계급인 프롤레타리아로 분류한 후, 두 계급 간의 갈등이 심화되어 극심한 계급투쟁이 발생한 후 프롤레타리아혁명이 일어나서 자본주의가 붕괴되고 공산주의가 출현할 것을 예고한다.

산업혁명 전성기의 영국 노동자와 하층계급의 비참한 삶은 여러 소설과 영화에서 볼 수 있는데, 특히 어린 시절부터 공장에서 일해야 했던 소설가 찰스 디킨스는 소설 『올리버 트위스트』, 『크리스마스 캐럴』, 『위대한 유산』 등을 통해 아동착취를 비롯한 자본주의 사회의 불평등과 모순을 가차 없이 보여주었다. 산업혁명으로 전성기를 이룬 빅토리아시대의 불편한 사회상은 미국 공영 방송사인 PBS가 제작한 영국드라마 〈빅토리아〉(2019)에도 잘 나타나 있다. 빅토리아 여왕의 즉위 시점부터 남편 알버트 공이 죽기까지의 전기를 다룬 드라마로, 허구적인 요소들이 섞여 있기는 하지만 가난과 질병에 시달리는 각박한 하층민들의 삶과 노동자들이 선거권을 요구하면서 벌인 차티스트운동 등 산업혁명 이후의 영국의 시대상과 변화하는 유럽의 모습들을 다각도로 보여준다.

산업혁명으로 인해 자본주의가 과열되고 과잉생산으로 재고가 늘어나면서 유럽 열강들 사이에 값싼 원료의 공급지이자 자국의 잉여생산물과 잉여자본의 투자처가 될 식민지 확보를 위한 제국주의 경쟁이 본격화된다. 제국과 제국주의는 식민지 지배와 억압이라는 측면에서는 본질이 동일하지만 그 기반은 차이가 난다. 제국은 고대 로마제국처럼 노예제를 기반으로 하거나 중세 스페인과 영국처럼 상업무역을 통해 식민지를 지배하는 반면, 근대의 제국주의는 산업자본주의를 기반으로 한 식민지 전쟁이다. 자본주의는 본질적으로 팽창을 전제로 하는 경제체제여서 제국주의는 자연히 식민지 쟁탈로 이어진다. 제국주의에는 적대적 민족주의가 거세지면서 식민지 경쟁에서 승리하여 자국의 민족주의 열망에 부응하고자 하는 정치적 이유도 존재한다. 당시는 국민국가의 발달과 경쟁이 과열되면서 제국주의 국가들 간에 배타적이고 공격적인 민족주의가 득세하였다. 제국주의 팽창이 절실했던 영국은 1776년에 식민지였던 미국이 독립하자 아시아와 아프리카 등지로 눈을 돌려 더 많은 식민지를 확보하고자 했고, 그 뒤로 프랑스·독일·이탈리아·미국·러시아·일본이 제국주의 경쟁에 합류하면서 세계 곳곳에서 충돌을 일으킨다. 소련을 건국한 사회주의혁명가 레닌은 제국주의 팽창정책을 자본주의 경제에서 자본가 간의 경쟁이 심화되면서 이윤율이 떨어지는 자본주의의 모순을 해외 식민지를 확보해 지연시키려는 행위로 보면서 제국주의를 '자본주의 최후의 단계'로 규정한다.

제국주의의 근저에는 백인우월주의가 있다. 당시 서구사회는 우생학과 사회진화론을 기반으로 백인우월주의가 팽배하면서 제국주의를 우수한 문명을 이룬 백인이 미개한 동양인을 교화시키기 위한 것으로 미화시켜왔다. 이러한 세태를 반영하는 시와 그림이 있는데, 1899년에 『정글북』의 저자인 영국 작가 러디어드 키플링이 발표한 시 〈백인의 짐〉과 같은 해에 영국 화가 빅터 길럼이 그린 동일한 제목의 그림이다. 키플링의 시의 내용은, 절반은 악마이고 절반은 어린애인 식민지 주민들이 백인들로 인해 기근이 없어지고 역병은 끝나고 문명의 빛을 얻게 될 것도 모른 채 증오와 불평을 쏟아내지만 백인들은 미개한 야만인들의 이득을 살피고 성과를 돕기 위해 부단히 인내하고 노력해서 삶과 죽음의 명예로운 족적을 남겨야 한다는 것이다. 동명의 길럼의 그림에는 빨간 외투의 영국인이 바구니에 중국·인도·이집트·수단인을 태우고 험난한 돌길을 앞장서서 힘겹게 걸어가고 있고, 그 뒤로 줄무늬바지의 미국인이 바구니에 필리핀·푸에르토리코·쿠바·사모아·하와이인을 태우고 걸어간다. 그들이 힘겹게 향해가는 정상에는 '문명'이 두 팔을 벌리고 그들을 기다린다. 해가 지지 않는 제국을 건설한 영국이 앞서가고 뒤늦게 식민지 쟁탈전에 나선 미국이 쫓아가고 있는 형상이다. 이에 잡지 「Life」는 백인들이 식민지인들의 등에 타고 있는 그림을 실어 제국주의의 실상을 알리고자 했지만 대부분의 국민들은 식민지 획득이 실업과 불황 같은 국내 문제를 해결하고 국가의 위신을 높여주는 것으로 여겨 제국주의에 별다른 반대를 하지 않았다.

유럽 열강들은 발칸반도와 서남아시아에서도 각축전을 벌이면서 민족주의 분쟁에 불을 붙였다. 아프리카와 중동으로 가는 길목에 있는 이 지역은 세계 대부분을 차지한 영국과 프랑스가 그때까지 패권을 장악하지 못한 곳이다. 그곳에서는 러시아, 오스트리아-헝가리, 그리고 뒤늦게 제국주의에 뛰어든 독일까지 합세하여 치열한 경쟁을 벌이고 있었다. 특히 러시아는 16세기 후반부터 20세기 초까지 오스만제국 치하에 있던 발칸반도를 13차례나 침입하여 전쟁을 벌였고, 이들 전쟁의 여파로 19세기에는 그리스를 비롯하여 세르비아, 불가리아 등이 독립하여 여러 민족국가가 탄생한다. 원래부터 다양한 민족과 종교가 혼재하고 분쟁이 끊이지 않아 유럽의 화약고로 불리던 발칸반도에 유럽 열강들이 정치적 간섭을 시작하면서 긴장은 한층 더 고조되었고, 급기야 그곳에서 1차 세계대전의 계기가 되는 사건이 터진다.

〈Life〉 표지

보수잡지 〈Judge〉에 실린 빅터 길럼의 그림

근대 유럽의 몰락: 양차 세계대전

20세기 초반 발칸반도에서는 여러 민족국가가 독립하거나 합병되면서 러시아 중심의 범슬라브주의와 이를 저지하려는 독일과 오스트리아-헝가리 중심의 범게르만주의가 대립하고 있었다. 그런 와중에 보스니아를 합병한 오스트리아가 범슬라브주의를 억압하자 세르비아를 중심으로 민족주의가 증대하면서 1914년 세르비아계 보스니아 청년이 보스니아의 사라예보를 방문 중인 오스트리아 황태자를 암살하는 사건이 일어난다. 이에 오스트리아가 독일의 지지를 업고 세르비아에 선전포고를 하자 세르비아를 보호하던 러시아 역시 총동원령을 내린다. 이후 오스트리아와 '삼국동맹'을 맺은 독일과 오스만제국이 동맹국으로 합류하고 러시아와 '삼국협상' 관계였던 영국과 프랑스, 그리고 미국과 일본이 협상국 편에 합류하면서 발칸반도에서 일어난 사건은 세계대전으로 확대된다. 삼국동맹의 하나인 이탈리아는 초기에 중립을 지키다가 이후 실리적 이유로 협상국 편에 합류한다. 전쟁에 참가한 국가들 대부분이 제국주의 국가여서 '제국주의전쟁'으로도 불린다. 레닌은 이 전쟁을 이미 분할된 식민지를 제국주의 국가들이 재분할하여 그 전리품을 차지하고자 하는 약탈전쟁으로 비난했다.

약 30개국이 참여한 1차 세계대전은 인류 전쟁의 양상을 바꾼 전쟁이었다. 이전에는 무기도 제한되고 병력보충도 한계가 있어 군인들 희생이 일정 수준에 이르면 전쟁은 종결되었다. 그러나 1차 세계대전에서는 산업과 과학기술의 발달로 탱크와 비행기와 화학무기 등의 대량살상무기들이 만들어졌고, 교통의 발달로 식민지에서 군인들을 차출하여 병력보충이 용이해졌으며, 포탄의 발전으로 밤낮없이 무차별 포격이 가해지는 살상의 전쟁이 되면서 유례없는 인적 물적 피해가 발생한다. 1차 세계대전의 가장 큰 특색은 점령 지역의 유지와 방어를 위해 파기 시작한 참호로, 주 무대인 유럽의 서부전선은 그야말로 참호전의 전장이었다. 양측은 자신들이 차지한 땅을 지키고 병력을 보호하기 위해 위쪽으로는 모래주머니를 쌓고 아래로 약 2m 깊이의 도랑을 파서 참호를 만들었고, 양측 참호 사이에는 무인지대(No Man's Land)라는 약 250m의 좁고 긴 완충지대가 있는데 철조망도 이때 만들어졌다.

참호로 요새화된 지역은 우회로가 없고 포격도 효과적이지 않아 적의 참호에 대량의 포격을 가한 후 병력을 정면으로 돌격시키는 방법밖에 없었다. 병사들은 지휘관의 명령이 떨어지면 철조망과 장애물로 두른 무인지대를 가로질러 적의 참호로 돌격을 해야 했다. 그러나 상대편 기관총의 무자비한 응사로 적진에 도달하기도 전에 전멸당하기 일쑤여서 불과 몇 미터의 땅을 뺏고 빼앗기는 과정에서 엄청난 인명피해를 낳았다. 병사들은 참호에서 먹고 자고 싸우면서 겨울에는 추위와 눈에 시달렸고 여름에는 비로 인해 진흙탕으로 변한 참호에서 겹겹이 쌓인 시체들과 함께 생활하며 감염병에 시달렸다. 포탄과 총격 속에서 군인들은 전쟁이 언제 끝날지도 모른 채 지쳐갔고 매일 죽음을 대면하며 살았다. 영화 《1917》은 이와 같은 서부전선의 실상을 보여주면서 수많은 젊은이를 정신적 고통과 죽음으로 몰아넣는 전쟁의 명분이 있기는 하는지, 설혹 있다고 해도 정당화될 수 있는 것인지를 묻는다.

1917, 2019
개요: 드라마, 전쟁 | 미국 | 119분
감독: 샘 멘데스

영화《기생충》과 함께 아카데미 작품상 후보에 올랐던 이 영화는 1차 대전 중 영국군 전령병으로 참전했던 샘 멘데스 감독의 할아버지가 들려주신 '알베리히 작전'을 기반으로 만들어졌다. 1차 대전 당시 전쟁의 주 무대였던 벨기에 해안부터 프랑스 중부까지 이어지는 300km 정도의 서부전선에서는 독일군과 연합군이 4년간 대치하면서 끝이 보이지 않는 전쟁을 이어가고 있었다. 1917년 4월 6일, 프랑스 북부의 서부전선에 주둔해 있는 영국군 8대 소속 병사 블레이크와 스코필드는 블레이크의 형이 있는 데본즈 2대대의 매켄지 중령에게 공격중지 명령을 전달하는 임무를 위해 차출된다. 데본즈 대대는 독일이 공격을 유도하기 위해 전략적으로 후퇴한 것을 모른 채 다음 날 아침 자살행위가 될 공격을 준비하고 있었다. 명령이 전달되지 않으면 1,600명의 생명이 몰살당할 상황이었다. 독일군이 통신망을 다 파괴하고 후퇴한 탓에 블레이크가 시간 내로 직접 가서 공격중지 명령을 전해야 했다.

그들이 목적지로 가기 위해서는 무인지대를 가로질러가야 한다. 시작부터 철조망 더미인 무인지대를 지나 독일군이 철수한 참호에 도착하니 그들이 떠난지 얼마 되지 않았고, 그들이 설치한 부비트랩을 쥐가 건드려 갱도가 무너지면서 스코필드가 깔린다. 블레이크의 도움으로 겨우 갱도를 탈출하여 목숨을 구한 스코필드가 자신을 차출시킨 블레이크를 원망하자 블레이크는 이런 임무인 줄 몰랐다고 사과한다. 둘은 목숨을 건 임무인 만큼 수행 후 받을 수도 있는 훈장에 대해 이야기를 나눈다. 블레이크는 훈장을 받으면 명예로울 것이라고 기대하지만 스코필드는 훈장은 한갓 쇳조각에 불과하다며 자신은 목이 말라 프랑스군인과 와인 한 병에 바꾸었다고 냉소적으로 말한다.

그들이 한 농가에 도착했을 때 3대의 비행기가 공중전을 벌인 끝에 독일 비행기가 농가로 추락한다. 그들은 적군임에도 비행사를 기체에서 꺼내어 살리고자 애썼지만 스코필드가 물을 뜨러 간 사이 독일인 비행사가 블레이크를 칼로 찔러 죽인다. 블레이크는 스코필드에게 형과 대원들을 꼭 구하고 어머니께 편지를 써달라고 부탁한다. 훈장조차 아무 의미가 없었고 마지못해 임무를 수행하던 스코필드는 이때부터 블레이크와의 약속을 지키기 위해 자신의 임무에 사명감을 가진다.

비행기가 추락하는 것을 보고 나타난 아군부대의 트럭을 얻어 타고 가던 스코필드는 다리가 끊어져 트럭이 더 이상 가지 못하자 내려서 다리를 건너가다 공격을 받는다. 그가 저격병을 죽인 후 기절했다가 깨어나니 밤이었다. 스코필드는 다시 여정에 나서면서 독일군 총격을 피해 강물로 뛰어들었고, 사투 끝에 겨우 숲으로 들어서서 데본스 2대대를 만난다. 그러나 이미 작전이 시작되어 그는 포탄이 떨어지는 지상을 가로질러 마침내 멕켄지 중령에게 명령을 전달한다. 명령을 전달받는 중령의 반응은 4년이나 지속된 참호전쟁의 참상을 그대로 보여준다. "오늘은 끝날 거란 희망이 있었다. 희망은 위험하지. 어차피 다음 주면 또 다른 명령이 내려올 테니. 이 전쟁을 끝내는 길은 하나뿐이다, 마지막 한 사람까지 죽는 것이다." 장교에게도 병사에게도 끝이 보이지 않는 전쟁은 이미 대의명분 자체가 실종되었다. 블레이크의 희생과 스코필드의 활약으로 엄청난 희생을 막았지만 다음 주면 또 다른 전쟁이 시작될 것이다. 스코필드는 나무 밑에 앉아 무사히 돌아오라는 메모가 적힌 가족사진을 본다.

《로그 투 퍼디션》, 《레볼루셔너리 로드》, 《어웨이 위 고우》 등 여정에 대한 영화를 많이 만든 샘 멘데스 감독은 영화 《1917》에서도 스코필드로 하여금 아군을 구하기 위해 달리고 또 달리게 만든다. 그를 달리게 한 것은 장군의 명령이 아닌 죽은 블레이크와의 약속이었다. 그는 참사를 막으면서 영웅이 되지만 그 전쟁은 영웅이 되는 것조차 의미가 없는, 제국주의의 탐욕이 빚어낸 인류역사를 퇴보시키는 전쟁이었다. 영화가 보여주고자 하는 것은 수많은 시체 속에서 살면서 언제 닥칠지 모르는 자신들의 죽음 또한 기다리며 하루하루를 보내는 병사들의 고통과 끝을 알 수 없는 무의미한 전쟁의 실체이다.

감독은 관객들로 하여금 두 병사의 행적을 실시간으로 체험하면서 그들의 긴장과 공포를 함께 느낄 수 있도록 영화 전체를 하나의 롱테이크로 잡는다. 따라서 스코필드가 중간에 기절하여 낮이 밤으로 바뀌는 장면을 제외한다면 관객들은 마치 그들과 함께 실시간으로 전쟁터에 있는 듯한 압도적인 몰입감을 가지게 된다. 아카데미 촬영상, 시각효과상, 음향믹싱상을 수상한 작품답게 음향과 영상의 디테일이 뛰어나고 인물과 배경의 색감을 최대한 비슷하게 표현하여 장면에 대한 집중도도 높인다. 특히 야간 추격신에서는 배경과 상황을 초현실적으로 느껴지게 그려내면서 한 평범한 군인의 전쟁서사를 마치 고대 영웅의 서사처럼 연출하는 예술성을 보인다.

1차 세계대전에서 패배한 독일은 종전 후 맺은 베르사유조약으로 인해 영토의 10% 정도를 잃고 육군 병력도 제한당했으며 천문학적인 배상금을 지불해야 했다. 이로 인해 독일은 엄청난 타격을 받지만 히틀러가 집권하면서 베르사유조약을 폐기하고 국제연맹을 탈퇴한 후 징병제도도 재도입한다. 당시 프랑스는 1차 대전으로 인해 엄청난 피해를 봤기 때문에 더 이상 전쟁을 일으키고 싶지 않아 독일과 정면으로 부딪치고자 하지 않았다. 이 틈을 타서 독일은 1938년 3월 오스트리아 합병에 성공하고 이어 독일 주민이 다수인 체코슬로바키아의 주데텐란트를 요구한다. 영국과 프랑스 정부는 팽창주의적 행보를 보이는 독일과의 직접적인 무력충돌을 피하기 위해 뮌헨에서 협상을 벌인다. 당시 독일 내에는 히틀러의 무모한 계획에 반대하여 그를 제거하려는 세력이 형성되면서 영국과 프랑스에 도움을 청하면 군사개입을 해줄 걸로 기대했다. 그러나 기대와 달리 두 국가는 당시 독일을 제압할 수 있는 힘이 있음에도 불구하고 전쟁재발을 피하기 위해 영국수상 네빌 체임벌린의 주도로 1938년 9월 30일 독일이 체코슬로바키아 일부를 점령하는 조건으로 평화협정을 체결한다. 이것이 약 일년 후 엄첨난 비극을 초래하자 역사학자들은 이 협정을 '서구의 배신'으로 일컫기도 한다.

체임벌린은 영국으로 돌아와 환호하는 군중에게 협상문을 내보이며 이것이 우리 시대의 평화의 약속이라고 외쳤지만 야당지도자인 처칠은 협상에 대해 "우리는 완전하고 절대적으로 패배했다"라고 분노한다. 당시 영국 보수당은 독일과 이탈리아의 파시즘을 공산주의 확산에 대한 방파제로 생각하여 유화정책을 펼친 반면, 처칠은 나치 독일의 군사력을 영국의 안전에 대한 위협으로 여겨 영국·프랑스·소련의 동맹을 제창하였다. 처칠의 우려대로 히틀러는 11개월 만에 약속을 어기고 폴란드를 침공하였고, 이에 폴란드의 동맹인 영국과 프랑스가 선전포고를 하면서 제2차 세계대전이 발발한다. 뮌헨협정이 성사되는 과정은 넷플릭스 영화 《뮌헨 - 전쟁의 문턱에서》(2021)에 상세히 나타나 있다.

1차 세계대전 이후 20여 년 만에 다시 일어난 2차 세계대전에는 말 그대로 세계의 거의 모든 나라가 추축국과 연합국으로 나뉘어 뛰어들면서 전 세계의 땅과 바다와 하늘이 모두 전쟁터로 변했고, 그로 인해 인류 역사상 가장 많은 인명과 재산 피해를 가져온다. 단 2주만에 폴란드를 점령한 독일은 이어 덴마크와 노르웨이를 점령하고 네덜란드와 벨기에, 프랑스까지 함락시킨다. 그러나 연합군의 마지막 보루인 영국 공격에 실패한 히틀러는 곡창지대와 석유가 필요해지자 전쟁 직전에 맺은 '독소불가침조약'을 깨고 소련을 침공했다가 추위와 식량부족으로 난항을 겪는다. 이후 독일은 유럽대륙에서도 노르망디 상륙작전으로 수비라인이 무너지면서 결국 전쟁에서 패배한다.

6천만 명이 넘는 사망자를 낳은 이 전쟁은 제국주의 전쟁이자 파시즘과 민주진영 간의 전쟁이었다. 만약 민주진영의 마지막 보루인 영국이 유럽 전역을 재빠르게 정복한 후 영국으로 다가오는 히틀러의 세력에 굴복하여 히틀러와 또다시 화해협정을 맺었더라면 오늘날의 유럽은 민주주의체제가 아닌 다른 모습이었을 것이다. 다음 세 편의 드라마와 영화는 독일군이 유럽대륙을 점령하고 영국까지 점령하기 직전까지의 위기상황들을 보여준다.

월드 온 파이어 World on Fire, 2019

개요: 드라마, 전쟁 | 영국 | TV시리즈, 57분
감독: 아담스미스

영국 BBC 드라마 〈월드 온 파이어〉는 독일군의 첫 희생지로 순식간에 정복당하고 파괴된 폴란드, 역시 단기간에 정복하지만 나치가 그곳의 예술과 문화를 즐기기 위해 폴란드와는 달리 폐허로는 만들지 않은 프랑스, 독일이 유럽 전역에서 전쟁을 일으키는 동안 정작 평온해 보이는 베를린, 그리고 직접적인 전쟁피해를 입고 있지는 않지만 전쟁의 영향 하에 있는 영국 맨체스터의 모습들을 대비시키면서 전쟁의 현장은 물론 전운이 고조되면서 긴장 속에서 살아가는 민간인들의 모습을 보여준다. 나치는 유럽 국가들을 침략하는 과정에서도 인종주의를 드러내었는데, 그들은 폴란드는 슬라브계 열등민족으로 인식하여 가차없이 학살한 반면 프랑스는 제국주의를 이룬 위대한 민족의 하나로 인식하여 학살규모가 상대적으로 작았다. 한편 베를린은 전쟁의 소용돌이에서는 벗어나있었지만 히틀러가 불치병 판정을 받은 '부적합한' 어린이와 성인들을 안락사 시키는 '자비로운 살인' 정책을 실행하면서 또 다른 비극이 벌어지고 있었다. 베를린에 주재하고 있는 미국인 종군기자는 감시와 통제 속에서도 나치가 벌이는 전쟁의 실상과 안락사 문제를 알리려 애쓴다. 드라마는 진영에 관계없이 전쟁에 투입된 어린 병사들이 서로를 죽이는 과정 속에서 포탄쇼크와 죽음의 공포에 시달리는 모습과 평범한 한 폴란드 여성이 나치에 저항하기 위해 레지스탕스에 가입하여 살인자가 되어가는 과정을 보여주면서 전쟁이 인간성에 미치는 파괴력을 드러낸다.

덩케르크 Dunkirk, 2017

개요: 액션, 드라마, 스릴러, 전쟁 | 영국, 프랑스, 미국 | 106분

감독: 크리스토퍼 놀란

크리스토퍼 놀란감독의 《덩케르크》는 2차 세계대전 중 최대 규모의 해상탈출작전인 덩케르크 철수작전을 다룬 영화이다. 1940년 5월 독일이 프랑스 전역을 함락하자 영국과 프랑스의 약 40만 연합군은 프랑스 덩케르크 해안에 9일간 고립된 채 독일군 항공기의 폭격에 시달리면서 그들을 집으로 데려갈 구조선을 기다린다. 천우신조로 독일이 내부 사정으로 며칠간 전쟁을 쉬는 틈을 타서 내륙의 연합군은 방어선을 구축하고 후방을 사수하면서 해안의 병사들의 철수를 돕는다. 당시 영국은 유럽의 마지막 보루였고 덩케르크에 파견된 영국군은 지상군 전력의 전부여서 그들을 살려야만 독일에 대항할 수 있다. 따라서 그들의 뒤를 지켜주며 탈출을 성사시킨 후방의 육군들은 덩케르크 철수작전의 숨겨진 영웅들이었다. 해안에서는 줄지어 있다가 차례가 온 병사들이 악천후 속에서 구축함에 탔다가 독일공군의 폭격과 포병사격으로 다시 물에 뛰어들어 해안으로 돌아가거나 죽는 일들이 반복되고 있었다. 전시 수상으로 선출된 처칠은 병사들을 구출할 작전을 세우면서 선박이 모자라자 선박징발령을 내린다. 이에 220척의 해군 구축함과 650척의 민간 중소형선박들이 자발적으로 참여하여 대규모 철수작전을 성공으로 이끈다.

약 34만 명의 영국 군인들을 구출한 철수작전은 2차 대전에서 가장 극적인 상황 중의 하나였다. 독일폭격기가 무차별 사격을 가하면 영국 공군들은 연료가 떨어질 때까지 따라붙으며 항전하여 학살을 막았고, 예상보다 더 많은 민간 선박이 용기 있게 나서주고 날씨도 도와주면서 기적 같은 성공을 이룬다. 당시 프랑스의 함락으로 서부전선이 완전히 붕괴되어 전면패배의 위기에 봉착해 있던 연합국은 이 작전의 성공을 계기로 항전의지를 되살렸고, 그것이 4년 후 역사상 가장 큰 해안침공인 노르망디 상륙작전으로까지 이어지면서 전쟁을 승리로 이끈다. 영화에서 기차를 타고 이동하던 한 병사는 국민들이 패배한 그들을 비난할 것으로 생각하여 창밖으로 내다보지도 못하지만 국민들은 살아온 것만으로도 충분하고 고마운 일이라며 그들을 환영해준다. 처칠은 국민들에게 보내는 연설에서 전쟁에서의 철수는 승리가 아니지만 이번 철수작전은 명백한 승리라고 말하면서 영국이 끝까지 싸워 유럽을 지킬 것을 다짐한다.

다키스트 아워 Darkest Hour, 2017

개요: 드라마, 전쟁 | 영국 | 125분
감독: 조 라이트

영화 《다키스트 아워》는 영국수상 처칠이 덩케르크 철수 작전을 세우는 과정을 상세히 담고 있다. 1940년 독일이 파죽지세로 유럽을 정복해나가자 독일의 전쟁발발을 막지 못했던 체임벌린 수상을 경질시키고 처칠을 전시내각의 수상으로 임명한다. 프랑스에서 연합군이 패배하고 본토에서 대규모 항공전이 벌어지자 내각에서는 나치 독일과 화친해야 한다는 주장이 우세해진다. 그러나 처칠은 싸우다 패한 나라는 다시 일어나지만 비겁하게 무릎 꿇는 나라는 결국 패망한다고 말하면서 타협하려 하지 않는다. 그의 소신이 내각과 당의 지지를 얻지 못하면서 무솔리니의 중재로 히틀러와 화해를 준비하는 단계까지 가자 그는 앞으로 닥칠 일을 두려워한다.

의회 연설을 앞둔 전날 밤, 고 엘리자베스 2세 여왕의 아버지인 국왕 조지 6세가 그를 찾아와서 소신대로 밀고 나가도록 격려한다. 미국 이혼녀와의 세기의 스캔들로 왕위를 포기한 형 에드워드 8세를 대신하여 어쩔 수 없이 왕이 된 조지 6세는 성격이 소심하고 말더듬증을 가지고 있었지만 독일 공군의 폭격에도 끝까지 궁에 남아 국민 곁을 지키고 격려연설을 하면서 지금까지 사랑받는 왕으로 남아 있다. 영화 《킹스 스피치》(2010)는 그가 호주 출신의 치료사 라이오넬 로그를 만나 말더듬증을 치료해나가면서 전시에 국민들에게 용기를 북돋아줄 대국민연설을 성공적으로 해내는 모습을 보여준다.

처칠은 다음날 860척의 배가 덩케르크 작전에 투입될 거라는 소식을 전해 듣고 구출작전 실시를 명령한 후 의회연설을 위해 의사당으로 가던 중에 갑자기 차에서 내려 지하철을 타서는 시민들로부터 히틀러와 결코 협상해서는 안 된다는 단호한 의견을 듣는다. 국왕과 시민들로부터 용기를 얻은 처칠은 내각을 소집해 시민들의 뜻을 전하면서 화친은 그들이 히틀러의 꼭두각시가 되고 버킹엄과 윈저궁 위에 나치 깃발이 펄럭이게 하는 것이라고 강력히 호소하여 회담거부를 이끌어낸다. 의회연설에서 처칠은 영국과 프랑스는 포기하지 않고 함께 싸울 것이며, 조국 영토의 모든 곳에서 끝까지 싸울 것이고, 혹시라도 영토가 함락당하더라도 영연방과 미국이 자유 수호에 동참해줄 것이라고 외친다. 그때까지 중립을 지켰던 미국은 1941년 5월에 무기대여법을 통과시켜 연합군에 무기를 대여해주면서 측면지원을 했고, 1941년 12월 일본이 연합군의 보급물자 차단에 대한 반격으로 진주만을 폭격하자 마침내 연합군에 합류한다. 이후 1944년 6월 연합군의 노르망디 상륙작전으로 독일이 항복하고 1945년 8월 미국이 일본에 원자폭탄을 투하하여 일본이 항복하면서 전쟁은 종결된다. 그때 처칠이 내각의 요구에 못 이겨 히틀러와 화친을 했다면 지금 유럽의 모습은 확연히 달라졌을 것이다.

양차 세계대전 이후 폐허가 된 유럽이 세계의 중심에서 물러나고 그 패권을 전쟁의 최대 수혜자인 미국과 공산주의 세력을 확장시키고자 하는 소련이 물려받으면서 민주주의 진영과 사회주의 진영이 이념적으로 대립하는 냉전시대가 시작된다. 미국은 돈으로 유럽에 침투하고 소련은 군사적으로 유럽을 위협하는 가운데 서유럽 국가들은 그들 땅에서 더 이상의 전쟁이 발발하지 않도록 대립적인 민족국가 체제를 벗어나 운명을 같이하는 공동체를 결성하기 시작한다.

현대 유럽의 탄생: 유럽공동체 결성

역사가 토니 주트는 "1차 세계대전은 낡은 유럽을 파괴했고, 2차 세계대전은 새로운 유럽의 필요조건들을 만들어냈다"라고 했다. 그의 말처럼 두 차례의 세계대전은 유럽이 구시대적인 민족주의에서 벗어나 통합 유럽의 현대사가 시작되는 계기가 된다. 2차 세계대전이 끝난 후 유럽은 평화적 질서와 재기를 위해 이전부터 제기되었던 유럽통합 구상을 마침내 실천에 옮긴다. 유럽공동시장을 주창한 프랑스 경제학자 장 모네는 "유럽은 존재한 적이 없다. 만들어져야 한다"라고 말하며 독일세력을 약화하는 대신 견고한 유럽연합체를 통해 프랑스와 유럽이 독일경제를 활용할 것을 주장한다. 그 첫 시도로 1952년에 6개국이 참여한 ECSC(유럽석탄철강공동체)가 결성되고, 1958년에는 프랑스 주도로 경제대국으로 부상한 미국을 견제하기 위한 EEC(유럽경제공동체)가 만들어진다. 당시 영국은 EEC설립을 반대하여 불참하고 1960년 EFTA(유럽자유무역연합)을 따로 만들었다가 그 다음해에 ECC에 가입하고자 했으나 프랑스의 반대로 무산된다. 프랑스는 영국을 견제할 뿐만 아니라 영국의 가입으로 인해 영국과 가까운 미국의 유럽 간섭이 심화될 것을 우려하였다. 미국은 황폐화된 유럽의 경제를 부흥시키고 공산주의 확산을 막기 위해 1947년부터 1951년까지 서유럽 16개국에 대규모 재정지원을 해주는 마샬플랜을 실시하면서 유럽에 대한 미국의 영향력을 확대하였고, 이후에도 대유럽경제원조를 계속하여 유럽 경제 깊숙이 들어와 있었다. 유럽은 마샬플랜으로 인해 4년 만에 경제가 36%나 성장하였고 영국, 프랑스, 서독, 네덜란드 등은 GDP가 15~25%까지 증가하면서 선진국으로 재기하는 토대를 마련하였다.

1967년에는 여러 공동체를 합친 EC(유럽공동체)가 출범하여 영국과 중립국들, 남유럽과 동유럽까지 가입한다. 당시 영국은 '영국병'으로 불린 노동조합과 기업 간의 반목과 유가 상승 등으로 국가경제가 최악에 이르자 유럽공동체에 의지하기 위해 1973년 EC에 가입한다. 그러나 1979년에 '철의 여인'으로 불리는 마거릿 대처 총리가 집권하면서부터 모든 문제의 원인을 비대해진 EC 시스템 탓으로 돌리는 탓에 영국과 공동체간에 갈등이 불거진다. 그녀는 EC를 지금의 유럽연합으로 바꾸려는 움직임이 일자 1988년 유럽 통합의 심장부인 벨기에의 유럽칼리지에서 연설을 하면서 강력한 반대메시지를 전한다: "우리도 유럽 유산의 계승자이지만 유럽은 프랑스, 스페인, 영국이 각자의 관습과 전통과 정체성을 지키며 긴밀히 협력할 때에 더욱 강해집니다." 대처는 초국가적 기구를 만들고 각국의 다양성을 합쳐서 가공의 유럽인을 합성하는 것은 현 시대의 가장 어리석은 일이라고 비난하면서 공동체의 파국을 예측했는데, 2016년 영국이 최초로 유럽연합을 탈퇴하면서 그녀의 예측을 현실화시킨다.

유럽 공동체의 규모가 커지자 회원국들이 자국의 이익을 우선으로 하면서 공동체 운영은 난항을 겪는다. 그러나 1989년 독일이 통일하자 유럽 국가들은 독일의 세력이 더욱 커질 것을 두려워하여 다시 유럽통합을 강화하면서 1994년 마침내 유럽연합이 탄생한다. 유럽연합은 이전의 경제공동체에서 입법·사법·행정 기능을 모두 갖춘 국가와 국제기구의 중간 형태로 발전하면서 초국가적 기능을 강화하고 공동정책을 확대시킨다. 1995년에는 유럽 국가 간에 비자 없이 왕래할 수 있는 쉥겐협정이 체결되고 각국의 공항에 내국인 전용과 같은 'EU and Schengen Only' 통로가 설치되면서 유럽 시민들은 실생활 속에서 통합된 유럽을 느끼게 된다. 1998년에는 유럽중앙은행이 창설되고, 2002년에는 공식화폐인 유로화가 도입되었으며, 2004년에는 유럽헌법이 탄생된다.

유럽통합을 주도해온 독일과 프랑스는 유럽연합 탄생 이전까지는 전통적으로 숙적이었다. 이들은 역사적으로 4차례의 큰 전쟁을 치렀는데, 그 첫 전쟁은 나폴레옹의 프로이센 침공이었다. 1806년 나폴레옹이 독일의 전신인 프로이센과 오스트리아를 침공해 신성로마제국을 무너뜨리면서 독일문화권을 프랑스에 종속시키자 북독일연방에서는 민족주의가 싹트기 시작한다. 나폴레옹의 몰락 이후 왕정복고를 노리는 빈체제로 인해 민족주의가 약화되는 듯했지만 프로이센에서는 프랑스가 격파되어야만 독일이 통일될 수 있다는 인식이 팽배했다. 당시 프랑스가 사사건건 독일 내부 문제에 끼어들어 내정간섭을 하던 중에 스페인 왕위계승문제가 도화선이 되어 독일과 프랑스 간의 두 번째 전쟁인 보불전쟁이 발발한다. 독일은 전쟁에서 승리하여 1871년 1월 프랑스의 심장부인 베르사유궁전에서 독일제국을 선포하고 통일을 이룬다. 이로 인해 프랑스는 수세기 동안 유지하던 유럽 최강대국 자리에서 밀려날 뿐만 아니라 50억 프랑의 전쟁배상금과 철과 석탄의 보고인 알자스-로렌까지 넘겨준다. 서로 주적이 된 독일과 프랑스는 1, 2차 세계대전에서도 적국으로 싸우면서 적대감이 절정에 달한다.

제1차 세계대전에서 프랑스와 독일은 협상국과 동맹국의 핵심으로 전황을 주도했는데, 협상국이 승리하면서 프랑스는 독일에 50년 전의 패배를 고스란히 갚아준다. 베르사유조약이 체결되면서 독일은 엄청난 금액의 배상금을 지불하고 알자스-로렌을 프랑스에 되돌려주어야 했다. 뿐만 아니라 프랑스는 독일이 재기 불능하도록 강경한 대독정책을 펼쳐 독일인들의 극심한 반발을 불러일으킨다. 2차 대전에서는 전세가 역전되어 독일이 파리를 점령하고 친독일정권인 비시정권이 수립되어 프랑스 본국의 2/3는 독일점령군이, 남부 1/3은 비시정부가 관할했다. 프랑스는 단 6주 만에 독일에 항복하여 자존심에 큰 상처를 입었고 프랑스인은 겁쟁이라는 모욕적인 스테레오타입까지 생겨났다. 당시 프랑스는 비시정권의 협조 하에 수십만의 프랑스인이 나치에게 총살과 강제징용을 당하고 12만 여명의 유대인이 나치에게 학살당하면서 치욕의 역사를 남긴다. 영화《러브 인 클라우즈》(2004)는 나치 치하의 레지스탕스의 활동과 파리의 모습을,《사라의 열쇠》(2010)는 프랑스에서 학살당한 유대인들의 모습을 보여준다. 프랑스가 독일에 점령되자 영국 런던으로 건너가서 망명정부인 자유프랑스를 조직하여 나치에 저항해온 드골은 1944년 8월에 파리를 해방시킨 후 제일 먼저 언론인을 비롯한 나치부역자들을 발본색원하여 응징한다. 언론을 도덕의 상징으로 여겨 첫 심판대에 올린 드골은 그들이 "난 아무 일도 안했다"고 항변하자 "바로 그것이 죄다"라고 응답하며 언론인의 침묵을 단죄했다.

유럽통합을 주장하였지만 뒤늦게 가입한 후에도 주권 간섭 등에 대해 유럽연합에 불만을 표해온 영국은 전후에 유럽 국가 중 미국과 가장 가깝게 지내면서 '특별한 관계'를 맺는다. 영국은 2차 대전 때 나치독일이 영국을 제외한 서유럽을 거의 다 점령하자 뒤늦게 참가한 미국과 함께 강적 독일에 맞서면서 혈맹관계가 되었고, 전쟁이 끝난 후에도 소련의 공산주의 세력에 함께 맞서면서 돈독한 관계가 지속된다. 전쟁 후 유럽은 폐허가 되어버린 반면 미국은 군사나 경제 등 여러 부분에서 엄청난 우위에 서면서 영국은 현실적으로 미국과 더욱 긴밀한 관계를 구축하지 않을 수 없었다. 냉전시대에 접어들면서 공산주의 확산 저지에 치중했던 처질은 특히 친미적이었다. 그의 어머니가 미국 부호의 딸로 그가 어머니에 대해 애정이 각별했던 탓도 있었을 것이다. 그는 1946년의 한 연설에서 영미 사이를 'special relationship'으로 지칭하면서 집권 2기 동안 미국을 4번이나 공식 방문했다. 'special relationship'은 현재도 영미 간의 긴밀한 정치·외교·문화·경제·군사·역사적 관계를 뜻하는 비공식 용어로 사용된다.

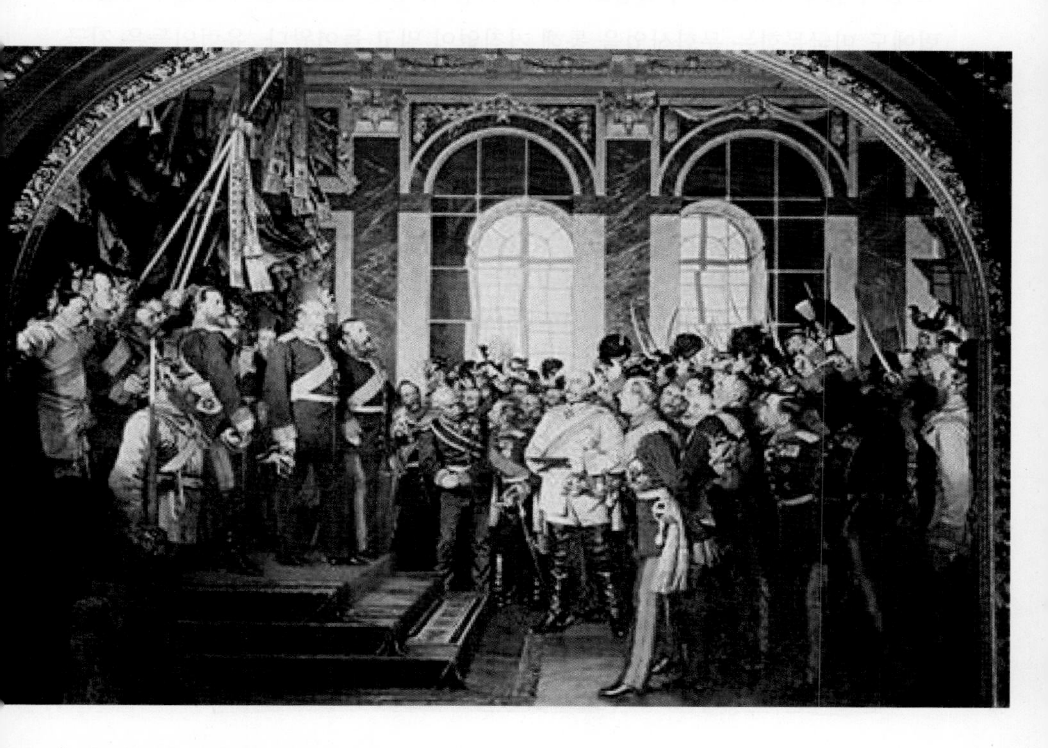

| <독일제국의 선포>, 안톤 폰 베르네, 1871

영국과 미국의 특별한 관계는 미국이 영국의 식민지였던 역사적 사실과 오늘날 두 나라의 힘의 관계가 역전된 현실로 인해 다소 미묘하다. 미국인들은 영국에 대해 정치경제적 우월감을 가지고 있고, 영국인들은 미국에 대한 문화적 우월감으로 자존심을 유지해가는 분위기이다. 그러나 1960년 이후 세계화가 급속히 진전되면서 미국 대중문화가 강력한 전파력으로 전 세계 대중들을 지배하고 있어 영국의 문화적 우월감도 위태로워진다. 실질적으로 문화의 종주국인 유럽에도 미국문화는 문화산업을 통해 거침없이 밀고 들어왔다. 유럽인들은 지금껏 미국을 물질주의적이고 비문화적이며 영혼이 없는 졸부와도 같은 존재로 여겼지만 세계를 지배하는 대세 문화를 거스르지는 못한다. 다음 두 영화는 2차 대전 당시 독일 점령하의 프랑스의 모습과 2차 대전 이후의 영국과 미국의 특별한 관계를 조명해준다.

스윗 프랑세즈 Suite française, 2014

개요: 범죄, 드라마 | 인도, 미국 | 131분
감독: 라민 바흐러니

영화 《스윗 프랑세즈》는 러시아 출신의 유대인 여성작가 이렌 네미로프스키의 미완성 유작을 스크린에 옮긴 것으로, 2차 대전 중 프랑스 마을을 점령한 독일 부대의 한 장교와 마을 여성의 이야기를 통해 전쟁이 인간성과 인간관계에 미치는 영향력을 섬세하게 그려낸다. 소설 타이틀은 독일 장교가 작곡한 피아노

소품 타이틀로 '프랑스 조곡'이라는 뜻이다. 5부작을 계획했던 작가는 1부 〈6월의 폭풍〉, 2부 〈돌체〉까지 완성한 후 1942년 아우슈비츠 수용소에서 39세의 나이로 죽는다. 1부는 파리가 독일군에게 점령당하면서 드러나는 이기적이고 비열한 부르주아 군상을 냉정하게 그리고 있고, 영화화된 것은 2부 〈돌체〉이다. 그녀의 원고는 60년이나 지난 후에 발견되어 딸의 의뢰로 출간되면서 세계적인 베스트 셀러가 된다. 감독은 원작 소설이 회고가 아니라 작가가 실제 그 시절을 겪으면서 썼고, 더욱이 그녀가 아우슈비츠 수용소의 희생자여서 더욱 특별한 책임감을 가지고 만들었다고 말한다.

영화는 파리가 독일군에게 점령당하자 피난민들이 작은 도시 비시로 몰려들면서 시작된다. 곧이어 마을에 나타난 독일군은 프랑스가 항복했음을 알리면서 무기류를 자진납부하라고 공표한다. 루실은 남편 가스통이 전쟁터에 나가면서 시어머니 앙젤리에와 함께 살고 있는데, 앙젤리에는 루실이 돈 때문에 아들과 결혼했다고 생각하여 탐탁지 않게 여긴다. 그런 시어머니와 불편한 생활을 하는 루실은 아버지가 주신 피아노로 마음을 달래며 지내고자 하지만 시어머니에게 피아노 열쇠마저 빼앗긴다. 앙젤리에는 루실을 데리고 다니면서 전쟁 통에도 어김없이 소작료를 거두러 다녀 마을사람들의 원성을 산다.

마을에 들이닥친 독일군은 주민 집을 그들의 숙소로 삼는데, 앙젤리에의 집에도 장교 브루노가 들어온다. 브루노는 전쟁이 군인에게 허용하는 '집단 악'에 동조하지 못하고 개인적 도덕성으로 인해 고뇌를 겪는 인물이다. 음악만이 유일한 위로였던 그는 앙젤리에에게 피아노 열쇠를 요청하여 밤마다 작곡을 하면서 마음의 위안을 찾는다. 음악은 그들을 이어주는 끈이 되어 루실은 피아노를 연주하는 그에게 점차 마음이 끌리고, 브루노 또한 작곡하는 곡에 그녀에 대한 애정을 싣는다. 루실이 그에게 왜 군인이 되었고 전쟁을 지지하는지를 묻자 브루노는 아버지가 군인이었고 전쟁을 지지하기보다 자신이 어쩔 수 없이 속한 공동체 의식을 지지하는 것이라고 말한다. 그는 혼자 하는 행동은 의미가 없다고 말하면서 개인적 양심과 도덕성을 묻어두고자 하지만 루실은 전쟁의 야만성과 비도덕성을 받아들일 수 없는 그의 고뇌를 간파한다. 그는 대화 중에 형제들이 모두 전쟁에서 죽었다고 밝히면서 전쟁에 동의하지 못하는 또 다른 이유를 드러낸다.

전시의 집단광기 속에서 도덕성에 둔감해진 일반 독일군과는 다른 행보를 보이는 브루노는 루실만이 자신을 이해해준다고 느끼면서 그녀에 대한 마음이 깊어지고, 루실 또한 남편의 외도 사실을 알고 힘들어하는 자신을 피아노로 위로해주는 브루노에게 마침내 마음을 연다. 그들은 시어머니가 외출하는 날 함께 시간을 보내기로 약속하여 그날 루실은 식탁에 촛불을 켜놓고 그를 기다린다. 그러나 소작인 브누아가 독일장교를 총살하고 도주하는 사건이 일어나면서 그의 부인 마들렌이 루실에게 도움을 요청하러 와서는 식탁을 보게 된다. 상황을 짐작한 그녀는 브르노가 자기 남편을 수색하는 중이어서 못 올 거라고 말하면서 부끄러운 줄 알라고 일침을 가하고 돌아간다. 그녀의 비난에 루실은 자신이 적군을 사랑한다는 현실을 깨닫고 그와의 관계를 정리한다. 이후 루실은 브누아를 숨겨주고 브루노는 그 사실을 알고도 루실을 보호해주지만 대신 시장을 처형해야 했다. 브루노는 루실이 브누아와 파리로 갈 수 있도록 도와준 후 그도 이동 명령을 받고 마을을 떠난다. 전쟁이 끝난 후 그녀는 브루노의 사망 소식을 듣게 되고, 그녀는 그가 그녀에게 남겨준 음악으로 그를 기억한다.

유대인 600만 명을 죽인 대학살자의 설계자인 나치 장교 아이히만은 그의 죄를 묻는 법정에서 자신은 군의 명령을 충실하게 따랐을 뿐 죄가 없다고 항변하면서 모든 책임을 나치 집단에 돌렸다. 철학자 한나 아렌트는 그런 아이히만의 비도덕성을 평범한 인물들이 집단체제 속에서 무비판적으로 명령에 순응하면서 타인의 고통을 헤아리지 못할 때 발생하는 '악의 평범성'으로 해석하였다.

브루노 또한 명령에 복종하고 집단의 이념을 존중해야하는 군인이지만 그것이 자신의 개인도덕과 대치될 때 무비판적으로 받아들일 수가 없었다. 그는 사유하고 타인의 고통을 헤아릴 줄 알았으며, 그 고통을 감소시키기 위한 행동도 멈추지 않았다. 이처럼 '악의 평범성'에 함몰되지 않고 인간성을 지켜내고자 하는 그의 고뇌와 노력이 루실에게 전달되었고, 또 그들 사이에 교감의 매개체인 음악이 있었기에 그들은 사랑할 수 있었다.

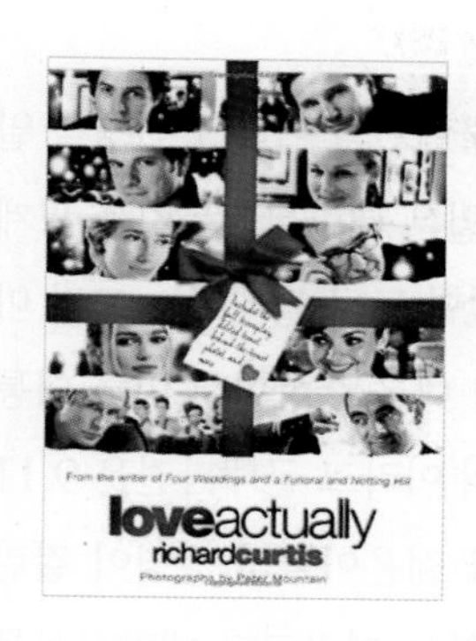

러브 액츄얼리 Love Actually, 2003

개요: 멜로/로맨스, 드라마, 코미디 | 영국, 미국 | 130분

감독: 리차드 커티스

영화《러브 액츄얼리》의 배경은 9.11테러가 일어난 직후의 크리스마스 즈음으로, 전 세계가 테러로 인한 충격에 빠져 있자 감독은 크리스마스 시즌에 벌어지는 여러 형태의 사랑을 통해 용서와 화해의 메시지를 전한다. 새로 총리로 부임한 독신인 데이비드는 솔직하게 자신의 감정과 생각을 표현하는 인턴 나탈리에게 호감을 느낀다. 그런데 영국을 방문한 미국 대통령이 나탈리를 성추행하려고 하면서 데이비드의 심기를 건드린다. 게다가 그는 공동회견장에서 미국이 영국보다 강하고 따라서 자신들이 옳다고 생각하는 일을 할 것이니 영국이 따라주면 좋겠다고 말한다. 영국을 노골적으로 무시하는 그의 오만한 태도는 당시의 영국과 미국의 '특별한 관계'의 양상을 반영한다. 영국은 양차 대전을 치르면서 과거의

초강대국의 지위에서 내려올 수밖에 없었고, 미국과 특별한 관계를 맺은 후로는 국제 정세에서 스스로의 독자 노선을 거의 포기하고 초강대국인 미국의 국제 전략에 동참하고 있었다. 나탈리뿐만 아니라 영국의 자존심까지 건드린 미국 대통령의 회견에 데이비드는 이렇게 응답한다: "유감스럽게도 관계가 악화되었습니다. 미국 대통령이 자신이 원하는 것만 취하고 영국에 중요한 모든 것들은 아무렇지도 않게 무시하니 말입니다… 친구를 위협하는 자는 더 이상 친구가 아닙니다. 힘에는 힘으로 맞서야 하므로 우리는 더 강해질 것입니다. 그리고 미국 대통령은 그것에 대비해야 할 것입니다."

영화 속의 미국 대통령은 섹스스캔들을 일으켰던 빌 클린턴과 이라크 전쟁을 일으킨 조지 부시가 합쳐진 인물이고, 미국이 하고자 하는 일은 대량살상무기를 핑계로 이라크에 군대를 파견시키는 것이다. 당시 영국 총리였던 토니 블레어는 그런 미국에 적극적으로 동조하였지만 영화 속 총리는 그 반대적 대응을 하면서 미국 대통령은 물론 블레어도 함께 조롱의 대상으로 삼는다. 미국의 이라크 군대파견은 9.11 테러에 대한 보복이라는 명분이라도 있지만 영국은 자국 젊은이들의 생명이 걸린 만큼 참전에 대한 정당한 명분이 필요했다. 이에 영국정부는 이라크가 대량살상무기로 공격을 감행할 수 있다는 보고서를 내면서 대다수 국민들이 반대하고 유엔 안전보장이사회가 승인하지 않았음에도 불구하고 미국과 함께 이라크를 침공한다. 하지만 대량살상무기 보고서가 과장된 것으로 드러나면서 블레어는 정치적 타격을 받음은 물론 '부시의 푸들'로 조롱당하기까지 한다. 블레어 총리는 영국의 외교정책이 미국을 추종하고 있다는 비판을 받자 미국과의 동맹관계는 영국 국익을 위한 것으로 영국 외교정책에 중요한 부분이라고 대응했다.

영화 《오피셜 시크릿》(2019)은 2003년 전쟁 발발 직전에 영국 정보통신본부 번역원인 캐서린이 미국 국가안보국이 유엔에서 이라크전쟁의 합법화를 이끌어내기 위해 영국 정보부에게 표결권이 있는 유엔이사국들의 약점을 캐도록 비밀도청을 지시한 기밀을 보고 이를 폭로한 실화를 다룬다. 그녀는 국민에게 명분 없는 전쟁의 진실을 알리기 위해 '공무상 비밀엄수법'을 어기고 기밀을 언론에 흘린다. 이를 기반으로 「업저브」의 기자 마틴 브라이트가 "UN 이라크전 찬성 득표를 위한 미국의 더러운 수법"이라는 기사를 써서 큰 파문을 일으키지만 교열기자가 실수로 미국식 철자를 모두 영국식 철자로 바꾸면서 조작된 기사로 취급한다. 캐서린 또한 기사가 조작된 것이라고 말하도록 강압을 받지만 그녀는 이에 굴하지 않고 인권변호사 벤 에머슨과 함께 투쟁한다. 검찰은 그녀를 기소하지만 그녀의 정보가 국가의 엄청난 잘못을 드러낸 것이어서 승소할 가능성이 없는 것을 애당초 알고 있었다. 결국 검찰이 재판 중에 기소를 취하하면서 그녀는 무죄가 된다.

영화는 곳곳에서 신선한 자기비하와 대상에 성역이 없는 영국 유머들을 표출하면서 재미를 더해준다. 영국식 유머는 아이러니, 조롱, 위트, 자기비하 등을 적절하고 정교하게 사용하면서 역설적으로 인간의 어리석음과 나약함을 관용과 자비심으로 웃어넘기게 한다. 그들은 여왕까지도 스스럼없이 유머의 대상으로 삼을 만큼 계급이나 지역, 문화적 구분 없이 조롱을 가하면서 그들의 역사는 물론 사회에 존재하는 갈등과 그에 대한 영국인들의 기저심리를 파악할 수 있게 한다. 문화인류학자인 케이트 폭스는 저서 『영국인 발견』에서 영국인의 유머는 현실을 너무 적나라하게 나타내어 유머가 밝지 않고 패배적이고 독하기까지 한 면도 있지만 "영국인들은 혁명 대신 야유를 가졌다"라고 말할 만큼 유머를 통해 자기 자신을 표현하고 나아가 정치사회적 변화를 이끌어내고 있다고 말한다. 이처럼 영국인에게 유머는 단순한 재미를 넘어선 일종의 삶의 방식으로, 그들은 진지함을 금기시하고 생활의 모든 것을 농담의 소재로 삼으면서 웃어넘긴다. 니체는 인간의 약점을 유머로 포장하게 되면 자기 자신에 대한 거리두기로 삶을 가볍게 만들 수 있다고 했다. 끊임없이 자신을 발전시켜야 하고 자신의 실패를 용납하지 못하는 미국인들이 영국인들처럼 스스로를 조소할 줄 안다면 그렇게 많은 시간을 정신과 상담에 쏟지 않을 것이라는 말은 괜한 소리가 아니다.

유럽의 미래, '좋은 유럽인'

유럽인들은 전쟁을 방지하고 예전의 영광을 되찾기 위해 마침내 하나로 뭉쳤다. 통합된 유럽에서 그들에게 주어진 가장 주요한 과제는 국적을 넘어선 유럽인 정체성을 창조해내는 것이다. 그 답은 니체가 추구했던 '좋은 유럽인'에서 찾을 수 있다. 니체는 1886년 자신의 어머니에게 보내는 편지에서 "아마도 제가 좋은 독일인은 아닐지 모르지만, 그러나 좋은 유럽인입니다"라고 썼다. 그는 당시 민족주의와 인종주의가 기승을 부리자 이를 세기의 질병으로 지목하면서 '좋은 유럽인'이 되기 위해서는 국가를 초월해 살아야 할 뿐 아니라 모든 애국주의적 속박으로부터도 벗어나야 한다고 말한다. 마치 오늘날의 통합된 유럽이 추구하는 정체성을 규정해주는 듯하다.

하나 된 유럽은 이제 그 안에 존재하는 다양한 정체성의 차이를 존중하는 동시에 유럽공동체의 정체성을 형성해야 한다. 그러기 위해서는 먼저 유럽의 복잡한 역사를 통해 형성된 각 국가 간에 가지고 있는 편견과 고정관념에서부터 벗어나야 할 것이다. 《스패니쉬 아파트먼트》에서 영국인 웬디의 동생 윌리엄은 누나를 방문하여 웬디의 방에 거주하면서 다른 나라의 학생들에게 그들 국가에 대한 고정관념을 언급하여 그들을 불쾌하게 만든다. 윌리엄은 기차에서 스페인 사람들과 처음 얘기를 나눠보고서는 스페인인은 거만하다고 평하고, 독일인은 뭐든지 정돈되어 있어야 하며, 이탈리아인은 지저분하다는 말을 거침없이 내뱉어 분란을 일으킨다. 심지어 독일학생 앞에서 영국에서는 기차도 버스도 모든 게 느리지만 독일에서는 히틀러가 버스와 기차가 정시운행이 되도록 만들었다고 말하면서 히틀러까지 소환해낸다. 독일인에게 히틀러와 나치에 대한 언급은 일종의 금기사항으로, 공공장소에서 히틀러식 인사를 할 경우 3년 이하 징역까지도 가능하다. 윌리엄이 드러내고 있는 민족적 편견은 오늘날의 유럽 통합에 있어 하나의 큰 장애요소이다. 그런데 재미있는 사실은 자신들의 스테레오타입에 불쾌해하던 그들이 공통적으로 미국에 대해 편견을 드러낸다는 것이다. 웬디가 영국에 남자친구가 있음에도 미국남자와 외도를 하자 그들은 일제히 그녀가 마치 야만인과 사귀는 듯 경멸감을 보였다. 그러나 이에 아랑곳하지 않고 미국인과의 육체적 만남을 즐기는 웬디의 모습은 그들이 문화적으로 열등하다고 여기는 미국과 특별한 관계를 유지하는 영국을 풍자하는 듯하다.

창설 당시 '유토피아적 미래'로 주목받았던 유럽연합은 2008년 리먼브라더스 사태 이후 발생한 남유럽국가들의 경제위기와 남북 유럽 간의 경제적 격차, 2015년 이후의 난민사태, 이슬람 테러 등 여러 난제에 직면하고 있다. 과거 찬란한 역사를 지녔던 그리스·이탈리아·스페인 등의 남유럽국가들이 심각한 경제위기를 겪는 가운데 2015년에는 그리스가 국민투표로 유럽연합의 구제금융안을 거부하면서 유럽연합을 탈퇴할 위기에까지 이른다. 난민문제 또한 재정위기만큼이나 유럽연합의 갈등과 위기를 불러왔다. 지중해를 끼고 북아프리카와 중동 일대를 마주 대하고 있는 남유럽은 난민들이 유럽으로 들어가는 관문으로, 자신들의 경제도 어려운데 난민들이 몰려오면서 경제상황이 악화되고 치안도 불안해진다. 난민들이 가고 싶어 하는 최종목적지인 유럽 중심국들 또한 몰려드는 난민으로 인한 경제적 부담과 치안 불안으로 반난민정서가 심화되면서 극우당과 신민족주의가 부상한다.

유럽의 극우들은 유럽연합의 난민정책에 대해 유럽사회가 그들이 과거에 저질렀던 제국주의, 식민지 수탈, 세계대전, 인종주의에 대한 책임감으로 스스로를 비하하고 있다고 반발한다. 『유럽의 죽음』의 저자 더글라스 머레이는 유럽 정치인들이 과거 만행에 대한 죄책감과 인도주의라는 완벽한 방패막에 숨어 난민과 이주민들을 무분별하게 받아들이고 있어 자살 중이라고 말하면서 유럽의 주인이 백인 유럽인이 아닌 무슬림으로 바뀌고 있다고 경고한다. 이런 상황에서 유럽공동체 정신에서 민족주의로의 회귀를 상징하는 사건이 일어난다. 2016년 영국이 국민투표를 통해 유럽연합을 탈퇴하기로 결정한 것이다. 영국은 경제위기에 빠진 남유럽 국가들에 대한 구제금융으로 재정분담금이 늘어날 뿐만 아니라 난민수용과 복지 등의 문제들이 가중되고, 게다가 과거 대영제국의 영광을 그리워하는 보수적인 국민들이 독일이 유럽연합을 주도하여 영국의 입지가 좁아지는 것에 반발하면서 유럽연합을 탈퇴하는 브렉시트(Brexit)에 대한 여론이 형성되어 왔다. 이에 당시 총리였던 데이비드 캐머런은 총선에서 보수 세력을 결집하기 위해 브렉시트 국민투표를 공약으로 걸고 총선을 치르면서 승리한다. 이후 공약대로 투표가 진행되었고, EU 잔류파인 그의 예상과는 달리 탈퇴로 결정이 나면서 그는 사임한다. 투표 당시 이슬람국가 터키가 유럽연합에 가입할 거라는 가짜뉴스가 퍼지면서 탈퇴에 힘을 싣기도 했다. 영국은 승인 절차와 전환 기간을 거쳐 2020년 1월 31일 유럽연합에서 최종적으로 탈퇴하였다.

유럽연합의 미래 전망은 브렉시트를 초래한 국가 이기주의와 인종주의를 넘어서서 '좋은 유럽인'을 양산하는 것이다. 이를 위해 그들은 에라스무스 프로그램을 실시하고 결속에 대한 논의를 이어가면서 진정으로 하나 된 유럽을 위해 노력하고 있다. 영화 《스패니쉬 아파트먼트》에서 감독은 에라스무스 프로그램을 통해 성장한 자비에를 통해 그가 생각하는 좋은 유럽인의 한 유형을 보여준다. 교환학생을 마치고 돌아온 자비에는 안정적인 삶이 보장된 공무원직을 하루만에 저버리고 어렸을 때부터 꿈꾸던 작가가 되기로 결단을 내린다. 물질이 인간의 창조적 정신과 감정을 압도하는 작금의 현실에서 그는 물질적 안락함에 만족하는 '최후의 인간'이 되기를 거부한 것이다. 니체는 『차라투스트라는 이렇게 말했다』에서 인간을 창조적 모험을 즐기고 자신을 넘어서기 위한 어떤 고통과 도전도 마다않고 즐기면서 새로운 가치를 창조해내는 초인과 자신을 넘어서는 어떤 것에 대한 열망도 없이 현재 자신이 가진 물질적 행복과 소소한 즐거움과 존재의 안락에 만족하여 아무 것도 시도하지 않는 '최후의 인간'으로 구분하면서 '최후의 인간'에 머무르지 말고 초인을 지향할 것을 호소하였다.

자비에는 바르셀로나에서 돌아온 후에도 1년 전과 마찬가지로 여전히 혼란의 상태에 있다. 달라진 것은 이제 그의 시야가 한층 넓어져 자신을 프랑스이자 유럽인으로 인식하게 된 것이고, 인생의 진로에서도 도전을 두려워하지 않게 된 것이다: "유럽 푸딩. 나는 프랑스인이고 스페인인이고 네덜란드인이다. 나는 하나의 정체성이 아닌 여러 정체성을 지닌다. 나는 유럽과 같이 그 모든 것이 뒤섞여 엉망인 상태이다." 혼란은 여전하지만 그 혼란은 이제 그의 성장 동력이 된다. 감독은 유럽이 현재 겪는 혼란도 성장의 동력이 되기를 바랄 것이다. 감독은 활주로를 달리는 자비에의 모습을 통해 현실에 안주하고 물질적 지배를 받는 '최후의 인간'이 아닌, 창조적이고 열려있고 다양한 정체성을 수용하는 젊은이를 유럽연합이 지향하는 '좋은 유럽인'으로 그려내고 싶었던 것 같다.

문명비평가인 제러미 리프킨은 저서 『유러피언 드림』에서 자비에가 보여준 것과 같은 에라스무스 세대의 행보를 부의 축적이 아니라 인간의 정신고양을 추구하고, 영토의 확장이 아닌 인간적인 공감대의 확장을 지향하며, 지속가능한 개발과 삶의 질과 상호의존 관계에 가치와 초점을 두는 '유러피언 드림'으로 규정한다. 그는 개인의 물질적 성공을 지나치게 강조한 나머지 "일하기 위해 살게" 하고 사회복지를 외면하는 아메리칸 드림과 "삶의 질을 누리고, 서로의 문화를 존중하며, 자연 세계와 지속 가능한 관계를 형성하고, 다른 사람들과 평화롭게 사는 것"을 추구하는 유러피언 드림을 비교하면서 미국인들을 '최후의 인간' 형으로, 유럽인들을 '좋은 유럽인'의 모습으로 구분하고 있다. 그는 유러피언 드림을 유럽뿐만 아니라 새로운 국제환경에 따라 변화하는 세계에 대한 비전이자 패러다임으로 제시하면서 유럽적 가치를 인류보편성과 등식화시키는 유럽중심주의적 사고를 보이기도 한다.

미국인인 그가 아메리칸 드림의 문제점을 날카롭게 지적하고 유러피언 드림을 전 세계적인 해결책으로 내세우는 것은 흥미롭지만 국가이기주의와 인종으로 인한 증오와 갈등이 잦아들지 않고 있는 오늘 날의 유럽을 보면 그의 유러피언 드림이 전적으로 유럽의 현실을 대변하고 있다고 보기는 어렵다. 유럽은 통합 이후에도 이민자와 난민문제나 기후변화 등의 문제로 회원국들 간의 갈등이 깊어지고 있고, 포퓰리즘과 극우파의 부상으로 유럽 단합의 상징인 유럽의회의 분열이 심화되고 있으며, 2019년 코로나가 발생하자 공동체 의식은 사라지고 제각기 국경을 걸어 잠그면서 각자도생하는 모습을 보였다. 그들이 유러피언 드림을 실현하기 위해서는 리프킨이 생각하는 유럽의 모습과 오늘날의 유럽의 현실 간의 괴리를 좁혀가야 하는데, 그러기 위해서는 유럽연합을 이끌어나갈 에라스무스 세대가 여전히 기승을 부리는 민족주의와 인종주의라는 세기의 질병과 국수주의적 속박에서 벗어난 '좋은 유럽인'이 되어서 인류가 하나의 종으로 살아가야 한다는 사실을 인식하고 실천해야 할 것이다.

03 PART

현대, 그리고 가까운 미래의 이야기

STEPHANE AUDRAN
BIRGITTE FEDERSPIEL
BABETTE'S
FEAST
A FILM BY
GABRIEL AXEL
Délicieux
예상치 못한 셰프들의 만남
마침내 미슐랭 스타에 도전하다!
더 셰프
11월 5일 대개봉!
sundance
/the
social
dilemma
SEPT 9 | NETFLIX
Why don't you come by agai
a whole new menu just for y

7장

미식문화와 소셜미디어

아메리칸 셰프, Chef, 2014
개요: 코미디 | 미국 | 114분
감독: 존 파브로

미식문화와 소셜미디어

21세기 들어 급성장한 문화 트렌드로 미식문화와 소셜미디어를 들 수 있다. 이 두 문화현상은 상호작용을 하면서 현대인의 삶에 지대한 영향을 미치고 있지만 그 연혁에 있어서는 큰 차이가 있다. 소셜미디어가 현대사회의 창조물이라면 미식은 인류의 역사와 함께 발전해온 뿌리 깊은 문화이다. 소셜 미디어가 누구나 참여하고 접근할 수 있는 민주적이고 자유로운 공간으로 창조된 반면 미식은 권력과 부를 기반으로 태어났다. 이 두 다른 성격의 문화들은 오늘날 가장 대중적인 문화이자 현대를 특징짓는 생활양식이 된다.

미식은 말 그대로 좋은 음식을 추구하는 것으로, 좋은 음식을 먹고 행복을 느끼는 것이 그 본질이다. 미식이 사람들의 주요 관심사가 된 것은 즐거움과 행복을 누리고자 하는 인간의 본성을 가장 손쉽게 충족시켜줄 수 있기 때문이다. 그런데 그 소박한 행복을 누구나 즐길 수 있게 되기까지는 오랜 시간이 걸렸다. 역사적으로 미식은 왕과 귀족들의 전유물이었다. 그들은 미식을 권력과 부의 상징으로 여기면서 음식의 맛은 물론 음식이 차려지는 방식과 먹는 방식, 음식을 담는 그릇, 그리고 식탁예절까지 함께 발달시켜왔다. 서구사회에서 미식이 궁정과 귀족의 저택에서 벗어나 대중 속으로 들어오게 된 것은 프랑스혁명 이후이다. 혁명으로 왕과 귀족들이 몰락하여 요리사들이 직업을 잃게 되자 그들이 사회로 나와 레스토랑을 차리거나 돈 많은 부르주아의 요리사로 일하면서 마침내 부르주아계층도 미식을 누릴 수 있게 된 것이다. 이후 전 세계적으로 자본주의가 발전하고 돈이 새로운 권력으로 부상하자 미식 또한 자본에 의한 위계질서가 세워지면서 상류 부르주아계층의 부와 지위를 드러내는 수단으로 사용된다. 이처럼 역사적으로 미식은 특권층의 전유물로 존재해왔지만 오늘날은 생활수준이 전반적으로 높아지고 미식산업이 발전하면서 미식을 즐기는 계층이 두터워지고 미식의 개념 또한 미슐랭 음식부터 노포식당의 소박한 음식으로까지 확장되면서 미식은 이제 누구나 즐길 수 있는 하나의 대중문화로 자리 잡는다.

소셜미디어는 온라인상에서 사람과 사람을 연결해주는 서비스로 시작하여 오늘날은 전 세계적인 현상이 되었다. 그 기반은 1990년 팀 버너스리가 만든 세계적인 인터넷망인 월드와이드웹(World Wide Web)이다. WWW는 웹서핑을 손쉽게 만든 획기적인 통합시스템으로, 하이퍼텍스트로 만든 모든 콘텐츠를 하이퍼링크로 서로 연결되게 하면서 클릭 한 번이면 새로운 콘텐츠들을 찾아볼 수 있게 한다. 그는 WWW를 개발하면서 세계 모든 사람이 정보를 만들고 공유하는 지식기반의 사회를 꿈꾸었고 그래서 완성된 웹을 대중들에게 무료로 공개했지만 오늘날과 같은 초연결사회까지는 상상하지 못했을 것이다. 그의 소망대로 WWW는 전문가와 학자 등 제한된 사람들만 사용하던 인터넷을 대중화시키면서 구텐베르크의 활판인쇄술에 비교되기도 한다. 활판인쇄술은 필사를 통해 책을 만들어 부유층만 접근 가능했던 지식을 대중들에게 전파시키면서 유럽에서 문맹타파와 과학기술의 발전에 큰 역할을 했고, WWW는 그런 지식 전파의 규모와 속도를 상상도 하지 못할 정도로 커지고 빨라지게 만들었다. 사람들은 변화의 핵심인 웹에 익숙해지면서 자신만의 콘텐츠를 생산할 뿐만 아니라 그것을 타인들과 공유하는 사회적 관계망을 만들면서 그 범위가 전 세계적으로 확장된다.

전 지구적인 규모의 소셜미디어 시대의 도래는 WWW 등장 이전부터 예견되었다. 1962년 미디어 전문가인 마셜 매클루언은 '지구촌'(global village)이라는 용어를 만들어내면서 21세기는 전자공학의 발달로 상호의존성이 높아지면서 세계가 지구촌의 이미지로 재편될 것으로 전망하였다. 그는 또한 '미디어는 마사지다', '미디어는 인간의 확장이다'라는 문구들을 통해 미디어가 인간의 감각을 확장하고 자극하여 세계를 인식하는 방법을 변화시킬 것을 예측하였다. 미래학자 존 나이스비트는 저서 『메가 트렌드』에서 산업혁명 이후 기술이 발달하면서 하이테크의 정보사회가 도래하고 그와 함께 인간의 사회적 본능과 감성을 중시하는 하이터치의 고감도반응의 사회가 도래할 것을 예견했다. 그들의 예견은 현실이 되어 오늘날 전 세계를 연결해주는 하이테크를 기반으로 지구촌 주민들 간에 활발한 하이터치가 이루어지고 있다. 이에 해마다 올해의 인물을 뽑는 시사주간지 「타임」은 1982년에 이례적으로 사람이 아닌 컴퓨터를 '올해의 기계'라는 타이틀로 선정하였고, 2006년에는 디지털 미디어 환경에서 새로운 현상과 가치들을 만들며 영향력을 키워가는 인터넷 사용자를 상징하는 불특정 인물 'You'를 올해의 인물로 선정하면서 시대적 변화를 반영하였다.

지구촌의 효과는 미식문화에서도 나타난다. 오늘날 세계화로 인해 자국의 도시에서 전 세계의 식재료를 구입하고 요리를 맛볼 수 있으며, 세계각국의 미식정보들이 교류되는 가운데 자신만의 스타일과 요리철학을 지닌 셰프들이 대거 출현하면서 미식문화는 전성기를 맞이한다. 미식문화를 전파하는 데 큰 역할을 하는 것이 소셜미디어이다. 소셜미디어는 세계적인 권위를 누리는 빨강 책의 「미슐랭 가이드」가 대변하는 전문적 평가의 대척점에서 개인과 파워블로거들이 자신의 경험과 평가를 자유롭게 개진하고 공유하면서 미식 트렌드를 이끌어간다. 그런데 소셜미디어의 이와 같은 민주적이고 대중적인 특성은 미식문화에 양날의 검으로 작용하게 된다. 누구든 손쉽게 평가를 할 수 있고 그 전파력이 크다 보니 그로 인한 부작용도 만만치 않기 때문이다. 미국의 톱셰프인 휴에치슨은 끊임없이 노출되고 평가되는 자신의 직업의 고충을 이렇게 토로한다: "요식업계는 스트레스로 가득 차 있고, 우린 끊임없이 현미경 아래 놓여 있다. 사람들이 셰프나 식당에 대해 평가할 때 그들이 한 인간에 대해 얘기하고 있다는 것을 종종 잊는다."

영화《아메리칸 셰프》는 소셜미디어가 미식문화에 양날의 검으로 작용하는 양상을 경쾌한 라틴음악과 열정적인 요리장면들을 배경으로 흥미롭게 보여준다. 영화에서 소셜미디어는 LA의 스타 셰프 중 한 명인 칼의 몰락과 재기에 결정적인 역할을 한다. 유명 레스토랑의 셰프인 칼 캐스퍼는 음식에 대한 철학이 있고 자신의 일에 대한 애정과 자부심이 넘친다. 하지만 그가 일하는 고급 레스토랑의 오너는 손님을 끄는 비싼 코스요리만을 고집하면서 그의 창의적인 시도를 막아 그는 그곳에서 일하는 것이 행복하지가 않았다. 어느 날, 저명한 음식비평가인 램지 미첼이 칼의 음식을 평가하기 위해 레스토랑을 방문한다. 램지는 칼이 외식계에 등장했을 때 그를 극찬했던 평론가이다. 칼은 독창적인 메뉴를 개발하여 내놓고자 했지만 오너는 고객들에게 인기 있는 코스요리를 고집한다. 램지는 칼의 요리에 모욕적이고 신랄한 평가를 하였고 그의 악평에 수긍하지 못한 칼은 분노한다. 그가 램지에게 평가받기를 원했던 요리는 아니었지만 그 또한 자신이 진심을 다해 만든 것이기 때문이다.

그날 밤 칼은 아들 퍼시의 도움으로 자신의 자존심을 건드린 평론가에게 반박하기 위해 소셜미디어에 가입하여 램지의 트위터 계정으로 들어간다. 소셜미디어 이용이 처음인 칼은 램지에게 개인 메시지라고 생각하고 비난의 글을 보내지만 그 글은 일반인들에게 공개되면서 단번에 많은 사람의 주목을 받는다. 칼은 다시 램지를 초대하여 그의 독창적인 메뉴로 명예를 회복하려 했으나 오너는 이번에도 같은 메뉴를 내놓을 것을 명령한다. 이에 칼은 식당을 나와버리고 수셰프가 대신 램지에게 이전과 같은 요리를 내놓는다. 램지는 다시 소셜미디어를 통해 실시간으로 혹평을 하고, 이를 본 칼이 곧바로 식당으로 달려가 그에게 음식 만드는 사람들의 진심을 생각지도 않고 마음 내키는 대로 혹평한다고 비난을 퍼붓는다. 이 장면이 손님들에 의해 찍혀 유튜브에 올라와 세간의 주목거리가 되고, 결국 칼은 명예도 일자리도 잃고 만다.

램지와의 설전으로 칼의 경력과 명예가 실추되자 칼의 전부인은 그의 초심과 열정을 회복시키기 위해 칼에게 그가 요리를 시작한 마이애미로 가서 푸드트럭을 운영해볼 것을 제안한다. 미국 외식문화에서 꽤 비중이 높은 푸드트럭은 오늘날 단조로운 거리음식의 한계를 뛰어넘어 수준 높은 요리까지 제공하면서 미식의 대중화에 일조하고 있다. 기존 푸드트럭에서 판매하던 음식은 재료와 공간의 한계가 있어 기껏해야 피자, 햄버거 등 패스트푸드 정도였다. 그런데 2008년 로스앤젤레스 거리에 한국인 로이 최와 멕시코인 3명이 공동창업 한 퓨전 푸드트럭인 'Kogi BBQ'가 등장하여 기존 푸드트럭에서는 볼 수 없었던 독창적이고 수준 높은 코리안-멕시칸 퓨전요리를 선보이면서 푸드트럭의 새로운 가능성을 제시하였다. 그들은 또한 최초로 소셜미디어를 이용한 홍보를 시작하여 트위터로 행선지를 알리며 미국 전역을 돌아다녔는데, 이는 영화에서 그대로 활용되고 있다. 영화《아이언맨》1, 2편의 감독이자 이 영화의 주연과 감독을 맡은 존 파브로는 로이 최에게 직접 요리를 배우고 자문까지 요청하여 로이 최가 공동제작자로 참여했다.

칼이 푸드트럭을 시작하자 예전 부하직원인 마틴이 사표를 내고 와서 합류하고 아들 퍼시 또한 방학을 맞아 함께 지내면서 칼은 일에 대한 열정을 되찾는다. 칼은 마이애미의 대중음식인 쿠바샌드위치로 메뉴를 정한 후 자신이 원하는 식재료들을 찾아내고 소스를 개발하여 레서피를 만든 후 대중들의 피드백을 받기 위해 미국 남부를 돈다. 마이애미에는 1959년 피델 카스트로의 공산혁명을 피해 대거 이주해온 쿠바인들이 '리틀 하바나'를 형성하여 쿠바 음식과 음악, 살사댄스 등 그들의 문화와 전통을 이어가고 있다. 쿠바는 시가로도 유명하고 모히또의 본고장이기도 하다. 샌드위치의 맛도 좋았지만 이동 중에 퍼시가 소셜미디어를 통해 홍보를 제대로 한 덕에 푸드트럭은 가는 곳마다 대대적인 인기를 끈다. 퍼시는 푸드트럭의 이동 스케쥴을 알려주고 매일 1초 동영상을 만들어 트위터에 올린다. 덕분에 칼의 푸드트럭 경로가 실시간으로 포스팅 되면서 대중들의 관심을 끌고 음식에 대한 피드백 또한 실시간으로 더해져 푸드트럭은 어느새 유명세를 타게 된다.

오늘날 트위터, 페이스북, 인스타그램 같은 소셜네트워크 속에서 개인은 콘텐츠의 생산자이자 소비자이자 유통자의 역할까지 하고 있다. 특히 스마트폰과 태블릿 등의 기기를 통해 시공간의 제약 없이 소통하면서 소셜미디어 이용은 더욱 확장된다. 그로 인해 홍수처럼 쏟아지는 다양한 미식콘텐츠들과 평가들은 대중들에게 빠르고 광범위하게 전달되면서 긍정적이든 부정적이든 미식문화에 큰 영향을 미친다. 또한 수많은 음식 인증 사진들이 소셜미디어에 등장하면서 미식은 쾌락이나 대리만족 혹은 자기과시의 수단이 되기도 하고, 소셜미디어에 올릴 만한 '인스타그래머블'(Instagramable)이 새로운 소비 기준이 되면서 셰프들은 음식의 시각적 측면에 더욱 신경을 쓰게 된다. 이처럼 소셜미디어가 미식문화를 주도하면서 음식을 감각적으로 즐기는 '음식포르노' 현상까지 나타난다. 이에 심리학자 찰스 스펜서는 우리가 음식을 먹는 동안에 일어나는 과학적이고 심리학적인 현상과 반응들을 통찰하면서 미식과 물리학을 결합시킨 가스트로피직스(gastrophysics)를 창안해낸다. 그는 저서 『왜 맛있을까』에서 음식은 맛, 색깔, 소리와 냄새 등을 즐기는 오감뿐만 아니라 식기의 무게와 질감, 플레이팅, 음식의 색깔, 음악, 분위기도 맛 인지에 영향을 미친다고 말하면서 우리가 음식을 먹으면서 보이는 반응을 한마디로 장기와 뇌의 대화로 규정한다. 장기와 뇌의 대화는 문화가 발달할수록 더욱 섬세해지면서 오늘날 미식은 음식 본연의 맛에 다양한 음식 외적인 요인들이 결합된 하나의 복합적인 경험이 된다. 그런데 역사적으로도 미식은 순수하게 음식 본연의 맛만을 즐긴 것은 아니었다.

미식의 역사

음식을 먹는 것은 기본적으로 생존을 위한 생물학적 행위이다. 수렵채집시절 남자들은 사냥을 하고 여자들은 식물이나 열매를 채집하여 섭식을 했다. 그들의 식생활은 화식(火食)을 시작하면서 인간을 동물과 구분시킬 정도의 큰 변화를 일으킨다. 우선 그들은 화식으로 인해 음식의 맛을 느끼게 되었고, 부드러워진 음식을 씹으며 구강구조와 신체구조의 변화가 일어나 활동성이 더욱 커졌으며, 영양분 흡수가 쉬워져 더 많은 에너지를 얻으면서 뇌 용량이 확장되어 인류 진화의 기반을 마련하였다. 그러나 그 시절 음식은 늘상 구해지는 것이 아니어서 굶주림이 흔했고, 음식이 구해지면 다음 섭식이 언제가 될지를 몰라 최대한 배를 채우며 에너지를 얻었다. 긴 인류진화의 역사에서 수렵채집시절이 거의 대부분의 시간을 차지하였기에 이 시절 생존을 위해 영양분을 비축하는 인체시스템이 우리의 DNA에 여전히 남아있어 현대인들은 음식이 풍족함에도 식탐을 보이고 과식을 한다고 한다.

인류가 안정적으로 음식을 구할 수 있게 해준 농업혁명이 일어난 것은 긴 인류의 역사에서 불과 일만여 년 전이다. 수렵채집 시절 식량의 주공급원은 대형동물이었는데, 기후변화로 그들이 사라지기 시작하고 수렵채집기술의 발전으로 인구가 증가하자 그들은 식량을 확보할 수 있는 새로운 해결책을 찾아야 했다. 그러던 중 우연히 씨앗을 뿌린 곳에 싹이 나는 것을 발견하게 되면서 농업을 시작한다. 농업혁명으로 잉여생산물이 생겨나면서 문명이 발달하고, 식생활 또한 생존을 위한 섭식에서 오감으로 음식을 음미하고 재료 본연의 맛과 조리법을 즐기는 문화적 행위로 발달하면서 미식의 단계로 접어든다.

농경생활로 사람들이 정착하여 생활하면서부터 음식은 본질적으로 문화적일 수밖에 없다. 우리가 먹는 음식의 식재료들과 조리 방식, 섭취 방법들은 모두 개인이 속해 있는 집단의 지형적 조건이나 문화적 전통에 의해 지대한 영향을 받기 때문이다. 각 지역의 기후와 토양 등은 식재료에 영향을 주고 각 집단은 그 식재료들을 그들의 풍습이나 종교적 틀 속에서 고유한 방식으로 음식으로 만들어내면서 토양과 문화와 음식은 상호불가분의 관계를 맺는다. 따라서 음식을 먹는 것은 그 음식을 탄생시킨 문화적 토양을 함께 음미하는 것이다. 이로 인해 음식은 집단과 민족의 정체성을 담게 되고, 사회가 발달하면서는 개인의 삶의 철학이나 지위 등을 반영하면서 개인의 정체성도 드러낸다. 19세기 프랑스의 대표적 미식가인 브리야 사바랭은 저서 『미식 예찬』에서 "당신이 무엇을 먹는지 말해달라. 그러면 당신이 어떤 사람인지 말해주겠다", "한 나라의 운명은 그 나라가 식생활을 영위하는 방식에 달려 있다" 등의 잠언들을 통해 음식은 맛에 대한 인간의 생체적 반응일 뿐만 아니라 개인과 집단의 정서와 가치관과 문화 등이 응축된 문화코드임을 알려준다.

서구사회에서 미식문화를 발전시킨 것은 권력자들이었다. 고대부터 권력자들은 화려한 음식을 차려낸 연회를 통해 그들의 신분과 권력을 드러내는 동시에 엄격한 계급질서와 결속력을 다지면서 음식에 정치적 의미를 더했다. 서구의 미식은 그들보다 문명이 먼저 발달한 인근 오리엔트의 영향을 받으며 발전한다. 고대 페르시아에서는 화려한 축제와 연회를 즐겼는데 그것이 그리스로 전해지면서 요리법들이 발달하였고, 아시리아의 누워서 먹는 문화가 그리스와 로마로 유입되면서 귀족들은 비스듬히 누워 밤새 마시고 먹는 연회를 열었다. 로마제국에서는 나라가 부강해지면서 귀족들이 비싸고 희귀한 재료들을 수입하여 만든 음식들을 먹으며 미식가가 되었고, 진기한 음식들로 차려진 화려한 연회를 열어 그들의 부를 과시하였다. 그들은 심지어 한 식사자리에서 더 많은 음식을 경험하기 위해 음식을 맛만 보고 뱉어내기도 했다고 한다.

중세 봉건사회에서는 화려한 음식으로 가득한 연회는 왕과 측근들의 봉건적 결속을 다지는 자리였고, 이후의 절대왕정시대에서는 연회는 왕을 찬미하는 주요 수단이 된다. 프랑스 역사상 최고의 전제군주인 루이 14세는 자신의 절대적 권력을 과시하기 위해 베르사유궁전에서 장장 12시간에 걸친 연회를 개최하면서 자신과 나란히 앉을 사람을 일일이 지정하며 서열 등급을 매겼다고 한다. 국왕들은 여러 사람들이 모여 지켜보는 자리에서 식사를 하며 자신의 권력을 과시하기도 했다. 프랑스혁명 1주년 기념일에 국민공회 회원들이 팔레루아얄 광장에서 2천 명의 대중들이 지켜보는 가운데 고대그리스의 공동식사를 본 딴 '나라를 위한 식사'를 한 것은 식사나 연회가 권력의 도구였던 베르사유의 시대가 끝났음을 알리는 상징적인 행위였다.

음식 자체가 중심이 되어 발전하기 시작한 것은 르네상스시대의 이탈리아에서이다. 중세 기독교사회는 '탐식'을 7대 죄악 중 하나로 금지하고 '쾌락'이라는 단어를 금기시하였지만 르네상스 이탈리아에서는 식탁의 쾌락이 적극 추구되었다. 당시 바티칸 사서인 플라티나는 저서 『올바른 쾌락과 건강에 대하여』에서 먹는 즐거움이 적절한 환경에서는 고결하고 올바른 것일 수 있다고 말하면서 먹고 마시는 행위를 통해 육체적이고 정서적인 쾌락을 얻을 수 있다고 적고 있다. 중세 말기에 해상무역과 금융업을 통해 막대한 부를 축적한 이탈리아 도시국가들의 군주와 재력가들은 르네상스운동뿐만 아니라 주변 각지에서 온 다양한 산물로 호화로운 식탁을 차리면서 선진화된 식문화를 발달시켰다. 신선한 재료로 만들어진 품격 높은 요리들은 시각과 미각을 모두 만족시켰고, 계절별로 차림을 달리하고 과일과 꽃으로 식탁을 장식하는 등 차림새도 발달했으며, 연회에서는 화려한 볼거리로 공작새 요리들이 올랐다.

음식의 발달과 함께 식사예법도 발달한다. 테이블보가 깔린 식탁에 포크와 나이프 냅킨 등이 세팅되면서 테이블 매너도 규정되어 교양과 지위와 사교의 덕목이 된다. 포크는 이슬람에서는 10세기부터 귀족들이 사용했지만 유럽에서는 악마의 무기를 연상시킨다는 이유로 유럽 왕실들에서는 17세기 후반까지도 식탁에서 손을 사용하였다. 이탈리아에는 11세기에 동로마의 공주가 베네치아 총독 후계자와 결혼하면서 포크가 유입되었는데, 초기에는 반감이 있었지만 이후 귀족들의 품위를 지켜주는 것으로 인식되어 널리 사용된다. 이처럼 이탈리아에서 가장 먼저 발달한 미식문화는 이후 프랑스로 유입되어 왕족과 귀족들의 적극적인 관심으로 한층 더 발달하면서 두 나라는 서구 미식문화를 이끌어간다.

<연회 정물화>, 아드리안 반 위트레흐트, 1644

미식의 본고장, 이탈리아와 프랑스

이탈리아는 3면이 바다로 둘러싸여 있고 길쭉하게 뻗어 있는 지형으로 인해 미식의 기본요소인 신선한 식재료가 풍부할뿐만 아니라 로마제국의 후손이라는 역사적 사실로 인해 프랑스보다 먼저 요리가 발달하였다. 프랑스가 일찍이 통일된 것에 비해 이탈리아는 통일이 훨씬 늦어 밀라노·피렌체·로마·나폴리·시칠리아 등의 도시국가들이 발달하면서 음식 또한 지방적 특색이 매우 강하다. 그 때문에 "이탈리아 요리라는 것은 없으며 있다면 베네치아 요리, 에밀리아 요리, 토스카나 요리 등 각 지방 고유의 요리이다"라는 말이 나오기도 한다. 물의 도시 베네치아는 바다가 그들의 터전인 만큼 해산물 요리가 발달하였고 발사믹 식초로 유명한 모데나, 치즈로 유명한 파르마, 미식의 수도인 볼로냐 등이 속해 있는 에밀리아-로마냐주는 미식가들의 발길이 끊이지 않는 곳이다. 메디치가의 도시인 피렌체가 자리한 토스카나주는 경제적 반영속에서 육류와 해산물, 각종 채소 요리가 다양하게 발전하면서 음식문화의 수준 또한 높았다. 프랑스 왕비가 된 메디치가의 카트린이 프랑스에 유입시킨 음식이 바로 토스카나 음식이다. 이처럼 유럽 내에서 프랑스보다 미식이 먼저 발전하면서 이탈리아 음식은 라틴계 유럽 음식의 어머니로 인식된다. 라틴계 유럽인은 인도유럽어족 이탈리아어파의 로망스어군의 언어를 사용하는 집단으로 프랑스·벨기에·이탈리아·스페인·포르투갈·루마니아 등이 속해 있고 라틴 아메리카에도 분포되어 있다. 이들 나라의 언어들은 제각기 다르지만 뿌리가 같아 일부 언어들은 통역 없이 의사소통이 가능할 정도이다. 영어와 독일어를 비롯한 북유럽과 중유럽의 언어들은 인도유럽어족 게르만어파에 속한다.

이탈리아 음식은 크게는 밀라노-베네치아 중심의 북부음식, 로마 중심의 중부음식, 나폴리-시칠리아 섬 중심의 남부음식으로 구분되는데, 이러한 지역적 특색에는 도시국가라는 특성 외에 주변 유럽 열강들의 침범도 한 원인으로 작용한다. 15세기에 오스만제국이 동로마제국과 지중해를 차지하면서 이탈리아 도시국가들이 쇠락하기 시작하자 스페인, 프랑스, 오스트리아 등이 이탈리아에서 주도권을 잡기 위해 18세기까지 크고 작은 전투를 벌인다. 그 결과 오스트리아가 밀라노와 나폴리를 지배하고 프랑스가 토스카나와 제노바를 지배하면서 그들의 음식 또한 유입되어 지역음식에 영향을 준다. 이처럼 이탈리아는 지방색이 강하고 보수적이어서 지금까지도 20개 주가 지역적 전통을 변함없이 유지하고 있다. 이와 달리 프랑스에서는 파리 음식문화가 막강한 중앙권력을 행사하였다.

전반적으로 소스와 육수를 중시하는 프랑스 음식과 달리 이탈리아 음식은 재료의 신선함 자체를 강조하고 조리과정도 소박하여 식재료 본연의 맛과 특성을 살리는 방향으로 발전되어왔다. 그들의 음식은 화려한 요리기술을 펼치는 프랑스의 '오뜨 퀴진'(haute cuisine)과는 거리가 멀어 "어려우면 이탈리아요리가 아니다"라는 말까지 생겨난다. '슬로푸드' 운동이 이탈리아에서 발생한 것도 그들이 음식을 쾌락보다는 건강하고 아름다운 삶의 원천으로 여겼기 때문이다. 슬로푸드 운동은 전통과 생물다양성을 지키고 지역의 제철 식재료를 고유의 조리법으로 만들어 건강하게 먹고 음식 본연의 맛을 즐기는 식습관을 강조하는 운동이자 삶의 철학이다. 한마디로 음식의 문화적 토양과 생태를 중시하자는 것이다. 슬로푸드의 예를 들면, 흔히 멜론이나 브레드스틱과 함께 먹는 프로슈토는 그 지역 곡물을 먹여 키운 토종 돼지의 뒷다리를 염장을 거쳐 바람으로 서서히 말리면서 최소 1년에서 길게는 3년에 걸쳐 숙성시킨다. 지역에 따라 재료와 제조법이 다르고 바람의 성질도 달라서 그 맛도 다르다. 치즈나 발사믹식초도 마찬가지이다. 따라서 이탈리아에서는 프로슈토 디 '파르마', '파르마지아오-레지아노' 치즈, '모데나' 발사믹 등 각 생산지의 이름이 하나의 브랜드로 자리 잡고 그들 중 최고 등급에 대해서는 DOP라는 라벨을 붙여준다.

건조·숙성 중인 프로슈토, 파르마지아노 레지아노, 모데나 발사믹

이탈리아 음식을 눈으로 즐길 수 있는 영화로 《먹고 기도하고 사랑하라》(2010)가 있다. 남편과 사랑 없는 결혼생활을 하면서 무미건조한 삶을 살아가고 있던 저널리스트인 미국여성 리즈는 자신이 원하는 삶이 무엇인지를 알기 위해 여행을 떠난다. 그 첫 목적지인 이탈리아에서 리즈는 삶의 여유를 중시하고 친구와 연인이나 가족과 함께 맛있는 음식을 즐기며 살아가는 쾌활한 이탈리아인들과 지내면서 새로운 인생을 시작할 수 있는 힘을 얻는다. 화면을 가득 채운 여러 종류의 스파게티, 멜론을 곁들인 프로슈트, 리코타 가지요리, 마르게리타 피자, 올리브 오일만 뿌린 야채 등 재료의 신선함을 강조하는 음식들은 그녀의 입맛은 물론 공허한 마음까지 달래준다. 이탈리아는 레스토랑 음식이나 가정식이 큰 차이가 나지 않기 때문인지 레스토랑의 분위기도 편안하고 쾌활하다. 넷플릭스 드라마 〈프롬 스크래치〉(2022)는 정통 이탈리아 음식과 함께 그들이 얼마나 생태계를 중시하고 재료 본연의 맛을 추구하는지를 잘 보여주고 있고, 이탈리아 내에서도 풍부한 식재료의 보고인 남부 시칠리아 섬의 풍광도 펼쳐진다.

이탈리아 음식이 웰빙을 추구한다면 프랑스 음식은 쾌락과 예술을 추구한다. 프랑스는 신이 완벽하게 만들었다는 말이 나올 정도로 넓고 비옥한 땅과 온화한 날씨로 인해 모든 식재료가 풍부하다. 그 재료들로 단 몇 세기 동안에 음식을 입으로 즐기는 쾌락이자 예술로까지 승화시키면서 프랑스 음식은 세계 미식의 기준이 된다. 프랑스는 고대 갈리아로 시작하여 로마제국에 정복된 후 게르만족의 프랑크제국을 거쳐 탄생한 국가이다. 프랑크제국의 카롤루스왕조가 단절되고 일드프랑스 지방의 지배자인 위그 카페가 987년 파리에 카페왕조를 세운 시점부터를 프랑스왕국의 시작으로 본다. '파리'라는 명칭은 갈리아족의 한 부족인 '파리시' 부족의 이름을 딴 것이다.

갈리아 시절의 음식은 소박했지만 BC 1세기경 로마제국의 카이사르가 갈리아를 정복한 후로 일찍이 발달한 로마음식들이 들어오면서 프랑스의 음식역사가 시작된다. 로마가 멸망하고 프랑크족이 통치를 하면서는 게르만 식문화가 도입되어 다양한 향신료를 사용하는 전형적인 중세 스타일의 요리가 시작된다. 수도원에서는 치즈와 와인들을 생산하고 대수도원 산하에 화덕과 음식을 만들기 위한 작업공방 등이 생겨나면서 음식문화도 발달한다. 그러나 중세까지는 고기의 부패를 막기 위해 원재료의 맛을 구분하지 못할 정도로 향신료를 강하게 사용했고, 식기류를 제대로 사용하지 않고 손으로 음식을 먹었으며, 테이블 매너도 정착되지 않았다. 프랑스요리의 개화는 16세기에 메디치가문의 카트린 드 메디시스가 앙리 2세와 결혼하기 위해 프랑스로 올 때 본국에서 요리장은 물론 제과와 증류주 담당자들까지 데려오면서 시작된다. 카트린은 프랑스왕실에 이탈리아 음식뿐만 아니라 포크를 비롯한 식기 사용법과 식사예절을 전파하였고, 셔벗과 마카롱도 이때 들여온 것이다. 일반적으로는 이때 이탈리아 음식문화 도입이 프랑스가 미식의 나라로 성장하는 단초가 된 것으로 인식된다.

프랑스는 절대왕정시대에 정치경제적으로 안정을 찾고 왕실과 귀족층이 미식에 전폭적인 관심을 가지면서 17세기 중엽 루이 14세 시절에는 프랑스 전통요리로 불리는 오뜨 퀴진이 탄생하여 상류층의 고유문화가 된다. 왕과 귀족들은 자신들의 부와 권력을 과시하고 사교나 외교를 위해 화려한 연회들을 열었다. 반면 이웃 영국에서는 미식이 발전하지 못했고 오늘날까지도 음식이 맛없기로 유명한데, 그 원인으로 청교도혁명과 명예혁명이 제시되기도 한다. 영국에서는 1642년에 청교도혁명이 일어나면서 식탐이 죄악시되었고 명예혁명으로 인해 왕권 또한 프랑스처럼 절대적이지 못했다. 그들이 즐긴 미식이라면 중국에서 수입한 홍차에 당시로서는 금에 맞먹는 가격인 설탕을 가득 넣어 마시는 것이었다. 프랑스에서는 궁정과 귀족의 저택에서 연회가 거듭될수록 음식의 맛과 화려함이 더해가고 예법과 서빙기술도 발전한다. 프랑스혁명이 일어나면서 왕과 귀족들의 화려한 권력과 지위의 표상이었던 오뜨 퀴진도 쇠퇴하지만 공포정치를 펼치던 로베스피에르가 실각하고 나폴레옹이 지배하던 제정시기와 왕정복고 시기에 다시 부활된다.

프랑스 미식문화는 19세기에 앙투안 카렘과 오귀스트 에스코피에의 등장으로 전성기에 접어든다. 카렘은 제정과 왕정복고 시절 나폴레옹의 음식을 주관하고 러시아황제를 접대했으며 복고된 부르봉왕가를 위해 요리를 하면서 왕들의 요리사로 불렸다. 그는 말년에는 로스차일드가의 전속요리사가 되면서 시대적 흐름을 반영한다. 카렘은 음식에 풍미를 더해줄 각종 소스와 육수들을 만들어내고 그 조리법을 책으로 엮어 후대까지 큰 영향을 끼쳤는데, 책에는 무려 78가지의 소스 조리법이 수록되어 있다. 오늘날 소스는 요리의 기본재료로 시중에서 손쉽게 구하거나 누구나 레시피를 따라 만들 수 있는 식재료가 되었지만 당시로는 각종 재료를 융합시켜 새로운 맛을 내는 일종의 촉매제를 창조해내는 작업이었다. 당대의 미식평론가 그리모 드 라 레니에르는 요리사의 소스는 화가의 마지막 붓 터치와 같다고 표현하면서 소스를 요리의 화룡점정으로 여겼다. 카렘은 또한 찬 음식과 더운 음식을 차례차례 대접하는 러시아 코스요리를 프랑스에 도입한다. 당시 프랑스에서는 만찬 시 모든 음식을 한꺼번에 식탁에 올려서 보기는 화려하였지만 음식을 제대로 즐길 수가 없었다. 반면 러시아는 17세기 말부터 표트르대제가 낙후된 러시아를 서구화시키기 위해 사회 전반에 걸쳐 강력한 서구화를 추진하면서 음식문화 또한 획기적으로 발전한다. 음산한 늪지대였던 페테르부르크는 유럽식 궁궐과 건축물과 조각들이 가득한 수도로 변모하면서 '유럽으로 향하는 창'이 되었고, 귀족들 사이에서는 프랑스요리사들을 고용하는 것이 유행이 되어 새로운 조리법이 소개되고 식사예절이 발달한다. 이때 요리를 코스별로 내놓는 코스요리가 생겨나 역으로 프랑스로 전파된다.

카렘이 고전적 프랑스요리를 이끌었다면 에스코피에는 카렘의 요리를 계승하면서도 현대적으로 변화시킨다. 그는 상류층의 취향에 맞는 요리들을 개발해내면서 그 조리법을 집대성한 저서들을 남겼고, 생선에는 백포도주 육류에는 적포도주를 곁들이는 통습과 데미글라스 소스 등을 만들었으며, 주방에서의 작업방식을 개혁하여 현대적 주방시스템의 근간을 마련한다. 무엇보다도 그는 음식 본연에 충실하자는 철학을 기반으로 단순함을 추구하고 옳지 못한 생각과 조리법들을 피하면서 '누벨 퀴진(nouvelle cuisine)'의 기초를 세웠다. 1970년대부터 본격적으로 시작된 누벨 퀴진은 고전적인 오뜨 퀴진의 농후하고 기름진 고기 위주의 무거운 요리에서 벗어나서 식재료 본연의 풍미와 질감과 색감을 최대한 살리고자 했다. 그들은 채소와 어류를 적극적으로 사용하고 소스 또한 기존의 버터와 밀가루로 만든 루에서 야채와 과일을 이용한 퓌레를 선호하면서 균형 잡힌 음식들을 선보였다. 재료 본연의 맛을 추구해 온 이탈리아인들은 누벨 퀴진이 등장하자 프랑스인들이 드디어 문명으로 회귀한다고 빈정대기도 했다. 누벨 퀴진은 신선하고 가볍고 단순한 조리를 개발하는 동시에 접시에 음식을 담아내는 시각적인 면도 중시하면서 이때부터 오늘날 우리가 레스토랑에서 접하는 프랑스음식이 등장한다. 그러나 전통을 등한시하고 지나치게 장식에 치중한다는 비판이 나오면서 21세기에는 오뜨 퀴진과 누벨 퀴진이 조화를 이룬 퀴진 모데르느(cuisine moderne)가 등장한다. 조엘 로부숑, 아랑 듀카스, 피에르 가르니에 등이 대표적인 요리사로, 이들은 오뜨 퀴진의 중심 소스였던 버터와 크림의 중요성을 되살려 고전과 새로움의 조화를 추구한다.

이처럼 프랑스에서는 미식을 즐기는 귀족문화, 풍부한 식재료, 뛰어난 요리사의 삼박자가 어울려 비교적 짧은 시기에 미식문화가 절정에 이른다. 특히 프랑스혁명 이후 실직한 왕족과 귀족들의 요리사들이 개인 레스토랑을 차리면서 미식문화가 부르주아계층에 퍼지고 세계 각지의 미식가들 또한 프랑스로 몰려들면서 프랑스 음식은 전 세계적으로 최고로 인정받기 시작한다. 2010년에는 식전술로 시작하여 전식과 본식에 이어 디저트와 후식주까지 즐기는 그들의 음식문화를 인류무형문화유산으로 등재시킨다. 유네스코는 식재료 공수법, 요리법, 식사법, 음식 역사 등 음식문화 전반을 고려하여 프랑스 음식을 세계문화유산으로 인정한다. 프랑스인의 음식문화에 대한 자부심은 2015년 프랑스를 방문한 이란 국빈 측이 이슬람율법에 따라 오찬에서 와인을 빼줄 것을 요청하자

와인이 없는 정찬은 전통 음식문화에 어긋난다며 아예 오찬 자체를 취소해버릴 정도이다. 프랑스 정찬에서 와인은 필수일 뿐만 아니라 음식에 따라 다른 와인들이 곁들여지는데, 덴마크 영화인 《바베트의 만찬》은 이와 같은 화려한 만찬 코스를 제대로 보여준다. 이 영화는 영화 《아웃 오브 아프리카》의 원작자이자 실재 인물이었던 아이작 디네센의 소설을 스크린에 옮긴 것으로, 미국과 영국 아카데미시상식에서 외국어영화상을 수상하였다.

바베트의 만찬 Babettes Gaestebud, Babette's Feast, 1987

개요: 드라마 | 덴마크 | 102분
감독: 가브리엘 엑셀

덴마크 바닷가의 한 작은 마을, 필리파와 마르티나 자매는 개신교 목사였던 아버지의 유지를 이어받아 결혼을 하지 않고 신앙과 봉사 생활을 하며 살아간다. 그들에게도 젊은 시절에 한 차례씩 사랑의 기회가 찾아왔었다. 프랑스에서 주둔했던 스웨덴 장교 로렌스가 숙모 댁에 잠시 머물러 마을에 들렀다가 마르티나를 보면서 사랑에 빠지지만 귀대하면서 헤어진다. 유명한 프랑스 오페라가수가 휴식 차 마을로 왔다가 아름다운 필리파의 목소리에 반해 그녀에게 노래를 가르치면서 사랑에 빠지지만 그 역시 돌아간다. 세월이 흘러 돌아가신 아버지의 뒤를 이어 목회활동을 이어가는 두 자매 앞에 1871년의 어느 날 프랑스 내전으로 남편과 아들을 잃고 가까스로 프랑스를 탈출한 바베트가 한 장의 편지를 들고 나타난다. 편지를 쓴 사람은 필리파를 사랑했던 오페라 가수로, 바베트를 부탁한다는 내용이었다.

1871년의 프랑스내전은 사상최초의 노동자혁명정부인 파리코뮌과 부르주아가 장악한 공화정 정부 간에 벌어진 전쟁이다. 프랑스가 프로이센과의 전쟁에서 패한 후 국민공회가 굴욕적인 강화조약을 체결하자 파리 시민들이 이에 항거하여 시청을 점거하고 자체 선거를 실시하여 혁명파가 승리하면서 인민의회, 즉 파리코뮌이 건립된다. 그들은 다수의 노동자들을 착취하여 소수 부르주아가 부를 얻는 계급소유를 철폐하고 인민이 정치적 주체가 되는 프롤레타리아 국가를 만들고자 했다. 마르크스는 노동자계급의 정부가 세워지자 파리의 사람들이 하늘을 뒤흔들고 있다고 말하면서 파리 코뮌을 '전 세계적 중요성을 갖는 새로운 출발점'으로 적극 지지한다. 그러나 두 달 후 프랑스 정부군이 파리 코뮌 확산을 두려워한 독일·벨기에·영국·오스트리아-헝가리 군대와 연합하여 '피의 일주일'로 불리는 대학살을 벌인 끝에 혁명정부가 패하고 내전은 72일 만에 막을 내린다.

바베트의 사정은 딱했지만 자매는 급료를 줄 수 없는 형편이라 난색을 표하자 바베트가 급료 없이 일하겠다고 간청하여 세 사람은 함께 지내게 된다. 14년을 자매들과 함께 살고 있던 바베트에게 어느 날 프랑스에서 그녀가 파리의 조카를 통해 구입한 복권이 당첨되어 일만 프랑을 받게 되었다는 편지를 받는다. 바베트는 자매가 아버지의 100주년을 기념하는 저녁식사를 계획하자 그동안 자신을 거둬준 자매에게 보답하기 위해 자신이 만찬을 준비하게 해달라고 요청한다. 자매는 바베트가 프랑스로 떠나리라 생각하고 그녀의 처음이자 마지막 요청을 거절하지 못하고 들어준다. 바베트는 만찬을 위해 거북, 메추리, 진귀한 와인, 치즈와 풍성한 과일 등 상상도 못할 재료들을 프랑스로부터 공수해온다. 그야말로 서민들은 접할 수 없었던 오뜨 퀴진의 재료들이었다. 금욕적인 생활이 일상인 자매들은 준비된 재료들을 보고 만찬이 악마의 향연이 될까 불안해하면서 마을 사람들에게 미리 경고를 한다. 그 때문에 만찬석상에서 모두들 바베트가 차려낸 화려한 음식에 감탄하면서도 마음껏 즐길 수가 없었다. 그러나 과거 마르티나를 좋아했던 로렌스가 참석하여 더 없이 음식과 와인들을 즐기면서 그가 예전에 파리의 한 레스토랑에서 먹었던 음식과 같다고 감탄한다. 당시 그 레스토랑의 셰프는 바베트였고, 로렌스를 식당에 초대했던 장군은 그녀의 음식에 대해 "그녀는 저녁 만찬을 사랑의 향연으로 만들었다. 이 사랑의 향연은 육체적 욕구와 영적인 욕구 사이에 구별이 없도록 만들어버렸다"라고 극찬을 했다.

당시 마을 주민들은 평생을 최소한의 음식을 섭취하며 금욕과 절제의 삶을 살면서 그들의 영혼도 메말라가 서로에 대한 이해와 축복보다는 비난과 악감정을 쏟아내고 있었다. 바베트의 만찬은 그런 마을 사람들의 육체의 허기는 물론 영혼의 허기까지 채워주면서 그들 사이에 커져가던 반목을 사라지게 하고 화해와 서로에 대한 축복을 이끌어낸다. 그녀의 만찬은 소설 『그리스인 조르바』에서 조르바가 깨달은 것처럼 "먹는다는 것은 숭고한 어떤 의식이며 고기, 빵, 포도주는 정신을 만들어 주는 원료"임을 입증해보였다. 그녀는 그날의 만찬을 위해 복권 당첨금 모두를 사용하였지만 요리를 예술로 여겼기에 개의치 않았고, 자매들을 떠나지도 않았다.

영화 <바베트의 만찬> 중 만찬 장면

그런데 찬란한 프랑스의 미식문화에는 어두운 면이 있는데, 예전이나 지금이나 프랑스 음식을 대변하는 전통적인 오뜨 퀴진이나 현대적 누벨 퀴진이 서민과는 거리가 먼 음식이라는 사실이다. 예전에는 왕과 귀족들을 위한 것이었고 지금은 상류층과 부르주아를 위한 요리일 뿐, 서민들에게는 신선한 고기와 해물과 채소들은 식탁에 올리기에는 너무 비싸고 해먹어본 적도 없는 재료들이다. 그들의 식탁에는 서민 음식인 감자와 수프, 빵과 치즈가 전부였다. 레스토랑 또한 식전음식부터 커피까지 마시는 풀코스 식문화이다 보니 그 비용이 만만찮아 오늘날도 서민들은 인류문화유산이 된 그들의 음식을 즐길 수가 없다. 18세기 계몽사상가인 루소는 당시의 파리를 빈부격차가 심하고 극단의 사치와 극단의 비참함이 공존하는 곳으로 묘사하였고, 파리를 경험한 한 이탈리아인은 프랑스에서는 90%가 굶어죽고 나머지 10%는 너무 많이 먹어 죽는다는 말을 주변에 전했다고 한다. 영화 〈딜리셔스: 프렌치 레스토랑의 시작〉(2021)은 프랑스혁명이 일어나기 직전을 배경으로 귀족들의 사치스런 미식문화와 배를 곪는 서민들의 현실을 대조적으로 잘 보여준다. 프랑스의 아름다운 시골풍경을 덤으로 즐길 수 있는 영화이다.

딜리셔스: 프렌치 레스토랑의 시작

DELICIEUX, 2021

개요: 드라마 | 프랑스 | 112분
감독: 에릭 베스나드

영화는 "때는 18세기 귀족은 요리로 지루함을 떨쳐내고 위엄을 자랑했다. 하지만 백성들은 먹을 것이 거의 없었다"라는 자막으로 시작한다. 혁명의 조짐이 이는데도 파리 교외의 샹포르 공작은 이를 인지하지 못한 채 친구들을 초대해 연회를 즐긴다. 미식을 예술로 여기면서 식탁 음식의 평판이 곧 귀족의 위상과 연결되던 시절이었다. 당시 귀족들의 정찬 요리는 코스별로 나가지 않고 요리사들이 준비된 요리를 한꺼번에 들고 나가서 식탁을 가득 채웠다. 뛰어난 요리사인 망스롱은 감자를 이용한 전채요리를 개발하여 귀족들에게 선보였다가 혹평을 받는다. 귀족들은 맛보기로 먹은 작은 파이 속에 감자가 들었다고 하자 자신들을 독일인으로 보냐며 돼지나 주라고 접시를 던져버린다. 당시 유럽에서는 뿌리작물인 감자는 나병을 옮긴다는 소문과 함께 악마의 음식으로 인식되어 돼지 등의 가축이나 먹을 것이 없는 서민들의 음식이었다. 그들은 흙에서 자라는 식재료를 불결히 여겼고, 육류도 하늘을 나는 가금류를 천상에 가깝다는 이유로 더 우월한 음식으로 여기며 선호하였다. 그러나 독일에서는 식량난이 심각해지자 1774년에 왕이 직접 나서서 농민들에게 감자를 재배하게 하면서 감자는 독일인이나 먹는 음식으로 조롱받게 된다. 영국에서도 감자는 잉글랜드의 수탈로 먹을 것이 없었던 아일랜드인의 주식이었는데, 19세기 중엽에는 감자역병으로 대기근이 일어나 인구 800백여만 명 중 약 150만 명이 아사하고 100만 명 이상이 기근을 피해 미국으로 이주하는 비극이 발생한다.

망스롱은 손님에게 사과하라는 공작의 명을 거부하여 해고되어 자신의 옛집으로 돌아가서 공작이 다시 불러주기를 기다리며 의기소침하게 지낸다. 어느날, 한 여인이 와서 그의 수습생이 되기를 원한다. 그녀는 샹포르 공작으로 인해 모든 재산을 잃고 자살한 드 라 바렌 후작의 부인으로, 샹포르가 망스롱을 다시 부를 것을 알기에 복수를 위해 의도적으로 망스롱에게 접근한 것이다. 그녀로 인해 요리의 의욕을 되찾은 망스롱은 역참을 운명하면서 맛있는 음식으로 점차 유명해진다. 어느 날 소문을 들은 공작이 망스트롱 식당에 식사하러 오겠다고 전갈을 보내어 망스롱은 정성껏 준비하지만 공작은 그의 식당을 지나쳐버린다. 귀족들에게 사과하지 않은 망스롱을 아직 용서하지 않은 것이다. 공작이 오지 않으면서 음식에 독을 넣어 공작을 죽이려던 루이즈의 정체와 계획이 드러나 그녀는 떠나야 했지만 망스롱이 사고를 당하자 남아서 그를 간호한다.

망스롱이 회복하는 동안 루이즈와 망스롱의 아들이 테이블에 테이블보를 깔고 러시아 코스요리처럼 전채, 메인, 치즈, 디저트 순으로 음식을 내놓으면서 식당의 명성이 높아진다. 루이즈는 공작이 다시 찾아올 것을 예상하고는 자신의 복수심이 망스롱에게 해가 될 것을 우려하여 수녀원으로 떠난다. 그녀가 떠난 후 망스롱은 요리에 관심을 잃고 식당 운영은 엉망이 된다. 망스롱은 루이즈를 찾아가 다시 돌아오게 한 후 공작을 자신의 식당에 초대한다. 그날 그는 공작뿐만 아니라 마을사람들을 무료 점심에 초대하여 공작과 같은 공간에서 같은 메뉴로 식사를 하게 한다. 샹포르는 귀족만이 즐겨야 하는 특권인 미식을 같은 공간에서 서민들과 함께 대접받는 것에 화를 내지만 망스롱이 오히려 루이즈에게 사과할 것을 요구하고 식당에 있던 평민들이 특권을 내려놓으라고 위협을 가하자 서둘러 식당을 떠난다. 그리고 며칠 후 바스티유가 함락된다. 이제 귀족들이 굶주리는 서민들은 아랑곳하지 않고 특권을 누리며 미식을 즐기던 시대는 끝난 것이다. 영화는 부제처럼 프랑스혁명 이후 귀족의 요리사들이 대중 속으로 들어오는 과정을 함께 보여주고 있다.

외식문화의 역사

음식이 가정 밖에서 제공되고 소비되는 외식문화는 고대부터 존재하였다. 고대 이집트의 무덤과 사원의 벽화에는 와인 및 빵 제조과정과 시장에서 상인들이 음식을 판매하는 모습들이 새겨져 있고, 고대 인도의 모헨조다로 유적지에서는 돌로 된 오븐과 장비 등을 사용한 레스토랑 형태의 시설이 발견되었다. 그리스에서는 민주주의를 발달시킨 국가답게 모든 시민들이 함께 음식을 먹는 공동식사가 발달하였고, 고대 로마에서는 카라칼라황제가 민심을 얻기 위해 만든 체육시설과 공중목욕탕 주변에 음식을 제공하는 장소가 있었다는 기록이 있다. 중세에는 수도원에서 수도승들이 여행자들에게 음식을 제공하는 한편 제빵 기술과 포도주 및 맥주제조법을 전수하였고, 음식을 생산판매하고 특정제품을 독점생산하는 전문 조리사들의 조직인 길드도 만들어졌다. 오늘날 조리사들이 쓰는 흰 모자도 이때 등장했다.

오늘날의 형태의 레스토랑은 1760년대에 파리에서 생겨났다. 이전에도 파리에는 큰 공동테이블에서 음식을 제공하는 선술집들이 있었지만 북적거리고 지저분했다. 1765년 루브르박물관 근처에 처음으로 구분된 테이블에서 우리나라 곰탕과 유사한 '부이용 레스토랑'(bouillon restaurant)을 1인분씩 정해진 가격으로 파는 식당이 생겼다. 부이용은 수프, 레스토랑은 영양식을 뜻한다. 이후 이를 모방한 식당들이 많이 생겨나면서 이 수프를 파는 가게를 '레스토랑'으로 불렀고, 그것이 오늘날의 식당 명칭이 된다. 당시 파리를 중심으로 레스토랑이 급속히 늘어나 프랑스혁명 이후에는 그 수가 600개에 이르렀는데, 이는 부르주아들이 더 이상 수입의 50%를 세금으로 내지 않아 자산이 늘면서 외식을 즐기기 시작한 덕분이다. 게다가 실직한 왕과 귀족들의 요리사들이 레스토랑을 열면서 누구든 돈만 있으면 특권층이 즐기던 미식을 즐길 수 있게 되었다.

린넨 식탁보가 깔린 식탁 위에 왕과 귀족들이 먹던 음식들을 차려내면서 레스토랑은 미식과 사치의 장소가 되었고, 돈 많은 부르주아계층은 레스토랑을 최신 유행의상이나 부, 그리고 교양과 품위를 갖춘 '식사 매너'를 과시하는 사교모임의 장소로 활용하였다. 이후 프랑스 음식은 특출한 요리사들의 등장으로 더욱 발달하여 세계적인 음식으로 인식되면서 타지의 부유한 유럽인들까지 파리로 식사를 하러 오는 소위 '미슐랭 투어'가 시작된다. 프랑스 음식의 국제화에는 귀족들이 혁명을 피해 타국으로 망명하면서 요리사들을 데려가 그곳에 프랑스 음식을 전파한 것도 한 역할을 했다.

미국에서는 19세기 후반부터 철도와 증기선의 발달로 여행이 활발해지자 호화로운 호텔들을 짓기 시작하면서 호텔 내에 파리의 유명 레스토랑을 모델로 한 다이닝룸을 만들어 상류층에 레스토랑 문화를 도입한다. 부르주아 상류층은 고급 레스토랑에서의 식사를 하나의 주요 생활양식으로 만들면서 외식을 단순한 식사 행위가 아닌 부와 지위를 상징하는 그들의 문화적 취향, 즉 '아비투스'(habitus)로 만들었다. 프랑스 사회학자 피에르 부르디외는 저서 『구별짓기』에서 사회 계급을 '구별짓기'(distinction)로 정의하고 아비투스를 특정 계층의 취향과 지위를 드러내는 사회문화적 산물로 규정한다. 즉 특정 계급이나 직업 집단은 그들이 즐기는 음식이나 음악이나 예술에 있어 구분되는 문화적 취향을 가지고 있어서 그것이 그 사람의 지위와 직업, 학력 등의 사회적 위치를 반영하는 지표가 된다는 것이다. 그로 인해 상류층의 아비투스는 단순한 취향이 아닌, 그들이 먹고 마시고 즐기는 일상생활의 모든 행위에서 그들의 계급을 차별적으로 드러내면서 그들만의 문화와 권력을 더욱 굳건히 하는 수단이 된다. 반면 상류층의 아비투스에 접근하지 못하는 중하류층은 화폐자본은 물론 문화자본의 장에서도 배제되고 구별된다.

미국 부르주아 상류층의 아비투스에 저항했던 한 예술가의 일화가 있다. 세계적인 주류회사인 시그램은 1958년에 당시 미국 추상표현주의를 이끌었던 마크 로스코에게 뉴욕 본사 1층에 들어설 고급 레스토랑 포시즌의 벽화 작업을 의뢰한다. 말 그대로 형식은 추상이나 내용은 표현주의적인 추상표현주의는 제2차 세계대전 당시 나치를 피해 미국으로 건너온 유럽의 초현실주의자들과 전위예술가들이 미국의 작가들에게 영향을 주어 형성된 예술적 사조로, 뉴욕이 전세계 동시대미술을 이끄는 중심지가 되는데 큰 역할을 한다. 작가마다 작품 성격이 다르지만 공통적으로 작가의 정신성과 자유로운 감정표출을 중요시하고 어느 한 부분에 초점이 주어지지 않고 전체가 강조되는 전면적 구성을 특징으로 한다. 대표적인 화가로는 단색이나 두세 가지 색상을 거대한 캔버스의 넓은 면에 스며들게 하면서 인간의 본질과 근원적인 감정을 탐구하는 색면회화의 마크 로스코와 버넷 뉴먼, 바닥에 이젤을 두고 춤추듯 움직이며 물감을 뿌리면서 작가의 행위 자체를 중시하는 액션페인팅의 잭슨 폴록과 빌렘 드 쿠닝 등이 있다.

평소 5달러 이상의 음식은 부도덕하며 예술의 우월성이 자본을 이길 수 있다고 생각한 로스코는 자신의 그림이 현대판 귀족인 타락한 부르주아들을 경건한 세계로 인도하는 정신적 통로의 역할을 할 것으로 기대하며 시그램의 작품의뢰를 받아들인다. 로스코의 의도는 밀폐된 공간에 갇혀 있는 느낌을 자아내어 벽에 머리를 박고 싶은 충동을 불러일으키는 벽화를 그려서 음식에 큰돈을 지불하며 쾌락을 즐기려는 그들의 입맛을 떨어뜨리는 것이었다. 그러나 완성을 앞둔 레스토랑을 방문한 로스코는 자신의 그림이 그저 실내장식의 일부에 지나지 않을 것임을 깨닫고는 200만 달러짜리 계약을 파기한 후 작품들을 영국 테이트모던 갤러리에 기증한다. 한 미술관계자는 예술이 자본의 논리에 종속되는 현상을 철저히 경계한 좌익 성향의 그에게 특권층의 사람들이 그의 그림 앞에서 보석을 달고 식사한다는 생각은 저주로 여겨졌을 것이라고 말한다.

한편 미국에서는 1950년대 이후로 대중들을 위한 패스트푸드 산업이 급속히 발전한다. 그동안 프랑스의 고급 미식문화가 서구 상류층을 지배했다면 이제 그 대척점에서 미국의 대중적인 음식이 체인화되면서 세계를 지배한다. 프랑스가 음식을 예술화시켰다면 미국은 음식을 산업화시켰다. 그 대표주자인 맥도날드가 전 세계를 휩쓸며 성장하자 패스트푸드는 물론 전 세계적으로 표준화되고 예측가능하고 쉽게 통제할 수 있는 것을 선호하는 맥도날드적인 사고방식과 경영방식이 확산되는, 소위 McCulture 현상이 일어난다. McCulture는 현대사회 시스템을 크게 바꾸고 사람들의 사고 구조까지 바꾸었기에 가히 하나의 '혁명'이었다. 심지어 각 나라의 물가 수준이 빅맥 가격으로 측정되기도 한다.

| 테이트모던에 소장된 〈시그램 벽화〉, 마크로스코

| 〈Convergence〉, 잭슨 폴록, 1952

패스트푸드는 세계문화의 흐름을 '미국화' 내지 '획일화'로 몰고 가는 세계화의 아이콘으로 여겨져 문화의 종주국인 유럽에서는 심한 저항이 일어났다. 맥도날드가 1972년 프랑스에 처음 입점될 때 음식에 자부심이 강한 프랑스인들은 저급한 패스트푸드에 강하게 반발하였지만 시대의 흐름을 거슬리지는 못해 오늘날 맥도날드 매장들은 샹젤리제 거리와 베르사유 궁전 앞 등 곳곳에 들어서 있다. 2009년에는 맥도날드가 루브르박물관 푸드코트에까지 입점되자 프랑스인들은 미국 상업주의가 예술의 성지에 침입하는 것에 크게 분노했지만 스타벅스는 그 전해에 이미 입점해 있었다. 파리1호점인 스타벅스 오페라하우스점은 그 화려함과 아름다움으로 관광객들의 명소가 된 지 오래이다. 이탈리아에서는 맥도날드가 로마에 진출하자 1986년 슬로푸드 운동을 전개하지만 프랑스와 마찬가지로 밀려드는 맥도널드와 스타벅스를 막지는 못한다. 심지어 미국은 이탈리아의 피자를 미국화하여 전 세계적인 패스트푸드로 만들었다. 패스트푸드는 공장화된 음식으로 미식문화와는 거리가 멀고 심지어 열량만 높고 영양가는 낮은 정크푸드로도 불리지만 오늘날은 패스트푸드 또한 변화를 추구하여 질과 내용이 다양해지면서 일부는 대중적인 미식의 범주로 들어서기도 한다.

미식문학과 레스토랑 평가문화

프랑스가 미식의 역사가 짧음에도 불구하고 미식의 본고장이 된 것에는 음식뿐만 아니라 음식 외적인 요인들도 큰 작용을 하였다. 19세기 초반 프랑스에서는 미식이 대중들 속으로 들어서면서 미식문학과 음식평가문화도 함께 발달한다. 법률가이자 최초의 미식가로 여겨지는 브리야 사바랭은 저서 『미식 예찬』을 통해 미식에 대한 인문학적 철학적 이야기를 풀어내었고, 그와 동시대인인 그리모 드 라 레니에르는 미식 클럽과 미식심사위원회를 결성하여 위원들이 원탁에 모여 앉아 식재료와 요리를 감정하고 그 결과를 『미식가 연감』으로 발간하면서 브리야 사바랭과 미식가의 쌍벽을 이룬다. 미식클럽은 각 유명 레스토랑의 음식은 물론이고 각 지방의 제철 식재료들을 시식하면서 신선도, 요리의 질감과 향, 고기의 굽기 정도, 음식들 간의 조화 등을 종합적으로 평가했다. 이들 미식가의 저작과 활동은 왕이나 귀족들이 누리던 오뜨 퀴진을 누리게는 되었으나 즐기는 방법을 몰랐던 돈 많은 부르주아들에게 좋은 가이드 역할을 하였다. 조리법을 실은 책의 등장과 요리학교도 미식 발전에 주요한 역할을 한다. 『코르동 블뢰』라는 요리잡지사는 잡지뿐만 아니라 1895년에 요리학교를 개설하여 오늘날은 20여 개국에서 뛰어난 요리사들을 배출하면서 국제적인 명성을 누리고 있다. '코르동 블뢰'는 1578년 루이 13세가 창단한 귀족계급 출신의 성령기사단에게 수여한 푸른 리본(cordons bleus)에서 유래한다. 귀족 출신의 이들 기사단은 화려한 만찬으로 유명했는데, 그들의 만찬이 최고 요리와 동일시되면서 최고의 요리사에게 파란 리본을 수여하는 전통이 생겨났고 동명의 요리학교까지 탄생했다.

무엇보다도 미식의 발전에 큰 역할을 한 것은 미슐랭가이드이다. 1900년 프랑스 타이어회사인 미슐랭이 자동차여행자를 위해 만든 미식지도로 시작한 미슐랭가이드는 오늘날 세계 유수의 레스토랑에 별 평점을 매기면서 그들이 부여한 별이 미식의 기준이 된다. 미슐랭가이드는 식당 별점을 매기는 레드가이드와 여행안내서인 그린가이드로 나뉜다. 매년 출간되는 레드가이드는 미슐랭 소속 심사원이 비밀리에 심사할 식당을 수차례 방문하여 재료의 질, 조리기술의 수준과 맛의 완성도, 독창성, 가격에 합당한 가치, 전체 메뉴의 통일성 이 다섯 가지를 대상으로 평가하면서 점수를 부여한다. 그 카테고리에서 특별히 탁월한 요리(★), 우회해서라도 방문해볼 가치가 있는 훌륭한 요리(★★), 그것 때문에 여행할 가치가 있는 탁월한 요리(★★★)들을 찾는 것이 그들의 목적이다. 빕구르망은 1인당 원화 약 5만 원 이하의 합리적인 가격으로 좋은 요리를 맛볼 수 있는 식당들이다. 현재 파리·뉴욕·도쿄에 가장 많은 미슐랭 식당들이 있고, 별 3

개 레스토랑이 가장 많은 곳은 프랑스와 일본이다. 일본은 일찍이 아시아 최초의 평가대상국으로 선정되면서 미슐랭가이드에 적극적으로 협조해왔다. 한국은 2016년부터 한식의 인기를 반영해 미슐랭가이드 리뷰가 시작되었는데, 그 과정에서 거액의 돈이 지불되었다는 사실이 밝혀지면서 논란이 일었고 별점이 서양인에게 접대하기 좋은 한식에 치중되어 있다는 비난이 제기되기도 했다.

미슐랭가이드는 미식가들의 성서가 되었지만 일각에서는 개인적 취향은 무시한 채 음식 맛에 절대적 기준을 부여해서 등급을 나누는 발상 자체가 부적절하다고 비판한다. 평가의 성실성과 공정성에도 지속적인 의혹이 제기되고, 특히 비싼 음식만 중시하여 음식에 사치를 조장하여 서민과 동떨어진 개념이라는 비난이 크다. 영국 「가디언」지는 심지어 미슐랭가이드를 '문화제국주의의 도구'로 비판한다. 평가단의 입맛을 만족시킨 곳과 현지인들의 맛집과는 온도 차이가 있음에도 불구하고 사람들은 미슐랭 별을 받았다는 이유만으로 미슐랭 레스토랑에서 비싼 돈을 내고 식사를 하면서 심리적 만족감을 느낀다는 것이다. 프랑스인으로 구성된 평가단이 과연 해당 국가의 전통요리를 제대로 이해하고 있는지에 대한 의문은 종종 제기되었다. 영국 BBC가 싱가포르에서 실시한 미슐랭 식당과 일반 노점의 닭고기 요리를 비교하는 한 실험에서는 시민들 대다수가 일반 노점의 요리가 더 맛있다고 평가했다. 그럼에도 예약조차 힘든 미슐랭 레스토랑들은 비싼 가격과 드레스코드, 복잡한 메뉴와 테이블세팅으로 일반대중들의 접근을 막으면서 그곳에서 식사하는 것을 상류층의 아비투스로 만들고 있다.

미슐랭 평가의 영향이 지대한 만큼 평가대상이 되는 셰프들은 엄청난 중압감에 시달린다. 그들은 별을 받는 순간부터 부와 명예를 얻게 되지만 동시에 그 별을 유지해야 한다는 스트레스 또한 엄청나다. 2003년 프랑스에서는 3스타 셰프인 베르나르 르와조가 별이 강등될 것 같다는 소식에 자살한 일이 일어났고, 이후 평가 자체를 거부하는 셰프들이 나타난다. 2008년에는 올리비에 롤랑제가 별 3개를 얻은 뒤 조용히 살고 싶다며 식당 문을 닫았으며, 2017년에는 3스타 셰프인 세바스티앙 브라가 평가에 신경 쓰지 않고 훌륭한 음식을 만들어내고 싶다며 자신의 레스토랑을 평가대상에서 제외해주기를 요청하였다. 음식비평가인 윌리엄 시트웰은 "훌륭한 셰프는 모두 훌륭하고 맛 좋은 음식을 만들고 싶어 한다. 그러나 '미슐랭 스타셰프'라는 수식어가 붙은 후에는 완벽을 향한 여정이 위험한 강박으로 변해버린다"라고 우려를 표한다.

더 셰프 Burnt, 2015
개요: 드라마 | 미국 | 101분
감독: 존 웰스

영화《더 셰프》는 미슐랭 별에 대한 집착으로 정신적 파탄을 겪은 후 재기를 시도하는 한 셰프의 이야기를 다룬다. 스타 셰프들이 요리 자문을 하고 코르통 블뢰가 지원을 했다. 요리사를 꿈꾸는 미국인 아담은 19세에 무작정 파리로 가서 유명한 장뤼크 레스토랑에 취직한다. 그는 그곳에서 하루 20시간, 일주일 6일을 일하면서 주방의 열기와 스트레스와 폭력까지 사랑할 정도로 온 열정을 다 했고, 주방식구들과 가족처럼 지내면서 처음으로 소속감을 느낀다. 그런 열정으로 그는 일찍이 미슐랭 2스타 셰프가 되지만 어린 나이에 너무 갑자기 성공하면서 술과 마약에 빠지고 성공에 집착한 나머지 경쟁 셰프들을 파멸시키려는 비도덕적인 행위까지 서슴지 않았다. 스스로에게 환멸을 느낀 아담은 홀연히 미국 루이지애나로 가서 술과 마약을 끊기 위해 한 식당 보조로 일하면서 굴 까기 1만 개를 채운 후 런던으로 간다. 런던에는 파리에서 동료로 지냈던 토니가 아버지의 레스토랑을 운영하고 있었다. 그를 찾아간 아담은 미슐랭 3스타를 따겠다며 자신에게 주방을 맡겨달라고 부탁한 후 이전의 동료와 음식점을 돌아다니며 재능이 있는 셰프들을 모아 팀을 꾸린다.

식당을 오픈한 아담은 첫날 음식이 자신이 원하는 만큼 완벽하지 않자 토니에게 손님들에게 환불을 해주고 사과문을 보내라고 말한 뒤 직원 한 명 한 명에게 잘못을 지적하며 폭언을 퍼붓는다. 주방의 유일한 여성이자 소스 만들기에 뛰어난 스위니는 그런 아담에게 반발하여 그만두지만 토니는 아담에게 그녀가 필요한 걸 알기에 그녀를 설득하여 다시 불러들인다. 다시 영업을 시작한 아담은 손님들과 평론가들까지 만족시키면서 정상궤도에 오른다. 어느 날 미슐랭 평가단으로 보이는 손님이 들어오고, 긴장한 아담은 모든 요리가 자신의 손을 거쳐서 나가게 한다. 하지만 예전에 아담에게 피해를 입은 것에 대한 복수를 할 의도로 그의 수하로 들어온 미셸이 소스에 고춧가루를 몰래 넣어 음식을 내보내어 음식이 주방으로 되돌아온다. 분노한 아담은 끊었던 술을 다시 마시고 취한 채 그의 예전 동료이자 미슐랭 3스타 셰프가 된 리스를 찾아간다. 리스는 아담을 앙숙으로 여겼지만 미슐랭 스타가 주는 스트레스를 누구보다도 잘 알고 또 아담의 재능을 아꼈기에 그의 고통을 이해했다. 다음날 리스는 아담에게 아침을 만들어주고 아담이 자신보다 실력이 나음을 인정하면서 그가 버텨줘야 나머지 요리사들도 함께 따라간다고 말해준다.

모든 것을 망쳤다고 생각했지만 그들은 다행히 미슐랭 평가단이 아니었다. 그 일을 계기로 주변 사람들이 자신을 진심으로 아낀다는 사실을 알게 된 아담은 자신의 완벽주의와 독단적인 주방운영이 잘못된 것임을 깨닫는다. 이후 진짜 평가단이 오고 아담은 평상시처럼 각 파트의 수셰프들에게 음식을 맡기면서 별

3개를 받는다. 아담은 자신의 요리가 팀을 통해 만들어진다는 사실을 깨닫게 되면서 처음으로 그들과 식사를 함께한다. 밥을 함께 먹는다는 것은 아담이 그들을 동료로, 가족으로 받아들임을 의미한다. 리스가 아담에게 아침을 차려준 것도 동료애의 표현이었다. 아담이 스와니를 영입하기 위해 버거킹에서 만났을 때 스와니가 패스트푸드는 제대로 된 음식이 아니어서 먹지 않겠다고 하자 아담은 햄버거가 획일화된 노동자의 음식이어서 먹지 않는 것이라고 반박한다. 그러면서 그는 셰프의 음식이 햄버거보다 500달러 더 비싼 이유는 음식이 색다르고 독창적이기 때문으로, 자신은 사람들이 맛있어서 다 먹기보다는 먹기 아까워서 다 먹지 못하는 요리를 만들겠다고 말하였다. 그런 아담의 요리는 마침내 미슐랭 별 3개를 획득했지만 이제 아담은 사람의 마음을 따뜻하게 해주고 움직이는 음식은 그가 스위니의 어린 딸에게 만들어준 음식과 생일케이크, 리스가 그에게 만들어준 아침, 그가 동료들과 함께 나누는 음식이라는 사실을 깨닫는다. 음식은 생존의 도구를 넘어서서 향수를 불러일으키거나 치유의 역할을 한다. 함께 음식을 나누는 식탁은 더더욱 그러하다.

음식의 쾌락 vs 식탁의 쾌락

인간이 행복해지기 위해 쾌락을 추구할 것을 주장한 고대 그리스 철학자 에피쿠로스는 쾌락의 피라미드의 욕망을 3가지로 분류한다. 맨 꼭대기에는 '자연스럽고 반드시 필요한 욕망'이, 그 밑에는 '자연스럽지만 반드시 필요하지는 않은 욕망'이, 맨 밑바닥에는 '자연스럽지도 반드시 필요하지도 않은 욕망'이 있는데 그중 제일 밑의 헛된 욕망이 가장 큰 고통을 낳는다. 그는 인간의 욕망 자체는 자연스럽고 필수적이지만 그것을 과잉추구하게 되면 인간이 행복해지기 위한 요건인 '육체의 고통과 정신의 불안으로부터의 자유'를 얻을 수 없다고 경고한다.

에피쿠로스가 궁극적으로 추구한 것은 방탕한 육체적인 쾌락이 아니라 지속적인 쾌락이다. 지속적인 쾌락은 정신적이고 절제된 쾌락으로 욕망을 줄임으로써 성취될 수 있다. 음식에 대한 욕망도 마찬가지이다. 음식의 욕망은 쾌락의 피라미드에서 가장 꼭대기에 있는 자연스럽고도 필수적인 욕망이지만 탐식에 사로잡히면 처음에는 쾌락을 가져오나 먹을수록 고통을 가져온다. 에피쿠로스는 우리를 풍요롭게 하는 것은 우리가 가진 것이 아니라 우리가 즐기는 것이므로 아주 적은 양의 치즈만으로도 소박한 식사를 성대한 만찬으로 바꿀 수 있다고 말한다. 그러나 오늘날 사회가 발달하고 즐길 수 있는 것이 풍성해지면서 사람들은 소박한 식사에 더해진 치즈 한 조각에 만족하지 못하고 더욱 화려하고 고급스러운 식탁을 추구하면서 음식에 대한 욕망이 쾌락의 피라미드 꼭대기에서 점점 아래로 내려온다.

음식에 대한 욕구가 필수적이고 자연스러운 것이듯 미식에 대한 욕구 또한 문화가 발전하면서 자연스레 생겨날 수밖에 없는 현상이다. 물론 반드시 좋은 식당에서 값비싼 음식을 먹는 것만이 행복을 주는 것은 아니다. 어디서 무엇을 먹든 음식을 먹으면서 행복을 느끼면 그것 또한 미식이자 에피쿠로스가 말하는 치즈 한 조각의 행복이다. 하지만 오늘날의 자본주의사회와 물질적인 풍요 속에서 사람들이 에피쿠로스적인 절제와 행복만을 추구하며 살아가기는 힘들고, 미식이 하나의 문화현상으로 자리 잡으면서 이를 단순히 헛된 욕망으로만 치부할 수도 없다. 심지어 경제적 여유가 없는 사람들조차도 가끔씩은 소셜미디어가 부추기는 미식탐방을 즐기는 사치를 부리면서 고단한 삶에 대한 위안을 받는다.

미식에는 식사의 즐거움만큼이나 식탁의 즐거움도 중요한 비중을 차지한다. 먹는 즐거움이 인간의 자연스럽고 반드시 필요한 욕망이듯 식탁의 즐거움 또한 인간의 자연스러운 욕구이다. 유발하라리는 저서 『사피엔스』에서 21세기 인간들의 DNA는 3만 년 전 수렵채집인의 DNA와 그다지 다르지 않다고 주장한다.

그는 수렵채집 시절 그들이 손에 넣을 수 있는 고칼로리의 달콤한 식품은 잘 익은 과일뿐이었을 것이고 그래서 그것을 발견하면 최대한 먹어치웠을 것이라고 추측하면서 그 본능이 우리에게도 남아 있어 오늘날 인간은 고칼로리의 달콤하고 기름진 음식을 탐한다고 말한다. 마찬가지로, 수렵채집인은 함께 힘들게 사냥하여 얻은 음식을 나누어 먹으면서 안도감과 행복을 느꼈을 것이고 식사하는 동안 이런저런 이야기를 나누면서 가족과 동료 간에 유대감을 쌓았을 것이다. 그것이 우리의 DNA에 각인되어 지금까지 내려오면서 사람들은 좋은 일이 있을 때나 나쁜 일이 있을 때 가족과 주변 사람들과 함께 음식을 먹고 이야기를 나누면서 즐거워하거나 위로를 받는다.

빵과 물만 있어도 신이 부럽지 않다고 말했던 에피쿠로스는 식탁에서 '어떻게 먹어야 할지' 못지않게 '누구와 먹어야 할지'를 중요한 문제로 여겼다. 그에게 진정한 쾌락은 음식에 대한 헛된 욕망, 즉 탐식이 아니라 우정과 사색을 나누는 식탁이었다. 절제된 음식, 우정, 사색은 그에게 가장 자연스럽고 필요한 욕망이었다. 사람들과 함께하는 식탁이 쾌락을 안겨주는 것은 그것이 인간의 삶에 꼭 필요한 관계의 즐거움이고, 공유의 순간을 즐기는 것이기 때문이다. 브리야 사바랭은 먹는 즐거움과 식탁의 즐거움의 차이를 이렇게 설명한다: "먹는 즐거움은 하나의 욕망을 만족시키는 행위로부터 오는 현실적이고 직접적인 감각이다. 한편 식탁의 즐거움은 식사 자리를 되돌아보는 회고에서 생겨나는 감각으로, 장소나 사물, 사람과 같이 식사할 때 존재하는 여러 정황으로부터 나온다." 미식물리학의 창안자인 찰스 스펜서 역시 함께 먹는 행위는 사회적 관계에서 가장 중요한 역할을 하는 뇌의 엔도르핀 시스템을 활성화시킨다고 말하면서 식탁의 즐거움을 강조했다. 이들이 궁극적으로 말하고자 하는 것은 음식은 그 자체로 인간의 기본 욕구를 충족시켜주면서 인간의 몸과 마음에 에너지와 온기를 주지만 좋아하는 사람들과 음식을 지혜롭게 즐길 때 쾌락이 극대화된다는 것이다.

소셜미디어의 원형, 살롱과 카페

소셜미디어는 공유·공개·참여의 기조하에 사용자 누구든 자신의 생각과 경험을 자유롭게 표현하고 나누는 민주적이고 대중적인 플랫폼이다. 신문이나 잡지, TV와 같은 올드미디어에서는 매체와 대중의 관계가 일방적이지만 소셜미디어는 대중의 개방적인 접근과 토론을 유도하고 상호소통하게 하면서 현대의 공론장의 역할을 하고 있다. 공론장은 공적 영역인 국가와 사적 영역인 시민사회를 매개하여 그들 간의 소통을 가능하게 하는 공간으로 성숙한 사회의 필수요건이다. 공론장의 개념을 처음 제시한 철학자 위르겐 하버마스는 공론장의 발달형태를 시대적으로 구분한다. 중세 봉건시대부터 절대왕정시기에는 귀족과 성직자들이 펼친 권위적이고 과시적 공론장이 발달하였고, 근대 부르주아사회에서는 시민들이 중심인 부르주아 공론장이 발달한다. 부르주아 공론장은 다시 문예활동을 중심으로 하는 문예적 공론장에서 도덕적 사회적 주제들을 논하는 정치적 공론장으로 이어진다. 하버마스는 18세기에 프랑스와 영국에서 융성했던 살롱과 카페를 민주적 토론이 융성한 부르주아 공론장의 모범으로 평가하였는데, 이는 그곳에서 문학과 예술이 활성화되고 국가와 사회체제에 대한 비판적 여론이 형성되어 사회 변화를 주도했기 때문이다.

살롱의 전신은 16세기 후반에 이탈리아에서 시작된 무젠호프이다. 무젠호프는 프랑스의 살롱처럼 개인의 대저택 내에 마련된 응접실로, 이곳에서 상류계층의 인사들과 귀족 부인들이 모여 예술과 문학에 관한 대화를 나누었다. 그들 중 백작부인 이사벨라 데스테는 거의 날마다 문학가와 예술가들을 자신의 집으로 초대하여 모임을 주도하면서 근대 유럽 살롱의 모델이 된다. 17세기 초에는 프랑스에서도 귀족 부인들의 살롱이 성행하면서 본격적인 문예적 공론장이 형성된다. 귀족 부인들은 응접실을 개방하여 문학과 예술, 정치에 관한 자유로운 토론과 작품 낭독 및 비평의 자리를 마련하는 한편 저술가들의 출판을 지원하면서 그들과 대중 사이의 가교 역할을 했다. 당시 살롱을 출입했던 라 로슈푸코공작이 "좋은 결혼은 있어도 즐거운 결혼은 없다"라고 말했듯이, 대부분 정략결혼을 하여 틀에 박힌 생활을 하던 귀족 부인들은 살롱에 열정을 쏟으면서 여성과 아내의 굴레에서 벗어나 삶의 활력을 찾고 사회적 지위까지 확보한다. 살롱을 드나드는 사람들은 귀족부터 부르주아계층, 가난한 계몽사상가까지 신분이 다양했다. 이들은 지위와 부에 상관없이 평등한 관계 속에서 거침없는 대화를 나누면서 살롱을 문예와 사상의 토론장으로 만들었고, 18세기에 계몽주의가 확산되면서는 자연스레 계몽주의사상을 전파하는 역할을 하면서 프랑스혁명의 태동에 주요 역할을 한다.

살롱보다 대중적이고 개방적인 커피하우스는 누구나 와서 자유롭게 의견과 정보를 교환할 수 있어 화가와 문인들의 예술 활동의 장이자 사상가나 시민들이 정치와 혁명을 논하는 아지트가 된다. 커피는 에티오피아가 원산지로 중동지역에 먼저 퍼져 이스탄불에 최초의 커피하우스가 생겨났고, 이후 유럽으로 전파된다. 유럽에서는 성직자들이 이슬람에서 건너온 검은 음료를 사탄의 음료로 여겨 교황에게 금지령을 내릴 것을 요청했지만 교황 클레멘스 8세가 커피를 마셔본 후 그 맛에 반해 커피에 세례를 내리면서 기독교의 음료로 공인되었다는 이야기도 전해진다. 유럽 최초의 카페는 1629년 베네치아에서 탄생했다. 1650년에는 런던에 커피하우스가, 1672년에는 파리에 카페가 생기면서 18세기 초반 파리에는 무려 380곳의 카페가 생겨났다. 영국의 커피하우스는 초반에는 남성만 출입이 가능하여 젠틀맨클럽의 성격을 띠었으며, 오늘날의 소셜미디어처럼 특정 관심과 성향을 가진 사람들이 특정 카페에 주로 모이면서 증권하우스나 테니스코트 등의 별칭을 가진 커피하우스들도 생겨났다. 독일에서도 1685년부터 카페들이 우후죽순 생기기 시작한다. 커피를 즐겨마시던 바흐는 자신이 연주활동을 하던 카페의 홍보용 음악을 의뢰받아 아버지가 커피 중독에 빠진 딸의 커피섭취를 막고자 한다는 내용의 〈커피 칸타타〉라는 곡을 만들어 연주하기도 했다. 독일의 카페 역시 여성출입이 금지되었다.

파리에서는 살롱과 마찬가지로 카페 또한 문예와 정치적 공론장의 역할을 하면서 지적, 사상적 혁명을 태동시켰다. 마네, 드가, 고흐, 고갱 등 카페를 사랑했던 예술가들은 그곳에서 다채로운 삶을 관찰하고 새로운 시각과 영감을 얻으면서 카페 안의 사람들과 카페 풍경을 그림에 담았고, 볼테르와 루소 등 계몽주의 사상가들은 카페에서 민중들을 만났으며, 부르주아계급은 그곳에서 치열하게 토론하면서 개혁의식을 키워나갔다. 군중들로 하여금 바스티유감옥을 습격하도록 부추긴 것은 카페 탁자 위에서 행해진 개혁가들의 연설이었고, 1871년 프롤레타리아 정부를 수립한 파리코뮌 역시 카페가 그 진원지로 알려져 있다.

19세기 중반 무렵 카페는 노동자계급 문화 형성에도 중요한 역할을 한다. 당시 카페의 또 다른 형태인 카바레와 비스트로는 비좁은 공간에서 각박한 삶을 살던 도시 서민과 노동자들에게 친목과 휴식의 공간을 제공하였다. 그러나 적은 수입을 그곳에서 탕진하면서 알코올중독에 빠지거나 도덕적 타락과 무절제의 행태가 벌어지는 폐단이 일기도 한다. 특히 예술가를 비롯하여 사람들이 즐겨마시던 압생트라는 탁한 녹색의 술은 환각을 일으킬 정도로 중독성이 강했다. 그럼에도 사람들은 카페로 모여 삶의 지루함과 단조로움을 털어내고자 했다. 역사학자인 크리스토프 르페뷔르는 저서 『카페의 역사』에서 카페의 역할을 이렇게 말한다: “내가 누구인지 다른 사람에게 보여주기 위해서, 누군가와 이야기를 나누기 위해서, 행복이 무엇이고 불행이 무엇인지 알기 위해서, 내 꿈을 충족시키기 위해서, 웃고 울기 위해서 화창한 날과 길이 필요하고 카페와 카바레와 레스토랑이 필요하다. 우리는 주인공이 되고 목격자가 되기를 좋아한다. 함께 어울릴 사람들, 우리 삶을 지켜봐줄 증인을 갖고 싶어 한다.” 그가 말한 카페의 역할은 흥미롭게도 오늘날 사람들이 소셜미디어에 기대하는 역할과 별다르지 않다. 이처럼 살롱과 카페는 시대적 상황에 민감하게 반응하면서 사람들의 참여와 자유로운 토론을 이끌어내고 공유하였기에 오늘날의 소셜미디어의 원형으로 꼽힌다.

| <폴리 베르제르 카페>, 에두아르 마네, 1882

| <압생트를 마시는 사람>, 에드가 드가, 1876

실제로 소셜미디어는 구시대의 살롱과 카페의 역할을 대폭 이어받고 있다. 영화《아메리칸 셰프》에서 칼과 램지가 벌인 설전은 과거였으면 카페에서 이루어졌을 설전이었다. 차이점은 소셜미디어에서의 설전은 엄청나게 빠른 속도로 많은 사람에게 전달되고 그에 대한 반응 또한 마찬가지로 빠르게 일어난다는 사실이다. 더욱이 소셜미디어가 모바일 미디어와 결합하면서 사용자의 피드백 속도는 더더욱 빨라지고 범위도 대폭 넓어진다. 칼이 전 부인의 홍보담당자에게 램지에게 소송이라도 해야 하는 게 아닌지 묻자 그녀는 "변호사로 협박하면 안 그래도 흥미로운 사건에 얘깃거리를 보탤 거고, 그럼 또 한 주간 기삿거리가 될 거예요. 그리고 그 평론가는 당신의 연이은 도발에 관해 새로운 글을 올릴 거고, 그 글을 사람들이 공유할 거고, 공유된 글은 또 다시 공유될 겁니다. 정말 믿을 수가 없어요"라고 얘기하면서 칼에게 소셜미디어의 엄청난 전파력을 알려준다.

냉혹한 비평으로 칼을 추락시켰던 램지는 유명해진 칼의 샌드위치를 몰래 사서 먹어본 후 그를 찾아와 칼에게 레스토랑 투자 제안을 한다. 칼은 램지에게 그의 악평 때문에 자존심도 일도 위신도 다 잃었다고 비난하자, 램지는 "당신이 먼저 시비를 걸었잖소. 장난쳐요 글쟁이한테 싸움을 걸다니? 난 당신에게 요리대결 하자고 하지 않을 거요"라고 반박하면서 비평을 언론인의 고유 권한으로 옹호한다. 램지의 말처럼 글쟁이들이 자신들의 의견을 가감 없이 펼치는 것은 그들의 권리이지만 자신들의 글이 지나치게 주관적이거나 편파적이지는 않은지 스스로 검토하는 의무도 가져야 한다. 전통미디어는 편집시스템과 뉴스를 취사선택하는 게이트키핑(gatekeeping)을 통해 공정한 정보를 보도하고 건전한 여론을 형성하고자 노력해왔다. 그것이 항상 성공한 것은 아니었지만 적어도 그것이 원칙이었다. 그 원칙은 누구든 글을 쓸 수 있는 뉴미디어시대에서는 전문적 글쟁이뿐만이 아니라 글을 쓰는 누구에게도 적용되어야 하지만 현실을 그렇지 못하다.

오늘날 신문이나 잡지 등의 올드미디어가 쇠퇴하고 온라인 기반의 뉴미디어 시대가 되면서 인플루언서로 지칭되는 램지와 같은 파워블로거들은 우리 사회에서 이슈가 될 만한 사안들을 설정하고 확산시키는 새로운 형태의 오피니언 리더가 된다. 이들 온라인 인플루언서들은 램지가 식당에서 바로 소셜미디어에 평가를 올리듯 모바일 미디어를 활용하여 언제, 어디서나, 심지어 이동 중에도 정보를 유통하고 확산하고 소통한다는 점에서 전통적인 오피니언 리더와 차별화된다. 그들의 여론 영향력은 전통미디어에서 행하던 '틀 짜기 효과'(framing effect), 즉 어떤 사안에 대한 긍정적 또는 부정적인 결론의 틀을 짜주는 역할을 개인이 할 수 있는 시대가 되었음을 알려주기도 한다. 문제는 그들의 의견이 기존 언론매체가 거치는 검열체제를 건너뛸 뿐만 아니라 기존 언론매체와 달리 글의 진위 여부를 가릴 의무도 지지 않는다는 것이다. 그 때문에 파워블로거나 일반인의 글을 담는 소셜미디어 플랫폼들은 유사 언론으로 규정되기도 한다. 언론매체가 보도의 자유를 행사하여 공익을 위한 건전한 여론을 형성하면 정치가 그 여론의 지배를 받는 것이 민주주의다. 보도의 자유가 오용될 경우 그 사회는 객관적 사실보다 개인의 편견이나 감정이 여론 형성에 더 큰 영향을 미치는 '탈진실'(post-truth)의 사회가 되면서 민주주의가 되기를 그칠 것이다.

소셜미디어를 창시한 기업들은 불과 20여 년 전까지만 해도 존재하지도 않았다. 구글은 1998년생이고 최근 '메타'로 회사명을 바꾼 페이스북은 2004년생이다. 아직 청년기업인 이들이 지금껏 이뤄낸 성과는 엄청났고, 그것도 믿기 어려울 정도로 단기간에 일어났다. 그러다 보니 이들 IT기업들이 미치는 영향력에 관한 논의 또한 이제야 일어나고 있다. 오늘날 소셜미디어는 인류 삶의 방식을 획기적으로 바꿀 만큼 막강한 영향력을 미치고 있지만 알고리즘에 의해 작동되는 그 시스템은 우리가 속을 들여다볼 수 없는 블랙박스와 같다. 구글과 페이스북은 현재 전 세계적으로 인공지능 기술에서 가장 앞서 있는 기업인만큼 그 책임도 크지만 두 회사를 비롯한 그 어떤 IT기업도 그들이 어떤 알고리즘으로 정보를 추출하고 사용하는지를 공개하지 않고 있다. 아래의 다큐멘터리는 소셜미디어에서 알고리즘이 사용자들을 어떻게 조종하고 있고 어떤 폐해를 가져오는지를 적나라하게 밝힌다.

소셜 딜레마, The Social Dilemma 2020

개요: 다큐멘터리 | 미국 | 93분

감독: 제프 올롭스키

넷플릭스 다큐멘터리 〈소셜 딜레마〉는 구글, 페이스북, 트위터 등의 거대 IT회사에서 핵심멤버로 일했던 전문가들이 출연해서 그들이 만든 소셜미디어가 엄청난 유의미한 변화들을 이루어내고 있지만 한편으로는 민주주의를 위협하고 사회를 파멸로 이끌 수 있음을 경고한다. 실리콘밸리 IT회사들의 사업구조는 더 많은 광고를 팔수록 수익이 향상되는 구조이다. 따라서 그들은 사용자들이 사이트에 더 오래 머물면서 광고에 더 많이 노출될 수 있도록 알고리즘을 통해 그들의 관심을 끌 만한 피드들을 지속적으로 제공한다. 이에 소셜미디어 사용자들은 IT업체가 제공하는 서비스를 오랜 시간 무료로 즐기는 대신 광고주의 상품으로 전락하게 된다. 사회심리학자 쇼사나 주보프는 저서『감시자본주의시대』에서 이러한 현상을 일방적으로 인간의 경험을 공짜 원자재로 삼아 행동데이터로 번역하고 그것이 그들이 지금 혹은 앞으로 할 행동을 예상하는 예측상품으로 만들어져 시장에서 선물로 거래되는 감시자본주의로 정의한다. 감시자본주의는 알고리즘으로 사용자들의 정보를 모우고 분석하여 그들 취향에 맞는 피드들을 추천하면서 그들을 소셜미디어에 중독되게 한 다음, 그들이 인지하지 못하는 사이에 점진적으로 그들의 행동과 사고방식에 변화를 일으키고 나아가 사회와 정치에도 영향을 끼친다.

문제는 알고리즘이 추천하는 피드들이 신뢰도와는 무관하다는 사실이다. 사용자들이 글의 진실 여부는 관심을 두지 않고 자신의 취향과 관심사에 부합하는 글들만 읽다 보면 사회의 건강한 소통이 단절되고 가짜뉴스, 혐오, 분극화, 급진화, 분노, 허영 등의 현상이 만연해지면서 민주주의가 위협받고 사회는 탈진실의 혼란으로 빠져든다. 가짜뉴스의 전파속도는 진짜뉴스의 6배나 되고, 정치적 담론도 같은 의견을 공유하는 사람들끼리만 어울려 점점 더 강한 발언과 편견들로 이어지면서 분노한 시민과 극단적이고 비이성적인 세계관을 형성하게 된다. 가짜뉴스가 난무했던 2016년 미국 대선은 이러한 현상을 여실히 보여주었고, 알고리즘이 심화시키는 편견과 맹신으로 인한 사회의 분열은 우리나라를 비롯하여 세계 곳곳에서 일어나고 있다.

인간의 뇌는 수백만 년 전이나 지금이나 큰 변화가 없지만 화면 건너편에서 우리를 보고 있는 슈퍼컴퓨터는 그 연산능력이 1960년대 비해 약 1조 배 성장하였고, 사용자의 성향을 파악하는 알고리즘에는 인간이 만든 자아가 있어 코드를 작성할 때 기계 스스로 변할 수 있다. 그런데 이 시스템을 이해할 수 있는 사람은 소수의 개발자에 한정되어 있고, 심지어 그들조차도 특정 콘텐츠에서 어떤 일이 일어날지 더 알지 못하기 때문에 인간은 시스템에 대한 통제력을 거의 상실한 채 시스템이 우리가 보는 정보를 통제하고 있는 현실이다. 현재 온라인상에서 개인들에게 제공되는 피드들은 다 개인 맞춤형으로, 이는 마치 알고리즘이 각 사용자들을 주인공으로 하여 27억 개의 '트루먼쇼'를 벌이는 것과 같다. 영화 《트루먼 쇼》(1998)의 주인공 트루먼은 자신이 태어나면서부터 지금까지 성장하고 생활하는 모습이 전 세계에 생중계되는 다큐멘터리의 주인공이고 자신이 사는 작은 섬이 세트장인 줄을 모른 채 30년을 보험회사 직원으로 살아온다. 그러다 어느 날 자신의 삶이 조작된 것임을 느끼고는 죽음을 무릅쓰고 그 섬을 탈출한다. 트루먼 쇼의 연출자는 프로그램을 지속시키기 위해 그가 현실로 나가지 못하도록 갖은 방법을 다해보지만 그를 막지 못한다. 오늘날 IT기업들의 알고리즘은 사용자들이 자신의 쇼에서 나가지 못하도록 끊임없이 그들에 대한 정보를 모아 그들이 원하는 피드들을 제공하면서 또 다른 트루먼 쇼를 연출하고 있다.

현대 산업에서 고객을 사용자로 부르는 산업은 단 두 가지, 불법마약과 소프트웨어 산업이다. 소셜미디어의 경우 그들은 처음부터 사용자들을 중독시킬 의도는 아니었다. 페이스북의 초기 미션은 "더 열린 세상, 더 연결된 세상"이었고 사용자들로 하여금 '좋아요'를 클릭하게 만들 때는 긍정성과 사랑을 퍼트리고자 하는 선한 의도로 시작하였다. 문제는 재정적 인센티브가 세상을 움직이면서 인간을 채굴 가능한 자원으로 취급하고 대규모 시장에서 선물로 거래하는 그들의 사업모델이다. 한 전문가는 데이터 수집과 처리에 수도사용료처럼 세금을 매긴다면 그들에게 모든 정보를 수집하지 말아야 할 재정적 이유가 생기게 될 것이라고 조언한다. 수익을 위해 관심을 끌어야 하는 모델은 인간을 대하는 올바른 방식이 아니다. 더욱이 그 모델에는 아이들을 보호하는 모든 보호와 규정이 존재하지 않아 십대들은 외롭거나 불확실하거나 두려울 때 쉽게 소셜미디어로 빠져들면서 우울증과 자살로 이어지기까지 한다. 소셜미디어 개발자들은 하나같이 자신들의 자녀에게는 적어도 고등학교 이전까지는 소셜미디어를 금지할 것이라고 말한다.

인간적 기술이 시발점이었지만 현재 플랫폼들은 길을 잃었다. 그들은 사회가 회복할 능력을 완전히 상실하기 전에 초심으로 돌아가서 윤리적인 상품을 디자인하여 더 좋은 사회, 더 건강한 사회구조를 만드는 것을 목적으로 해야 한다. 기술과 인공지능은 발전을 멈추지 않을 것이고 대중의 압력이 커질 때까지는 기계는 변하지 않는다. 소셜미디어를 개발한 전문가들은 지금 개혁을 하지 않는다면 내전이나 인류의 종말까지도 올 수 있다고 우려한다. 그렇게 되지 않으려면 기적이 필요한데, 그 기적은 집단적 의지이다. 더 늦기 전에 인류가 한마음으로 문제가 심각하다는 것을 인식하여 대화를 하고 목소리를 높여서 디스토피아로 향하는 흐름을 바꾸어야 한다.

유발 하라리는 TED대담에서 오늘날 인간이 소외와 외로움을 느끼는 것은 지난 수백 년간 인간들이 그들의 신체로부터 멀어졌기 때문이라고 말한다. 수렵채집시절이나 심지어 농경시절의 인간들도 생존을 위해 매순간 자신의 신체와 접촉하고 감각을 일깨우면서 살아왔다. 자신이 발견한 버섯이 독버섯인지 아닌지를 알아내려면 냄새를 맡고 만져보고 맛봐야 했고, 어디서 짐승이 튀어나올지 몰라 늘 주의 깊게 소리를 듣고 냄새를 맡으면서 자연의 일부가 되어 살아왔다. 지난 수백 년간 사람들은 그런 감각들과 자연과의 일체감을 상실하고 그들의 관심은 스크린으로, 나의 현실이 다른 곳에서 일어나는 일들로 옮겨가면서 점점 소외와 외로움에 빠진다. 하라리는 소외와 외로움을 극복하려면 자신의 신체와 더 많이 접촉하고 자신이 몸담은 현실에 더 많은 관심을 가지라고 충고한다. 그보다 훨씬 오래전에 니체는 저서 『인간적인, 너무나 인간적인』에서 "형제들이며, 차라리 건강한 몸의 목소리에 귀를 기울여라. 그것이 더욱 정직하며 보다 순수한 소리다. 건강한 몸, 완전하고 반듯한 몸은 정직하고 더욱 순수하게 말한다. 바로 이 몸이 대지의 뜻을 전해준다"라고 말하면서 인간이 자신의 몸을 인정하는 것이 자아를 찾고 영혼을 얻으면서 삶을 긍정하게 한다고 말한다. 오늘날 소셜미디어를 통해 수많은 관계들이 이루어지고 있지만 그 속에서 인간은 여러 각색된 정체성을 보여주면서 자신의 본연의 모습에서 멀어지고 있다. 하이테크의 세상에서 우리는 더 이상 수렵채집인처럼 생존을 위해 감각을 곤두세울 필요는 없지만 인간의 영혼을 파괴하는 소외나 외로움에서 벗어나기 위해서는 나 자신이 신체와 감각을 지닌, 그래서 땅에 발을 딛고 자연과 조화를 이루고 주변 사람들과 직접적인 접촉을 하면서 살아야 하는 인간임을 인식해야 할 것이다.

HIDDEN
FIGURES
UNERKANNTE HELDINNEN
AMERICAN HISTORY X
THE GREAT
GATSBY

8장

자본주의 사회의 신카스트

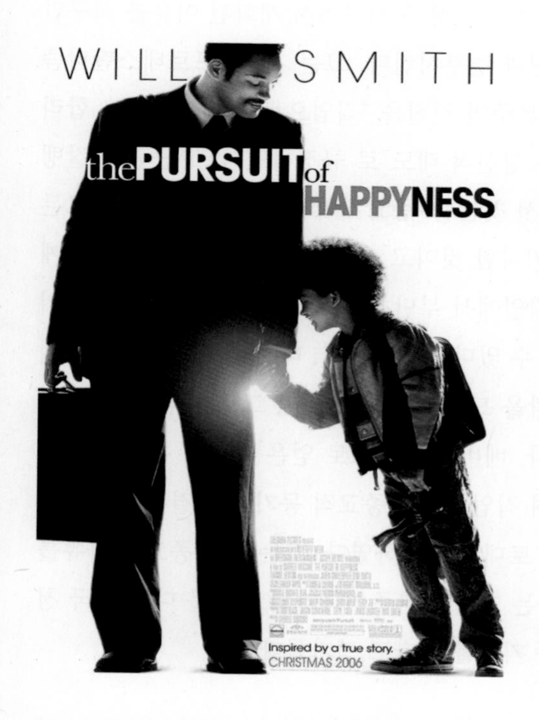

행복을 찾아서, The Pursuit of Happyness, 2006

개요: 행복을 찾아서 | 미국 | 117분

감독: 가브리엘레 무치노

자본주의 사회의 신카스트

자본주의는 서구에서 시작되고 발전하여 오늘날 전 세계적인 경제체제가 되었다. 사회학자 막스베버는 근대자본주의가 유독 서구에서 개화된 이유를 서구만이 갖는 정신적 요인인 청교도정신과 결부시킨다. 그는 저서 『프로테스탄티즘의 윤리와 자본주의 정신』에서 자본주의 정신을 "직업으로서 체계적이고 합리적으로 정당한 이윤을 추구하려는 정신적 태도"로 규정하면서 그 근원을 칼뱅의 '직업소명설'과 '구원예정설'에서 찾는다. 종교개혁자인 칼뱅은 세속의 모든 직업은 신의 소명에 의해 주어진 거룩한 것이고, 신에게 구원받을 자는 이미 예정되어 있지만 개개인이 각자의 직업에서 부단히 노력하여 성공하고 금욕주의적으로 생활한다면 구원을 확신할 수 있다고 설교한다. 다시 말해 청교도들에게 노동은 금욕의 수단이자 신의 영광을 드높이는 행위였고, 그로 인한 부의 축적은 신의 축복이자 구원의 증표였다. 베버는 노동으로 얻은 물질적 부를 자신의 가치를 증명하는 표지로 삼게 하여 직업사상과 종교적 동기를 연결시키는 청교도윤리를 자본주의 정신의 하나의 토대로 간주하였다. 그는 특히 종교적 자유를 찾아 신대륙으로 건너가 미국이라는 거대 자본주의국가의 기초를 다진 영국 청교도들이 근대자본주의 발전에 큰 기여를 했다고 평가한다.

베버는 자본주의의 폐해도 예측했다. 그는 자본주의체제가 발달할수록 영리추구 행위에서 청교도 정신이 사라지고 직업정신이 만든 재화가 인간을 지배하는 시대가 올 것을 우려했다. 그는 그런 미래사회를 쇠우리로 표현하고 그 속에서 사는 사람들을 '최후의 인간'으로 정의하면서 다음과 같은 우려를 표한다: "만약 기계화된 화석화가 도래하게 된다면 그러한 문화발전의 마지막 단계의 인간들에게는 물론 다음 명제가 진리가 될 것이다. '정신 없는 전문인, 가슴 없는 향락인' 이 무가치한 인간들은 그들이 인류가 지금까지 도달하지 못한 단계에 올랐다고 공상한다." 이처럼 이미 한 세기도 더 전에 베버는 물질이 유례없는 힘으로 인간을 지배하는 오늘날의 자본주의 사회를 예견했는데, 그가 청교도정신으로 자본주의 발전을 이끌어간 국가로 찬사를 보내었던 미국은 자본주의 제국을 이루면서 베버의 불길한 예감이 가장 잘 들어맞는 나라가 된다.

미국은 애당초 자본주의로 시작하였다. 미국의 건국 선조들은 종교적 탄압을 피해 네덜란드로 갔다가 다시 신대륙으로 이주한 영국 청교도들, 즉 WASP(White Anglo-Saxon Puritan)이다. 그들은 광활한 신대륙에서 청교도정신을 바탕으로 근면하게 노동하고 이익추구를 정당화하면서 그들의 낙원을 건설해갔다. 그런데 그들의 낙원 건설은 마르크스가 '피와 땀으로 이루어진 자본'으로 칭한 본원적 축적, 다시 말해 수탈과 착취를 기반으로 한 것으로 그들은 두 가지 용서받지 못할 '원죄'를 저지른다. 하나는 수만 년간 그 땅에서 살던 원주민들을 학살하고 추방하여 그들의 땅을 빼앗은 것이고, 다른 하나는 빼앗은 광활한 땅을 경작하기 위해 흑인노예들을 들여와 짐승처럼 부리고 착취한 것이다. 백인들은 자신들이 그 땅의 주인이 되기 위해 원주민들을 가차 없이 학살하면서 수많은 종족을 멸종시켰다. 생존자들은 보호구역으로 강제이주 되었고 그들의 종교와 문화는 철저히 말살당했다. 미국의 원주민 학살은 절멸정책에 가까운 것으로 희생자가 최소 6천만 명에 이른다. 비록 오랜 세월에 걸쳐 행해진 것이기는 하지만 나치가 유대인을 학살한 것과는 비교도 안 되는 수치이다. 역사학자 W. 하위트는 저서 『식민과 기독교』에서 "이른바 기독교 인종이 정복 가능했던 세계의 도처에서, 또 모든 주민에 대해 수행한 야만 행위와 잔인한 행위는 어떤 역사적 시기에도 그 유례가 없으며 또 아무리 난폭하고 몽매하며 무정하고 파렴치한 인종도 그것을 따라갈 수 없다"라고 말하며 기독교적 식민제도를 비난한다. 현재 미국 인구의 약 1% 불과한 미국 원주민들은 대다수가 범죄와 빈곤과 마약과 알코올중독에 시달리면서 미국사회의 최하층민으로 살고 있다.

원주민 학살과 더불어 흑인노예제도는 미국의 가장 부끄러운 역사 중 하나이다. 미국은 1776년 독립을 이루면서 독립선언서에 "우리는 모든 사람은 평등하게 창조되었으며 창조주에 의해 불가양의 기본권을 부여받았다는 사실, 또 그중에 생명과 자유와 행복을 추구할 수 있는 권리가 포함되어 있음을 자명한 진리로 간주하는 바이다"라고 공표하면서 사람들에게 평등하고 민주적인 미국을 꿈꾸게 한다. 그러나 그 모든 사람에 흑인은 포함되지 않았다. 그들은 흑인은 생물학적으로 유인원과 같은 존재로 간주하며 노예제도를 정당화시켰고, 흑인노예들을 보다 효과적이고 경제적으로 관리하기 위해 인종차별정책을 도입했다. 사회학자 에릭 윌리엄스는 저서 『자본주의와 노예제도』에서 애당초 흑인노예제도를 탄생시킨 것은 경제 논리였지 인종 논리가 아니었다고 지적한다. 흑인에 대한 인종차별이 노예제도를 정당화시키면서 자본주의가 발전하는 하나의 전략이었다는 것이다. 그 결과 노예무역은 상업자본주의를 활성화시켰고 노예무역을 통한 이윤의 상당 부분이 자본가들이 산업화 자금을 마련하는 데 큰 역할을 하면서 산업자본주의로 이어진다.

나이지리아 출신의 한 극작가는 런던의 한 강연장에서 수많은 부족으로 구성된 아프리카인들의 정체성이 '흑인'으로 고착된 것은 순전히 서구인에 의한 것이라고 말한다: "아프리카인들은 흑인이 아닙니다. 그들은 이그보우이고 요루바이고 에웨이고 아칸이고 은데벨레입니다. 그게 그들이 자기 자신을 보는 방식이고 정체성입니다. 그들은 미국이나 영국에 와서 흑인이 되었습니다." 그의 강연에 깊이 공감한 아프리카계 미국인 작가 이사벨 윌커슨은 미국의 인종문제를 '카스트'라는 개념을 통해 조명하면서 가장 민주적이라고 자부하는 미국사회의

위선을 드러낸다: "보이는 모습에 따라 인간을 분류하고, 대비되는 특징으로만 정체가 정해지고, 인종이라는 새로운 개념을 근거 삼아 사람들을 서열화한 것. 이는 모두 신대륙을 형성하고 신세계를 만드는 과정에서 이루어진 일이었다." 그녀는 저서 『카스트』에서 인도는 신분을 숙명으로 만들면서 억압의 역사를 만들었고, 나치는 순수혈통을 근거로 유대인을 학살하였으며, 다인종국가인 미국은 존재하지도 않는 혈통과 순수성을 주입하고 강요하면서 카스트 체제를 견고히 유지해오고 있다고 비난한다.

신대륙에서 백인은 지배 카스트였고 흑인은 최하위계급 혹은 불가촉천민에 속했다. 1959년 흑인민권운동가 마틴 루터 킹 목사가 인도를 방문했을 때 그는 "미국에서 온 불가촉천민 친구"로 소개되기도 했다. 노예제는 1865년에 공식적으로 폐지되었지만 노예제를 통해 막대한 권력과 이윤을 얻은 사람들은 자신들의 부의 축적에 절대적으로 필요한 미국의 카스트제도를 쉽게 포기할 수 없었다. 특히 흑인노동력이 절실히 필요한 미국 남부에서는 주에 따라 흑인 피가 조금만 혹은 한 방울만 섞여도 흑인으로 구별하면서 여전히 그들을 차별하고 착취하였다. 혼혈 중 흑인으로 간주되는 비율은 주마다 달랐는데, 대부분의 주에서는 1/8 이상이면 흑인으로 분류했고 루이지애나는 1/16, 앨라배마는 1/32, 버지니아 등지에서는 피 한 방울만 섞여도 흑인으로 여기는 순혈주의를 채택하였다.

1830년대에 미국에 9개월간 체류하면서 미국사회를 연구했던 프랑스 정치학자 알렉시스 토크빌은 저서 『미국의 민주주의』에서 인종주의를 미국의 민주주의를 가로막는 치명적인 결함으로 지적했다. 그는 "지구상에서 가장 매력적인 이 국가에서 인디언들은 절멸되도록 운명 지어졌고 흑인들의 존재는 미국 연방의 미래를 위협하는 최대의 문제이다"라고 말하면서 인종주의의 배타성이 미국의 국가적 성격 속에 깊이 뿌리박혀 있다고 비판하였다. 그의 예측대로 현재 미국 인구의 약 14%를 차지하는 흑인들은 범죄와 폭력과 마약 등으로 수많은 사회적 문제들을 일으키면서 미국사회의 골칫거리가 되고 있다. 흑인들은 그 이유를 핍박받은 역사와 인종차별과 불평등한 사회 탓으로 돌리고 있고, 백인들은 인종적 특성으로 인한 무능함과 게으름과 폭력성으로 설명하면서 서로에게 책임을 전가한다.

인종주의 VS 출생주의

이 문제에 대한 해결책을 제시하고자 노력하는 흑인이 있는데 바로 크리스 가드너이다. 전형적인 흑인의 삶을 살다가 자본주의의 중심인 월스트리스에서 한 금융회사의 CEO로까지 성공한 크리스는 오늘날 흑인들이 가난을 벗어나지 못하는 것은 인종주의(racism)의 문제라기보다 불우한 출생환경으로 인해 기회가 주어지지 않는 출생주의(placism)가 더 큰 문제라고 지적한다. 한 인터뷰에서 사회자가 흑인이고 고졸인 것이 취업에 큰 장애가 되었냐고 질문하자, 그는 흑인이라는 사실보다 불운한 환경에서 태어나 꿈을 이룰 수 있는 기회들을 제공할 정치 사회적 연결고리가 없었던 것이 그에게 더 큰 장애였다고 답한다. 물론 흑인들에게 인종주의와 출생주의는 별개의 문제가 아니다. 미국사회에서 대부분의 흑인들은 태어나면서부터 하류계급에 속하게 된다. 그러나 미국은 원칙적으로는 인도의 카스트제도처럼 계층 간 이동이 완전히 봉쇄된 사회는 아니다. 크리스의 핵심적인 메시지는 "인종차별은 새로운 현상도 아니고 당신을 위해 만들어진 것도 아니다. 그러니 인종차별을 넘어설 정도로 성장해야 한다"는 것이다. 그는 성공한 이후 강연과 저술을 통해 인종차별을 핑계로 삼지 말고 스스로 기회를 만들고 실현하고자 하는 의지를 가져서 출생 환경의 불운을 극복할 것을 누누이 강조한다.

크리스 가드너는 자신의 삶을 영화화하여 사람들에게 긍정적인 영향력을 끼치고자 했다. 영화 《행복을 찾아서》는 그가 인생의 가장 절망적인 상황에서 필사의 노력으로 증권사에 취직하는 과정을 담고 있다. 영화 제목의 'happyness'는 크리스의 어린 아들이 다니던 차이나타운의 어린이집 담벼락에 써져있던 틀린 철자의 단어를 의도적으로 그대로 가져온 것이다. 가드너는 왜 'happiness'가 아니라 'happyness'인가에 대한 질문에, 사람마다 행복에 대한 정의가 다르고 그들을 행복하게 만드는 것도 다르므로 제각기 자신의 행복을 추구해야 한다는 생각으로 'i'가 아닌 'you'를 뜻하는 의미로 철자를 그대로 사용했다고 답한다. 그러나 당시 크리스는 열악한 환경이지만 아들이 단어 하나라도 제대로 배울 수 있도록 주인에게 철자 수정을 수차례 요구했었다. 아들이 올바른 지식을 갖추어야만 자신과 같은 삶을 살지 않으리라 생각했기 때문이다.

영화의 배경은 미국이 경기침체기에 있던 1980년대로, TV에서는 레이건 대통령이 유례없는 재정적자를 언급하고 있다. 미국은 70년대 중반까지 베트남전쟁에 군사비를 쏟아부은 탓에 예산 부족과 인플레이션으로 실업률이 높아지면서 거리에는 노숙자가 넘쳐났고 서민들은 생활고에 시달렸다. 1954년 베트남해방민족전선, 통칭 베트콩은 붉은 나폴레옹으로 불리는 보응우옌잡 장군의 획기적인 게릴라전으로 프랑스를 물리치면서 식민지 중에서 처음으로 자력으로 독립하였고, 이후 미국과의 전쟁에서도 게릴라전으로 압도적인 전력을 가진 미군을 수렁으로 빠뜨린다. 1968년 1월 31일, 베트콩은 남베트남전역에 8만 명의 게릴라부대를 일제히 봉기시키고 수도 사이공에서는 미대사관을 점령하고 각종 시설을 정밀 타격하며 공격한다. 이 장면이 위성으로 중계되어 전 세계가 최초로 전쟁을 실시간으로 목격하면서 미국의 위상이 실추되고, 미국 내에서는 전쟁의 실상이 알려지면서 반전운동이 격렬해진다. 베트남전쟁은 1975년 베트콩이 사이공을 함락시켜 사회주의 공화국을 수립하면서 미국의 패배로 끝난다.

영화에서 샌프란시스코는 증권가는 활기가 넘치지만 거리에는 히피들이 구걸을 하고 노숙자들은 하룻밤 잘 곳을 얻고자 쉼터 앞에서 긴 줄을 선다. 샌프란시스코는 개방적이고 자유로운 도시이자 특히 노숙자의 천국으로 이름이 나 있는데 이는 1960년대에 샌프란시스코를 중심으로 일어난 히피문화의 여파이다. 1960년대 미국에서는 베트남전쟁에 분노하고 물질주의와 체제순응주의에 환멸을 느끼던 지식인과 예술인과 젊은이들을 중심으로 반체제문화가 형성되는데, 그 중심에 히피문화가 있었다. 1967년 샌프란시스코의 하이트애쉬베리에서 히피들의 행사인 'Summer of Love'가 열려 뉴욕을 비롯한 미국 도시들과 캐나다, 유럽전역에서 약 10만 명의 젊은이들이 모인다. 하이트애쉬베리는 일찍이 마약과 성 해방이 실시되고 무료급식과 숙박, 의술이 제공되는 공동체 생활이 영위되던 곳으로 자유로운 삶을 영위하는 보헤미언들의 게토였다. 그곳으로 과도한 인구가 몰려 숙박시설이 모자라고 노숙, 식량부족, 마약, 범죄 등으로 인근에 피해를 입히고 타락해가자 그해 10월에 행사가 종료되지만 그 여파로 오늘날까지도 노숙자가 많아 관광객들이 기피해야 할 곳으로 꼽힌다. 비단 이곳뿐만 아니라 인근의 세계에서 가장 발달한 IT 산업요충지인 실리콘 밸리에도 미국에서 가장 큰 규모의 노숙자들이 모여 사는 곳이 있는데, 노숙자들은 그곳을 정글 또는 제4세계라고 부른다.

경제가 여전히 불황인 가운데 크리스는 가진 돈을 모두 털어 의료기 판매업을 시작했지만 영업이 제대로 되지 않아 생활은 더 궁핍해지기만 한다. 어느 날 의료기기를 들고 증권가를 지나가던 크리스는 빨간 페라리에서 내리는 사람에게 "무슨 일을 해요? 어떻게 성공했나요?"라고 물어본다. 그는 주식중개인이었고, 대학을 나와야 하냐는 크리스의 질문에 숫자에 밝고 사람들과 잘 어울리면 된다고 말한다. 크리스는 그말에 용기를 얻어 증권회사 인턴십에 도전해보고자 하지만 생계를 위해 밤낮없이 일을 하는 그의 아내는 그의 도전을 헛된 꿈으로 무시하였고, 급기야는 더 이상 생활고를 참지 못하겠다며 아이를 데리고 떠나겠다고 한다. 행복의 실마리를 열심히 찾아내고자 했던 크리스는 아내가 이별을 선언하는 순간 독립선언문에 '행복의 권리'가 아닌 '행복의 추구에 대한 권리'로

명시된 것을 떠올리면서 자신에게 행복은 추구만 할 수 있을 뿐 영원히 찾지 못할 파랑새일지도 모른다고 좌절한다.

크리스는 아들이 자신처럼 아버지 없이 크지 않게 하기 위해 아들을 보내지 않았고, 때문에 절망에 빠져 있을 수가 없었다. 고졸이라는 약점을 보완하고자 적극적으로 증권사 인사담당자를 쫓아다니면서 그 앞에서 당시 유행하던 절대 못 맞춘다는 큐브의 네 면을 모두 맞춘 덕분에 크리스는 면접 기회를 얻어 인턴으로 선발된다. 그러나 기본급이 없어 생활은 여전히 막막하다. 영화와 달리 실제로는 약간의 기본급이 있었다고 한다. 무일푼의 크리스는 살던 집에서 쫓겨나고 모텔에서도 쫓겨나자 어린 아들과 함께 지하철 화장실에서 자거나 노숙자 쉼터를 전전하면서 정규직으로 뽑히기 위해 필사적인 노력을 한다. 그는 피로와 굶주림에 정신이 아득해올 때마다 자신은 감옥에 갇혀 있고 오직 지식만이 감옥에서 나갈 수 있는 힘과 자유를 줄 수 있다고 생각하며 스스로를 채찍질했다고 한다. 주말에도 고객을 찾아다니는 등 최선을 다한 크리스는 우수한 실적을 내어 마침내 정규직이 된다. 그는 아들에게 이 소식을 알리기 위해 건물을 나서면서 예전에 그에게 그토록 행복해 보였던 사람들의 무리에 섞인다. 그는 드디어 자신도 아들과 함께 행복을 향한 첫걸음을 뗐다는 사실에 북받치는 감정을 주체하지 못하고 눈물을 흘린다. 크리스는 아들을 데리고 바닷가로 향하는데, 그들 곁으로 실제 인물인 크리스가 지나간다.

미국 흑인의 삶

크리스 가드너는 전형적인 흑인 빈곤층의 삶을 살았다. 미혼모의 아들로 태어나 계부 밑에서 자라다가 계부의 폭행을 이기지 못한 어머니가 방화를 저질러 수감되는 탓에 위탁가정에서 자랐다. 여느 흑인아이와 같이 아버지를 모르고 자란 그는 어린 나이에도 자신의 아이는 절대 그렇게 자라게 하지 않을 거라 다짐한다. 미국 흑인아이의 70%는 미혼모에게서 태어나 아버지 없이 자라는데, 아버지가 누군지 모르거나 죽거나 아니면 감옥에 가 있기 때문이다. 직업이 없는 미혼모들은 정부에서 생계를 이어갈 만한 보조금을 제공하므로 대다수 흑인여성들은 굳이 가정을 꾸리려 하지 않는다. 가장의 책임을 질 필요가 없는 흑인 남성들은 일찍이 대도시로 나가 마약거래와 범죄에 뛰어들고, 미혼모 자녀들도 마약거래를 할 정도의 나이가 되면 엄마 품을 떠나 거리로 뛰어든다. 미국 대도시의 흑인 슬럼가에는 빈곤과 범죄, 마약, 갱단이 활개를 친다. 자신들의 생명조차 보장되지 않는 환경이다 보니 타인의 생명 또한 하찮게 여기면서 자연히 범죄율도 높고, 대기업이나 대형마켓이 없어 일자리가 많지 않다 보니 실업률도 높다. 통계에 의하면 도시빈민가의 흑인남성의 절반은 고등학교를 마치지 못했고, 10명 중 7명은 실업자로 백인의 두 배 수준이며, 고교를 중퇴한 20~30대 흑인남성 10명 중 6명은 감옥신세를 진다. 캘리포니아주 흑인남성의 경우 대학입학 비율보다 교도소 입소 가능성이 더 높은데, 수감가능성이 백인남성의 7배 정도 된다. 이와 같은 흑인사회의 비참한 현실에는 아버지와 가정의 부재가 하나의 주요 요인으로 작용한다. 과거 아프리카 태생의 흑인들은 고된 노예생활을 하면서도 가정을 꾸리고 아버지가 존재했기에 슬럼가 태생의 흑인들보다 훨씬 건전한 생활을 했다.

흑인들의 실태가 이렇다보니 미국의 백인들은 일반적으로 흑인들을 게으르고 마약과 거짓말을 하며 정부보조금을 축내고 살아가면서 사회에 기여가 없는 암적인 존재로 인식한다. 그러나 그 책임의 많은 부분은 그들에게 있다. 그들은 국가를 건립하고 성장시키는 과정에서 매우 싼값으로 막대한 노동력을 제공한 흑인들에게 큰 빚을 졌다는 사실은 외면한 채 착취해왔고, 흑인을 노예제에서 해방시킨 후에도 여러 법적 제재를 가하며 차별하였다. 특히 20세기 초반부터는 단종법을 제정하여 흑인들에게 출산 제한을 비롯한 여러 생물학적인 제약까지 가하면서 그들이 제대로 교육받고 사회구성원으로서 기반을 다질 기회조차 주지 않았다. 애당초 흑인을 노동력으로만 간주했지 사회구성원으로 인정하지 않은 것이다. 1960년대부터 마틴 루터 킹 목사의 주도 하에 흑인인권운동이 전개되면서 인권이 많이 향상되기는 했지만 차별과 빈곤의 악순환은 현재도 진행 중이다. 마틴 루터 킹은 그의 유명한 "I have a dream" 연설에서 노예제도가 폐지된 지 백년이 지났는데도 흑인은 아직도 물질적 풍요의 바다 한가운데 있는 빈곤의 섬에서 유배되어 살고 있다고 말하면서, 언젠가는 옛 노예의 후손과 옛 주인의 후손들이 형제애의 식탁에 함께 둘러앉고 자신의 아이들이 피부색이 아니라 인격에 따라 평가받는 나라에 살게 되는 날이 오리라는 꿈을 가지고 있다고 호소한다.

흑인에 대한 불평등과 착취의 역사로 인해 미국은 흑인으로 인한 문제점들을 온전히 그들 탓으로 돌릴 수는 없지만 흑인들 스스로 가난한 삶을 당연시 여기면서 노력을 하지 않는 것조차 면죄부를 받을 수는 없다. 심지어 그들은 성공한 흑인들을 존경하기보다는 '엉클 톰'으로 부르며 경멸감을 드러내기까지 한다. 엉클 톰은 해리엇 스토우의 소설 『톰 아저씨의 오두막』에 등장하는 백인에게 순종하는 선한 노예로, 오늘날은 백인에게 지나치게 굴종하거나 흑인사회의 문화적 사회적 신의를 배반하는 사람을 지칭하는 단어로 사용된다. 그들은 성공한 흑인일수록 더욱 백인의 눈치를 보며 흑인집단의 이익에 반대되는 행동을 한다고 비난하면서, 오바마 대통령마저 흑인을 무시하고 오히려 백인 편을 든다고 공격했다. 그러나 성공한 흑인들은 백인들은 겪지 않아도 되는 차별과 고난을 이겨내면서 그들의 뛰어난 능력을 보여준 사람들이다. 흑인사회는 이제 스스로에게 허용한 인종주의에서 벗어나야만 발전이 가능하고, 백인사회는 폭력적인 백인우월주의에서 벗어나야만 흑백갈등을 해소할 수 있다. 이 두 가지 과제에 대해 답을 주는 영화들이 있다.

히든 피겨스 Hidden Figures, 2016

개요: 드라마 | 미국 | 127분

감독: 데오도르 멜피

실화를 바탕으로 한 영화 《히든 피겨스》는 1960년대에 NASA가 우주로 로켓을 쏘아 올리는 프로젝트를 시행하는 과정에서 여성과 인종주의의 이중의 차별을 뚫고 각자 자신의 분야에서 큰 공을 세운 세 흑인여성들의 이야기를 들려준다. 당시 민주진영과 공산진영을 이끌며 대립중이던 미국과 소련은 우주개발에서도 치열한 경쟁 중이었다. 1957년 소련이 최초의 인공위성인 스푸트니크 1호를 성공시키자 충격을 받은 미국은 소련보다 먼저 인간을 우주로 보내기 위해 육해공군 및 기타 연구소들을 모두 통합하여 NASA를 설립하고 유인우주계획을 추진한다.

NASA에서 흑인여성들은 본관과 동떨어진 건물에서 일을 했다. 천부적인 수학능력을 지닌 캐서린 존슨은 뛰어난 능력을 인정받아 본관으로 차출되어 최초의 유인우주선인 프랜드십 7호의 발사 시점과 궤도 및 회수 좌표 계산에 투입된다. 그녀는 백인 직원들의 냉대와 차별 속에서 엘리트 남성 직원들도 하지 못한 일들을 해내며 프로젝트를 진행시켰지만 IBM 컴퓨터가 도입되면서 다시 예전의 일터로 돌아간다. 그러나 프랜드십 7호가 귀환 단계에서 문제가 생기자 비행사 존 글렌은 IBM 컴퓨터를 신뢰하지 않고 캐서린에게 숫자 검토를 요청한다. 캐서린은 다시 호출되어 수학적 분석으로 문제를 해결하여 우주선은 성공적으로 착륙한다. 이후 캐서린은 아폴로 11호 발사 프로젝트에도 참여하여 큰 공을 세운다.

도로시 본은 오랜 기간 근무했지만 규정상 유색인은 주임이 될 수 없다는 차별을 겪고 있던 중에 NASA에 IBM7090 컴퓨터가 들어온다는 정보를 입수한다. 도로시는 컴퓨터가 도입되면 자신들의 일자리가 사라질 것을 예상하여 포트란과 컴퓨터 프로그래밍을 독학하기 시작했고 동료들도 함께 배우도록 독려하였다. 덕분에 그녀는 도입은 했지만 가동시키지 못하고 있던 컴퓨터를 작동시켜 백인 담당자들을 놀라게 하면서 컴퓨터실 프로그래머로 배정된다. 그녀는 동료직원들을 함께 데려갈 것을 조건으로 내걸었고, 그들 또한 컴퓨터 지식을 습득하고 있었기에 그녀의 요청이 수락된다. 도로시는 백인직원들도 그녀에게서 컴퓨터를 배우기를 원할 정도로 능력을 발휘하면서 마침내 주임으로 승진하고 추후 NASA 전산 분야의 선구자가 된다. 그녀는 시대의 변화에 따른 생존의 길을 적극적으로 찾았을 뿐만 아니라 동료들까지 함께 이끌고 가면서 진정한 리더의 모습을 보였다.

메리 잭슨은 그녀의 재능을 알고 있는 상사 질린스키로부터 엔지니어 육성과정을 이수하여 엔지니어팀에서 일할 것을 권유받는다. 흑인여성이어서 불가능하다고 대답하는 메리에게 질린스키는 자신 또한 폴란드 유대인으로 부모를 수용소에서 잃었으나 지금은 우주선을 설계하고 있다고 말하면서, 자신들은 '살아 있는 불가능'이지만 불가능을 가능으로 만들 수 있다고 격려한다. 당시 버지니아는 짐크로법에 의해 흑인이 백인학교에서 공부하는 것이 허락되지 않았다. "분리되었지만 평등하다"라는 이유로 합헌 판정을 받은 짐크로법은 식당·호텔·병원·학교·화장실·극장·버스 등 공공장소에서 백인과 유색인종이 사용할 수 있는 공간을 분리시켰다. 심지어 1936년부터 1966년까지는 「그린북」이라는 소책자를 만들어 흑인들이 남부를 여행할 경우 그 책에 등록된 숙박시설과 식당만을 이용하게 했다. 천재적인 흑인 음악가 돈 셜리의 실화를 다룬 영화 《그린북》(2018)에 당시의 상황이 자세히 묘사되어 있다. 그는 남부 연주 투어 중에 초청받은 연주자임에도 흑인이라는 이유로 초대받은 연주회장의 식당도 화장실로 사용하지 못하고 근처의 「그린북」에 수록된 곳에 가야만 했다. 품위 있는 행동거지로 자신을 일반 흑인들과 차별화시키고 음악가로서의 자존심을 지켜왔던 셜리는 마지막 공연장에서도 식당 이용이 거절되자 그 연주를 하지 않으면 투어 공연비의 반을 받지 못함에도 불구하고 공연을 거부한 후 근처 흑인 식당으로 가서 흑인들의 음식을 먹고 밴드들과 흑인음악을 연주하면서 자신의 정체성을 확인한다. 이처럼 남부에서는 여전히 인종차별이 심했지만 메리는 포기하지 않고 법원에 청원을 제기한 후 판사에게 다음과 같이 호소한다: "판사님, 누구보다 최초의 중요성을 잘 아시리라 믿습니다. 버지니아주 흑인여성 중에 백인학교에 입학했던 사람은 없습니다. 전례가 없죠. 저는 NASA의 엔지니어가 될 계획입니다. 하지만 백인학교 수업을 듣지 않으면 불가능합니다. 그렇다고 피부색을 바꿀 수도 없죠. 그래서 어쩔 수 없이 최초가 되어야 하지만 판사님 없이는 불가능합니다." 그녀의 용기와 진취적인 태도에 판사는 야간수업을 허락하고, 그녀는 교육을 받은 후 흑인여성 최초의 NASA 엔지니어가 된다.

세 흑인여성들은 모두 자신의 분야에서 능력을 인정받고 성공하게 되지만 그러기까지 그들은 지속적인 차별과 편견을 이겨내야만 했다. 1961년의 NASA는 백인들과 흑인들 사무실과 식당이 구분되어 있었고 본관 건물에는 유색인종 화장실조차 없어 캐서린은 본관에서 일할 당시 800m나 떨어져 있는 유색인 화장실을 사용해야 했다. 흑인은 사내 자전거도 이용할 수 없어 매일 뛰어서 화장실을 다녀오느라 자리를 비우면서 국장이 이 사실을 알게 된다. 캐서린은 이유를 말할 기회가 주어지자 국장에게 화장실 문제는 물론 흑인들은 아무리 열심히 일해도 월급은 훨씬 적어 복장 규정인 진주목걸이를 살 형편이 못되고 심지어 커피포트도 함께 사용하지 못한다고 말하면서 그녀가 받아온 차별을 털어놓는다. 합리적인 사고를 가지고 실력과 결과로 사람을 판단하는 해리슨 국장은 캐서린의 고충을 들은 후 커피포트에 붙은 '유색인' 표시를 떼고 화장실도 함께 사용하도록 한다.

영화는 인종과 성별 차별을 주요 소재로 다루지만 핵심 주제는 다음의 대사에 담겨 있다: "천재성에는 인종이 없고, 강인함에는 남녀가 없으며, 용기에는 한계가 없다." 그러나 그들이 천재성과 강인함과 용기를 보여주기 위해 겪은 고초를 영화는 다 보여주지 못한 듯하다. 먼 후일 한 리포터가 노년의 캐서린 존슨을 인터뷰하면서 NASA 근무 당시의 인종차별로 인한 고초를 물어보자 "Can't tell it"을 반복하면서 말을 잇지 못했다. 그러면서 영화에서와는 달리 본관에서 일하게 되었을 때 자신이 백인화장실을 쓰겠다고 요구하여 화장실은 같이 사용했다고 밝힌다. 사실과 다른 연출에 대해 감독은 당시는 흑인들이 흑인전용 화장실을 사용하던 상황이어서 그녀를 통해 메시지를 전달하고 싶었다고 설명한다. 백인상사가 나서서 유색인전용 화장실을 없애면서 인종차별은 끝났다고 해결해주는 것은 용기 있게 백인화장실을 사용한 그녀의 행위의 의미를 축소시키는 것이 아니냐는 리포터의 질문에 캐서린은 그것은 '백인 구세주 콤플렉스'의 문제가 아니라 백인이든 흑인이든 누구든 그냥 올바른 일을 하는 사람의 행위를 그렸을 뿐이라고 대답한다.

백인 구세주 콤플렉스는 자신들은 인종주의자가 아니며 흑인들을 비롯한 유색인종들이 어려운 상황에 처하면 돕거나 구해줄 수 있다는 백인들의 자기만족적이고 이기적인 사고방식이다. 이런 사고가 위험한 것은 역사적으로 그것이 과거 서구 제국주의의 침략행위를 정당화시켜주는 근간이었고, 오늘날은 비록 선의라고 할지라도 그 속에 유색인종은 백인 도움 없이는 혼자 일어서지 못한다는 잠재적인 우월감과 도움을 주는 것에 대한 이기적인 만족감이 내재되어 있기 때문이다. 캐서린 존슨이 이룬 업적은 백인의 선의나 의무에 힘입어 이루어진 것이 아니라 백인들의 악의적인 차별을 이겨내고 이루어낸 것이다. 그러나 그녀는 자신의 업적에 대해 과학은 협력과 노력이 중요하며 모든 성과는 백인 흑인을 떠나 한 팀으로서 이룬 것이라고 말하면서 인종문제를 초월하고자 했다. NASA는 뒤늦은 감이 있지만 미국의 새로운 역사의 한 획을 그은 그녀의 공적을 기리기 위해 2017년 '캐서린 존슨 연구소'를 연다.

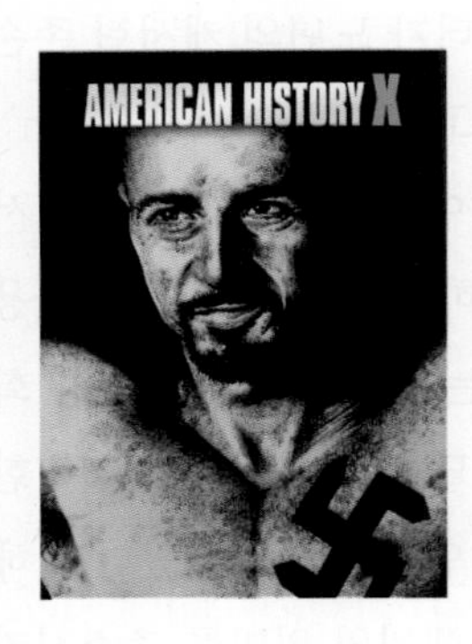

아메리칸 히스토리 X American History X, 1998

개요: 범죄, 스릴러, 드라마 | 미국 | 117분
감독: 토니 케이

《아메리칸 히스토리 X》는 작가가 어린 시절 샌디에고에서 자라면서 겪었던 경험을 기반으로 만들어진 영화로, 백인우월주의가 개인과 사회에 끼치는 악영향에 대해 경고한다. 영화는 1990년대의 미국에서 한 백인청년이 백인우월주의와 신나치즘을 지지하는 극우 폭력단체인 스킨헤드에 가담하여 흑인에게 증오와 분노를 표출하지만 이후 그것이 자신과 가족을 망쳤음을 깨닫게 되는 과정을 서술하고 있다. 주인공 데릭은 고등학교 시절 흑인교사인 스위니 박사에게서 흑인소설을 배우면서 유색인종문화를 접하게 되지만 아버지는 이를 못마땅해 한다. 소방관인 데릭의 아버지는 흑인을 비롯한 유색인종들이 미국에 정착해 아무런 능력이나 노력도 없이 백인들의 일자리를 빼앗고 있고 소방서에도 인종차별금지조치로 인해 점수가 낮은 흑인이 들어와 자신의 생명을 책임질 동료가 되었다고 불만을 터뜨린다. 그는 미국은 실력이 좋은 자가 기회를 얻는 나라인데 인종차별금지조치가 이해가 안 된다고 말하면서 데릭이 스위니의 사고에 물들지 않도록 단속시킨다.

아버지의 영향으로 백인우월주의 사고를 지니게 된 데릭은 아버지가 LA 흑인거주지의 마약 제조장에서 화재진압 중 총에 맞아 사망하자 흑인에 대한 증오심이 더욱 커진다. 그는 방송사와의 인터뷰에서 '사회기생충인' 유색인종 때문에 미국이 범죄천국이 되고 이민·에이즈·복지 등의 모든 문제가 일어났다고 말하면서 분노를 표출한다. 이후 데릭은 백인우월주의를 신봉하는 교주 카메론의 수하에 들어가 머리를 밀고 온몸에 나치 문양 문신을 한 채 스킨헤드 조직원들을 모으고 교육시키는 일을 맡는다. 그는 정부가 흑인을 비롯한 타인종과 불법이민자들의 삶을 보살피다가 정작 자국 백인국민들의 삶을 망치고 있다고 선동하면서 한국인 상점을 파괴하기도 한다.

어느 날 어머니가 만나는 유대인 교사인 머레이가 식사에 초대된 자리에서 로드니 킹 사건이 대화의 주제가 된다. 1991년 3월 LA에서는 경찰이 음주와 마약 상태에서 과속으로 달리던 로드니 킹의 차를 세워 조사하는 과정에서 그가 저항하자 무자비하게 폭행한 후 피투성이가 된 그를 끌고 가는 장면이 비디오로 찍혀 TV에서 중계가 된다. 그 일로 경찰관들이 기소되어 1992년 2월 재판이 열렸지만 배심원 모두가 백인으로 구성되어 그들이 무죄로 풀려나자 흑인들이 대규모 폭동을 일으킨다. 폭동 당시 경찰이 백인 거주지역으로 가는 길은 차단한 반면 흑인 거주지역에 인접한 한인 타운으로 가는 길은 막지 않아 흑인들이 평소 관계가 좋지 않던 한인 타운으로 몰려가 약탈과 방화를 하면서 한인사회가 큰 피해를 입었다. 이 사건은 이후 '니그로' 등 인종차별적 단어 사용이 암묵적으로 터부시 될 정도로 미국 인종차별역사에서 중요한 사건이 된다.

머레이가 흑인들이 상점을 파괴하는 이유가 그들이 체제로부터 무시되는 것에 대한 분노로 인한 행동이라고 말하자, 데릭은 그것은 약탈을 위한 핑계일 뿐으로 그들은 지역사회나 시민의 책임이라는 것 자체가 없는 범죄 집단이라고 일축한다. 이에 머레이가 사법제도의 차별적 법 적용이 원인일 수 있다고 반박하고 여동생 또한 사회적 불평등의 결과라고 동조하자, 데릭은 그들의 행동은 분노가 아니고 폭동이며 가난이 아니라 범죄라고 반발한다. 데릭은 로드니 킹 사건도 그가 마약에 취해 과속하다 붙잡혀 경관을 구타했음에도 언론과 여론은 정당방위를 한 경관은 과잉방어로 재판에 회부하고 그는 풀어줬다고 말하면서, 나라가 역사적 불공평을 극복한다는 대의명분으로 흑인들의 투쟁을 돕는 것을 의무시하면서 속부터 썩고 있는데도 팔짱만 끼고 있다고 분노한다.

링컨이 130년 전에 노예를 해방했는데 왜 흑인들은 아직도 이 모양이냐는 데릭의 비난처럼, 오늘날 흑인들은 여전히 가난하고 세 명에 한 명꼴로 전과자일 정도로 범죄에 물들어 있어 가히 미국의 아킬레스건이다. 게다가 경찰은 흑인을 일단 범죄자로 간주하는 인종 프로파일링으로 여전히 흑인에 대한 과잉진압을 하고 있고 사법체제도 그들을 보호해주지 않는 실정이다. 2013년에는 17세 흑인소년에게 총격을 가해 죽게 한 백인 자경단원이 무죄판결로 석방되면서 "흑인의 목숨도 소중하다"라는 구호가 번졌다. 그러나 흑인의 목숨을 소중하게 여기지 않는 사건들은 여전히 일어나고 있다.

데릭의 동네 베니스는 예전에는 살기 좋은 동네였으나 점차 흑인인구가 대니의 표현을 빌리면 전염병처럼 밀고 들어와 할렘처럼 변한다. 베니스비치의 농구코트에서도 흑인들이 활개를 치자 데릭은 코트 사용권을 걸고 시합을 해서 이겨 그들이 농구코트를 사용하지 못하게 한다. 이에 앙심을 품은 흑인 두 명이 한밤중에 데릭의 집을 찾아와 트럭 유리창을 깨고 절도를 시도한다. 그 장면을 동생 대니가 보고 데릭에게 알리자 데릭은 총을 들고 나가서 흑인 두 명을 잔인하게 죽인 후 고의적 살인으로 수감된다. 3년 후 데릭이 출소하니 그동안 대니는 데릭이 걷던 길을 그대로 걷고 있었다. 대니는 학교 과제에서 히틀러를 민권운동가로 묘사하여 문제가 되었고, 그런 대니를 교장이 된 스위니가 포기하지 않고 잡아주려고 한다. 스위니는 대니에게 'American History X'라는 제목으로 형이 투옥된 사건의 배경을 오늘날의 미국 상황과 연결시켜 조사하고, 그것이 그의 인격형성과 인생에 미친 영향과 가족에 관한 이야기를 써오게 한다. 과제를 하지 않으면 대니는 퇴학당하게 된다. 스위니가 그런 과제를 내준 것은 형을 추종하는 대니가 형의 인생을 탐구하면서 그들의 선택이 잘못된 것임을 스스로 깨닫게 하기 위해서였다. 그 와중에 출옥한 형이 스킨헤드를 떠난다고 한다. 대니는 변절한 형을 이해하지 못해 화를 내지만, 그런 대니에게 데릭은 감옥에서의 일들을 들려주면서 자신의 분노로 인한 행위가 자신과 가족을 망쳤음을 고백한다.

감옥에 간 데릭은 자신의 범죄 내용을 알고 흑인들이 가학행위를 할까 봐 스킨헤드 그룹에 들어가 보호받는다. 감옥에서 백인은 소수 그룹이었다. 데릭은 스킨헤드의 두목이 유색인종에게 마약을 사서 백인에게 판다는 사실을 알고서는 그들에게 환멸을 느껴 거리를 두다가 집단폭행과 강간을 당한다. 다친 그를 찾아온 스승 스위니에게 혼란에 빠진 데릭은 도와달라고 호소하고, 스위니는 그런 데릭에게 분노가 올바른 사고를 막고 있다고 눈을 크게 뜨라고 말한다. 데릭이 스위니에게 고등학교 시절부터 어떻게 그렇게 자신을 잘 아는 듯이 대하느냐고 묻자 스위니는 자신이 같은 과정을 겪었기 때문이라고 말한다. 그도 데릭처럼 자신과 흑인들이 겪는 모든 고통의 책임이 백인과 사회, 그리고 하느님에게 있다고 분노하던 때가 있었다고 말하면서 데릭에게 과연 분노가 삶을 더 좋게 만들었는지 자문해보라고 한다. 이후 데릭은 심경의 변화를 일으켰고, 방패막이 없이 혼자가 된 상태에서 흑인들이 공격해올 것을 기다리고 있었다. 그러나 출소 때까지 그런 일은 일어나지 않았는데, 알고 보니 그와 세탁작업을 함께 했던 흑인이 그를 보호해준 것이다. 그는 고작 TV를 훔쳐서 6년의 실형을 받아 살인을 하고도 3년 형을 받은 데릭을 당혹스럽게 했는데, 그와 함께 작업하면서 데릭은 스포츠 얘기를 나눌 정도로 마음을 열게 된다.

대니는 영화의 내레이터이자 데릭이 스킨헤드로 변모하는 과정을 지켜본 관찰자였다. 그는 스킨헤드 활동을 하는 형을 지켜보면서 동화되어갔지만 회의가 없었던 것은 아니다. 그렇기에 데릭의 교도소 이야기를 듣고는 형의 변화를 수긍하면서 방에 도배되었던 스킨헤드 휘장과 포스터들을 모두 거둔다. 그리고 그날 밤 자신의 과제를 마친다. 하지만 다음 날 대니는 이전에 백인학생을 구타하고 있던 한 흑인학생에게 담배연기를 내뿜었던 일로 인해 그 흑인학생에게 총격을 당한다. 죽은 동생의 시체를 안고 데릭은 "내가 무슨 짓을 한 거야?"라고 오열한다. 원래 감독이 의도한 엔딩은 데릭이 거울을 보며 다시 머리를 미는 것이었지만 제작사와 데릭 역의 노튼이 적극적으로 의견을 내어 자신을 비극의 원인으로 탓하는 것으로 바꾸면서 감독과 마찰이 심했다고 한다. 원 결말이 증오가 증오를 낳는 악순환의 결말이었다면 바뀐 결말은 증오를 증오로 응답하는 것이 옳은 답이 아님을 말해준다.

증오는 삶을 더 황폐화시킨다. 이것은 대니가 쓴 과제의 결론이었다. 대니는 우리 인생은 분노를 표출하고만 살기에는 너무 짧으므로 서로 다른 인종들이 적이 아닌 친구로 살아야 한다고 말하면서 "인간 본성의 선한 부분을 발현시켜 미국 국민들의 화합을 이끌어내자"는 링컨 대통령의 취임사 마지막 구절을 인용하며 글을 맺는다. 데릭은 동생의 죽음을 자신의 잘못으로 돌리면서 폭력과 혐오를 대물림하지 말아야 한다는 메시지를 전하지만 오늘날의 현실은 폭력과 혐오의 대물림이 끝이 보이질 않는다. 미국은 앞으로도 그들의 선조들이 지은 원죄와 그들이 여전히 버리지 못하고 있는 백인우월주의로 인해 과거 흑인노예 덕분에 얻은 막대한 수익보다 인종갈등 해결을 위한 비용을 더 많이 치러야 할 것이다.

아메리칸 드림의 실체

미국은 타고난 신분에 의해 운명이 결정되었던 유럽대륙과 달리 애당초 계급이 없는 사회로 시작하였기에 많은 유럽인이 기회의 땅으로 여겨 이주하였다. 수많은 이민자들로 구성된 거대한 미개척의 대륙이 미국이라는 하나의 국가로 건립되는 데 큰 작용을 한 것이 바로 '아메리칸 드림'이다. 아메리칸 드림은 개인 누구에게나 주어지는 '기회'와 개인의 노력을 통한 '부의 축적'이 핵심으로, 이민자들에게 하나의 신조로 작용하면서 미국이 발전하고 통합되는 데 중요한 역할을 해왔다. 그들은 넓은 대륙에 자원은 풍부하고 땅은 비옥하여 계급·종교·인종에 상관없이 누구든 노력만 하면 가난에서 벗어나 신분상승을 이룰 수 있다는 꿈을 지니고 신대륙으로 왔고, 실제로 가능했다. 그러나 미국이 건국이념과는 반대로 점점 출생신분에 의해 운명이 결정되는 사회로 변질되고 오늘날은 사회적 불평등이 더욱 심화되어 사회구조적으로 계층 간의 이동이 거의 불가능해지면서 아메리칸 드림은 이제 신조에서 한갓 신화로 전락한다.

아메리칸 드림의 근본적인 문제점은 개인의 노력을 성공 여부의 기준으로 인식시킴으로써 사람들이 아무리 노력을 해도 기대치에 도달할 수 없게 하는 구조적인 사회적 불평등을 은폐하는 것이다. 정치철학자 존 롤스는 저서 『정의론』에서 사회는 타고난 우연으로 인해 우열이 있을 수밖에 없고 이로 인해 사회는 불평등하지만 개인의 열정과 노력이면 무엇이든 가능하다는 아메리칸 드림이 정치체제와 개인에게 깊숙이 자리 잡아 사람들이 사회적 불평등을 인식하지 못한 채 퇴보되고 있다고 지적한다. 아메리칸 드림은 기회의 평등과 능력주의가 충족되지 않는다면 실현 불가능하다. 능력주의는 얼핏 크리스 가드너가 인종주의보다 더 근본적인 문제로 지적한 출생주의와 상반되는 개념처럼 보이지만 오늘날의 사회는 어디서 태어나는지가 곧 그 사람의 능력이 되는 불공정한 사회가 되었다. 이에 마이클 샌델은 저서 『공정하다는 착각』에서 "지금 서 있는 그 자리,

정말 당신의 능력 때문인가?"라는 화두를 던지면서 능력주의가 누구에게나 같은 기회를 제공하거나 공정하다는 착각을 하지 말라고 경고한다.

샌델은 능력주의의 세 가지 명제로 첫째 부정과 뇌물이나 부자들의 특권 따위 없이 기회가 공평하게 제공되고, 둘째 능력을 마음껏 발휘하게 하며, 셋째 능력에 따라 성과를 배분할 것을 제시한다. 이런 요건들이 충족되는 사회라면 누구든 능력을 최대한 발휘하여 아메리칸 드림을 실현하겠지만 현실을 그렇지 못하다. 존 롤스는 기회뿐만 아니라 능력 자체도 운이라도 말한다. 그는 기회가 공정하게 주어지더라도 그들의 재능 또한 우연적 요소로서 도덕적으로 정당화될 수 없다고 말하면서, 기회도 능력도 주어지지 못한 사람들의 불평등까지 살피면서 그들이 얻은 것을 공동체와 나누는 것이 진정으로 정의로운 사회라고 말한다.

샌델과 롤스의 말처럼 사회는 본질적으로 공정하지 못한 '기울어진 운동장' 이어서 어디서 태어나는지가 매우 중요하다. 유럽은 역사적으로 태생적 계급에 의해 운동장이 기울어졌지만 미국은 자본에 의해 운동장이 기울어지면서 혈통에 의한 계급사회 못지않게 아래쪽 사람들이 위쪽으로 접근조차 못하는 불공정 사회가 되었다. 그로 인해 계층 간 간격이 점점 더 벌어지고 계층 간 이동 또한 불가능해지면서 신카스트제도가 고착화되어간다. 신카스트의 사회에서는 출발선 자체가 한참 아래에 있는 하층민들은 그냥 도태되어 자신의 불운과 무능을 탓하거나, 아니면 그들을 따라잡으려 그릇된 방식으로 아메리칸 드림을 성취하려다 아메리칸 나이트메어에 빠져버리기도 한다. '위대한 개츠비'가 후자의 경우이다. 미국적인, 가장 미국적인 소설 중의 하나라는 평을 받은 스콧 피츠제럴드의 동명의 소설을 영화화한 《위대한 개츠비》는 수단과 방법을 가리지 않고 기회를 잡아 계층사다리의 위로는 올라갔지만 결국은 파국으로 치닫는 변질된 아메리칸 드림의 실체를 보여준다.

위대한 개츠비 The Great Gatsby, 2013

개요: 드라마, 로맨스 | 미국, 호주 | 141분
감독: 바즈 루어만

영화의 배경은 1차 세계대전 직후인 1920년대 초의 혼란스러운 사회로, 유례없는 경제성장으로 인해 사람들이 부에 열광하면서 순수한 도덕성과 가치를 잃은 물질만능주의의 시대였다. 남부에서 시작된 재즈와 춤이 유행하여 '재즈시대'라고도 불렸고, 상류사회에서는 성공한 개츠비의 대저택에서 열렸던 파티가 성행하였다. 재즈는 남부 뉴올리언스에서 탄생한 음악 장르이다. 뉴올리언스는 1803년 나폴레옹이 영국과의 전쟁자금을 마련하기 위해 루이지애나주 전체를 단돈 1500만 달러에 미국에 팔아 넘기기 전까지는 프랑스 식민지였다. 당시 프랑스 농장주들은 매주 일요일 노예들이 프렌치쿼터 북쪽에 위치한 콩고광장에 모여 아프리카 의상을 입고 그들의 춤과 노래를 즐기는 것을 허락했다. 이는 노예들에게 어느 정도의 분출을 허용해 그들을 효과적으로 통제하려는 전략이었지만 덕분에 흑인들은 그들의 전통문화와 음악을 온전히 보존하게 된다. 이들의 음악과 크레올의 음악이 결합하면서 탄생한 것이 재즈이다. 크레올은 백인과 토착원주민 혹은 흑인여성노예 사이에서 태어난 혼혈인종으로, 그들은 검은 피부를 가졌지만 백인아버지 밑에서 자유인의 신분으로 살면서 프랑스어를 사용하고 프랑스식 교육을 받고 자라다가 흑인과 백인을 분리하는 짐크로법이 제정되면서 신분이 추락하여 흑인노예들의 커뮤니티에 섞여 살게 된다. 유럽식 음악교육을 받았던 크레올들은 주로 피아노를 연주했고 남북전쟁에서 군악대를 했던 흑인노예들은 전쟁 후 브라스밴드를 결성하여 브라스와 리듬악기를 연주했는데, 이들이 결합하여 재즈라는 장르를 만들어낸다.

소설은 재즈시대의 흥청망청하던 미국을 이렇게 묘사한다: "유서 깊은 제국들로부터 견제당하면서도, 예의도 모르는 상것들이라는 천대를 받으면서도, 국제무대에 등장해 서서히 힘을 키워가는 미국이라는 나라는 여전히 자기 확신이 부족한 상태였다. 이 불안한 승리, 아슬아슬한 성공이 언제 사라질지 모른다는 두려움에 떨면서도 바다 건너 이스트의 초록색 불빛을 바라보는 개츠비처럼 미국인들은 낙관을 잃지 않았다." 당시 미국인들은 부자들이 사는 동네인 이스트로 들어가는 것을 아메리칸 드림으로 여겼다. 개츠비 또한 돈만 있으면 그곳으로 들어가 그의 첫사랑 데이지를 되찾을 수 있을 줄 알았다. 그러나 그는 결코 그 곳에 받아들여지지 않았다.

서부 빈민 출신의 장교였던 개츠비는 동부 상류계층의 우아하고 매력적인 데이지를 만나 사랑에 빠진다. 그에게 데이지는 아메리칸 드림의 결정체였다. 개츠비가 유럽 전장에 참여하면서 헤어진 후 데이지는 상류층 자제이자 전형적인 속물인 톰 뷰케넌과 결혼한다. 개츠비는 그녀가 돈 때문에 톰과 결혼했다고 생각하여 5년간 밀주 등 갖은 방법으로 엄청난 부를 축적한 뒤 그녀 집 건너편으로 이사한다. 데이지를 비롯한 영화 속 상류층은 모두가 도덕적으로 타락한 부르주아들이었고 개츠비 또한 마찬가지였지만, 그에게는 그들과는 다른 무언가가 있었다. 데이지의 사촌이자 개츠비의 이웃이 된 닉은 호화저택에서 매일 파티를 여는 그를 처음에는 '내가 내놓고 경멸하는 모든 것을 대표하는 인물'로 여겼으나 그의 이야기를 듣고 그를 겪으면서는 개츠비에게 이렇게 말한다: "그놈들은 죄다 썩어빠졌어요. 당신은 그 빌어먹을 녀석들 전부를 다 합친 것보다 더 가치 있는 사람입니다." 그 이유를 그는 "개츠비에게는 희망을 찾아내는 특별한 재능이자 내가 다른 누구에게서도 찾지 못했고 앞으로도 결코 찾지 못할 낭만적인 감수성이 있었기 때문"이라고 설명한다.

개츠비가 사랑한 데이지는 사치와 향락을 좋아하는 무책임하고 나약한 여성으로 그가 모든 것을 걸고 사랑할 만큼 가치가 있는 여자는 아니었다. 그럼에도 개츠비는 그녀를 욕망한다. 욕망을 성취하기 위해 방법을 가리지 않고 치열하게 살아오면서 어느새 그 욕망이 그의 존재 이유가 되었기 때문이다. 막상 욕망이 성취되면 자신이 품어왔던 환상이 깨어질지라도 그 과정에서 개츠비는 존재의 의미와 행복을 느낀다. 작가 피츠제럴드는 최고의 지성은 두 가지의 상반된 개념을 동시에 지니며 어떤 일이 가망이 없다는 사실을 꿰뚫어보면서도 이를 바꿔보겠다는 결심을 할 수 있는 것이라고 말했다. 개츠비는 자신의 사랑의 실체를 꿰뚫고 있으면서도 끝까지 추구하기를 멈추지 않는다는 점에서 단순한 속물들과는 차별화된다. 작가는 개츠비 앞에 '위대한'이라는 수식어를 붙인 이유를 이렇게 말한다: "사랑할 가치가 없는 여자를 지독하게 사랑한다는 것, 아니 그 여자를 지독하게 사랑하는 자기 자신의 이미지를 사랑하는 것. 그는 무가치한 존재를 무모하게 사랑하고 그러면서도 의연하게 그 실패를 받아들인다는 점에서, 여전히 자신의 상상 속에 머문다는 점에서 역설적으로 위대하다."

경제 용어에 소설의 이름을 딴 '위대한 개츠비 곡선'이라는 용어가 있다. 2012년 경제학자 앨런 크루거가 경제적 불평등을 비판하기 위해 만든 용어이다. 이 곡선은 소득 불평등이 커질수록 세대 간 계층 이동성이 작아짐을 보여준다. 다시 말해 소득불평등이 심한 국가일수록 부와 가난의 대물림이 더욱 심하게 나타난다는 것이다. 흔히들 미국은 애당초 계급제도가 없었고 아메리칸 드림을 장려하는 국가여서 유럽 국가들에 비해 사회적 이동이 활발할 것으로 여겨지지만 수많은 통계가 그렇지 않음을 보여주고 있다. 미국은 소득불평등도가 선진국 중 최고 수준이고 계층상향을 위한 기회평등의 면에서는 최악이다. 아이러니하게도 미국은 가장 부유했던 1990년 즈음부터 아메리칸 드림에 대한 신뢰가 가장 떨어지면서 과거 미국인들이 지녔던 미래에 대한 강한 믿음은 더 이상 존재하지 않게 된다.

자본주의 시대의 행복

개츠비는 비록 부당한 방법이기는 했지만 엄청난 부를 축적하면서 아메리칸 드림을 이룬 듯했으나 그것이 자신이 지녀온 환상을 현실로 만들고자 하는 것이어서 결과는 비극적이었다. 반면 경제위기 시절에 아들을 위해 절망하지 않으면서 온갖 역경을 이겨내고 꿈을 성취한 크리스 가드너의 성공은 미국의 신조였던 아메리칸 드림의 실현이었고 그의 성공 이후의 행보 또한 그러했다. 일부 비평가들은 영화가 월스트리트의 탐욕은 보여주지 않고 그저 크리스가 가난에서 탈출해서 행복을 추구할 기회를 주는 곳으로 묘사하면서 자본주의를 찬양하고 있고, 크리스의 성공의 배경으로 백인들의 도움을 은근히 부각시키면서 교모하게 인종차별을 나타내었으며, 빈곤을 순전히 개인의 탓으로 돌리면서 그들에게 손길을 내미는 정부가 존재하지 않는다고 비판한다. 그러나 영화는 크리스가 출생주의를 극복하는 과정을 보여주고자 했기에 자본주의의 탐욕이나 인종주의보다는 사회 전반적인 빈곤을 해결해 줄 정부의 부재가 부각된다. 실제로 영화에서는 사회가 경제적 위기에 처하게 된 배경은 TV 뉴스의 클립에서 잠깐 언급될 뿐 정부의 대책이나 책임에 대한 어떠한 언급도 없었고, 심지어 크리스의 아내조차 그들의 생활고를 순전히 크리스의 무능 탓으로 돌렸다.

오늘날 지식인들과 학자들은 개인의 실패는 물론 사회 전반적인 경제침체로 인한 개인의 가난마저 당사자의 나태와 무능함 탓으로 만드는 능력주의체제가 사회를 불안으로 몰고 가고 있다고 우려한다. 알랭 드 보통은 저서 『불안』에서 현대인의 불안의 원인을 사랑결핍·속물근성·기대·능력주의·불확실성 다섯 가지로 분류하면서, 특히 신분에 따라 모든 지위가 결정되었던 귀족제 사회에서 민주적 사회로 접어들면서 도입된 능력주의 체제는 가난이라는 고통에 수치라는 모욕을 더한다고 비판한다. 과거에는 부가 지위의 세습으로 인하여 대물림되므로 부와 개인의 능력은 아무런 상관이 없었다. 그러나 능력주의 사회에서는 이론상 모두가 평등한 출발점에서 경쟁을 시작하므로 이후의 사회적 지위나 부의 축적의 정도는 오로지 개인의 책임이다. 따라서 자신이 같이 출발한 사람들보다 뒤처지게 되면 스스로를 무능력자나 패배자로 여기며 불안에 사로잡힐 수밖에 없다. 알랭 드 보통은 또한 사람은 누구나 타인으로부터 사랑받고 싶은 본능을 지니는데 현대사회에서는 사랑의 상징이자 사랑을 얻을 수 있는 수단마저 사회적 지위인 돈과 명성, 그리고 영향력 등과 연계되어 있어 그것이 결핍된 사람들은 사회적 지위에 대한 갈망과 불안이 더 커진 상태로 살아야 한다고 지적한다. 그야말로 "무능하면 천하가 나를 버릴 것이요, 유능하면 천하가 나를 찾을 것이다"라는 중국 철학자 순자의 말이 들어맞는 시대가 되어버린 것이다.

재독철학자 한병철은 저서 『피로사회』에서 현대사회를 성과사회로 규정하면서 이를 신자유주의적 자본주의 시스템의 결과로 해석한다. 이전의 봉건사회나 근대사회의 규율사회에서 인간은 복종주체로서 착취당해왔다. 복종주체들의 반발이 점점 심해지면서 생산성의 향상이 한계에 부딪히게 되자 자본주의가 등장하여 성과사회라는 새로운 구조를 만들어내고, 이는 더 큰 성과를 올려 더 큰 성공을 거두고자 하는 개개인의 욕망을 부추겨 전체적인 생산성을 극대화시키면서 자기착취의 패러다임을 형성한다. 이제 성과주체가 된 사람들은 자발적으로 자신을 착취하면서 가해자이자 희생자이며, 주인이자 노예가 된다. 자기착취는 자유의 감정을 동반하기 때문에 타자에 의한 착취보다 훨씬 효과적이고 능률적이다. 그로 인해 성과주체는 자신과의 경쟁에서 끝없이 자기를 뛰어넘어야 한다는 파괴적 강박 속에 빠져 완전히 타버릴 때까지 자신을 착취하면서 극단적 피로와 탈진상태를 야기한다. 소위 '번아웃 신드롬'이다. 이런 사회에서는 스스로 설정한 요구에 부응하지 못하게 되면 좌절감으로 불안과 우울증에 빠져 자신을 낙오자로 만들어버린다. 저자는 이와 같은 성과사회의 시스템을 변화시키려면 자신의 욕망의 허구성을 자각하고 무엇을 하지 않음으로써 특별한 시각이 깨어나는 '무위의 피로'를 즐길 것을 권유한다.

크리스 가드너는 자본주의를 대표하는 증권사에서 성과를 올리기 위해 치열하게 투쟁하면서 살았다. 그러나 그의 투쟁은 성과주체로서의 투쟁 이전에 인간의 가장 기초적인 욕구인 생존과 안전을 위한 투쟁이었다. 그가 돈을 벌어야 어린 아들을 지하철 화장실이나 노숙자 쉼터에서 재우지 않고 집이라는 안전한 공간에서 먹고 재울 수 있었다. 미국 심리학자 에이브러햄 매슬로는 "인간동기의 이론"이라는 논문에서 인간의 욕구를 동물적·물질적 욕구에서 인간적·정신적 욕구로 나아가는 5단계로 나누었는데, 생존의 욕구→안전의 욕구→소속감과 사랑에 대한 욕구→자아존중의 욕구→자아실현의 욕구로 진전된다. 첫 두 단계는 인간의 기본적 욕구로 돈이 필수요건이고, 이후는 자기실현의 단계로 성장하는 정신적 특성의 욕구들이다. 알랭 드 보통은 능력주의사회에서는 인간적이고 정신적인 가치까지도 돈과 연결되어 있어 부의 축적이 자아존중과 자아실현과 동일시된다고 우려하였고, 마이클 샌델은 개인의 성공이 자신의 노력과 능력 덕분으로 정당화되면서 사회적 불평등을 해결하지 못할 것이라고 우려하였다. 크리스는 이들의 우려와 달리 자신의 노력과 능력으로 성취한 성공의 결과물을 공동체로 환원하는 것을 자아실현으로 여기면서 사회적 불평등을 해소하는 데 도움이 되고자 한다.

크리스는 자신처럼 불우한 처지의 사람들에게 역경을 딛고 일어날 수 있는 방법은 개인의 의지와 노력에 있다는 정공법적인 해결책을 누차 강조한다. 그는 비록 열악한 환경에서 자라왔지만 그를 지켜봐온 어머니와 세실 윌리엄스 목사의 격려와 충고가 그를 쓰러지지 않게 하는 버팀목이 되었다고 회고한다. 세실 목사는 크리스에게 "작은 노력 또한 중요하다. 계속 나아간다면 언젠가는 그 작은 노력들이 모여서 네가 놀랄 만한 곳에 도달할 수 있을 것이다"라고 격려해주었고, 어머니는 어린 그에게 "크리스, 기병대는 오지 않아, 너 스스로 해야 해. 도와주는 사람은 없을 거야"라고 말하면서 홀로 서야 하는 것을 매일 일깨워주었다. 크리스는 이 두 조언을 명심한다면 자신뿐만 아니라 알코올중독, 가정폭력, 아동학대, 문맹, 공포, 무기력함 등 모든 인생의 부정적인 문제들을 대면하고 있는 사람들도 마찬가지로 앞으로 나아갈 수 있다고 조언한다. 《아메리칸 히스토리 X》에서 교장 스위니가 자신의 고통을 사회와 백인의 탓을 하는 것은 책임 회피에 불과하지 불행과 분노에서 벗어나는 올바른 방법이 아니라고 말한 것도 같은 맥락이다.

세상은 공정하지 못했지만 크리스 가드너는 기울어진 운동장의 아래쪽에서 운동장 위쪽으로 이동을 해내었다. 고졸이지만 수학적 재능과 절심함으로 면접의 기회를 얻었고, 친화력과 재능과 노력으로 좋은 성과를 얻어내면서 그에 대한 보상도 받았다. 여기서 만족하고 멈추었다면 그는 물질적 행복과 성과에 만족하는 자본주의 시대의 '최후의 인간'에 그쳤을 것이다. 그러나 그는 자신이 얻은 보상을 당연시 여기지 않고 사회에서 기회를 얻지 못하고 있는 사람들과 나누고자 했다. 그는 한 인터뷰에서 "무엇이 당신을 행복하게 하나요? 이제 돈도 많은데요"라는 질문을 받자 행복에 대해 이렇게 정의한다: "사람들마다 행복에 대한 정의가 다르지만 행복이 반드시 포함해야 하는 것은 건강, 공동체, 그리고 개인 이상을 위한 행위입니다." 그는 자신의 자서전과 영화가 행복에 대한 새로운 정의를 제시하기 위한 것이라고 말하면서, 각자 자신만의 행복을 추구해야 하며 행복을 추구할 만큼 대담해져야 하는 것이 핵심이라고 강조한다.

ETHAN HAWKE
UMA THURMAN
GATTACA
my sister's keeper
FRANKENSTEIN
MARY SHELLEY
YEARS AND YEARS

9장

유전공학시대의 적자와 부적격자

ETHAN HAWKE UMA THURMAN JUDE LAW

GATTACA

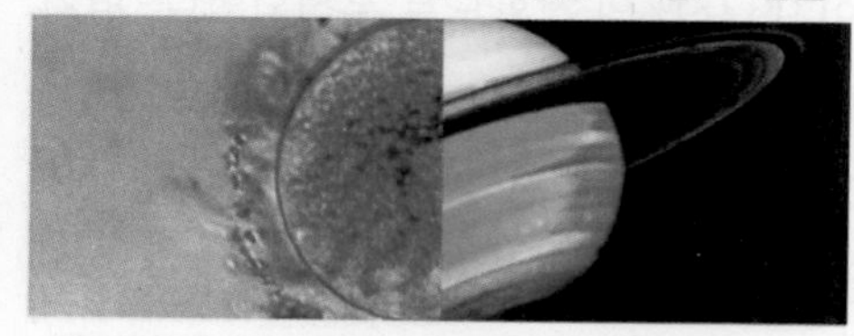

THERE IS NO GENE FOR THE HUMAN SPIRIT

가타카 Gattaca, 1997

개요: 공상과학 | 미국 | 106분

감독: 앤드류 니콜

유전공학시대의 적자와 부적격자

자식은 부모를 닮는다. 이는 부모의 생물학적 특징이 세포핵 속의 염색체에 담겨진 DNA에 의해 다음 세대로 전달되기 때문이다. 1953년 제임스 왓슨과 프랜시스 크릭은 DNA의 2중 나선 구조를 확인하고 DNA의 네 가지 질소 염기인 A, T, G, C의 염기쌍의 순서가 유전 정보의 보고임을 알게 된다. 1990년에는 선진국 과학자들이 DNA 염기서열을 해독하기 위한 '인간게놈 프로젝트'에 착수하여 2003년 30억 쌍의 염기서열과 2만여 개의 특정 유전자의 위치를 파악한 유전자 지도를 만든다. 99%의 서열이 99.99%의 정확도로 분석되었다. 염기서열이 중요한 것은 서열에 따라 생물학적 지침이 결정되기 때문이다. 예를 들어 서열 ATCGTT는 파란 눈을, ATCGCT는 갈색 눈을 지시한다. 유전정보의 기본인 '유전자'는 수백에서 수천 개 단위의 염기가 모여 만들어진 것으로 우리 몸에서 대부분의 작업을 수행하는 단백질을 만들어내는 기능을 한다. 각종 유전 질환은 특정 단백질이 제대로 기능을 하지 못하여 세포분열에 문제가 생기면서 발생하게 된다.

게놈(genome)은 유전자(gene)와 염색체(chromosome)의 두 단어를 합성하여 만든 용어로, 생물에 담긴 유전정보 전체를 의미한다. 비유를 하자면 유전자는 염기배열을 글자로 써서 나타내는 '염기 문장'이고, 게놈은 막대한 양의 염기 문장들이 집적된 '생명의 책'이다. 게놈프로젝트는 바로 이 생명의 책을 해독하는 작업이었다. 해독작업을 완성한 과학자들은 이제 생명의 책에서 잘못된 철자, 즉 질환을 담고 있는 유전자를 교정할 수 있는 유전자편집가위까지 만들어내면서 인간유전공학 시대의 도래를 알린다. 사실 동식물에 대한 유전공학은 개념이 없었을 뿐이지 고대부터 인류는 야생 상태의 농작물이나 각종 가축들을 접목시키거나 교배하여 인간에게 이로운 형태의 종으로 개량하는 인공번식을 실시해왔다. 인간유전공학은 20세기까지만 해도 공상과학 소설이나 영화들의 소재로 존재했지만 오늘날 유전자지도가 완성되고 유전자편집가위가 만들어지면서 곧 닥쳐올 현실이 되고 있다. 1997년에 제작된 영화 《가타카》는 머나먼 우주나 외계인의 이야기가 아닌 현실적인 공상과학영화로, 이미 그 가능성이 실현되고 있는 '맞춤형 아기'를 소재로 다루면서 인간유전공학에 대한 진지한 논의를 펼친다. 제목 'Gattaca'는 DNA의 네 가지 염기쌍 A·C·G·T를 조합해서 만든 단어로, 영화에서는 우주항공회사의 이름으로 나온다.

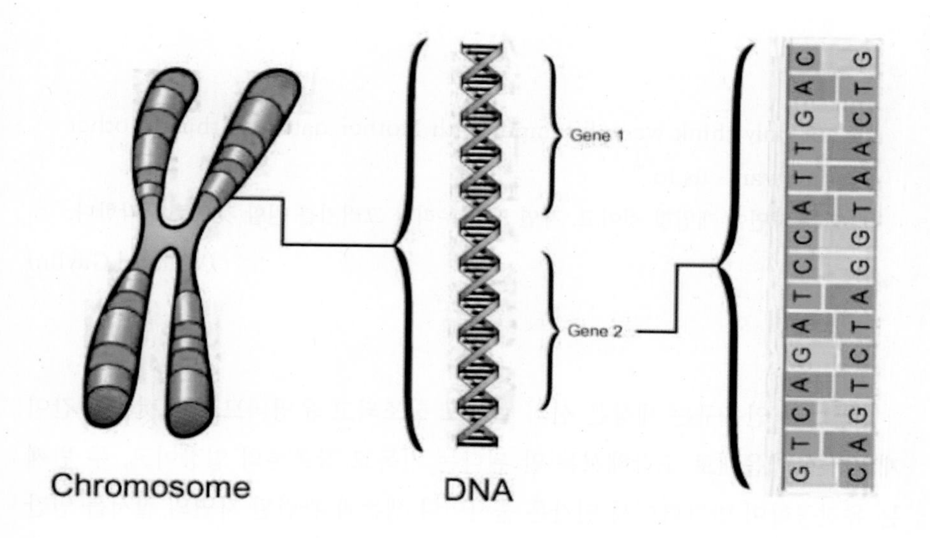

| 염색체, DNA, 유전자, 염기 (출처: yahoo.com)

《가타카》의 배경은 유전공학의 발달로 부모가 원하는 대로 아이를 맞춤으로 편집하여 출생할 수 있는 '머지않은 미래의 어느 날'이다. 영화에서 한 부부의 두 아이가 형은 자연 임신으로, 동생은 맞춤형 아기로 태어나면서 둘은 태어나자마자 Valid와 Invalid라는 계층으로 구분된다. 영화는 애당초 출발이 달랐던 그들의 삶이 전개되어가는 과정을 통해 과연 과학자가 생명 탄생에 개입할 권리가 있는지, 그로 인해 만들어진 신우생학의 사회가 과연 예전의 사회만큼 행복한 사회인지를 묻는다. 영화 첫 장면에 유전공학에 대한 상반된 견해를 제시하는 두 인용구가 등장한다.

> "Consider God's handiwork, who can straighten what he hath made crooked?"
> 신이 행하신 것을 생각해보라, 누가 신이 구부린 것을 펴게 할 수 있을 것인가?
>
> (전도서 7:13)

> "I not only think we will tamper with Mother nature, I think Mother Nature wants us to."
> 우리는 자연에 개입할 것이고, 자연 또한 우리가 그러기를 원할 것으로 생각한다.
>
> (Williard Gaylin)

첫 번째 인용구는 세상은 신의 설계로 창조되고 운영되므로 그것을 인간이 개입하여 마음대로 조작해서는 안 된다는 기독교 창조론의 입장이고, 두 번째는 유전공학이 발달하면서 인간은 출산이나 생존과 관련된 자연의 질서를 인간에게 유리하게 바꿀 수 있고 자연도 이제 그것을 허용할 수밖에 없는 현실이라는 입장이다.

기독교 창조론에 의하면 우주만물은 하나님이 자의적인 계획에 의해 말씀으로써 6일에 걸쳐 창조되었고, 그 창조는 완전히 이루어진 것이어서 더 이상 진행되지 않는다. 그리고 피조물 중 인간은 흙으로부터 하나님의 형상으로 지음 받은 특별한 존재로서 모든 다른 생명체를 다스리는 권한을 부여받는다. 중세 기독교사회에서 굳건히 지속되어온 우주와 인간에 대한 신학적 관념은 16세기부터 천문학과 물리학과 생물학 등의 분야에서 우주와 인간에 대한 과학적 탐구를 시작하면서 도전받기 시작한다. 16세기 중반에 천동설을 부정하고 지동설을 주장한 코페르니쿠스와 갈릴레이와 케플러, 17세기 말에 지동설을 입증하고 기계론적 우주관을 정립한 뉴턴, 그리고 19세기 중반에 진화론을 들고 나온 찰스 다윈은 신 중심의 기존 관념에 회의를 가지면서 세상의 작동원리를 새로운 관점에서 파악하고자 했다. 천문학자 칼 세이건은 저서 『코스모스』에서 종교적 위협과 탄압에 맞서 우주의 신비와 진리를 밝혀온 이들 과학자의 위대한 업적의 기반은 바로 그들의 '회의'와 '상상력'이라고 말했다. 과학자의 상상력은 그들이 눈으로 보기 전에 이해하고 꿈꾸는 사유 능력을 뜻한다. 칼 세이건은 케플러를 예로 들면서 당시 지구의 회전을 그 누구도 느끼기 못하던 시절에 그는 '꿈'을 통해서 지구의 자전이 가능한 일이고 멋있으며 이해할 수 있는 현상임을 알리려 애썼다고 말한다. 사람들의 사고를 고착화시키는 기독교적 사고에 맞서 과학자들은 상상력으로 사유하고 수학적 지식과 과학적인 방법으로 그들의 사유를 뒷받침하면서 인식의 전환을 이루었다.

중세 교회는 최초의 망원경 관찰을 통해 지동설을 확증한 갈릴레이를 성경에 그런 언급이 없었다는 이유로 이단으로 정죄했다. 그러나 뉴턴은 지동설을 수학적으로 입증하고 우주는 신이 창조한 이후에는 태엽 감긴 시계처럼 일정한 법칙에 따라 운동하는 거대한 기계와 같다고 밝히면서 과학적 우주관을 열어준다. 신학자이기도 한 뉴턴은 신의 우주창조설까지는 부인하지 않아 이때만 해도 뉴턴의 과학적 발견과 종교를 결합시키려는 자연신학적인 시도가 계속되었다.

뉴턴의 장례식을 주관한 영국 시인 알렉산더 포프는 창세기 구절을 빌려 뉴턴을 신의 뜻에 따라 자연의 법칙을 밝힌 자로 그 업적을 기린다:

> 자연과 자연의 법칙은 어둠에 잠겨 있었는데
> 신이 "뉴턴이 있으라!" 하자 세상이 밝아졌다.

종교와 과학의 본격적인 대립은 19세기 중반부터 시작된다. 1859년에 발표된 다윈의 진화론이 신을 우주의 설계자의 지위에서도 박탈시켰기 때문이다. 생물학자이자 지질학자인 다윈은 자연의 힘이 긴 시간을 통해 지각을 변화시키고 그에 따라 서식환경이 바뀐다는 주장을 펼친 라이엘의 『지질학 원론』을 탐독하고 갈라파고스 섬에서 직접 생태계를 관찰한 후에, 자연의 힘이 동식물 또한 서서히 변화시키고 진화를 일으켜 새로운 종을 출현시켰을 가능성을 확신하면서 인간을 고정불변의 완전성을 지닌 존재로 탄생시켰다는 구약성서의 창세기에 맞선다. 그의 진화론의 핵심은 '공통 혈통'과 '자연선택'이다. 인간을 포함한 모든 생물종은 하나의 공동 조상에 기원하여 진화해왔고, 진화과정에서는 주어진 환경에서의 생존과 번식에 유리한 성질을 가진 종들이 자연선택 되어 자신의 성질을 후대에 남긴다. 그리고 생물이 환경에 적응하거나 극복하는 과정에서 미세한 변화들이 나타나고, 이러한 돌연변이가 오랜 세월 동안 누적되고 후대에 전달되는 과정에서 새로운 종이 나타난다. 다윈은 인간 또한 다른 생명체와 마찬가지로 항상 변화하는 역동적인 실체의 하나로 여기면서 타 종에 대한 인간의 우월함을 부인한다: "인간은 오만하게도 자신이 대단히 위대한 신의 작품이어서 자신의 위치를 신과 그 피조물 사이에 놓을 만하다고 생각한다. 좀 더 겸허한 소견으로, 나는 인간이 동물로부터 만들어져나왔다고 생각하는 것이 옳다고 믿는다." 인간과 원숭이가 공동조상을 가지고 있다는 다윈의 진화론은 오늘날의 관점에서는 인간의 기원을 밝혀준 획기적인 이론이지만 당시에는 창조론에 대한 명백한 반란이었기에 수많은 논쟁과 반발을 불러일으켰다.

정신분석의 창시자인 지그문트 프로이트는 근대가 인류의 나르시시즘에 세 가지 상처를 입혔다고 말한다. 첫 번째는 지동설을 통해 인간이 우주의 중심이 아닌 변방에 있음을 알려준 코페르니쿠스혁명이 입힌 상처, 두 번째는 진화론을 통해 심지어 인류가 지구라는 행성에서도 특별한 위치에 있지 않음을 입증한 다윈주의가 입힌 상처, 세 번째는 무의식의 발견으로 인해 인간이 자신의 한정된 영역에서도 주인이 아님을 밝힌 프로이트 본인이 입힌 상처이다. 영역의 규모는 다르지만 인간의 내면에 '자아'라는 확고한 실체 대신 깊이를 알 수 없는 '무의식'의 심연이 있다는 프로이트의 발견은 과학적 우주관과 진화론만큼이나 인간에 대한 관점의 전환을 초래했다. 코페르니쿠스, 다윈, 프로이트 세 혁명가의 공통점은 그들의 사상이 당시에는 반동 내지 이단에 가까운 것임에도 불구하고 '회의'와 '상상력'으로 무장하여 우주와 인간에 대한 진실을 밝히고자 한 것이다.

다윈주의에 대한 오해와 이해

진화의 개념을 과학이론으로 변모시킨 다윈의 사상은 생물학을 넘어서서 철학적으로도 큰 영향을 미쳤고 사회학 분야에도 도입이 된다. 그 과정에서 다윈의 기본개념이 그의 의도와 다르게 오용되거나 악용되는 사례들이 발생한다. 대표적인 것이 생물 종 자체에 우열이 있다고 생각하는 '우생학'과 다윈이 동식물의 세계에 한정했던 생존투쟁과 약자제거의 원리를 인간 사회에 적용한 '사회진화론'이다. 다윈의 사촌인 프란시스 골턴은 사회진보를 위해서는 우수한 유전소질을 지닌 자들의 증가를 꾀하고 열악한 유전소질을 가진 자들의 증가를 방지해야 한다는 우생학을 창시하였고, 다윈과 동시대 철학자인 허버트 스펜서는 인간이 계속 진화하듯 사회 또한 생물계처럼 계속 발전하고 있기 때문에 진보에 부적격한 자들은 도태되어야 한다는 '적자생존' 이론을 주창하여 사회진화론의 기초를 제공한다. 이들은 자연 선택을 인위선택으로, 진화이론을 진보이론으로 대체하면서 다윈주의를 오용하였다.

스펜서는 저서 『생물학의 원리』에서 적자생존을 "다윈이 자연선택이라고 했던 것이며 생존경쟁에서 가장 좋은 종족이 살아남는 것"으로 설명하면서 진화이론을 진보와 동일시한다. 그러나 한국진화학계에서 제대로 된 다윈 선집을 만들기 위해 시작한 〈드디어 다윈〉 시리즈의 첫 책인 『종의 기원』을 번역한 장대익교수는 다윈은 자신의 '진화' 개념이 '진보' 개념과 혼용되는 것을 극도로 회피하여 '진화'(evolution)라는 용어를 『종의 기원』 초판에서는 사용하지 않고 1871년에 출간된 『인간의 유래와 성선택』과 다음해 출간된 『종의 기원』 6판부터 사용했다고 밝힌다. 다윈은 초판에서는 진화라는 단어 대신 '변화를 동반한 계승'(descent with modification)이란 용어를 사용하였고, 나중에 '진화'를 사용할 때에도 그 단어가 '진보'가 아니라 '전개'(unfolding)로 읽히기를 원했다. 다윈의 의도와 다르게 스펜서는 진화의 전개과정을 진보로 해석하면서, 진보하는 사회에서 사회 환경이나 기술 등의 발전에 적응하지 못하는 병약하고 저능한 인간이 도태되고 우월한 인간이 살아남는 것은 당연한 이치이고 강한 국가가 약한 국가를 지배하는 것 또한 적자생존의 자연스러운 현상이라고 주장하며 유럽제국주의를 정당화시키는 근거를 제공한다. 스펜서는 생물학적 원리 자체가 자비라는 개념과는 양립될 수 없기에 약한 자는 도태될 수밖에 없다는 입장이었고, 우생학도 마찬가지였다.

진화생물학자인 스티븐 제이 굴드는 저서 『다윈 이후』에서 생물 진화와 진보를 동일시하는 오류가 인종주의와 지구 생태계 파괴 등의 불행한 결과를 빚고 있다고 지적하면서 다윈주의로 돌아갈 것을 촉구한다: "사람들은 이 신빙성 없는 사회적 다윈주의를 바탕으로 독단적으로 설정한 진화 수준에 따라서 인간과 문화 집단에 등급을 부여했으며, 유럽인들을 정상에 두고 그들이 정복한 식민지에 살고 있던 사람들을 맨 밑바닥에 깔았다… 오늘날 그것은 인간이 지구상에서 휘두르는 오만, 즉 이 지구에 살고 있는 100만 종이 넘는 다른 생물들에게 동료 의식을 갖기보다는 그들을 지배하는 것이 당연하다는 믿음을 부채질하는 일차적인 요소가 되고 있다." 굴드는 생물학적 결정론에 대한 맹신은 사회가 그들이 보살펴야 할 사람들에 대한 책임을 단지 조상과 태생 조건에 떠맡김으로써 사회적 약자들의 인간다운 생활을 보장하는 데 실패한 책임을 정부나 경제체제에 물어야 할 필요가 없게 하는 무책임한 행위라고 비난한다.

다윈은 생물 구조를 표현할 때 '고등'이나 '하등'이라는 말을 하지 않았다. 종 사이의 우열은 존재하지 않고 다름만이 존재할 뿐이다. 그는 개체 간의 경쟁은 인정했지만 결과에 대해서는 가치를 판단하지 않았고, 진화 과정 속에 진보가 내재한다는 관점 또한 부정하였다. 자연선택에 의한 진화는 특정한 방향으로 개선되지만 이는 향상된 적자를 선발하는 과정이 아니라 우연한 유전자 변이가 선택되어 변화하는 환경에서 생물의 적응도를 높여가는, 즉 적자를 만들어가는 과정이다. 또한 자연선택에서는 더 단순하고 부족해 보이는 것도 번식과 생존을 돕는다면 선택될 수 있다. 그렇기 때문에 살아남은 모든 생물은 위대하다. 다윈은 동료 학자로부터 진화의 메커니즘으로 자연선택 대신 적자생존 개념을 택할 것을 권유받기도 했지만 자연선택을 진화론의 핵심으로 고수한다. 그 이유는 적자생존은 자비가 없이 많은 개체가 사멸해야 하는 비관적 세계관을 반영하지만 자연선택은 새롭게 적응하는 개체를 계속해서 만들어내는 '창조'의 과정이기 때문이다.

다윈은 이후 출간한 『인간의 유래와 성 선택』에서 사회진화론과 우생학을 단호하게 거부하고 인류학으로서의 진화론, 즉 문명의 진화적 승리를 정식으로 공표한다: "생존투쟁은 매우 중요했으며 지금도 여전히 중요하지만 인간 본성의 가장 고차원적인 부분에 관해서는 더 중요한 다른 요인이 존재한다. 왜냐하면 도덕적 자질의 직간접적인 향상은 대부분 자연선택보다는 습성과 이성적 사유의 능력, 교육, 종교 등의 영향에 힘입은 것이기 때문이다. 비록 도덕심 발달의 토대를 제공했던 사회적 본능이 이 자연선택의 공로이기는 하지만 말이다." 다윈에 의하면 자연의 전 역사에 걸쳐 가장 괄목할 진화적 승리는 문명의 승리로, 이로 인해 공통의 조상을 지닌 유인원과 인간의 차이가 생겨난다. 문명화된 인간집단에서는 생존투쟁이 동정심의 점진적인 발전과 서로에 대한 상호 인정으로 대체되고, 몸과 마음이 허약한 사람이 도태되지 않도록 최대한 노력을 기울이는 과정에서 이타주의가 제도화 된다. 이타주의는 문명 진보의 중요한 족적이다. 최약자의 도태로 특징지어지는 자연선택이 덜 유능한 자를 보호하고자 하는 사회적 본능을 선호하게 되면서 자연이 문명으로 이행되기 때문이다. 그렇기 때문에 다윈의 진화론은 자비도 이타주의도 없는 우생학과 사회진화론과는 본질적으로 다르다.

다윈의 문명진화론은 오늘날 다윈의 후계자를 자처하는 리처드 도킨스의 '밈(meme)'을 통한 문화적 진화론으로 이어진다. 도킨슨은 저서 『이기적 유전자』에서 밈을 설명하기 위해 먼저 자연선택이 어떻게 작용하는지를 밝힌다. 자연선택에서 인간과 모든 생물체는 자기복제자를 만들며 살아남는데, 그 원형적인 자기복제자가 유전자이다. 따라서 인간을 포함한 모든 생명체는 유전자가 자기복제자를 후대에 남겨 종을 종속시키기 위해 창조한 생존기계, 더 쉽게는 유전자를 담는 그릇이다. 도킨스는 그러나 현대인의 진화를 이해하기 위해서는 이기적인 유전자만이 진화의 기초라는 입장을 버려야 한다고 말하면서 문화를 창조하는 새로운 자기복제자인 밈의 존재를 드러낸다. 'meme'은 흉내 내다는 뜻의 그리스어 'mimene'와 유전자를 뜻하는 'gene'의 합성어로, 모방과 같은 비유전적이고 사회적인 방법으로 문화를 전달하는 복제자이다. 유전자가 자기복제를 통해 생물학적 정보를 전달한다면 밈은 모방을 통해 뇌에서 뇌로 복제되어 종교·언어·아이디어·노래·유행 등을 전달하면서 좁게는 한 사회의 유행이나 문화 전승을 가능하게 하고, 넓게는 인류의 다양한 문화를 만들어나가는 원동력이 된다.

도킨스는 유전자는 본질적으로 이기적이지만 밈으로 인해 문화적 진화는 물론 이타주의까지 가능하다고 주장한다: "순수하고 사욕이 없는 이타주의라는 것은 자연계에는 안주할 여지도 없고 전 세계의 역사를 통틀어 존재한 예도 없다. 그러나 우리는 그것을 의식적으로 육성하고 가르칠 방법도 논하고 있다. 우리는 유전자의 기계로 만들어졌고 밈의 기계로 자라났다. 그러나 우리에게는 우리의 창조자에게 대항할 힘이 있다. 이 지구에서는 우리 인간만이 유일하게 이기적인 자기복제자의 폭정에 반역할 수 있다." 이처럼 다윈주의에서는 우월한 개인의 자질은 생존의 우위나 이기주의가 아닌, 약자에 대한 배려와 이타주의로 표현되고 그것은 밈으로 모방되어 널리 퍼진다. 도킨스는 관대함과 이타주의는 생물학적 본성으로부터 기대할 것은 거의 없으므로 가르쳐야 한다고 강조한다.

인위선택의 시대: 유전자편집기술과 맞춤형 아기

다윈주의에 의하면 인간은 유전자만으로는 그의 행동과 성격을 설명할 수 없는, 생물학적 결정론을 넘어서는 존재이다. 그러나 오늘날 유전공학이 발달하고 생물학적 결정론이 다시 고개를 들면서 인간의 유전자를 편집하여 종을 개량시키고자 하는 신우생학적인 시도들이 이어지고 있다. 자연이 적자를 선택하는 '자연선택' 과정을 과학자가 계획이나 의도에 의해 적자를 선택하는 '인위선택'의 과정으로 변형시키고 있는 것이다. 리처드 도킨스는 저서 『눈먼 시계공』에서 모든 생물은 어느 날 갑자기 창조된 것이 아니라 엄청나게 긴 시간 동안 미세한 진화를 해왔다고 말하면서 "생명을 설계하고 창조한 시계공이 있다면 그것은 바로 자연선택이며, 이 자연선택은 계획이나 의도 따위는 가지지 않는 눈먼 시계공"이라고 말한다. 그러나 오늘날 유전공학은 게놈지도를 완성하고 유전자의 특정 부위에서 DNA를 절단하는 능력을 갖는 광범위한 효소인 유전자편집가위를 만들어내면서 눈먼 시계공의 눈을 뜨게 만든다. 유전자편집가위를 통해 배아 단계에서 '인위선택'이 가능해지면서 맞춤형 아기를 탄생시키는 신우생학의 시대가 열린 것이다.

유전자편집가위는 처음에는 실패율이 높았지만 2012년 제니퍼 다우드나 교수팀이 '크리스퍼 카스나인'(CRISPR Cas9)이라는 획기적인 기술을 만들어내어 유전자편집상의 오류들을 본질적으로 해결하면서 생명공학의 엄청난 가능성을 열어준다. 그로 인해 유전자편집기술은 수많은 실험실에서 손쉽게 활용할 수 있게 되었고 소요기간도 대폭 단축된다. 게다가 게놈 지도의 완성으로 유전자편집 대상을 찾기 위한 게놈 해독 또한 손쉬워지고 비용도 저렴해져, 2011년 스티브 잡스가 췌장암 치료법을 찾기 위해 게놈 해독을 의뢰했을 때는 그 비용이 10만 달러였으나 이제는 1000달러면 가능하다. 이처럼 크리스퍼 카스나인이 엄청난 파동을 일으키자 개발자인 다우드나는 "우리가 무슨 짓을 한 걸까" 우려하면서 우생학 추종자인 히틀러가 자신에게 크리스퍼 기술을 배우는 악몽까지 꾸었다고 한다. 크리스퍼 기술로 인해 발생할 수 있는 끔찍한 디스토피아에 대한 잠재적 불안이 꿈으로 드러난 것이다.

19세기 초의 공상과학 소설 『프랑켄슈타인』의 주인공인 젊은 과학자는 아름다운 인간을 만들려다 괴물을 만들어내었지만 가까운 미래의 과학자들은 이제 원하는 대로 더욱 아름다운 인간을 만들어낼 수 있다. 그러나 그것이 사회에 끼치는 영향력까지 아름다울지는 장담할 수 없는 일이다. 이에 유전공학 과학자들은 2015년에 공개토론회를 열어 유전자편집에 관한 사회적, 윤리적 영향력에 대한 충분한 논의와 합의가 있기 전까지는 유전자가위를 이용한 인공배아 교정을 금지하자는 성명을 발표했다. 아무리 정확히 선택하더라도 안내 RNA

가 표적 위치가 아닌 다른 DNA 부분에 붙어 계획하지 않은 부분을 잘라내어 배아에 새로운 유전질환이 생길 수 있고, 표적 DNA를 제거하는 과정에서 손상이 올 수도 있기 때문이다. 그러나 유예는 과학자들 간의 약속일뿐 큰 구속력을 가지지는 못하다. 게다가 아직 어떤 사람에게 유전자편집기술을 적용해야 할지도 합의를 보지 못한 상태이다.

이런 상황에서 2018년에 중국과학자 허젠쿠이가 유전자편집기술을 이용해 HIV 바이러스 보균자 부부로부터 HIV 면역력을 지닌 쌍둥이를 출산시켰다는 발표를 해서 세계와 과학자들을 충격에 빠뜨렸다. 실질적인 성공 여부는 확실하지 않지만 카스나인이 워낙 강력한 유전자 교정능력을 지니고 있기 때문에 그 가능성은 충분하다. 현재 국제위원회가 배아의 유전자 조작을 규제할 규칙을 만들고 있고 많은 국가가 연구목적 이외의 배아편집은 금지하고 있어 유전자 조작은 원칙적으로 불법행위이다. 그러나 다우드나 교수와 공동연구를 한 스턴버그 교수는 발표 직후에 한 여성으로부터 크리스퍼 아기사업을 제안받기도 했다. 영화 《가타카》에서 일어난 일을 현실화시키자는 제안이다. 인간 유전공학은 앞으로 더욱 발전될 것이고, 따라서 원하든 원하지 않든 간에 질병치료나 그 목적을 넘어선 맞춤형 아기의 세상은 시간의 문제일 뿐 결국 올 것으로 전망된다.

자녀의 개량을 위한 맞춤형 아기 못지않게 질병치료를 목적으로 하는 소위 '구세주 맞춤형 아기' 역시 논란의 대상이다. 구세주 맞춤형 아기는 희귀 혈액질환이나 암 등을 앓고 있는 자녀의 치료를 위한 줄기세포를 얻기 위해 시험관 수정기술로 질환자녀의 세포조직과 완전히 일치하는 특정 배아 중 질병유전자가 없는 정상배아를 골라 탄생된 아이이다. 이는 난치병을 치료할 수 있다는 긍정적인 평가와 생명윤리를 해친다는 부정적인 평가를 동시에 받고 있다. 2004년 존스홉킨스대학 유전 공공정책센터가 미국인 4,000명을 상대로 실시한 여론조사에서는 응답자 61%가 찬성한다고 밝힌 바 있다. 2018년 인도에서는 실제로 오빠의 골수이식을 위한 맞춤형 아기가 태어나 골수를 이식해주면서 오빠가 완치되는 일이 일어났다. 결과는 긍정적이었지만 유전자편집을 어디에서 멈추어야 할지의 윤리적 문제에 대한 논란이 강하게 일어났다. 영화《마이 시스터즈 키퍼》가 이 문제를 다룬다.

마이 시스터즈 키퍼
My Sister's Keeper, 2009
개요: 드라마 | 미국 | 109분
감독: 닉 카사베츠

안나는 언니 케이트의 병을 치료할 목적으로 태어난 맞춤형 아기이다. 케이트는 두 살 때 백혈병 진단을 받았고 다섯 살에 골수이식이 필요한 상황이었다. 가족들 모두 유전자가 맞지 않자 의사가 비공식적으로 맞춤형 시험관 아기를 제안한다. 비윤리적이고 위험한 일이지만 그들 부부에게는 선택의 여지가 없었다. 그렇게 안나가 태어났다. 안나는 아주 어려서부터 케이트에게 제대혈, 백혈구, 줄기세포, 골수를 기증해왔지만 언니와 사이가 좋았다. 그런데 안나가 11살 되던 해 언니의 신장이 더 이상 기능을 못해 신장을 이식해주어야 할 상황이 되자 안나는 유능한 변호사 알렉산더를 찾아가 자신의 신체 권리를 위해 부모를 고소하겠다는 의사를 밝힌다. 안나가 가진 돈은 고작 700달러였지만 남몰래 간질을 앓고 있는 알렉산더는 안나의 곤경을 이해하여 함께 싸우기로 결정한다. 그리고 사라 부부는 딸 안나로부터 고소장을 받는다. 안나의 고소는 실상은 케이트가 안나에게 부탁한 것으로, 자신을 살리기 위한 노력을 결코 멈추지 않을 엄마를 포기시키기 위한 것이었다. 사실이 밝혀지면서 케이트의 치료는 중단되고, 그들은 케이트가 죽음을 맞이하기 전까지 함께 좋은 시간들을 보낸다.

치료 목적으로 태어난 맞춤형 아기는 자신의 의사와는 무관하게 수많은 희생을 강요당하면서 인간의 존엄성과 신체의 권리를 훼손당할 뿐만 아니라 생명 잉태의 근본적인 의미 또한 훼손당한다. 전통적으로 생명의 잉태는 부모의 사랑의 결실이자 인간 존재에 특별한 의미를 부여하는 카이로스적인 순간으로 여겨져왔다. 고대 그리스인들은 시간을 '크로노스(chronos)'와 '카이로스(cairos)'로 구분하였다. 그리스신화에서 크로노스는 시간의 신, 카이로스는 기회의 신이다. 크로노스는 말 그대로 해가 뜨고 지고, 태어나서 늙고 병들고 죽는 자연적으로 흘러가는 객관적이고 물리적인 시간으로 여기서 chronicle(연대기)이라는 단어가 발생했다. 카이로스는 의식적이고 주관적인 시간으로, 아주 적절한 '기회' 혹은 '결단'의 시간이거나 우연처럼 다가와서 운명이 되는 '특별한 시간'이다. 안나의 어머니는 어린 안나에게 파란 하늘을 떠돌던 안나를 엄마와 아빠의 사랑으로 만나 세상에 데려왔다고 말하면서 그녀의 잉태를 특별한 의미가 있는 카이로스적 순간으로 설명한다. 그러나 안나는 그것이 사실이 다름을 알고 있다: "모든 탄생은 우연이다… 아기가 안 생길 때만 계획이란 걸 세운다. 내가 태어난 건 우연이 아니었다. 날 만든 건 유전공학이다. 목적이 있어서였다. 과학자가 특수한 유전자를 얻어내려 엄마 난자와 아빠 정자를 결합시켰다. 언니를 살리기 위해서." 인간을 수단화하지 말고 목적으로 대하라는 칸트의 인간존중 명령을 굳이 떠올리지 않더라도 안나의 탄생과 희생은 인간이 유전공학과 부모의 선택에 의해 목적이 아닌 수단으로 사용될 수 있음을 알려준다. 케이트는 안나가 더 이상 수단으로 사용되지 않게 하기 위해 안나에게 소송을 해서 너도 소중하다고 말하라고 당부한다. 원작 소설에서는 재판에서 이긴 안나가 교통사고로 뇌사에 빠져 죽으면서 케이트에게 신장을 이식해주어 케이트가 건강을 회복하지만 안나에게 숱한 희생을 요구해온 엄마를 비롯한 가족들은 평생 죄책감을 안고 살아가게 된다.

과학적 유토피아의 공상: 프랑켄슈타인

과학자들은 기계론적 우주관과 진화론을 통해 신의 역할에 의문을 제기하면서 신을 우주의 설계자와 인간 창조주의 자리에서 내려오게 만들었다. 그런데 생명공학이 발달하면서 엄청난 힘을 부여받은 과학자들은 이제 그들이 신의 자리에 오르면서 다음의 질문을 던지고 그 답을 찾아야 한다: "우리가 신의 역할을 해도 될 것인가?" 일찍이 소설 『프랑켄슈타인: 현대의 프로메테우스』가 그 질문을 던졌다. 1818년 영국 여성작가 메리 셸리는 최초의 공상과학소설이라고 할 수 있는 『프랑켄슈타인』을 출간한다. 19세기 초에, 그것도 18세의 여성이 이런 선구적인 소설을 썼다는 것은 놀라운 일이지만 그 주제가 오늘날 논의가 절실한 주제여서 더욱 놀랍다. 당시 그녀의 남편이자 유명한 시인인 퍼시 셸리를 비롯한 문인들과 지식인들은 프랑스혁명의 유토피아적 비전에 고취되어 있었는데, 그녀는 그러한 이상주의를 과학과 접목시켜 인간 생명의 근원을 파헤쳐 생명을 창조하고자 하는 '현대판 프로메테우스'인 프랑켄슈타인이라는 인물을 만들어낸다. 메리는 그 대담한 주제 외에도 프랑켄슈타인이 탄생시킨 괴물의 불행한 삶과 고뇌를 통해 인간의 근원적인 고통과 소외의 문제, 여성작가로서 겪어왔던 사회적 차별과 편견의 문제까지 다루면서 소설의 깊이를 더한다.

메리는 작가이자 페미니스트인 메리 울스턴크래프트와 정치사상가 윌리엄 고드윈의 딸로, 어머니가 그녀를 낳은 직후 돌아가셔서 계모 밑에서 자란다. 그녀는 정식교육은 제대로 받지 못했지만 아버지의 영향으로 책을 읽고 여러 문인과 교류하면서 문학과 사상에 심취한다. 당시 여성의 영역은 가정이어야 했던 남성위주의 사회에서 지식을 쌓고 글을 쓰는 그녀는 이단아였다. 때문에 그녀는 『프랑켄슈타인』을 서문은 남편 이름으로, 작가명은 익명으로 출간했다가 13년 후인 1831년에야 비로소 자신의 이름으로 개정판을 낸다. 소설은 두 차례 영화로 제작되고 여러 영화의 모티브가 되기도 했다. 그녀의 성장과정, 결혼, 『프랑켄슈타인』을 쓰게 된 계기와 과정들은 그녀의 전기 영화 《메리 셸리》에서 볼 수 있다.

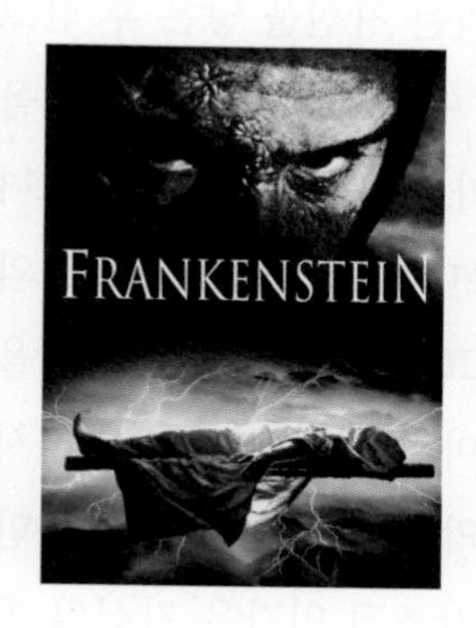

프랑켄슈타인

Frankenstein, 1994

개요: 드라마, 공포, 공상과학 | 미국, 영국 | 123분
감독: 케네스 브래너

프랑켄슈타인은 명문집안에서 태어나 유복하게 자라지만 어머니의 이른 죽음으로 일찍이 삶과 죽음의 문제에 관심을 가진다. 대학에 들어가서는 화학과 전기를 배우고 묘지에서 시체를 훔치면서까지 해부학에 몰두하면서 생명의 근원을 파헤쳐나간다. 그러던 중 그는 전기요법으로 생명이 없는 것에 생명을 불어넣을 수 있는 가능성을 발견하고는 어느 비오는 날 생명을 창조하려는 야망을 실행한다. 그는 자신이 생명창조의 꿈을 꾸게 된 계기와 결과에 대해 이렇게 회상한다.

> "나는 삶과 죽음의 경계는 상상의 결과라고 생각하였다. 그 경계를 무너뜨림으로써 내가 암흑의 세계에 찬란한 빛을 비춰줄 수 있다고 생각하였다. 새로운 종이 탄생하면 나를 창조자이자 생명의 원천으로 받들어 섬길 것이고, 훌륭하고 행복한 생명체들이 나를 소리 높여 찬양할 것이다. 나만큼 후손으로부터 완벽한 감사를 요구할 수 있는 아버지가 이 세상 어디에 있을까. 그러한 생각을 좇으면서 만일 내가 죽은 육체에 생명을 부여할 수 있다면 머지않은 미래에 죽음과 부패로부터 자유로운 생명을 창조할 수 있으리라는 - 지금은 그것이 불가능하다는 사실을 깨달았지만 - 생각을 품게 되었다."

프랑켄슈타인은 인간이 죽음으로부터 자유로워지는 과학적 유토피아를 꿈꾸었다. 그가 이런 야망을 가지게 된 데는 그의 어머니의 이른 죽음이 영향을 미쳤는데, 여기에는 작가의 자전적 삶도 겹쳐진다. 메리는 자신을 낳은 후 산고로 돌아가신 어머니에 대한 그리움과 죄책감으로 종종 어머니의 묘지에서 책을 보고 글을 쓰면서 일찍이 생명과 죽음에 대한 인식을 가진 채 성장하였다. 그녀는 17세에 낳은 첫 딸도 11일 만에 잃고 만다. 이에 그녀는 소설에서 어머니와 아이를 잃은 슬픔을 프랑켄슈타인에게 투영시키면서 그에게 인간 창조의 꿈을 불어넣지만 정작 자신의 삶은 프랑켄슈타인이 만들자마자 버린 괴물과 연결시키고 있다. 프랑켄슈타인은 비바람이 치는 날 시신들의 가장 아름다운 부분만을 모아서 전기충격을 가하여 인간을 만든다. 그러나 창조된 인간은 자신의 예상과는 달리 거대하고 추악한 괴물의 모습이었고, 그는 그 모습에 공포와 역겨움을 느껴 자신의 피조물을 버리고 도망간다. 이유도 모르고 태어나자마자 버려진 괴물의 고독한 출생은 태어나면서부터 어머니의 부재를 감당해야 했던 메리의 삶을 반영한다. 괴물은 창조주에게 버림받았을 뿐만 아니라 사람들이 그를 보고 경악하자 자신이 인간과는 다른 끔찍한 존재임을 깨달으면서 이렇게 자문한다: “나는 누구인가? 나는 어떤 존재인가? 나는 어디서 왔나? 나는 어디로 가야 하나?”

괴물은 숲속을 헤매다가 외딴 오두막에 사는 펠릭스 가족의 집을 발견하고 헛간에서 몰래 지내면서 그들이 서로를 아끼며 사는 모습을 지켜본다. 그러면서 어린아이 같은 호기심으로 말과 사물의 이름을 익히고 책을 읽으며 지식을 습득해갔고, 그들이 흘리는 눈물의 의미를 고민할 만큼 사색적이었다. 그는 펠릭스 가족을 남몰래 돕고 물에 빠진 아이를 구해줄 만큼 선한 마음도 지녔다. 그는 단지 사람들과 친절을 나누며 살고 싶었지만 그런 그에게 돌아온 것은 사람들의 경악과 혐오, 몽둥이질과 총격이었다. 웅덩이에 비친 자신의 흉측한 육신을 본 괴물은 자신이 어떻게 해도 사람들과 어울려 살 수 없는 지상의 오점이라는 사실을 깨닫고는 분노에 사로잡힌다: “난 원래 착한 존재였어. 내 영혼은 사랑과 자비로 빛났어. 하지만 나만 혼자 비참하게도 외톨이가 아닌가? 나를 만든 당신조차 나를 미워하지. 그러니 내게 아무 빚도 없는 동료 인간에게 어떻게 희망을 가질 수 있겠어?" 지적이고 사색적이며 선한 마음을 가졌지만 추한 외형 때문에 그 모든 것이 소용이 없어지는 괴물의 상황은 남성과 동등하거나 더 뛰어난 자질을 가졌음에도 불구하고 여성으로 태어났다는 이유만으로 불평등과 차별을 겪어야 하는 작가 메리의 심정과 현실을 대변하는 듯한다.

괴물이 원한 것은 오직 공감이었고 공감만 얻는다면 죽을 때도 창조자를 저주하지 않을 것이라고 했지만 그는 누구에게도 공감을 얻지 못해 불행했다. 불행하기 때문에 사악해졌고, 사랑을 불러일으킬 수 없기에 공포의 근원이 되기로 결심한다. 괴물은 숲에서 마주친 프랑켄슈타인의 동생을 죽이고, 그로 인해 그를 돌보던 하녀가 범인으로 몰려 사형당한다. 이후 괴물이 프랑켄슈타인에게 자신의 짝만 한 명 만들어주면 사람들 눈에 띄지 않고 살겠다고 간청하여 프랑켄슈타인은 어쩔 수 없이 작업에 들어가지만 또 다른 괴물의 탄생이 더 큰 불행을 가져올 것을 우려하여 완성 직전에 파괴시킨다. 분노한 괴물은 다시 프랑켄슈타인의 가장 친한 친구를 살해하고, 결혼식 전날 그의 약혼녀를 죽이고, 그 충격으로 아버지까지 돌아가신다. 생명을 창조하려다 자신이 사랑하는 사람을 모두 잃은 프랑켄슈타인은 이제 그가 복수를 위해 괴물을 찾아 나선다. 프랑켄슈타인은 그를 찾아 북극까지 가지만 끝내 그를 찾지 못한 채 죽고, 괴물은 그의 주검 앞에서 자신의 하나뿐인 지인이 죽었다고 슬퍼하며 그 또한 삶을 마감하기 위해 사라진다. 이 세상에 단 한 명의 지인도 없는 진저리치게 고독한 삶보다 죽음을 택한 것이다. 괴물이 타고난 선함에도 불구하고 공포의 근원이 된 것은 외로움 때문이다. 철학자 한나 아렌트는 저서 『전체주의의 기원』에서 공포의 기저에는 대개 이 세상 어디에도 속하지 못한다는 외로움이 있다고 지적하면서, 외로움은 인간에게 가장 처절하고 절망적인 경험으로 인생을 송두리째 흔든다고 말한다. 괴물은 태어나면서부터 철저하게 외로운 삶을 살아야 했기에 비록 그가 죄 없는 사람들을 죽였지만 그 악행의 근원이 그인지 그를 버린 프랑켄슈타인인지를 묻게 한다. 둘 다 근본적으로는 선한 인간들이었지만 생명을 창조하고자 하는 인간의 오만은 엄청난 불행을 초래하면서 유토피아가 아닌 디스토피아로 귀결된다.

신우생학 시대의 도래

삶과 죽음의 경계를 무너뜨리려던 프랑켄슈타인의 과학적 공상은 2세기가 지난 오늘 인간게놈 프로젝트의 완성과 보완으로 점점 더 현실에 가까워지고 있다. 유전자지도가 작성되면서 과학자들은 인체 내의 모든 생명 현상을 이해하고 예측할 수 있게 되었고, 어떤 유전자가 어떤 병에 결정적 영향을 미치는지를 밝혀내고 유전자편집가위를 만들면서 유전자를 교체하거나 작동을 방지할 수 있게 되었다. 그러나 유전자 발현은 주변 환경이나 세포를 포함한 수많은 인자가 영향을 미치고 시간 또한 영향을 미치는 등 매우 복잡한 과정이기 때문에 이러한 세부 메커니즘을 숙달하지 않은 채 유전자를 조작하는 것은 앞을 보지 못하는 의사에게 수술을 맡기는 것과 같다. 뿐만 아니라 유전자 정보는 태어날 아이의 발병 가능성, 성격과 행동 양상, 수명까지 예측 가능하게 하면서 유전정보 노출로 인한 프라이버시의 문제, 공개 범위와 결정 권한의 주체, 유전자정보의 사유화, 유전자 개량에 따른 유전자 차별 등 개인과 사회에 여러 윤리 사회적인 쟁점들을 일으킬 수 있다.

우생학이나 신우생학이나 내세우는 명분만 다를 뿐 유전자 개량이라는 목표는 동일하다. 우생학 창시자인 골턴은 "자연이 맹목적으로 느리고 무자비하게 하는 일을 인간은 신중하고 빠르고 상냥하게 할 수 있다. 그럴 힘이 수중에 들어올 때 그 방향으로 일할 의무도 함께 온다"라고 말하며 인간 우량화를 적극 지지했다. 이제 그런 힘이 생명공학자들의 손에 있고 부유한 부모들이 태어날 자녀를 위해 그 힘을 사는 것이 의무가 되는 현실이 다가오고 있다. 우생학과 신우생학의 차이는 우생학은 대상이 부모세대인 반면 신우생학은 대상이 자녀세대라는 것이다. 이러한 차이는 과거와는 다른 방식으로 사회적 불평등을 초래하고 고착화시킨다. 즉 유전자편집 비용을 감당할 수 있는 부모덕으로 좋은 유전자만 지니고 태어난 아이들은 태어나자마자 절대적 상류층을 형성하는 반면 자연임신으로 태어난 아이들은 태어나면서부터 하류계층에 놓이면서 자신들은 물론 후손 또한 사회계층 이동이 불가능한 상황에 처하게 된다. 영화 《가타카》는 게놈 프로젝트가 완성된 가까운 미래를 배경으로 신우생학시대의 디스토피아적 실체를 보여준다.

빈센트는 맞춤형 아기가 가능한 시대이지만 가톨릭교도인 어머니의 소신에 따라 자연임신으로 태어나면서 신경계질병, 우울증, 집중력 결핍의 가능성이 있고 심장질환 가능성으로 예상 수명이 30세라는 진단을 받는다. 사랑으로 태어난 아이들이 행복하다는 말은 이제 옛말이고 그 아이들은 Invalid로 분류되어 직업의 제한을 받으며 하층민의 삶을 살아야 한다. 그러나 빈센트는 달랐다. 그는 우주비행사가 되고 싶었고, 모든 예상된 질병들이 현실이 되어 힘든 삶을 살면서도 꿈을 포기하지 않는다. 가족들은 빈센트의 꿈이 실현불가능한 일이라고 말리고, 특히 아버지는 자신도 모르게 안톤과 빈센트를 차별한다. 어린 빈센트는 Valid로 태어난 동생과 손가락을 조개로 그어 피를 내어 섞기도 하고 바다로 헤엄쳐 나가서 누가 먼저 겁먹고 돌아오는지 경쟁하는 담력시합도 하면서 자신의 한계를 인정하지 않으려 했다. 그는 시합에서 항상 졌지만 포기하지 않았다. 빈센트는 자신이 우주를 꿈꾼 이유를 이렇게 말한다: “아마 내가 행성을 좋아해서이기 때문일지도 모르고 지구에서 이렇게 자라는 게 싫어서일지도 모르겠어. 내가 기억하는 한 난 우주여행을 꿈꿨어.”

칼 세이건은 저서 『코스코스』에서 거대한 우주적 시각에서 보면 지구는 “쥐면 부서질 것만 같은 창백한 푸른 점"에 지나지 않고 인간은 "아주 이상할 정도로 차갑고 지극히 단단한 규산염과 철로 만들어진 작은 공 모양의 땅덩어리에서 10억분의 1도 채 안 되는 짧은 시간 동안만 반짝하고 사라지는 매우 하찮은 존재"라고 말하면서, 별들의 일생에 비하면 사람의 일생은 하루살이에 불과하며 우주 앞에서 인간의 삶과 문명과 역사는 그저 보잘것없는 것이라고 밝힌다. 그럼에도 인간은 문명과 과학을 발전시키면서 자신들이 마치 우주의 지배자가 된 것처럼 기고만장하며 살아왔고, 급기야 오늘날은 유전공학을 발전시켜 인간의 탄생 과정에 관여하면서 사람들을 Valid와 Invalid로 구분하고자 한다. 인간이 엄청난 발전을 한 것은 사실이다. 인류의 조상은 칼 세이건의 표현을 빌리면 6500만 년 전까지만 해도 결코 좋은 인상을 주지 못하는 포유동물이었고 지능도 나무두더지 수준이었지만 오늘날은 지구를 지배하는 높은 지능의 인간으로 진화하였다. 그러나 이 모든 진화는 인간들의 유전자가 서로 다르고 그 다양한 유전자들이 결합했기 때문에 가능한 것이었다. 칼 세이건은 인간을 구분하고 서로 다름을 배척하는 것은 길고 긴 진화역사를 거치고 살아남은 인간 탄생의 의미를 손상시키는 것이라고 경고한다. 그는 인간은 지구라는 특정 지역에서 150억 년의 긴 세월을 거쳐 물질이 의식을 갖추면서 탄생한 존재로, 이런 상상도 못할 진화의 역사와 기적을 거쳐 살아남은 모든 개개인의 생명은 소중하며 더욱이 그 생명은 유한하고 지구의 오랜 역사에서 보면 인류의 역사도 한순간이어서 지금 함께 이 시대를 살아가는 사람들과의 만남은 그야말로 카이로스의 순간이자 기적이라고 말한다. 그런데 그 기적이 오늘날 우성과 열성을 구분하여 차별하고 다름을 배척하면서 그 빛이 바래고 있다.

인간이 태어나면서부터 Valid와 Invalid로 구분되는 신우생학의 시대에서는 유전자로 인한 차이와 구분은 결정적이다. 그러나 생물학적 결정을 뛰어넘는 것이 인간의 꿈과 의지이다. 영화에서 어느 날 빈센트가 수영시합에서 동생을 이기는 믿기 어려운 일이 일어난다. 그로 인해 빈센트는 안톤이 그가 생각한 만큼 강하지 않고 자신도 그렇게 약하지 않다는 사실을 깨달으면서 집을 떠난다. 그는 체력을 키우고 우주에 관한 공부를 하면서 비행사의 자질을 갖추어가지만 현실적으로 그의 유전자로 가타카에서 할 수 있는 일은 청소부밖에 없었다. 결국 그는 가타카의 비행사가 되기 위해 신분세탁을 한다. 빈센트가 차용한 신분은 최고의 수영선수였지만 자살시도에 실패하고 장애인이 된 제롬 모어이다. 그는 빈센트에게 이름을 빌려주고 자신은 우생학(Eugenics)을 연상시키는 미들네임인 유진(Eugene)으로 부르게 한다.

그들은 함께 살면서 신분세탁을 해나가는데, 작업은 지하에서 이루어졌고 지하에서 일층으로 올라오는 계단은 DNA의 모형인 나선형으로 되어 있다. 계층사다리의 제일 꼭대기에 위치했다가 장애인이 되면서 제일 밑바닥으로 떨어진 제롬은 자신의 DNA로 빈센트가 대신 사다리 맨 위층으로 올라가 우주비행의 꿈을 이루도록 도와준다. 빈센트는 마침내 70년에 한 번 오는 기회이자 최고 엘리트만 선발되는 토성의 가장 큰 위성인 타이탄 비행에 선발된다. 제롬은 빈센트를 만나기 전까지는 불구가 된 현실을 비관했고 자신의 유전자를 빌리는 빈센트 또한 처음에는 경멸했다. 그러나 유전적 한계를 극복하고 불가능한 꿈을 실현시켜나가는 빈센트의 모습을 보면서 자신의 영혼도 충족되어감을 느낀다.

영화 속의 Valid들은 우월한 유전자를 타고났지만 모두들 주어진 능력 이상을 추구하려 하지는 않는다. 안톤은 바다수영 대결을 할 때 자신의 능력치를 넘어서고자 하지 않았고, 한 번의 패배는 실수로 여겼을 것이다. 그러나 패배의 원인은 안톤은 돌아갈 힘까지 계산을 했고 빈센트는 돌아갈 것을 생각하지 않고 사력을 다했기 때문이다. 제롬은 은메달을 획득한 후 자살을 시도하였다. 자살 이유를 직접 밝히진 않았지만 모두가 우수한 유전자를 타고난 경쟁자들 속에서 그가 계속 상위를 유지하기란 쉽지 않았을 것이다. 아마 은메달이 최고로 올라갈 수 있었던 자리였을 것이고, 그래서 그가 죽으면서 목에 걸고 갈 정도로 소중했을 것이다. 그는 술김에 빈센트에게 자신은 자살도 제대로 해내지 못했다고 털어놓으면서 정신적으로 강인하지 못함을 드러낸다. 빈센트의 동료이자 그에게 좋은 감정을 가진 아일린은 심장질환의 소인으로 태양계를 넘어서는 비행할 수 없다는 결정을 순순히 따르면서 태양계 너머를 동경하기만 한다.

이처럼 Valid들은 태생적인 우월함에 안주하면서 자신들의 정해진 운명 이상을 추구하고자 하는 절실함이나 의지가 없었다. 따라서 그들은 '인위선택'의 결과로 적자로 태어났지만 예상치 못한 난관이나 환경에 놓이게 되면 거기에 적응해서 살아남는 '자연선택'의 능력을 발휘하지 못한다. 적자들의 이와 같은 모습은 자신의 유전적 한계를 넘어서기 위해 불굴의 의지를 발휘하는 빈센트와 대비되면서 과연 유전자가 결정한 Valid, Invalid의 구분이 얼마나 정당한 것인지를 묻게 한다. 완벽한 유전자를 지녔다고 생각한 빈센트가 실은 결정된 운명을 거부하는 '빌린 사다리'임을 알고 큰 충격을 받은 아일린에게 빈센트는 말한다: "가능한지 불가능한지는 당신이 정하는 것 아닌가요, 아이린. 당신은 당신의 약점만 열심히 찾아내도록 길들여져서 그 약점밖에 보지 못해요. 이런 말을 하는 게 무슨 소용이 있을지 모르겠지만 당신도 가능하다고 말해주려 따라왔어요."

Valid들은 유전적 결정론을 절대적으로 믿는다. 비행을 일주일 앞두고 감독관이 살해되어 범인을 찾는 과정에서 빈센트의 속눈썹이 발견되면서 그가 살인용의자가 된다. 사건을 담당한 형사가 살인용의자인 Invalid가 회사 직원일 수도 있다고 말하자 회사 총책임자는 인간의 잠재력은 유전자 상태에 따라 태어날 때부터 정해져 있고 그 누구도 최첨단 과학기술이 예측한 잠재력 범위를 넘어설 수 없기 때문에 그것은 불가능하다고 반박한다. 범인은 바로 그였고 그 사실만으로도 과학기술의 예측이 틀렸음을 입증하지만 그는 철저하게 유전자를 신뢰했다. 인간은 '유전자의 생존기계' 이상의 존재이다. 다윈은 인간은 자연의 일부이지만 유일하게 의식을 가진 독특한 일부로, 인간의 행동에 최고의 판단을 내리는 주체는 바로 자기 자신이지 유전자가 아니라고 말했다. 빈센트는 유전자가 그를 도태될 수밖에 없는 부적격자로 단정했지만 자신이 운명의 주체가 되겠다는 의지로 과학기술이 예측한 잠재치를 넘어선다. 빈센트는 그의 성공을 통해 "유전적으로 우수한 사람에게 성공이란 얻기 쉬운 것일 뿐 성공이 보장되는 것은 아니다. 결국, 운명을 결정짓는 유전자는 없다"라는 메시지를 전한다.

살인사건의 총책임자는 빈센트의 친동생 안톤이다. 안톤은 제롬이 빈센트일 거라는 의심을 가지고 제롬의 집까지 찾아가 정체가 드러날 위기에 처하지만 그 순간 범인이 체포되었다는 전화를 받고 황급히 현장으로 떠난다. 그러나 서로의 존재를 알고 있는 안톤과 빈센트는 결국 만나게 되고, 안톤은 빈센트를 사기죄로 체포하려고 한다. 빈센트는 자신이 이룬 것이 순전히 자신의 노력과 의지에 의한 것임을 밝히기 위해 다시 바다수영 게임을 제안한다. 안톤은 이번에도 빈센트에게 패하면서 마침내 그를 인정하게 된다. 아일린 역시 빈센트가 Invalid라는 사실을 개의치 않고 그를 받아들인다. 제롬은 빈센트를 통해 꿈이 성취되는 과정을 함께 경험하면서 그가 위기에 처하자 그를 위해 사력을 다해 계단을 올라갈 만큼 변화된 모습을 보여준다. 빈센트가 우주로 떠나기 직전에 제롬에게 고마움을 표하자 그는 "내가 얻은 게 훨씬 많아 나는 너에게 몸을 빌려줬지만 넌 나에게 꿈을 빌려줬어"라고 답한다. 그만큼 빈센트의 꿈의 성취가 그에게도 의미가 컸다. 빈센트는 이들 Valid에게 유전자는 절대적이지 않고 그에 따른 차별도 무의미하다는 것을 일깨워주었다.

우주선에 탑승하는 날 빈센트는 새로 생긴 신분확인 규정을 통보받지 못해 제롬의 혈액 없이 갔다가 신분이 드러날 위기에 처하지만 의사의 묵인으로 무사히 우주선에 탑승한다. 우주항공사가 되기를 원하지만 장애가 있는 아들을 둔 의사는 처음부터 빈센트가 Invalid임을 알았지만 조용히 빈센트를 지켜보고 도왔다. 감독이 굳이 마지막에 이런 장면을 연출한 것은 빈센트가 비로소 자신의 혈액으로 신분을 증명하면서 빌린 사다리가 아닌 그 자신으로 우주선에 탑승함을 보여주고자 한 것 같다. 빈센트는 탑승 후 제롬이 자살 전에 남긴 편지를 읽는다: "나에게 결코 행복한 곳은 아니었지만 떠나기 싫은 마음이 드는 건 왜일까. 몸속의 모든 원소도 한때 별의 일부라고들 한다. 어쩌면 떠나는 게 아니라 고향으로 돌아가는 걸지도 모른다." 칼 세이건은 우주, 별, 인체, 생명체를 이루는 근본물질은 서로 동질적인 것으로 우주를 구성하는 원소가 지구와 생명체를 만들었다고 밝히면서 인간은 궁극적으로 고향인 우주로 돌아가고 싶고 돌아갈 수 있다고 말했다.

빈센트와 제롬은 서로 결함이 있는 인생을 이인삼각으로 합심해서 잘 살아내었다. 제롬은 빈센트가 돌아오기를 기다려 다시 그와 함께하는 삶을 살 수 있는데 왜 자살을 하였을까. 그의 자살은 빈센트가 비행하기 전 술집에서 나눈 이야기에서 미리 암시되었던 것 같다. 혼자 남겨질 제롬이 걱정되는 빈센트는 그에게 자신이 없는 일 년간 무엇을 할 건지 물어본다. 그 질문에 제롬은 제대로 대답하지 않는다. 혼자서 할 수 있는 일이 제롬에게는 없었을 것이고, 빈센트가 없는 동안 또 다시 과거의 절망적인 삶으로 돌아가는 것이 두려웠을 것이다. 그리고 자신이 영원히 빈센트의 삶에 기대어 살 수는 없다고 생각했는지도 모른다. 그는 이미 전성기 시절에 자살시도를 했었다. 그때와 지금의 제롬은 빈센트를 지켜보면서 정신적으로 큰 성장을 하기는 했지만 빈센트와 달리 불구가 되어버린 현실을 극복할 의지가 자신에게는 없음을 알고 있다. 결국 제롬은 고단한 적자생존의 삶에서 벗어나 우주의 원자로 돌아가고자 결정한다. 아이러니하게 빈센트의 성공이 그에게 자살할 용기를 준 것이다.

제롬의 자살이 빈센트의 DNA 증거들을 태웠던 소각로에서 이루어진 것은 인간의 운명을 결정지어준다고 여겼던 DNA들이 타고나면 모두 우주의 먼지에 불과함을 말해준다. 제롬은 자신의 유전자가 담긴 머리카락을 편지봉투에 담아 빈센트에게 주면서 그와 함께 인간의 고향인 우주로 떠난다. 죽음은 자연의 섭리이다. 거대한 별들도 태어나고 자라고 늙고 죽으며, 별들의 삶과 죽음 사이에서 생명이 태어난다. 수십억 년의 삶을 사는 별의 죽음은 수십 년의 인생을 사는 인간의 기원이 되었다. 오늘날 인간은 우주의 원리를 탐구하고 우주를 탐험할 정도로 지적으로 발달한 존재가 되었지만 우주의 영겁의 시간 속에서는 단지 찰나를 사는 미미하고도 미약한 존재일 뿐이다. 칼 세이건의 말처럼 마치 하루 종일 날갯짓을 하다가 가는 나비가 하루를 영원으로 알듯이, 우리 인간도 그런 식으로 살다 가는 것이다. 빈센트는 날갯짓을 멈추지 않고 우주로 향하였고, 제롬은 지친 날갯짓을 멈추고 우주로 돌아간다.

신우생학에 대한 반론

유전공학의 근본적인 목적은 질병치료이다. 따라서 질병치료를 위한 생명공학 기술은 발전되어야 하지만 그 또한 우리가 윤리적으로 납득할 수 있는 범위 내에서 허용되어야 할 것이다. 그런 제약이 없다면 과학자들은 마치 '신 놀이'를 하듯 인간을 제작할 것이고, 부모들 또한 자녀들의 운명을 편집하면서 자연의 도덕적 지위를 손상하게 될 것이다. 철학자 하버마스는 유전적으로 프로그래밍된 사람은 자기 자신의 삶의 온전한 주체자로 볼 수 없다고 말하면서 자녀의 자질향상을 위한 유전적 개입은 아이의 자율성을 침해함은 물론 세대 간의 자유롭고 평등한 인간들 사이의 균형을 파괴할 것이라고 경고한다. 한나 아렌트는 인간은 만들어지지 않고 태어나는 '탄생성'으로 인해 누구든 이전에 없던 새로운 행위를 시작할 수 있는 고유 능력이 있고, 따라서 예상치 못한 방식으로 끊임없이 변화하고 성장할 수 있다고 말한다. 인간의 자질을 인위적으로 개량시키고자 하는 유전공학은 이런 자율성과 탄생성을 침해하는 것이다.

생명 탄생의 신비로움을 마음대로 통제하려는 과학자들의 욕망은 삶의 자연스러움은 물론 공동체의 연대감까지 훼손시킨다. 정치학자 마이클 샌델은 저서 『완벽에 대한 반론』에서 사람들이 생명공학을 통해 완벽함에 대한 욕망을 충족시키고자 할 때 발생할 수 있는 윤리적 문제들을 거론하면서 '자연스러운 것'이 무엇인가에 대한 질문을 던진다. 그는 유전공학으로 주어진 인간 생명을 조작하고 자질을 개량하여 완벽해지고자 하는 인간의 욕망을 비판하면서, 불완전하더라도 삶과 생명을 선물로 인식해야 한다고 말한다. 그래야만 주어진 것뿐만 아니라 선택하지 않은 것도 열린 마음으로 받아들일 수 있기 때문이다. 과거에는 인간의 삶이 우연에 열려 있었고 이를 운명처럼 받아들였지만, 오늘날은 인간 생명의 탄생이 운명의 영역에서 선택의 영역으로 옮겨가면서 자연스러운 것이 인위적인 것으로 대체되고 있다. 샌델은 인위적으로 태어난 맞춤형 아기와 개량주의는 우연히 주어지는 인간의 능력과 삶의 진정성, 공동체의 연대감과 노력을 무색하게 만들 것이라고 경고한다. 맞춤형 아기로 태어난 인간은 자연적으로 태어난 아이보다 유전적으로 월등할 수밖에 없고 따라서 자연적 출생자들의 후천적인 노력을 무의미하게 만들 수 있기 때문이다. 《가타카》는 인간의 주체적이고 후천적인 노력에 손을 들어주고 있지만 그런 결말은 현실에서는 지극히 드물게 일어나는 일이다.

미래의 사회에는 유전공학뿐만이 아니라 인공지능이 폭발적으로 발전하면서 신과 같은 능력을 지닌 '호모 데우스'(Homo Deus)의 탄생까지 예측되고 있다. 신들을 숭배해온 인간이 과학의 발전으로 신의 역할을 하는 것에 만족하지 못하고 가까운 미래에 노화와 죽음을 극복하여 신이 된 인간, 즉 호모 데우스가 되고자 하는 것이다. 유발 하라리는 『사피엔스』와 『호모 데우스』 두 저작을 통해 인간이 어디에서 왔고 어디로 갈 것인지를 살펴보면서 다가올 인간의 미래를 예측한다. 호모 사피엔스는 지난 200여 년간 과학발전을 통해 신과 종교를 몰아낸 후 인간의 경험과 자유의지를 중시하는 인본주의를 종교화하면서 놀라운 역사를 이루어왔다. 그로 인해 오늘날 인간은 기아·전쟁·역병을 통제하면서 역사상 처음으로 기아로 죽는 사람보다 너무 많이 먹어 죽는 사람이 더 많고, 질병보다 노령으로 더 많이 죽고, 범죄나 전쟁보다 자살로 죽는 사람이 더 많고, 핵 개발로 섣불리 전쟁을 벌이지 못하면서 전례 없는 수준의 번영과 건강과 평화를 얻었다. 이제 인간의 다음 목표는 불멸·행복·신성이라는 신적인 능력을 지닌 호모 데우스가 되는 것이다. 이는 죽음을 극복하고자 하는 생명공학, 영화《아이언맨》의 주인공처럼 신체 일부를 기계로 개조한 존재를 탄생시키는 사이보그 공학, 뇌와 컴퓨터를 연결하는 비유기체합성을 통해 인간을 생물학적으로 타고난 한계를 초월하는 존재로 만들어내는 것으로 인간의 정체성을 완전히 바꾸게 된다. 이와 같은 호모 데우스의 세계에서는 '인본주의교'(Humanism)의 자리를 인공지능 알고리즘으로 우리를 속속들이 들여다보는 '데이터교'(Dataism)가 차치하면서 인간을 지배하고, 극소수의 슈퍼엘리트가 인간의 능력을 뛰어넘는 데이터 처리 시스템을 창조해내지만 대다수는 그 시스템을 이해하지 못한 채 하나의 부품으로 전락해버린다. 영국 BBC가 제작한 드라마 〈이어즈&이어즈〉는 데이터교가 지배하는 가까운 미래의 디스토피아적 사회를 보여준다.

이어즈&이어즈 Years and Years, 2019

개요: 드라마, SF, TV드라마 | 영국 | 106분
감독: 리사 멀케이, 사이먼 셀란 존스

《이어즈&이어즈》는 2019년에서 2034년 사이에 영국의 한 가정사를 중심으로 일어난 사건들을 통해 우리 사회에서 이미 일어났거나 곧 일어날 수 있는 정치·경제·기술·전쟁·환경·펜데믹·트랜스휴머니즘 등의 문제들을 짚어내는 현실적인 공상과학 드라마이다. 금융전문가인 스티브, 전 세계적으로 활동하는 급진 사회운동가 이디즈, 동성애자 공무원 대니엘, 장애를 가진 저소득층

미혼모인 로지로 구성된 라이언즈 남매와 그 가족들은 다양한 정체성을 기반으로 사회문제들에 대해 각자 다른 시각을 보여주면서 영국 사회계층들을 압축해 놓은 듯한 모습을 보여준다. 2019년 영국에서는 기업인이자 정치 신인인 비비언 룩이 시사토크쇼에 나와 팔레스타인 사태에 대한 의견을 묻는 한 방청객의 질문에 자신은 그런 나라들에 대해서는 관심조차 없고 자신 집의 쓰레기 수거나 인도 위의 차 주차금지에 더 신경을 쓴다고 말해 충격을 주면서 실시간 검색 1위를 차지한다. 트럼프를 연상시키는 극우 성향의 그녀는 이후 선동적인 언행으로 인기를 얻어 총리로까지 당선된다.

동성애자 공무원인 대니엘은 미혼모인 여동생 로지가 출산을 하여 가족들이 모인 자리에서 자신은 작금의 세상에서는 아이를 키울 자신이 없다며 리만브라더스 사태, 기후변화, 알고리즘, 테러, 가짜뉴스 등으로 혼란에 빠진 현실에 대해 푸념한다: "2008년까지는 살만 했잖아. 그땐 정치 얘기가 지루했는데 기억하지? 살기 좋았지. 그런데 지금은 걱정거리가 너무 많아서 뭐부터 걱정해야 할지 모르겠어. 정부는 둘째 치고 빌어먹을 은행이 무서워 죽겠어. 거기까지 갈 것 없이 온갖 회사와 브랜드와 대기업들이 우리를 알고리즘 취급하고 대기, 기온, 비까지 전부 오염시키고 있잖아. IS 얘기는 꺼내지도 마. 이 와중에 미국까지? 살면서 미국을 무서워하게 될 줄은 몰랐는데 가짜 뉴스에 가짜 팩트까지… 이제 뭐가 진짜인지 모르겠어. 대체 세상이 어떻게 돌아가는 거지?" 이후 드라마는 6부작을 통해 대니엘의 모든 걱정들을 하나씩 짚어간다.

5년 뒤 라이온스 가족들은 할머니 뮤리엘의 생신을 기념하기 위해 할머니 집에 모인다. 그 사이에 엘리자베스 2세는 승하하고 도널드 트럼프는 재선되었으며 앙겔라 메르켈 독일 총리가 사망한다. 비비언 룩은 사성당이라는 당을 창당하여 세력을 확장해나가고 있고, 우크라이나 사태가 발생한다. 뮤리엘의 생일 밤, 가족들이 모두 모여 뮤리엘의 생일을 축하하는 그 시간에 미국이 가상의 남태평양 중국령 섬인 홍샤다오에 핵무기를 발사하면서 암울한 미래의 시작을 알린다. 핵무기 발사에 반대하기 위해 그곳으로 간 이디스는 방사능에 피폭된다.

드라마는 손이 키보드가 되고 눈을 깜빡이면 사진을 찍어 즉시 어떤 기기로도 전송 가능하며 손으로 전화를 받을 수 있는 '트랜스휴먼'과 인간의 뇌를 컴퓨터와 같은 기계장치로 옮기는 '마인드 업로딩'을 주요 소재로 다룬다. 스티브의 딸 베세나는 데이터교 신봉자로 인간과 기술을 결합하는 트랜스휴머니즘에 집착한다. 그녀는 개인적으로 여러 시도를 해보다가 마침내 정부의 지원을 받아 뇌에 인터넷 칩을 심는 수술을 받으면서 여러 개의 정보를 동시 처리하는 능력을 지니게 된다. 그로 인해 그녀는 가족들 현황을 실시간으로 파악할 수 있게 되면서 스티브가 악덕 정치가 비비안 룩의 실체를 파헤치는 데 도움을 준다. 총리가 된 비비안은 난민들을 수용소에 가둔 후 그들에게 전염병을 퍼트려 인원수를 감소시키고 빈민거주지를 레드존으로 정하여 거주자들의 출입을 제한하는 폭정을 저지른다. 그녀는 비리가 밝혀지면서 체포되지만 곧 사라져 행적을 알 수 없다.

홍샤다오섬에서의 피폭으로 죽음을 앞둔 이디스는 비비안 룩을 끝까지 추적하기 위해 자신을 디지털화하기로 결심하고, 그 과정을 베세네가 집에서 홀로그램으로 지켜본다. 이디스는 자신을 데이터베이스화하여 클라우드에 업로드하는 과정이 거의 완성되고 신체적 죽음이 다가오자 과학자들에게 다음과 같은 말을 하며 휴머니즘을 일깨운다: "당신들 완전히 틀렸어요, 당신들이 저장한 것들과 다운로드한 것들, 그리고 내 일부들과 물에 복사한 그것들이 정말 무엇인지 당신들은 모르죠. 난 코드가 아니에요 정보도 아니죠. 내 기억들은 사실에 그치지 않아요. 그 이상이죠. 그 기억들은 내 가족과 연인, 엄마, 여러 해 전에 죽은 내 동생이에요. 사랑, 내 본질은 그것입니다. 사랑, 나는 사랑입니다." 이디스의 마지막 말은 데이터교가 가져올 트랜스휴머니즘의 미래는 유토피아가 아니라 휴머니즘이 상실된 디스토피아가 될 것을 예상하게 한다.

드라마에서 전개되는 암울한 사건들은 공상과학적인 일들이 아니라 판데믹이나 우크라이나 사태는 현재 일어나고 있고 다른 사건들도 곧 일어날 수 있는 일들이기에 더욱 충격이 크다. 현재 4차 산업혁명이 진행되면서 데이터교의 세계를 향한 진보의 열차는 출발했고 갈수록 속력을 더하고 있다. 유발하라리는 데이터교의 세계에서는 알고리즘을 설계하고 데이터에 접근할 수 있는 아주 소수의 초엘리트들은 신성을 획득하여 호모 데우스가 되고 나머지 모든 사람은 '쓸모없는 계층'이 되어 절멸의 위기에 직면하게 될 것으로 예측한다. 『특이점이 온다』의 저자 레이먼드 커즈와일은 인공지능이 비약적으로 발전하여 초인공지능이 되는 특이점(singularity)에 도달하면 인공지능이 만들어낸 연구 결과를 인간이 이해하지 못하게 되어 인공지능을 통제할 수 없게 될 거라고 경고하면서 그 시기를 2045년으로 잡는다.

그들 예측의 실현 가능성의 여부와 상관없이 오늘날 기술적, 사회적 변화가 너무 빨라 다수의 사람이 변화에 적응을 못하고 혼란에 빠지면서 '미래충격'에 시달리고 있다. 익숙한 자신의 삶에서 잠시 벗어나 낯선 문화를 접했을 때 느끼는 문화충격은 다시 자신의 현실로 돌아오면 해소되지만, 자신이 발딛고 사는 현실에서 적응하지 못하고 겪는 미래충격은 우리가 돌아갈 익숙한 세계가 더 이상 존재하지 않기에 쉽게 벗어날 수가 없다. 게다가 초인공지능의 시대로 접어들게 되면 지구촌의 일부가 아닌 거의 모든 사람들이 더 엄청난 미래충격에 시달리게 될 것이다. 따라서 극소수만이 호모데우스가 되고 나머지는 쓸모없는 존재로 전락하는 세상이 과연 과학이 꿈꾸는 유토피아인지, 신성과 불멸이 과연 진정한 행복으로 이어질 것인지, 인간이 추구하는 호모데우스가 전 우주적 시각에서는 어떻게 비춰질 것인지, 초인공지능이 지배하는 사회에서 인간은 어떤 존재로 전락할지에 대해 진지하게 고민을 해야 한다. 인간 고유의 자유의지와 의식조차 부정되는 사회, 알고리즘이 나보다 더 나를 잘 아는 사회, 극히 일부의 초엘리트나 트랜스휴먼화 된 자만이 진보의 열차에 올라탈 수 있는 미래는 인류가 하나의 종으로서 기대하는 미래는 아닐 것이다.

| <우리는 어디서 와서, 누구이며, 어디로 가고 있는가>, 폴 고갱, 1897

네 개의 사건이 하나로 이어진다
바벨
KALIFAT
DEFENSE
D'ENTRER

10장

21세기의 바벨탑

바벨 Babel, 2006

개요: 드라마 | 미국, 멕시코 | 142분

감독: 알레한드로 곤잘레스 이냐리투

21세기의 바벨탑

구약 성서의 바벨탑 이야기는 신학적으로 인간의 오만과 타락에 대한 신의 심판으로 해석된다. 신은 하늘로 치솟는 탑을 건설하면서 자만심에 휩싸인 인간들에게 짓고 있는 탑을 무너뜨려 신의 권위와 절대성을 보여주었다. 그런데 아홉 절 밖에 되지 않는 그 짧은 이야기는 인간이 신에게 도전하면서 비록 고난의 길로 접어들기는 했지만 그로 인해 문명을 발전시킬 수 있었기 때문에 인류 문명사적으로도 의미가 크다. 인간은 아담과 이브 이래로 하나님의 주권과 말씀에 지속적으로 도전해왔다. 이브가 선악과를 따먹은 것은 사탄의 유혹도 있었지만 궁극적으로 자신의 눈이 밝아져 스스로 선악을 알고 싶은 자유의지의 표출이었다. 그로 인해 그들은 에덴동산에서 추방당하지만 대신 독립적인 삶을 살면서 자아와 지혜를 가진 인간으로 발전한다. 그러나 아담과 이브의 자손들이 번성하면서 세상이 타락과 방종으로 가득해지자 하나님은 이를 벌하기 위해 40일간 홍수를 일으켜 인간을 절멸시키면서 자신에게 복종하는 노아의 가족과 일부 짐승들만 쌍으로 방주에 태워 종을 유지시킨다. 신은 유일하게 살아남은 노아에게 두 번 다시 대지의 생물을 전부 벌하는 일은 하지 않겠다고 약속하신다.

이후 하나의 언어를 사용하며 한 곳에 모여 살던 인간들이 동쪽 시날평원으로 무리를 옮겨 그곳에서 하늘까지 닿는 탑을 쌓아 그들의 이름을 내고 지면에 흩어짐을 면하려 한다. 성읍으로 내려와 그들의 모습을 보신 신은 이번에는 인간을 절멸하는 대신 언어를 혼잡시켜 그들을 온 땅으로 흩어지게 하신다:

"여호와께서 가라사대 이 무리가 한 족속이요 언어도 하나이므로 이같이 시작하였으니 이후로는 그 경영하는 일을 금지할 수 없으리로다/ 자, 우리가 내려가서 거기서 그들의 언어를 혼잡게 하여 그들로 서로 알아듣지 못하게 하자 하시고/ 여호와께서 거기서 그들을 온 지면에 흩으신 고로 그들이 성 쌓기를 그쳤더라/ 그러므로 그 이름을 바벨이라 하니 이는 여호와께서 거기서 온 땅의 언어를 혼잡게 하셨음이라 여호와께서 거기서 그들을 온 지면에 흩으셨더라" (창세기 11:6~9)

사람들이 합심하여 아름다운 탑을 짓는 것이 무슨 잘못일까. 문제는 그들이 한갓 건축물에 불과한 탑이 그들을 결집시켜 강하게 만들어주고 그들 이름을 빛내줄 것이라고 생각하면서 우상을 숭배하듯 하늘을 향해 탑을 쌓아올린 것이다. 하나님은 십계명의 제2계명에서 우상을 섬기지 말라고 명하면서 자신의 형상을 만드는 것조차 금하셨다. 그러나 사람들은 노아 시대에 대홍수를 겪은 후에도 하나님 앞에서 겸손해지기는커녕 하늘까지 닿는 탑을 지어 인간의 힘을 과시하고자 했다. 이에 신은 인간이 단일 언어를 사용하는 단일 종족이어서 이런 일을 벌일 수 있었다고 판단하시고는 그들의 언어를 혼잡하게 하여 뿔뿔이 흩어지게 한다.

바벨탑 원형으로 여겨지는 고대 바빌론 타워신전 지구라트 재현도

언어 혼잡이 인류에게 미친 영향은 지대하다. 언어의 혼잡으로 그들 사이에 불화와 갈등이 일어나면서 각지로 분산된 것은 그들에게는 불행이었지만 긴 역사적 관점에서는 언어와 종족과 문명의 다양성으로 이어진다. 다시 말해 언어의 혼잡과 인류의 분산은 인간의 교만과 불복종에 대한 처벌인 동시에 인류에 대한 보호조치였다. 『창세기』 9장 1절에서 신은 인간을 창조하면서 그들이 생육하고 번성하여 온 땅을 채우라고 명하셨지만 인간들은 한 곳에 결집하여 살면서 그들의 힘에 도취되고 교만에 빠져 신에게서 멀어졌다. 그들로서는 한 곳에 모여 협력해서 살면 문명의 발달이 빠르고 안전한 삶을 살 수 있었다. 그러나 인간 종이 지속되기 위해서는 인간들이 다양한 유전적 특성을 갖추어야 하고 인간 삶의 체계가 획일화되어서는 안 된다. 생명체의 유전자들이 서로 다르지 않으면 전염병을 비롯한 전 지구적인 위기가 닥칠 때 인류 전체가 몰살당하여 후손을 남길 수 없기 때문이다. 따라서 신이 내린 벌인 언어 혼잡과 인류 분산은 결과적으로는 인간으로 하여금 제각기 다른 환경에 적응하는 생존력을 키우게 하면서 유전적, 문화적 다양성을 확보하게 했다. 유전적 다양성이 인류의 생존에 필수적이라는 사실은 다윈의 진화론이 주장하는 바이기도 하다. 다윈은 인류가 섞이는 것이 자연의 섭리이고 섞여야 살아남는다고 했다.

언어의 다양성은 문명의 다양성과 직결된다. 이는 언어가 단순히 의사소통의 도구에 그치지 않고 우리가 생각하는 방식과 우리가 바라보는 현실의 성격을 규정하는 데 영향을 미치기 때문이다. 언어학자 사피어와 워프는 언어가 사고를 지배한다는 명제를 제시하면서 언어결정론을 주창하였다. 워프는 서로 다른 언어를 사용하는 사람은 사고나 이 세상을 감지하는 방식 또한 서로 다르다고 주장하면서 "우리는 모국어가 그어놓은 선에 따라 자연을 분석한다"라는 말을 남겼다. 한 예로 서로 다른 언어를 쓰는 아메리카 원주민들에게 무지개에는 띠가 몇 개냐고 물으면 그들은 제각기 다른 대답을 하는데, 이는 각자 자신의 언어 속에서 세계를 경험하기 때문이다. 또한 남부 인도의 코가부족에게는 열대지역의 주요 자원인 대나무를 표현하는 단어는 7개이지만 눈을 표현하는 단어는 하나도 없는 반면, 에스키모인들은 수많은 단어로 눈을 표현한다. 이처럼 인간은 태어나면서부터 특정 사회의 언어와 현실을 동시에 제공받게 되고 우리가 바라보는 현실의 성격 또한 어떤 언어를 사용하느냐에 따라 달라진다. 철학자 훔볼트는 한 민족의 언어는 그 민족의 가치관을 담고 있어 모국어들 간의 차이는 곧 국가 간 상이한 세계관을 반영한다고 했다. 따라서 언어의 다양성은 자연히 사고와 문화의 다양성으로 귀결된다.

언어와 인종이 다양해지면서 문명 또한 다양하게 발달하지만 한편으로는 상이한 문명 간에 충돌이 일어나면서 분쟁이 지속적으로 발생한다. 문명이 발달할수록 분쟁의 규모도 커졌고, 특히 프랑스혁명 이후로 민족과 민족주의라는 개념이 생겨나고 널리 퍼지면서 국가와 인종 간의 분쟁도 증가한다. 급기야는 좁은 땅에 수많은 국가가 난립한 유럽대륙에서 전 지구적인 규모의 전쟁이 두 차례 일어나 7천만 명이 넘는 인명 피해와 엄청난 물적 피해를 가져온다. 두 차례의 세계대전으로 혹독한 대가를 치른 국제사회는 이후 공산주의와 민주주의 세력이 대립하는 냉전시대를 거치면서 세계를 하나로 결집시킬 필요성을 느끼게 되고, 이에 경제를 시작으로 국경을 열면서 세계화를 추진한다. 서로 다른 언어와 사고와 문화를 지닌 사람들을 하나의 지구촌 주민으로 결집시키는 21세기의 바벨탑을 만들고자 한 것이다. 세계화 시대의 바벨탑은 하늘을 찌르는 수직적 탑이 아니라 세계를 공동의 정치, 경제, 문화적 그물로 엮는 수평적 네트워크이다.

세계화시대의 바벨탑

세계화는 아주 오래전부터 지역적으로 이루어지고 있었지만 전 지구적 규모로 이루어진 것은 20세기 중반부터이다. 오늘날의 세계화의 핵심기반은 국경을 넘나드는 다국적 기업과 다국적 미디어, 전 세계를 연결해주는 인터넷, 그리고 세계 공용어인 영어이다. 세계 각국은 다국적기업과 다국적 미디어를 통해 활발히 재화와 정보와 문화를 교류하고 인터넷으로 전 지구적 주민들을 연결하면서 하나 된 세계를 만들고자 했고 그 성과도 컸다. 그러나 성과만큼 불평등과 빈부격차의 심화 등 부작용 또한 심해지면서 세계화에 대한 학자들의 이견도 커진다.

뉴욕타임스 칼럼니스트인 토머스 프리드만은 저서 『세계는 평평하다』에서 세계화의 과정을 국가가 동력인 대항해시대의 1.0세대, 기업이 동력인 산업혁명시대의 2.0세대, 전 세계적인 차원에서 협력하고 경쟁하는 새롭게 발견된 개인이 동력인 오늘날의 3.0세대로 나누면서, 3.0세대의 세계화에서는 동서를 갈라놓았던 베를린장벽의 붕괴와 함께 세계경제의 활동 공간의 장벽이 제거되어 평평해지고 디지털혁명으로 인해 지구상의 모든 지적 자산이 하나의 네트워크에 연결되면서 상상을 초래하는 번영과 혁신과 협력이 가능해졌다고 평가한다. 그는 세계가 개방적인 사회가 되면서 지역의 전통이나 관습과 문화에 있어서는 정체성의 위기가 올 수 있지만 결국 세계를 평평하게 하는 힘이 세상을 더욱 열리게 할 것으로 전망하면서, 이를 위해서는 서로 다른 문화를 포용하는 힘과 세계화의 혜택을 받지 못하는 빈곤계층을 배려하는 사회적 책임이 필수라고 강조한다.

세계가 평평해졌다는 주장에 대해 지리학자 하름 데 블레이는 "지구는 문화적으로는 물론이고 물리적으로도 아직 울퉁불퉁한 땅"이라고 반박한다. 그는 저서 『공간의 힘』에서 세계화의 중심부와 주변부들이 현대화와 통합의 네트워크를 구축해가고 있지만 실질적으로는 그들을 구분하는 장벽이 더 높아지고 공간의 영향력이 더욱 강화되면서 지구 주변부의 세계인구 85%가 세계 총소득의 25%만 차지하고 있다고 밝힌다. 그는 또한 가장 평평한 중심부에 있는 부유한 세계인들이 가장 울퉁불퉁한 주변부의 지역인이 마주하는 현실에 대해 얼마나

무지한지를 폭로하면서 통합과 연대의 거센 물결 속에서 선진국과 후진국 간의 불평등과 차별이 더욱 심해지고 있다고 부연한다. 그 결과 중심국과 주변국 간에 분극화 현상이 일어나면서 전 세계적으로 분열과 증오가 확산되고 있고, 중심국 내에서도 세계화로 인해 피해를 입은 계층을 중심으로 자국과 자국민의 이익을 우선시하는 극우주의와 신민족주의가 부상하고 있어 21세기 바벨탑은 거센 위협을 받고 있다.

경제학자 레스터 C. 서로우는 저서 『세계화 이후의 부의 지배』에서 세계화는 개인에게는 눈부신 기회이고 세계화의 흐름에 참여하지 않는 것은 빈곤을 선택하는 것과 다름없지만 세계화가 아무런 설계도가 없이 건설되고 있는 것이 문제라고 지적한다. 21세기 바벨탑은 정부가 아닌 개인에 의해 만들어지기 때문에 그 모양새가 각기 다를 뿐만 아니라 바벨탑을 보는 위치에 따라 이해관계도 달라진다. 탑 꼭대기의 부유하고 성공한 집단과 아래층에서부터 힘겹게 계단을 걸어 올라가고 있는 가난한 집단은 서로 다른 눈으로 탑을 바라보게 되고, 세계화 속에 들어와 있는 집단과 동떨어져 있는 바깥에 있는 집단이 보는 탑 또한 그 형태가 전혀 다르다. 이처럼 설계도도 없는 바벨탑 속에서는 책의 원제 "Fortune favors the bold"가 함축하듯 용기 있는 자만이 기회를 잡고 부를 성취할 수 있는 한편 성공도 실패도 개인의 책임이기 때문에 그 어느 시대보다도 개인의 역량을 키우는 것이 중요시된다. 서로우는 미래의 세계경제는 지리적 공간이 아니라 인간들에 의해 만들어지고 있기 때문에 인간의 의지에 따라 얼마든지 그 모양을 달리하면서 폐단을 줄여나갈 수 있을 것으로 전망한다.

창세기 이후의 역사에서 인간의 결집을 이루고자 하는 시도는 다양한 형태로 수없이 일어났지만 어떤 형태의 바벨탑도 완성된 적이 없다. 그만큼 인간들 사이를 가로막는 경계를 허물고 소통하는 것이 어렵다는 것을 알 수 있다. 그 경계들이 허물어지고 21세기의 바벨탑이 완성되려면 근본적으로 인간들 사이에 소통이 제대로 이루어져야 한다. 그 소통은 위에서 아래로의 명령이나 의사 전달이 아닌, 각자의 진심이나 입장 차이를 이해할 수 있도록 서로 마주본 채 쌍방향 과정으로 이루어져야 한다. 그렇지 않으면 21세기 바벨탑 또한 언어 혼잡으로 분열되고 무너질 것이다. 영화《바벨》은 성서의 바벨탑 이야기를 모티브로 삼아 현대인들이 겪고 있는 소통 단절과 화해라는 대 주제 아래에 4개의 내러티브를 옴니버스 형식으로 엮고 있다. 각 내러티브의 인물들은 서로의 존재조차 모르고 아무 연관도 없어 보이지만 하나의 총을 구심점으로 연결된다.

일본인 야스지로는 몇 년 전에 모로코로 사냥여행을 가서 그를 도와준 사냥 가이드에게 감사의 표시로 총을 선물로 준다. 그는 그 총을 자칼로부터 염소떼를 지키기 위해 총을 필요로 하는 친구 압둘라에게 팔았고, 압둘라의 두 아들이 총알이 얼마나 멀리 나가는지를 시험해보다가 둘째 유세프가 쏜 총에 근처를 지나던 관광버스에 타고 있던 미국 여성 수잔이 맞는다. 수잔 부부는 어린 두 자녀를 멕시코인 보모 아멜리아에게 맡기고 왔는데 아멜리아는 주인 부부가 돌아오면 바로 멕시코 고향에서 열리는 아들의 결혼식에 참석할 예정이었다. 예정대로 돌아가지 못하게 된 리처드는 아이를 맡아줄 사람이 없자 아멜리아에게 돈을 더 줄 테니 아들 결혼식을 미루라는 말을 하고 전화를 끊어버린다. 아멜리아는 어쩔 수 없이 조카의 차로 아이들과 함께 결혼식에 참여하여 그녀도 아이들도 즐거운 시간을 보낸다. 그러나 미국으로 돌아오는 국경에서 술에 취한 조카가 수비대 검색을 피해 도망치다가 그녀와 아이들을 사막에 버리고 가버려 깜깜한 사막에서 하룻밤을 지낸 후 다음날 겨우 경찰에게 구조된다. 이 일로 그녀는 이민국에서 조사를 받고 추방당한다. 일본에서는 야스지로가 총의 주인으로 밝혀지면서 형사의 조사를 받는다. 모로코의 부자는 도망치려다 발각되어 경찰에 저항해보지만 경찰 총에 큰 아들이 맞자 결국 자수를 하고, 수잔은 현지마을의 수의사에게 긴급처치를 받은 후 마침내 미국으로 이송되어 치료를 받는다. 총 한 자루가 일으킨 엄청난 '나비효과'이다.

나비효과는 브라질에 있는 나비의 날갯짓이 대기에 영향을 주고 증폭되어 뉴욕에 태풍을 일으킬 수 있다는 가설로, 미세한 변화나 작은 사건이 추후 예상하지 못한 엄청난 결과로 이어질 수 있음을 의미한다. 나비효과는 세계가 하나의 지구촌이 되면서 그 파장이 더욱 커진다. 세계 곳곳으로 흩어진 민족들이 제각기 자신들의 문화 속에서 살다가 세계화로 인해 문호를 개방하면서 오지의 사막으로 일본인이 사냥여행을 가고 미국인들이 관광여행을 한다. 그러면서 지구 한쪽에서 일어난 작은 사건이 아무 상관이 없어 보이는 먼 곳의 인간의 삶에까지 영향을 미친다. 감독은 그들이 왜 이런 운명을 맞이하는지에 대해서는 설명하지 않는다. "인생은 매일 아침 6시에 주사위를 던지는 것과 비슷하다"는 그의 지론처럼 그냥 우연히 쏜 총 한방이 4개국의 사람들의 운명을 바꾸어버린 것이다. 인생은 우연에 의해 좌우되기에 소통이 더욱 절실한 지도 모른다.

4개국에서 6개 언어로 촬영된 영화는 촬영 과정 자체가 언어 장벽을 넘어서는 과정이었다. 로케이션 장소는 모로코 사막의 유목마을 타자린, 미국 샌디에고, 일본 도쿄, 멕시코 사막마을이다. 멕시코 태생의 곤잘레스 이냐리투 감독은 각 나라의 문화를 표피적으로 비추거나 외부인의 시각으로 정형화된 인물들을 등장시키는 것은 영화의 본질과 맞지 않다고 생각하여 각 현지에서 배우들을 캐스팅했다. 그리고 그들이 영화의 감성과 캐릭터의 내면을 제대로 이해할 수 있도록 지도하기 위해 영어, 스페인어, 아랍어, 일본어, 그리고 수화까지 동원되면서 촬영 현장은 그야말로 언어 혼돈의 현장이었다. 모로코에서는 스페인어를 영어로 통역해 다시 배우들에게 아랍어로 전달하고, 일본에서는 영어를 일어로 통역하고 이를 다시 수화로 배우들에게 전달하는 다중 통역을 하였다. 그는 다른 언어를 사용하는 배우들을, 그것도 전문연기자가 아닌 배우들을 지도하는 것은 매우 어려운 일이었지만 언어 이상의 보편적인 감정이 인간들을 하나로 만든다고 생각하여 그런 복잡한 과정을 마다하지 않았다고 말한다. 그는 또한 캐릭터의 감정을 극대화하기 위해 4개의 지역을 각각 다른 필름과 촬영기술로 촬영하면서 각 나라만의 독특한 색감을 보여준다.

지구촌의 4가지 모습

영화 《바벨》의 첫 배경은 모로코의 사막지역이다. 구석기시대부터 원주민 베르베르족이 거주해온 아프리카 북서부 지역의 모로코는 고대에는 인근의 페니키아와 로마제국의 지배를 받았고 7세기부터는 아랍인들이 침략해 이슬람국가가 된다. 모로코는 유럽과 아프리카를 연결하는 요충지답게 지중해 건너편의 유럽과 수백 년간 교류해오면서 북아프리카에서 가장 서구화된 나라로, 중세시절에는 세계적인 대도시가 있을 정도였다. 1830년에 프랑스 식민지가 되었다가 1956년에 독립한 이후로 400여 년째 집권을 이어오고 있는 현 모로코 왕실은 친서구적이고 세속주의적인 입장을 취하면서 이슬람교 전통과 순수성을 지킨다는 명분하에 테러를 일삼는 이슬람근본주의를 견제하고 있다. 영화 속의 모로코 사막마을은 이냐리투가 어린 시절 여행하면서 깊은 인상을 받았던 곳으로, 촬영 당시 전기도 들어오지 않았다고 한다. 모로코의 사막과 그들의 소박한 삶, 그리고 문명과는 여전히 거리가 먼 그들의 생활은 세계화라는 거대한 성장의 물결 속에서 불평등으로 소외되고 고통받는 제3세계 주민들의 모습을 보여준다.

수잔 부부는 미국 캘리포니아주의 부유한 백인들의 은퇴도시로 불리는 휴양도시 샌디에고에 산다. 수잔부부 아이들의 보모인 아멜리아는 멕시코 태생의 불법이민자이다. 멕시코와 국경을 맞대고 있는 캘리포니아에는 수많은 멕시코인들이 국경을 넘어 미국으로 건너와서 불법 취업과 거주를 하고 있다. 로스엔젤리스, 샌디에고, 산호세 등 캘리포니아주의 도시 이름들이 스페인명인 이유는 캘리포니아가 원래 멕시코 땅이었기 때문이다. 1821년 멕시코가 스페인으로부터 독립하면서 캘리포니아는 멕시코 영으로 귀속되지만 1846년에 영토매수 교섭에 실패한 미국이 전쟁을 일으켜 승리하면서 멕시코는 캘리포니아를 비롯하여 영토 절반을 빼앗긴다. 현재 미국에서 인구가 가장 많고 가장 부유한 주의 하나인 캘리포니아는 원래 멕시코 영토였던 만큼 기존 멕시코인에 이민자들까지 더해지고 출산율도 높아 히스패닉 인구비율이 타주에 비해 절대적으로 높다. 히스패닉은 스페인어를 사용하는 중남미계의 미국 이주민을 일컫는 용어로 미국에 거주하는 라틴 아메리카계를 일컫는 라티노와 혼용되어 사용되지만, 라티노에는 포르투갈어를 사용하는 브라질인이 포함되어 있다. 현재 추세로 가면 2060년 경에는 백인이 전체 인구의 45%, 히스패닉이 31% 정도가 되면서 바야흐로 '히스패닉 미국'의 시대가 열릴 전망이다.

샌디에고는 멕시코 국경 가까이에 위치한다. 2000년도에 샌디에고와 멕시코 국경도시 티후아나로 1박2일 여행을 다녀온 적이 있다. 아름다운 휴양도시인 샌디에고를 둘러본 후 버스로 2시간 거리의 국경을 통과하여 도착한 티후아나에서 처음 눈에 띈 풍경은 갓난아기를 업은 한 원주민 태생의 젊은 여성이 양손에 두 아이의 손을 잡고 한 아이가 또 다른 아이의 손을 잡은 채 다섯 식구가 길거리에서 구걸하는 모습이었다. 그런 무리가 거리에 다수 있었다. 스페인 식민지였던 멕시코에서 원주민들은 가장 하층계급이다. 멕시코를 비롯한 라틴아메리카에는 법적 인종차별은 없지만 현실적으로는 백인, 식민지에서 태어난 백인 후손 크레올, 백인과 원주민 간의 혼혈인 메스티조, 백인과 흑인노예 간의 혼혈인 물라토, 그리고 원주민과 흑인으로 이어지는 수직관계가 여전히 지속되고 있고, 혼혈인종 내에서도 피부색의 미세한 차이에 따라 사회적 차별이 공공연하다. 유럽에서 건너온 백인들이 특권층으로 군림하며 원주민을 지배했던 제국주의시대의 구습이 지금까지 이어지고 있는 것이다. 호텔로 가기 위해 버스에서 내리자 음악을 크게 틀어놓고 차가 흔들릴 정도로 춤을 추고 소리를 지르며 경적을 울려대는 미국 청소년들의 차 두 대가 지나갔다. 그들은 미국에서는 술을 마실 수 없는 나이여서 주말이면 국경을 넘어 멕시코로 술을 마시러 온 십대들이었다. 그들의 방종한 태도에는 현지인들에 대한 존중이 조금도 없었다. 버스에서 내리기 전에 위험하니 골목으로는 절대 들어가지 말라는 가이드의 당부가 있었고, 샌디에고로 돌아가는 길에는 멕시코 경찰이 돈을 뜯어낼 심사로 여권검사를 핑계로 대며 버스를 삼십분간 붙잡아두었다. 차로 단 두 시간의 거리이지만 한 때 같은 멕시코 땅이었던 샌디에고와 티후하나는 너무도 다른 세상이었다.

오늘날의 멕시코는 가난과 마약과 폭력으로 얼룩져 있지만 고대 멕시코는 북아메리카 원주민들 대부분이 유목생활을 할 때 고원지대에 아즈텍문명을 발전시켰다. 제국을 이루며 발달한 아즈텍문명은 1519년 스페인의 코르테스가 거느린 군대가 침입하여 수개월 간의 격렬한 전투를 벌인 끝에 멸망한다. 인구 500만 명의 왕국이 600여명의 정복자의 총기와 그들이 가져온 천연두에 의해 멸망한 것이다. 스페인군이 아즈텍의 수도 테노치티틀란에 도착했을 때 원정기록을 담당한 병사는 거대한 도시의 모습을 보고 다음과 같이 기록한다: "우리는 물 위에 떠 있는 거대한 궁전, 신전, 탑, 그리고 도시를 보면서 경탄을 금하지 못했다. 게다가 모든 건물은 석조였다. 병사들은 서로 우리가 보고 있는 것이 환상이 아니냐고 물었다." 테노치티틀란은 호수 위에 떠 있는 섬에 세워졌는데, 스페인이 호수를 메우고 그 위에 현재 수도인 멕시코시티를 건설하면서 아즈텍문명은 땅 속에 묻혀버린다. 스페인은 약 150년에 걸쳐 멕시코 각 지역을 정복하고 지배했지만 프랑스혁명 이후 자유주의와 민족주의 개념이 라틴아메리카까지 퍼져 독립전쟁이 일어나면서 멕시코도 1821년에 독립한다.

현재 멕시코는 여러 차례의 경제위기와 가난, 정치 권력자들의 독재와 부정부패, 마약 카르텔의 범죄, 마약과의 전쟁으로 인한 치안 불안 등이 국가 성장을 가로막고 있다. 멕시코는 2022년 기준 GDP 16위의 나라이지만 극심한 빈부격차로 빈곤층 비율이 인구 40%에 달할 정도로 높아 수많은 멕시코인이 목숨을 걸고 국경선을 넘어 미국에서 불법 취업을 한다. 영화에서 아멜리아의 소박한 고향 마을은 이웃이 다 같이 결혼식을 축하하고 즐거워하는 매우 평화로운 모습이지만 그와 대조적으로 국경지대는 긴장감이 넘친다. 특히 24시간 국경을 지키는 수비대와 국경을 따라 끝없이 이어진 차단 방벽은 현대판 만리장성으로, 그야말로 단절의 상징이다. 멕시코 태생의 감독에게는 더욱 그러했을 것이다.

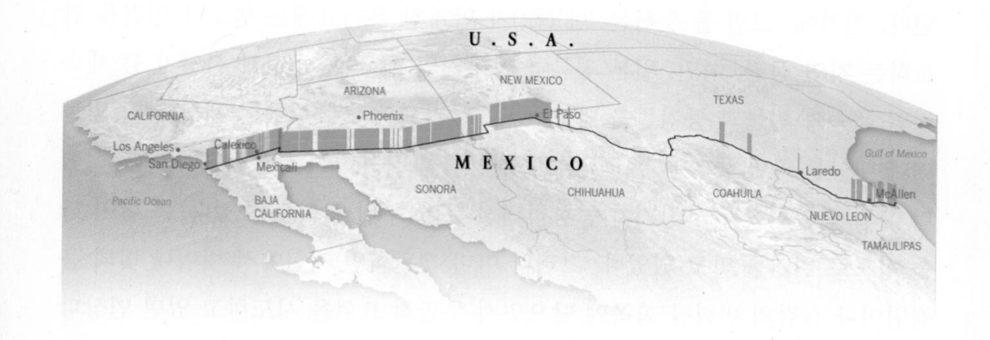

| 미국과 멕시코의 국경

네 번째 촬영지인 일본은 동양에서 최초로 근대화를 이룬 나라이다. 1868년 최후의 무사정권인 에도막부를 폐지하고 천황에게 권력과 정권을 이양한 메이지유신을 통해 입헌군주국가로 탄생한 일본은 서양문물과 제도를 적극 받아들이면서 근대화를 추진하고 청일전쟁에서도 승리하면서 아시아의 패권국가로 부상한다. 일본은 서구에 문호를 개방하는 한편 그들의 문화 또한 일찍이 유럽으로 전파하였다. 일본이 1862년 런던 만국박람회와 1867년 파리 만국박람회에 참여하여 도자기·차·부채·가면·우키요에 등을 소개하자 유럽 예술시장과 컬렉터들은 일본의 미술과 공예품에 매료되었고, 한 세기 전에 유럽 상류층에서 중국 취향 붐이 일었던 것처럼 일본 도자기를 소유하고 기모노를 가운처럼 입거나 방을 일본풍으로 꾸미는 일본취향 붐이 일어난다.

그 중에서도 뚜렷한 윤곽선과 화려하고 선명한 색의 조화, 규칙과 원근감에 얽매이지 않는 신선한 구도와 평면 화면이 특징인 채색목판화인 '우키요에'는 서구 예술가들의 미학적 관점에 큰 변화를 일으키면서 새로운 미술운동인 '자포니즘'을 일으킨다. '우키요'(浮世)는 원래 '덧없는 세상'을 의미하나 사회가 안정되면서는 서민들의 쾌락적인 삶의 방식을 일컫는 '부유하는 세계'의 의미를 지닌다. 거기에 '그림'을 뜻하는 '에'(絵)가 합쳐진 우키요에는 명소나 인간을 압도하는 자연 풍경, 여인, 일본 전통극 가부키의 배우들, 극장과 사창가 등 세속적인 풍속과 인물과 풍경들을 담고 있다. 우키요에가 유럽에 소개될 당시 인물이나 대상을 화면 중심에 두고 명암과 원근법을 사용하여 사실적 재현에 충실했던 유럽 전통회화는 사진기가 등장하면서 "오늘부터 회화는 죽었다"는 말이 나올 정도로 위기를 맞고 있었다. 그러나 이미 객관적인 재현에서 벗어나 빛의 움직임이나 질감의 변화를 화폭에 담으면서 주관적 표현을 시도하고 있던 인상파 화가들은 서구회화의 틀을 과감하게 깬 우키요에가 등장하자 즉시 그에 매료되어 색다른 기법과 구도와 색채들을 자신들의 화폭에 옮겨 담는다. 마네는 우키요에에서 평면적 배열과 색채효과를 배웠고, 고흐는 자신의 모든 작품은 일본미술에 바탕을 두고 있다고 말할 정도로 우키요에의 화풍과 색채에 심취하여 작품들을 리메이크하고 동생 테오와 함께 4백여 점의 판화들을 수집한다. 모네는 아내에게 기모노를 입혀 초상화를 그릴 만큼 일본 전통의상이나 소품들을 작품소재로 즐겨 사용하였으며, 말년에는 파리근교 지베르니의 집에 일본풍 수련정원을 만들어 수많은 수련 연작을 그려내었다. 파리의 오랑주리 미술관에는 타원형의 긴 흰 벽에 자연 채광이 풍부하게 들어오는 수련 연작 전시실이 따로 있다. 그들 외에도 우키요에는 드가, 고갱, 쇠라 등 당시 대부분의 모더니즘 화가들에게 큰 영향을 끼친다. 해변의 높은 파도를 새로운 감각과 구도로 그려 낸 호쿠사이의 작품 〈가나가와 바닷가의 높은 해변〉은 미술을 넘어 프랑스 인상주의 음악가인 드뷔시에게도 영향을 주어 관현악곡인 '바다'의 모티브가 되면서 1905년판 악보 표지에 리메이크된 이미지가 실린다.

| 안도 히로시게의 원작(위)과 고흐의 오마쥬 작품(아래)

<가나가와 바닷가의 높은 파도>, 호쿠사이

드뷔시의 <La Mer> 악보 표지

유럽 미술계에서 일어난 자포니즘은 서구 예술가들이 목판화가 주는 일본에 대한 환상, 즉 일본이 "따뜻한 햇살이 비치는 남쪽 나라"라는 환상에 사로잡히면서 일어났다. 우키요에에 특히 열광했던 고흐는 판화를 통해 접한 일본을 남프랑스와 유사한 곳으로 여겼다. 그러나 일본은 그들의 환상처럼 따뜻한 나라가 아니다. 일본인은 지극히 개인주의적이다. 그들은 자신의 공간과 타인의 공간을 확실히 구분하여 서로 침범하지 않을 뿐만 아니라 자신의 속마음과 감정을 좀처럼 남에게 드러내지 않는다. 배우이자 작가인 구로마 후쿠미는 이를 섬나라라는 지형적 특성 속에서 집단의 질서를 지키기 위한 습성으로 설명한다. 그녀는 섬나라 일본을 '좁은 배'에 비유하면서, 한 배를 탄 사람들은 좁은 배에서 다툼이 일어나지 않도록 서로의 영역과 그릇을 침범하지 않으며 각자 자신의 분수를 알고 지켜 옆 사람에게 폐를 끼치지 않으면서 배 안의 질서를 지켜나간다고 말한다. 이로 인해 일본인은 개인주의적인 동시에 집단적인 특성을 지니게 된다.

일본인의 집단성은 익히 알려진 바이다. 『와和! 일본』의 저자인 작가 성호철은 일본인의 기준과 행동에 있어 기본이 되는 것은 자신의 생활 영역인 안과 자신과는 무관한 밖을 나누는 것이라고 한다. 안은 다른 사람과 조화롭게 살아가는 '와'를 지향하는 세계이므로 타인의 시선을 중시할 뿐만 아니라 그것이 자신의 사고방식을 형성하는 기준이자 행동지침이 된다. '와'를 추구하는 안의 세계에서는 암묵적인 행동지침을 위반하는 것은 다른 사람에 대한 민폐로 인식되고, 민폐를 끼치지 않으려는 행동은 겸손으로 비친다. 그리고 안의 세계에서는 집단이 우선시되고 개인은 집단의 행동과 사고를 따르면서 일체감을 느낀다. 따라서 집단을 따르지 않는 개인이나 어울리지 못하는 약자와 소수세력들은 '와'를 저해한다는 이유로 무자비하게 배척되고 공격당한다. 그것이 일본의 악습인 이지메 문화이다.

일본인은 외부의 세력에 대해서도 무자비하고 공격적인 태도를 보이는데 이는 오래전부터 그들의 유전자 속에 섬 밖의 세계가 쳐들어와서 섬 안의 질서를 무너뜨릴지도 모른다는 공포가 내재되어 있기 때문이라고 한다. 그로 인해 그들은 바깥 세력에 대한 극도의 경계심을 지니면서 그들의 접근을 막거나 제압하기 위한 폭력행위를 서슴지 않는다. 외부세력에 대한 그들의 공격이 도를 넘을 정도로 잔인한 것은 밖의 세계는 그들과는 무관한 세계이므로 안에서 지키는 규율을 따를 필요가 없기 때문이다. 캐나다 선교사의 아들로 일본에서 태어나고 자란 역사가 E.H. 노만은 일본인의 이중성을 근대화 이전의 억압적인 봉건제 탓으로 분석한다. 그는 저서 『일본의 근대국가로서의 출현』에서 무사정권이 지배하던 일본 봉건제도는 외형적으로는 질서정연하고 평온해 보이지만 그 이면에는 어둡고 헤아릴 수 없는 폭력, 히스테리, 야만성이 억눌려 있어 일본에 깊은 정신적, 사회적 상처를 남겼다고 기술한다.

오늘날 일본은 타인의 영역을 침범하거나 피해를 주지 않고자 하는 개인주의적인 특성이 1인 가구와 고령인구의 증가와 함께 개인의 고독과 고립으로 이어지면서 사회적 현상이자 문제점이 되고 있다. 일각에서는 고립될 자유를 주장하며 반년 이상 집에 틀어박혀 사회와의 접촉을 극단적으로 기피하는 회피성 성격장애인 '히키코모리' 현상까지 나타난다. 학자들은 그 원인을 개인의 내성적인 성격으로 인한 사회 부적응 외에 핵가족화로 인한 이웃이나 친척들과의 단절, IT기술의 발달이 가져온 사회변화, 취업실패나 실직 등을 지적한다. 미국 「워싱턴 포스트」지는 "장기적인 경기침체 이후 고도성장을 지탱해온 세대와 그렇지 못한 세대 간의 적응력 차이가 이런 형태로 나타났다"고 말하며 후대 세대가 경기침체의 여파를 감당하지 못해 회피하고 칩잠해버리는 현상으로 진단하기도 한다. 영화 속의 일본 도쿄는 첨단도시답게 마천루와 휘황한 네온사인과 전자음악 등이 난무하지만, 그 화려한 도시 이면에는 일본인 특유의 외로움과 따돌림과 소외가 짙게 깔려 있다.

문화제국주와 문화 혼종화

오늘날 세계화로 인해 경제적으로는 자본 앞에 더 이상 국경이 없을 정도로 기업들의 활동이 초국가적으로 전개되고 있고, 정치적으로는 민주주의가 세계 정치체제의 지배적 위치를 차지하고 있으며, 문화적으로는 산업화되고 상업화된 서구문화가 전 세계적으로 유통되면서 글로벌 문화의 위력을 떨친다. 세계를 엮는 그물망을 짜는 데 가장 효과적인 매개체는 글로벌 문화이다. 통상적으로 글로벌 문화는 서구문화가 비서구문화로 확산됨을 의미한다. 제국주의 시절에는 근대화를 이루며 급성장한 서구문화가 정치와 군사력을 기반으로 비서구에 침투했고, 비서구는 서구문화에 저항하는 동시에 강제에 의해 그것을 모방하고 흡수했다. 세계화시대의 문화 확산은 자본주의와 문화산업을 통해 이루어진다. 미국을 중심으로 한 서구세력은 다국적기업과 다국적 미디어를 기반으로 자본·상품·정보·통신·대중문화 등의 막강한 소프트파워를 전파하면서 전 세계로 침투한다. 특히 미국은 맥도날드·코카콜라·스타벅스 등의 소비상품은 물론이고 할리우드 영화와 대중음악, 대중매체 등을 통해 미국식 대중문화와 생활양식을 전 세계로 퍼트리면서 문화의 미국화 내지 획일화 현상까지 초래한다. 이처럼 세계화시대의 문화 또한 잠식하는 형태만 다를 뿐 이전 제국주의시대와 마찬가지로 여전히 서구 강대국에 의한 강제된 문화교류의 형태를 띠고 있다. 이런 현상은 서구문화와 생활양식을 전 지구적으로 확산시키면서 문화적 종속을 심화시키고 지역 정체성을 침해하는 부정적인 결과를 낳는다. 소위 문화제국주의 현상이 일어나고 있는 것이다. 「가디언」지의 컬럼니스트인 폴리 토인비는 그 폐해를 다음과 같이 기술한다.

> "어떤 여행자가 황량한 사하라 사막을 건너 마침내 팀부크투에 도착한다. 그곳에서 그 사람이 만난 최초의 주민은 텍사스 야구모자를 쓰고 있다. 순례자들이 히말라야에 가서 가장 먼 왕국의 궁극적인 자연을 찾으려고 한다. 그들이 발견한 에베레스트는 쓰레기와 깡통, 비닐봉지, 코카콜라 병, 그 밖의 현대의 전 지구적인

여행객들이 남긴 그 모든 것으로 뒤덮여 있다. 남극 탐험가들은 다 마신 음료수 병들이 얼음 속에 박혀 있다고 불평한다… 전 지구적인 문화는 모든 것을 휩쓸고 다닌다. 이제는 어떤 것도 성스럽지 않고, 어떤 것도 원시적이지 않고, 어떤 것도 전통적이지 않다. 이들 현대적인 여행자들의 경험은 문화적인 약탈을 얘기한다."

흥미로운 사실은 미국 문화가 글로벌 문화로 부상하면서 그 위협이 서구문명의 원조인 유럽 국가들에게도 가해지고 있다는 것이다. 미국 할리우드 영화가 영화 종주국인 프랑스 영화시장의 반을 점유하자 영화감독 베르트랑 타베르니에는 "뇌도 영혼도 없는 거대한 영화들이 산업의 힘을 앞세워 세계 영화계를 정복하려는 게 문제인 것이다. 패스트푸드 영화 일원화에 맞선 다원주의를 회복하는 일이 필요하다. 미국 영화의 세계 지배욕은 독일 나치즘의 발상과 놀랄 만큼 유사하다"라고 불만을 표한다. 미식에 대단한 자부심을 지니고 있는 프랑스인들은 맥도날드의 입점을 미국 상업주의와 세계화의 상징으로 보면서 짓고 있는 건물을 파괴하는 등 심한 반발을 보였지만 현재 맥도날드는 루브르박물관까지 입점해 있다. 게다가 프랑스어에 대한 자부심이 대단하던 그들이었지만 오늘날 프랑스의 대도시나 관광지들에서는 영어만 사용해도 불편함이 없다. 이처럼 오늘날 미국은 세계화의 물결을 타고 전 세계로 자신들의 문화를 퍼트리면서 지역문화에 영향력을 행사하는 문화제국주의를 펼치고 있다.

제국주의와 문화제국주의의 차이점은 후자의 경우 글로벌 문화와 로컬 문화가 상호작용하는 과정에서 문화 혼종화의 현상이 두드러진다. 세계화 이전에 제국주의가 문화의 혼종을 전 지구적 차원에서 이루어내었지만 그때는 국가 간의 문화 흐름이 일방적이었다. 당시 백인들은 그들을 문명을 이룬 우월한 주체로, 동양인을 미개한 타자로 대립시키면서 '문명교화'라는 미명하에 타자의 문화를 철저히 말살시키면서 그들의 문화를 따르게 했다. 그러나 오늘날의 수평적 네트워크에서는 그와 같은 일방적인 문화 침투는 더 이상 가능하지 않다. 시공간의 압축으로 세상은 축소되고 점점 비슷해지고 있지만 한편으로는 타자의 위치에 있던 나라들이 성장하면서 주권의식이 강해지고 그들의 문화적 고유성과 지역적 차별성에 대한 자각 또한 높아져서 아무리 막강한 글로벌 문화일지라도 로컬문화나 전통과 타협하지 않고서는 생존이 어렵기 때문이다. 그 과정에서 지역문화 일부가 손상당하거나 파괴되기도 하지만 한편으로는 새로운 형태의 문화를 탄생시키면서 문화발전 양상이 일어나기도 한다.

현재 세계적으로 인정받고 있는 K-팝은 한국으로 들어온 서구음악에 한국적 정서가 가미되면서 한국화되고 그것이 다시 전 세계로 퍼져나가 하나의 국가적 장르가 된 문화 혼종화의 대표적인 예이다. K-팝의 혼종성은 초기에는 '서구우세종'의 파편에 불과한 것으로 폄하되었지만 현재는 한국을 대표하는 문화콘텐츠이자 세계 문화의 주요 흐름의 하나로 자리 잡으면서 서구에 대한 '대항우세종'으로 평가되고 있다. 정치학자 김두진교수는 BTS의 음악을 비롯한 꽤 많은 수의 한류콘텐츠들이 이미 창작·제작·소비의 과정에서 주변부의 국지성을 탈피한 상태로, 이제 한류가 문화 혼종성을 넘어 글로벌 보편성을 내포한 새로운 문화준거양식의 특징을 내포하고 있으며 '한국성'(Koreanness)을 근간으로 서구에 대한 대항우세종으로서 한 시대의 규범을 구축할 수 있을 것으로 전망한다.

최근에는 클래식계에서도 본고장인 서구에서 교육을 받은 1세대와 2세대들이 돌아와서 한국 특유의 교육체계와 정서 속에서 후학을 양성하면서 세계무대에서 두각을 나타내는 젊은 음악가들을 탄생시키고 있다. 그들 중의 한 명인 바이올리니스트 양인모는 클래식은 서양에서 시작되었지만 자신들은 한국이라는 배경에서 클래식을 하면서 새로운 해석과 느낌을 전달하고 있고 그것이 21세기 클래식을 만들어가고 있다고 말한다. 최근에 그 가능성을 전 세계에 보여준 음악가가 피아니스트 임윤찬이다. 아직 십대임에도 음악에 대한 사고와 태도가 매우 철학적인 그는 2022년 반클라이번 콩쿠르에서 라흐마니노프 피아노협주곡

3번을 연주할 때 울분을 토해낸 후의 처연한 순간을 가야국 출신의 신라시대 가야금 연주자인 우륵의 슬프되 비탄스럽지 않은 '애이불비'(哀而不悲)의 심정을 담아 연주했다고 밝혀 큰 반향을 불러일으켰다. 예술의전당 수석큐레이터인 이동국은 임윤찬의 '우륵 소환을 넘은 우륵 재발견'이 한국 예술의 도약을 새롭게 제시하고 있다고 평하면서 "한국 현대음악 100년 역사가 수용지에서 발신지로 대전환되는 순간으로 다가왔다"고 말한다. 이제 서양 잣대로 한국 클래식을 재는 시대는 지났다는 것이다. 동서고금을 초월하여 옛 음악가들과 공감하고 대화하면서 칼 세이건의 우주와도 같은 음악을 창조해내고자 하는 이 놀라운 피아니스트는 자신이 음악적으로, 인간적으로 성장할 수 있었던 것은 12살 때부터 자신을 지도해준 스승 손민수교수 덕분이라고 거듭 밝힌다. 국제콩쿠르세계연맹 의장인 피터 폴 카인라드는 한국의 음악가들이 세계적인 콩쿠르에서 유례없이 좋은 실적을 내고 있는 이유를 한국적인 교육체계를 통한 훈련과 전통과의 연결을 꼽고 있다. 특히 토종 예술영재들의 육성을 위해 설립된 한국예술종합학교는 대학 소속의 영재원에서 어린 영재들을 발굴하여 뛰어난 교수들이 지도하고 임윤찬과 역시 십대의 특출한 첼리니스트 한재민처럼 능력이 출중하면 고등학교 과정을 거치지 않고 바로 대학으로 영입하여 더욱 집중적으로 지도하고 무대경험도 갖추게 하는 교육 인프라를 구축하고 있다. K-팝과 마찬가지로 클래식 또한 지나친 연습과 경쟁에 대한 논란이 있어왔고 아직 클래식 저변이 확대되지 않아 콩쿠르강국일 뿐 K-클래식으로 불리기에는 요원하다는 지적도 나오지만 '한국성'을 근간으로 성장한 젊은 음악가들의 활발한 활동들은 건강한 문화 혼종을 이루면서 세계화되고 있는 21세기의 클래식계에서 서구우세종에 대한 또 다른 대항우세종의 탄생 가능성을 보이고 있다.

문화사학자인 피터 버크는 저서 『문화혼종성』에서 글로벌 문화와 로컬문화 간의 혼종화 현상을 '세계의 크레올화'로 설명하면서 이를 피할 수 없는 현상이자 새로운 문화질서로 제시한다. 크레올은 원래는 유럽인의 자손으로 식민지

지역에서 태어난 사람을 일컬었으나 오늘날은 보통 유럽계와 현지인의 혼혈을 부르는 말로 쓰인다. 세계의 크레올화는 지역성을 변모시키고, 그 지역성은 역으로 글로벌에 영향을 미치면서 이질적인 문화는 점차 제2의 본성이 되어간다. 다시 말해, 서로 다르다는 것을 구별하기보다는 다른 문화와의 어울림을 당연한 것으로 여기면서 그로부터 새로운 문화들을 스스럼없이 만들어내는 것이다. 이질문화까지 자신의 정체성에 흡수하는 포용력이야말로 문화의 세계화가 지향하는 바이다. 문화 혼종화에 가장 큰 역할을 하는 것은 전 세계적인 망을 통하여 예전에는 상상할 수도 없는 다양하고 수많은 문화적인 콘텐츠를 제공해주는 인터넷과 유튜브 등의 소셜미디어이다. 이들 매체야말로 국경도 없고 지구촌 주민 누구나 참여할 수 있는 소통의 장으로 로컬문화가 전 세계적인 주목을 받을 수 있는 창구이기도 하다. 오늘날은 소셜미디어의 폐해가 점점 더 커지고는 있지만 혁신적인 소통과 문화교류의 장을 마련한 업적은 인정받아 마땅하다.

세계화 시대의 문화혼종은 비록 수평적 네트워크상에서 일어나고 있기는 하지만 권력관계를 피할 수는 없다. 이전과 달리 로컬문화가 글로벌 문화에 그 존재감을 드러내고는 있지만 혼종성에 현혹되어 그 이면의 헤게모니를 간과해서는 안 된다. 이탈리아 정치이론가인 안토니오 그람시는 저서 『옥중수고』에서 헤게모니를 '시민사회에서 지배계급이 지적·도덕적 지도력의 행사를 통해 창출하는 피지배계급의 자발적 동의'로 규정한다. 즉 지배자가 피지배자를 공공연히 탄압하지 않고 제도나 관념의 조직망 속에서 피지배자의 자발적 동의를 구하는 일을 반복적으로 행하면서 대중들이 지배계급의 제도나 관념을 상식적이고 자명한 것으로 받아들이게 하는 것이다. 에드워드 사이드는 동양에 대한 서양의 제국주의적 지배가 이러한 문화적 헤게모니를 기반으로 행해졌다고 주장한다.

세계공용어가 된 영어는 문화적 헤게모니의 대표적인 예이다. 역사적으로 강한 국가의 약한 국가에 대한 지배는 궁극적으로 문화와 언어의 지배로 귀결된다. 작은 섬나라 영국의 언어인 영어는 오늘날은 세계공용어가 되었지만 13

세기 초반까지는 영국 내에서도 평민들의 언어였다. 1066년에 프랑스 북부지역의 노르망디공국이 잉글랜드를 정복하여 노르만왕조가 형성되면서 프랑스어는 상류층의 언어로, 영어는 평민들의 언어로 구분된다. 노르망디공국은 북유럽 노르만족 출신의 바이킹들이 프랑스를 계속 침범하자 프랑스왕이 그들에게 노르망디지역과 백작지위를 부여하면서 세워진 나라로, 프랑스의 지배하에 있었다. 따라서 잉글랜드를 정복한 노르망디공국의 윌리엄왕은 영국의 왕이자 프랑스왕의 신하이다. 그런데 1204년 영국 왕위에 오른 존왕이 프랑스 뤼지냥 가문의 위그 9세의 약혼녀를 빼앗아 재혼하면서 프랑스 법정에 기소되자 자신은 프랑스의 신하이기 이전에 영국의 왕이라는 사실을 내세우며 소환에 불응한다. 이를 빌미로 프랑스 왕이 그의 노르망디 일대 영지를 박탈하고 몽생미셸을 포함한 나머지 영지들도 모두 공략하여 빼앗는다. 프랑스 영토를 모두 상실한 영국 지배층은 자신들을 더 이상 프랑스왕의 신하가 아니라 영국의 지배계급으로 인식하게 되고, 존왕의 손자 에드워드 1세가 지배자와 피지배자가 같은 언어를 사용해야 한다고 판단하여 귀족들에게 영어사용을 권장하면서 영어는 마침내 영국의 지위어가 된다. 이후 영국이 대영제국이 되면서, 2차 대전 이후 미국이 세계 최고의 패권국가로 부상하면서 영어는 세계 공용어의 지위까지 오른다.

세계화 시대에서 국제기구나 학계나 기업이 자신의 사고나 이념을 전 세계에 알리고 상품을 팔기 위해서는 영어가 필수적이고, 인터넷이 발달하면서 그 지위는 한층 더 굳건해진다. 언어는 곧 권력이다. 철학자 롤랑 바르트는 심지어 "언어는 파시스트다"라고 정의한다. 조지 오웰의 소설 『1984』는 파시즘체제가 언어를 단순화하고 축소시킨 'NewSpeak'를 만들어 사람들이 복합적인 사고를 하지 못하도록 원천적으로 통제하는 상황을 보여준다. 그만큼 언어는 사람들의 의식에 실질적인 권력으로 작용할 수 있다. "식민지인은 2개 언어를 해야 한다"라는 역사학자 프란츠 파농의 말은 사람들이 자발적으로 세계공용어에 매진하고 있는 오늘날의 문화제국주의 시대에도 여전히 유효하다.

문명의 충돌: 서구문명 vs 이슬람문명

서구문화가 전 세계에 파고들면서 그에 대한 저항도 만만찮다. 특히 이슬람근본주의자들은 세속적인 서구문화가 그들의 사회를 부패와 타락으로 이끌고 있다고 비난하면서 서양문화를 배척하고 종교의 순수성을 회복할 것을 주장한다. 이는 서양을 물질을 숭배하고 비인간적이며 신의 정신에 어긋나는 악으로, 자신들을 고귀한 선으로 규정하면서 대립구조를 만드는 종교적 '옥시덴탈리즘(occidentalism)'의 행태이다. 동양에 대한 서양의 왜곡된 시각이 오리엔탈리즘이라면, 옥시텐달리즘은 동양의 관점에서 서양에 대해 드러내는 왜곡된 시각이다.

종교적 옥시덴탈리즘의 가장 극단적인 형태는 2001년 이슬람 무장단체가 뉴욕의 세계무역센터 빌딩을 폭파한 9.11 테러이다. 미국이 지속적으로 친이스라엘적 중동정책을 펼치고 세계화의 여파로 밀려들어온 서구 자본주의와 물질주의가 그들의 종교와 사회에 부정적인 영향을 미치자 이슬람근본주의자들은 극단적인 대응책으로 미국 중심부를 침략하며 선전포고를 한다. Jihad 대 McWorld의 대결이 중동이 아닌 미국 본토에서 일어난 것이다. 『옥시덴탈리즘』의 저자 이안 브루마와 아비샤이 마갈릿은 하늘 높이 치솟은 세계무역센터 폭격은 제국주의와 자본주의의 몰락을 상징하는 것으로, 탐욕의 도시인 바빌론의 멸망과 같은 신화적 의식이 담겨 있다고 말한다. 이후 이슬람근본주의자들은 서구 곳곳에서 테러를 자행하고 서구세력은 그에 대항하면서 21세기의 바벨탑이 지구촌 곳곳에서 무너지고 있다.

9.11 테러는 미국 내 사회적 분위기에 큰 변화를 가져왔다. 9.11을 겪고 난 후 미국 사회는 공포, 방어, 단결, 그리고 공격성이 팽배해졌다. 이슬람에 대한 분노와 증오의 감정이 높아지면서 사람들은 이민자들을 혐오하고 배척하기 시작했고, 정부가 검열과 감시기능을 강화하면서 사회에 의심이 팽배했으며, 대

통령은 테러에 대항 조치로서 법보다 무력행사를 우선시하면서 중동을 상대로 보복 전쟁을 일으켰다. 미국 전역을 뒤흔든 사건들을 사실적으로 다루면서 언론인의 권리와 의무의 문제를 조명한 미국드라마 〈뉴스룸〉(2012~2014)은 9.11 테러 이후 변해버린 미국의 사회상을 다각적으로 보여준다.

9.11 테러가 미국인들에게 남긴 트라우마는 영화 《바벨》에서도 고스란히 나타난다. 수잔의 총격사건이 일어나자 미국 관광객들은 이를 즉각 이슬람 테러와 결부시켰고, 부상을 입은 여행 동료의 안위보다 그들 또한 테러집단의 대상이 될 수 있다는 공포 때문에 수잔 부부를 오지마을에 내버려두고 황급히 숙소로 돌아간다. 미국 정부 또한 수잔의 생명이 시간을 다툼에도 불구하고 그 사건이 테러집단과 연관되었는지를 우선적으로 밝히고자 하면서 곧바로 헬리콥터를 보내지 못한다. 이는 이슬람을 일단 적대적 타자로 설정하면서 인간 생명의 존엄성보다 국가 안위를 우선시 하는 대응책이었다.

사무엘 헌팅턴은 저서 『문명의 충돌』에서 냉전시대가 종식된 이후의 시대는 이념대신 문명의 충돌의 시대가 될 것이라고 예견한다. 세계화가 전개되면서 각 국가들이 공통되거나 유사한 문화를 가진 나라끼리는 동맹을 맺거나 협력하는 반면 다른 문명권의 나라들과는 분쟁을 일으키면서 문화와 문명에 따라 세계 권력이 재편되고 있다는 것이다. 그의 기본 전제는 각 문명은 서로가 근본적으로 다른 본질을 가지고 있어 양립되지 못하고 충돌할 수밖에 없다는 것이다. 그는 문명을 크게는 서구와 비서구로, 세세하게는 주로 종교에 따른 8개의 문명권으로 나누면서 다른 문화와 가치관을 지닌 국가들 간의 문명의 충돌, 특히 서구와 이슬람세계의 충돌을 불가피한 것으로 보았고, 몸집이 거대해진 중국의 도전 또한 거셀 것으로 전망한다. 서구는 쇠락단계에 있음에도 여전히 세계 패권유지를 위해 그들의 정치적 가치관과 제도를 확산시키고자 노력하지만 자신들의 정체성을 회복하고 힘이 커지고 있는 비서구권은 더 이상 이에 순응하고

자 하지 않는다. 그럼에도 헌팅턴은 문명의 충돌을 피하기 위해서는 전 세계인이 공유할 수 있는 동질의 가치를 확대해야 한다는 실현 불가능한 해법을 제시하면서, 그 주도적인 역할을 서구가 정체성을 재확립하고 정치 경제적 우위를 되찾아서 해야 한다고 결론짓는다. 그는 특히 "미국을 잃을 경우 서구는 세계 인구에서 차지하는 비중이 점점 떨어져 유라시아 대륙의 한 귀퉁이에 조그맣게 붙어 있는 반도로 전락할 것"이라고 경고하면서 여전히 미국 패권주의에서 벗어나지 못하는 모습을 보인다.

오리엔탈리즘의 개념을 정립한 에드워드 사이드는 문명충돌론에 반박하는 에세이 "Clash of ignorance"에서 헌팅턴의 견해를 문명의 다양성과 역동성을 이해하지 못한 채 비서구사회에 대한 서구사회의 우월의식을 감추고 있는 서양 중심의 폭력적 인식체계라고 비난한다. 하랄트 뮐러는 헌팅턴과 벌인 토론을 바탕으로 쓴 『문명의 공존』에서 두 가지 반론을 제기한다. 첫째, 문명충돌론은 '자유세계 대 공산세계'를 '서구문명 대 비서구문명'으로 대체한 이분법에 불과하고 둘째, 문화는 섬처럼 독립되어 있는 것이 아니라 네트워크를 통해 움직이며 서로 다른 두 문화가 만났을 때 충돌이 아니라 양립하거나 새로운 문화가 생길 수 있다는 것이다. 그는 동양을 위협적으로 보는 헌팅턴의 신황화론은 당시 패권주의에 사로잡힌 미국 정부의 정책수립을 정당화시키기 위한 이데올로기에 불과하다면서 서구가 타 문명에 다가가서 더 많이 배워야 한다고 충고한다.

2001년 9.11 테러가 일어나자 헌팅턴의 문명충돌론이 다시 부상한다. 이후에도 유럽 각지에서 이슬람근본주의자들에 의한 테러들이 지속적으로 발생하자 2010년부터 독일, 영국, 프랑스의 지도자들은 그들이 2차 대전 이후 이민자들을 대거 받아들이면서 시행했던 다문화주의가 실패했음을 공표한다. 당시 영국 총리 캐머런은 다문화주의의 원칙하에 별개 문화들이 주류와 동떨어져 살아가도록 방치하여 이주자들이 사회에 소속감을 느낄 만한 비전을 제시하지 못했다고 반성하는 한편, 이슬람문화를 용인한 것이 영국에서 반서구 극단 이슬람주의자가 양성되고 그들이 국가안보를 위협하는 요인이 되었다고 토로한다.

유럽 이민자들의 대다수는 유럽 제국주의 시절의 식민지 출신으로 무슬림이 주를 이룬다. 그들은 자신들을 통치했던 국가를 모국처럼 여기고 이민을 왔지만 사회적인 거부와 공공연한 인종차별을 받으며 아웃사이더로 살아왔다. 1세대는 생계유지가 급급해 다른 생각을 할 여유가 없었지만, 유럽에서 태어나 교육을 받고 자라난 2세대 이민자들은 자신들을 소외시킨 유럽 사회에서 정체성의 혼란을 심하게 겪으면서 그들의 뿌리를 알려주는 이슬람근본주의에 빠지기도 한다. 현재 유럽은 2015년 시리아 사태 이후 중동으로부터 더욱 많은 난민이 유입되면서 이민자들에 대한 불만과 사회 분열이 더욱 심해지고 있다. 이런 상황을 해결하기 위해서는 유럽의 지도자들은 먼저 무슬림 이민자들이 그들 사회의 한 일원이라는 사실을 인정해야 한다. 그리고 자신들의 다문화주의가 실패한 것을 인정하는 것에 머물러서는 안되고 구호로만 그쳤던 다문화주의를 함께 살아가는 공생주의로 발전시킬 방도를 찾아야 한다. 이를 위해서는 사회제도와 구조 자체가 다문화 현상을 받아들일 수 있도록 이민자 집단을 정책 결정과정부터 참여시키는 것과 같은 근본적인 변화가 이루어져야 한다.

칼리프의 나라, Kalifate, 2020

개요: 범죄, 드라마 | 스웨덴 | TV시리즈
감독: 고란 카페타노빅

넷플릭스 드라마 〈칼리프의 나라〉는 2015년에 ISIS에 가입한 이슬람 태생의 한 영국여학생의 이야기를 각색하여 만든 스웨덴 드라마이다. '칼리파트'는 칼리프가 다스리는 나라란 뜻으로, 칼리프는 이슬람교 창시자인 무함마드 사후 그의 후계자로 선출되어 종교를 수호하고 이슬람 공동체의 모든 일을 관장하는 정치·종교 양 권의 최고통치자이다. 영화 배경연도인 2015년은 ISIS 세력의 전성기로, 그들은 페이스북·구글·트위터 등의 소셜미디어를 통해 테러의 정당성을 주장하면서 각 현지에서 개별적 테러행위를 행할 자생적 테러리스트들을 양성하거나 중동에서는 돈을 벌거나 공부를 할 필요가 없으며 무슬림전사의 아이를 낳는 것은 존경받는 일이라고 선전하며 서구의 많은 젊은 남녀들을 중동으로 불러들였다. 당시 유럽에서만 젊은 여성들을 포함한 수백 명이 중동으로 건너가 ISIS에 합류하였다. ISIS는 정부에 대한 반감으로 테러를 일으키고 싶어 하는 소위 '외로운 늑대'로 불리는 자생적 테러리스트들에게는 웹진을 통해 폭탄 제조법, 폭탄을 들고 공항검색대를 통과하는 법 등을 알려주면서 현지에서 단독테러를 행하게 만든다.

드라마는 스웨덴과 시리아를 배경으로 두 가지 이야기를 전개한다. 한쪽에서는 스웨덴에 거주하는 중동 출신 이민자가정의 십대 자녀들과 소외된 삶을 사는 백인 십대들이 위험한 환상을 지닌 채 ISIS 조직책의 술수에 이끌려 ISIS에 가담하는 이야기가, 다른 한쪽에서는 스웨덴 태생으로 ISIS에 가담한 남편을 따라 시리아 라카에 정착한 한 여성이 억압받는 여성의 삶을 견디지 못하여 숨겨둔 휴대폰으로 스웨덴 경찰과 연락하며 첩보활동을 하면서 스웨덴으로 탈출을 시도하는 이야기이다. 드라마는 ISIS에 합류한 스웨덴 출신의 부부, 스웨덴에서 활동하는 ISIS 모집책들, 스웨덴의 공공장소에서 테러 시행을 명령받은 백인 ISIS 조직원, 그리고 이를 막으려는 스웨덴 보안국 경찰 등 다양한 인물 군상을 통해 유럽 출신의 소외자들이 어떤 연유와 경로로 ISIS에 참여하고 테러에 이용되는지, 그것이 유럽 사회에 어떤 불안과 공포를 가져오는지를 보여준다.

스웨덴에 거주하는 중동 출신의 부부는 사회에 융화되기 위해 그들의 종교를 내세우지 않고 평범하고 살고자 한다. 하지만 이민자학교에 다니는 그들의 딸인 십대 소녀 술레는 스웨덴에서 무슬림이 종교로 인해 사회적으로 탄압받고 있다고 불만을 품고 있었고, 이에 조교로 일하던 ISIS 조직책인 이베가 그녀에게 접근하여 그녀를 신과 가까워질 수 있는 도시인 라카로 데려갈 수 있다고 말한다. 그의 말에 아버지에게 상습적으로 폭력을 당하던 술레의 친구 케리마도 관심을 보인다. 둘은 인터넷으로 ISIS의 선전 영상을 보면서 그들의 이념에 공감하고 라카를 낙원 같은 안식처로 여기면서 그곳으로 갈 결심을 한다. 그들이 떠나는 날, 계획을 알고 있던 슐레의 여동생 리샤까지 언니의 만류에도 불구하고 합류한다.

뒤늦게 이 사실을 알게 된 슐레의 아버지는 스웨덴 당국의 도움으로 아이들이 탄 차가 라카로 들어가기 직전에 찾아내어 슐레와 케리마는 구하지만 리샤는 차에서 내리지 못하고 라카로 이송된다. 한편 라카의 페르빈은 위험을 무릅쓰고 스웨덴 경찰인 파티마에게 협조한 결과 어느 날 마침내 탈출 지시를 받고 아이와 함께 택시를 탄다. 그러나 바로 그 순간 파티마로부터 전화가 와서 계획을 중단하고 리샤를 찾아 함께 탈출해줄 것을 부탁받고는 어쩔 수 없이 집으로 돌아간다. 페르빈은 리샤를 남편의 둘째 아내로 삼아 보호해주면서 파티마가 라카로 직접 와서 그들을 데려가기를 기다린다. 페르빈의 남편 후삼 또한 자살순교자로 지정되자 아내의 탈출계획에 동조한다. 마침내 파티마가 라카로 그들을 데리러 오지만 ISIS에 맹목적으로 빠진 리샤가 탈출 직전에 후삼을 찾아온 동료에게 그들을 고발하여 페르빈이 총상을 입는다. 리샤는 끝내 돌아가기를 거부하였고, 페르빈은 남편과 아이와 함께 국경을 넘은 직후 죽는다. 그러나 그녀의 죽음이 헛되지만은 않아 스웨덴 공항과 지하철, 비행기를 대상으로 계획되었던 다중 테러를 막는다. 케리마는 스웨덴으로 돌아왔지만 다시 이베의 계략에 넘어가 공연장 자살폭탄 테러에 이용된다.

지역적 경계 vs 생각의 경계

톨스토이의 소설 『안나 카레리나』는 "모든 행복한 가정은 서로 닮았고 불행한 가정은 제각각 나름으로 불행하다"라는 구절로 시작한다. 영화 《바벨》에 등장하는 네 가정은 제각각 나름으로 불행하지만 한편으로는 서로 닮아 있다. 모두들 가족 간에, 또는 주변의 사람들과 소통의 결핍을 겪고 있었다. 그들은 각자의 고통에 빠져 곁에 있는 사람을 보지 못했다. 리처드부부는 태어나지 얼마 되지 않은 아이의 죽음에 대한 고통으로 서로를 외면했고, 타자린 마을의 가족은 먹고살기 힘든 현실이 그들의 삶을 짓눌러 아버지는 어린 아들들에게 총을 건네주고는 방치한다. 아멜리아는 수잔부부의 아이들에게 정을 주고 정성을 다하지만 리차드는 아멜리아를 한갓 고용인으로 여길 뿐 그녀에게 아들의 결혼식이 얼마나 중요한지를 헤아리지 못한다. 도쿄의 치에코는 자신의 신체적 장애와 어머니의 죽음으로 인한 정신적 충격에 스스로를 아빠와 세상으로부터 고립시킨다.

감독 이냐리투는 《바벨》을 통해 사람들 사이의 소통 장벽의 원인은 '지역적 경계'가 아닌 '생각의 경계' 때문으로, 진정한 경계란 우리 안에 존재한다는 메시지를 전하고자 한다. 수잔의 피격으로 인한 일련의 사건들은 생각의 경계로 인한 소통 장벽의 현실을 여실히 드러낸다. 수잔을 비롯한 미국 여행자들은 타지의 공간에 대한 호기심으로 자신들의 지역적 경계 밖으로 여행을 나서지만 타문화에 대한 그들의 마음은 굳건히 닫혀 있었다. 그들은 이슬람 세계로 들어와서 그들의 문화를 경험하고 이해하려 하기 보다는 사막마을을 그저 이국적이고 미개한 타지로 여겼고, 총격사건이 터지자 이를 즉각 테러와 연결시키며 공포에 떤다. 이는 9.11 테러 이후로 미국인들의 타자, 특히 이슬람에 대한 생각의 경계가 더욱 공고해졌음을 나타낸다. 심지어 그들은 상황이 나빠지자 자기 집단 내의 사람에 대한 배려도 없었다. 그러나 사막마을의 가이드와 수의사는 수잔이 고통받고 있고 도움이 필요하다는 이유만으로 그녀를 돕고자 했다. 수의사는 자신의 방식으로 그녀의 고통을 덜어주려 했고 가이드는 어려운 형편에도 불구하고 리차드가 감사의 표시로 준 돈을 거절하면서 이기적이고 배타적인 백인들보다 훨씬 인간적이고 성숙한 모습을 보여준다. 한편 아멜리아의 멕시코 집으로 간 수잔의 아이들은 낯선 환경에 처음에는 어색해하지만 금세 멕시코 아이들과 친해지고 결혼식 파티에서도 즐겁게 논다. 아이들에게는 아직 생각의 경계가 생기지 않았고 지역적 경계도 문제가 되지 않았다.

총격사건은 수잔을 중태에 빠뜨렸으나 다행히 불행한 결과는 피한다. 정작 더 큰 피해를 입은 사람은 모로코의 가족들과 아멜리아이다. 유세프가 총을 쏜 것을 알고 도망치려던 압둘라와 두 아들은 경찰의 추격을 당하게 되고, 그 과정에서 형이 총에 맞자 유세프는 경찰에게 총격을 가하다 결국 자수한다. 가난했지만 주변 사람들도 다 그렇게 살고 있기에 크게 불행하지 않았던 타자린 주민의 삶에 미국인들의 관광버스가 불쑥 들어와서 의도한 바는 아니지만 한 가족의 삶을 파국으로 몬 것이다. 모로코의 사법권은 주민들의 인권을 전혀 존중하지 않고 있어 유세프 부자가 심한 고초를 당할 것은 자명한 사실이다. 사막을 여행하는 미국인들의 관광버스는 세계화의 산물이다. 제국주의 시대에도 세계화 시대에도 선진국들은 그들이 미개국으로 여기는 국가들을 침범해서는 주민들의 삶에 상처를 입힌다. 아멜리아 또한 책임을 다하기 위해 아이들을 멕시코로 데려갔지만 의도치 않게 아이들을 위험에 처하게 하면서 불법이민자라는 이유만으로 한순간에 그녀의 생활터전에서 쫓겨나게 된다. 그녀는 고향으로 돌아가 가족들의 품에 안기지만 그것이 그녀가 원했던 것은 아니었다. 그녀는 일을 해서 돈을 벌어야 했다.

반면 선진국의 가족들에게 총으로 인해 일어난 일련의 사건들은 서로에게 마음을 여는 계기가 된다. 수잔의 총격사건은 그들 부부에게 소원했던 관계를 회복될 수 있는 기회가 되었고, 치에코는 사건을 조사하던 형사로부터 처음으로 타인의 따뜻한 위로를 받는다. 치에코는 언어장애로 인한 소외와 분노를 주변 남성들에게 충동적인 성적 도발을 하면서 해소하고자 했지만 그마저도 거부당했고, 어머니의 자살 이후 아버지에게도 마음의 문을 완전히 닫았다. 아버지를 찾아온 형사에게 호감을 느낀 치에코는 그를 집으로 불러들여 알몸으로 맞이하는데, 형사는 그것을 유혹으로 받아들이지 않고 그녀가 자신의 고통을 온몸으로 표현한 것으로 이해해준다. 형사가 돌아가고 아버지가 돌아와 베란다에 알몸으로 서 있는 치에코를 안아주면서 부녀는 비로소 마주보게 된다.

영화에서 선진국과 제3세계의 가족들이 겪는 고통은 본질적으로 결이 달랐다. 물질적으로 풍족한 선진국의 가족들은 정신적인 고통이 그들의 삶을 힘들게 만들었고, 제3세계 가족들의 당면 과제는 의식주 해결이 우선적이었다. 돈과 행복은 반드시 비례하지는 않는다. 스텐퍼드대학이 2010년에 실시한 돈과 행복의 상관관계에 대한 조사결과에 의하면 중산층 정도의 안정적인 생활을 영위할 정도의 소득을 얻게 되면 그 이상의 소득은 행복으로 직결되지 않는다. 그러나 생존과 안전이 위험해질 정도로 돈이 부족하고 그들의 속한 사회 또한 그들을 지켜주지 못하면 사람은 불행으로 내몰릴 수 밖에 없다. 정신적인 불행이 결코 물질적인 불행보다 그 무게가 가볍지는 않지만 제3세계의 사람들이 겪는 물질적 결핍은 개인의 힘으로는 해결할 수 있는 문제가 아니다. 그들이 겪는 결핍과 그로 인한 불행은 그들 자신의 잘못이 아니라 선진국들이 만든 지역적 경계와 생각의 경계에 의한 것이고, 세계화로 인해 더욱 심화된 불평등의 결과이다. 개인이 아무리 노력해도 벗어날 수 있는 경계가 아니며, 국가적인 차원에서도 선진국들이 나서서 세계화의 부작용을 개선하지 않고서는 해결책이 없지만 그럴 가능성은 극히 희박하다. 그래서 그들의 결말은 더욱 암울하다.

호모사피엔스에서 호모엠파티쿠스로

현대의 인류가 기대하는 바벨탑은 하나로 결집된 문명이 아니라 다양한 문명의 화해와 공존이고, 인간을 한 경계 속에 집결시키는 수직적 바벨탑이 아니라 서로 다른 언어와 지역의 사람들이 전 지구적인 소통과 교류의 그물망을 형성하는 수평적 바벨탑이다. 성서의 바벨탑은 신에 의해 무너졌지만 현대의 바벨탑은 지역주의와 민족이기주의에 의한 단절과 분열로 인해 인간들 스스로가 무너뜨리고 있다. 게다가 세계적인 소통의 장인 인터넷은 인공지능 알고리즘에 의해 사람들에게 그들이 보고 싶고 믿고 싶어 하는 정보만을 제공해주면서 진실보다 개인의 편견이나 감정에 호소하는 탈진실의 시대를 만들고 있고, 이로 인해 생각의 경계가 더욱 공고해져 한 국가 내에서도 사람들 간의 소통을 어렵게 만들고 있다.

현대사회는 현실적으로 전 세계가 소통하고 협업하지 않으면 살아남을 수 없다. 오늘날 인간의 삶과 지구에 위협을 가하는 기후변화·환경파괴·유전공학·인공지능·인구증가·팬데믹 등의 문제들은 인류가 합심하지 않으면 풀 수 없는 문제들이기 때문이다. 유발 하라리는 저서와 강연을 통해 오늘날 사회제반 문제들은 전 지구적인 차원에서 일어나는데 정치는 여전히 국가와 민족주의 차원에 머물러 있다고 지적하면서, 민족주의를 넘어서는 글로벌 거버넌스가 만들어지지 않으면 인간은 이러한 난제들을 풀어나갈 수 없을 것이라고 경고한다. 그는 글로벌 거버넌스의 구체적인 형태를 제시하지는 못했지만 각 나라가 문제해결을 위해 손실까지 감수하게 만들기 위해서는 선진 유럽의 민주주의 형태보다는 고대 중국처럼 실질적인 능력으로 강력한 통치를 할 수 있어야 할 것으로 전망한다. 아울러, 그는 인류가 현재와 앞으로 닥칠 문제들을 해결하기 위해서는 궁극적으로 국가에 대한 충성심을 넘어서서 인류 전체에 대한 충성심을 가져야 한다고 강조한다.

유발 하라리 이전에 천문학자 칼세이건이 인간이 하나의 생물종으로 살아남기 위해서는 충성의 대상을 인류 전체와 지구 전체로 확대해야 한다는 의견을 피력했다. 그는 저서 『코스모스』에서 인간의 삶의 터전인 지구는 태양이라는 별에 소속된 하나의 행성, 그것도 같은 급인 목성에 비하면 크기가 천분의 일에 불과한 행성이라고 지적하면서 '작디작은 창백한 푸른 점'에 지나지 않는 지구는 극단적 형태의 민족우월주의, 우스꽝스러운 종교적 광신, 맹목적이고 유치한 국수주의 등이 발붙일 곳이 결코 아니므로 반목을 멈추어야 하며, 그렇지 않고 인간이 지금보다 조금이라도 더 난폭해지고 소견이 좁고 무식하고 이기적이 되면 미래가 없다고 경고한다. 인간은 수천억 개나 되는 수많은 은하들 중에서 오직 지구에만 존재하는 희귀종이자 멸종위기의 종이기에 전 우주적 시각에서 볼 때 인간 개개인은 모두 귀중하다. 칼세이건은 소중한 존재인 인간이 멸종위기에서 벗어나기 위해서는 서로를 죽이거나 미워하지 말고 시야를 우주로 넓히라고 충고한다. 인간과 우주는 가장 근본적인 의미에서 연결되어 있다. 그는 우주 앞에서 미미한 존재인 인간의 겸손을 누누이 강조하지만 한편으로는 인간을 "코스모스에서 나왔고, 코스모스를 알고 더불어 코스모스를 변화시키고자 태어난 존재"로 규정하면서 인간의 존재가치를 범우주적으로 확장시킨다.

생물학자 최재천 교수는 저서 『호모심비우스』에서 인간이 자연을 다스려 만물의 영장에 올랐지만 이제는 자연과 지구의 모든 생명체와 함께 살아가는 길을 찾아야 한다며 21세기의 새로운 인간상으로 '호모심비우스'를 제시한다. 공생하는 인간이라는 뜻의 호모심비우스의 개념은 환경적인 동시에 사회적이다. 환경적으로 인류는 생태계와 공생해야 한다. 인간이 다른 생물들과 공생해야만 하나밖에 없는 삶의 터전을 우리 손으로 멸망시키는 우를 범하지 않을 것이다. 그는 지구 생태계에서 수와 무게로 가장 막강한 두 생물집단인 곤충과 식물이 서로 물고 뜯는 경쟁이 아니라 함께 손을 잡아 성공했다는 사실을 사례로 들면서 무차별적 경쟁보다 공생이 더 큰 힘을 발휘함을 강조한다. 경쟁 상태의 생물들은 기껏해야 제로섬 게임에 파묻혀 있지만 공생하는 생물들은 그 한계를 넘어 더 큰 발전을 할 수 있다. 사회적으로도 마찬가지이다. 인간 종이 유지되기 위해서는 지구촌 사람들이 자신이 원하는 것을 얻기 위해 개인들 간에, 인종 간에 무차별적으로 경쟁하기보다는 평화적으로 협력하면서 공생하고 나아가 공감해야 한다. 그것이 오늘날의 인간에게 주어진 새로운 생존조건이다.

공감은 인간이 종을 유지하기 위해 본능적으로 주어진 것이다. 동물학자 프린스 드 빌은 저서 『공감의 시대』에서 인간을 비롯한 영장류는 종족이 유지될 수 있도록 다른 이들을 도울 수밖에 없는 공감의 능력을 자연선택 하도록 진화되어왔고, 아울러 영장류의 심리는 가족과 친구나 파트너의 행복에 관심을 갖도록 설계되어 있다고 말한다. 문제는 오늘날 세계화로 인한 양극화, 자본주의 사회의 각자도생, 그리고 지나친 개인주의 등으로 인해 본능적으로 주어진 공감 능력이 무뎌지고 있다는 것이다. 프린스 드 발은 공감은 얼굴이 필요하다고 한다. 얼굴은 의사소통을 가능케 하는 인간 존재의 기본이다. 즉 서로 마주보고 감정이입을 하고 일치화하면서 공감해야 한다는 것이다. 인간들이 서로 얼굴을 보지 않고 자신만의 사고와 가상공간에 빠져 가족과 주변 사람의 행복에 관심을 가지지 않는다면 인간은 진화를 멈추고 파멸로 향하게 될 것이다. 문명비평가 제러미 리프킨은 호모엠파티쿠스(Homo Empathicus), 즉 공감하는 인간과 공감의 연대가 인간이 가진 마지막 가능성이라고 말한다. 그 마지막 가능성을 놓치지 않으려면 인간은 서로 마주보고 소통하고 공감하면서 지역적 경계와 생각의 경계를 허물고 충성의 대상을 인류 전체와 지구 전체로 확대해야 한다. 그래야만 인류의 오랜 진화의 뿌리인 생태계가 보존되고 인간들을 결집시켜주는 21세기의 수평적 바벨탑이 무너지지 않을 것이다.

참고문헌

김승중, 『한국인이 캐낸 그리스 문명』, 통나무, 2017
니코스 카잔치키스, 이윤기 옮김, 『그리스인 조르바』, 열린책들, 2009
담비야 모조, 김진경 옮김, 『죽은 원조』, 알마, 2012
더글러스 머리, 유강은 옮김, 『유럽의 죽음』, 열린책들, 2020
로버트 B. 마르크스, 윤영호 옮김, 『어떻게 세계는 서양이 주도하게 되었는가』, 사이, 2014
레스터 C. 서로우, 현대경제연구원 옮김, 『세계화 이후의 부의 지배』, 청림출판, 2005
리처드 도킨스, 이용철 옮김, 『눈먼 시계공』, 사이언스북스, 2004
리처드 도킨스, 홍영남 옮김, 『이기적 유전자』, 을유문화사, 2018
막스 베버, 김덕영 옮김, 『프로테스탄티즘의 윤리와 자본주의 정신』, 길, 2010
마이클 센델, 이수경 옮김, 『완벽에 대한 반론』, 와이즈베리, 2016
마이클 샌델, 함규진 옮김, 『공정하다는 착각』, 와이즈베리, 2020
마크 마조워, 김준형 옮김, 『암흑의 대륙』, 후마니타스, 2009
마틴 버낼, 오흥식 옮김, 『블랙 아테나』, 소나무, 2006
마틴 자끄, 안세민 옮김, 『중국이 세계를 지배하면』, 부키, 2010
미리엄 데노브, 노승영 옮김, 『총을 든 아이들, 소년병』, 세대의창, 2014
메리 셸리, 김선형 옮김, 『프랑켄슈타인』, 문학동네, 2012
박경철, 『문명의 배꼽, 그리스』, 리더스북, 2013
박석, 『대교약졸』, 들녘, 2005
박석, 『인문학, 동서양을 꿰뚫다』, 들녘, 2014
부리야 사바랭, 홍서연 옮김, 『미식 예찬』, 르네상스, 2004
빅터 크랭클, 이시형 옮김, 『빅터 프랭클의 죽음의 수용소』, 청아출판사, 2020
사이로 다카시, 홍성민 옮김, 『세계사를 움직이는 다섯 가지 힘』, 뜨인돌, 2009

샤시 타루르, 김성웅 옮김, 『인도, 암흑의 시대』, 서런, 2018
스티븐 제이 굴드, 홍욱희 옮김, 『다윈이후』, 사이언스,북스, 2009
새무얼 헌팅턴, 이희재 옮김, 『문명의 충돌』, 김영사, 2016
알렝 드 보통, 정영목 옮김, 『불안』, 은행나무, 2012
에피쿠로스, 오유석 옮김, 『쾌락』, 문학과지성사, 1998
오구마 에이지, 한철호 옮김, 『일본이라는 나라』, 책과함께, 2』, 2007
유발 하라리, 조현욱 옮김, 『사피엔스』, 김영사, 2015
유발 하라리, 김명주 옮김, 『호모 데우스』, 김영사, 2017
유재원, 『그리스』, 리수, 2007
윤상욱, 『아프리카에는 아프리카가 없다』, 시공사, 2012
이안 부루마, 신보영 옮김, 『현대의 탄생』, 글항아리, 2016
이언 모리스, 최파일 옮김, 『왜 서양이 지배하는가』, 글항아리, 2013
이자벨 윌커슨, 이경남 옮김, 『카스트』, 알에이치코리아, 2022
이희진, 『중화사상과 동아시아』, 책세상, 2007
에드워드 W. 사이드, 김성곤 옮김, 『문화와 문화제국주의』, 창, 2011
에드워드 W. 사이드, 박홍규 옮김, 『오리엔탈리즘』, 교보문고, 2015
에이미 핑글턴, 이양호 옮김, 『중국과 미국의 헤게모니 전쟁』, 에코리브르, 2010
윌리엄 세익스피어, 최종철 옮김, 『베니스의 상인』, 민음사, 2010
장 피에르 바르니에, 주형일 옮김, 『문화의 세계화』, 한울, 2014
조홍식, 『문명의 그물』, 책과함께, 2018
존 M.홉슨, 정경옥 옮김, 『서구문명은 동양에서 시작되었다』, 에코리브르, 2005
존 톰린슨, 강대인 옮김, 『문화 제국주의』, 나남출판, 1994
제러미 리프킨, 이경남 옮김, 『공감의 시대』, 민음사, 2010
제러미 리프킨, 이원기 옮김, 『유러피언 드림』, 2009
제임스 M. 블로트, 박광식 옮김, 『유럽중심주의를 비판한다』, 푸른숲, 2008
존 S. 음비티, 정진홍 옮김, 아프리카 종교와 철학, 현대사상사, 1979
찰스 다윈, 장대익 옮김, 『종의 기원』, 사이언스북스, 2019
찰스 다윈, 이종호(엮음)지음, 『인간의 유래와 성 선택』, 지식을만드는지식, 2019

찰스 스펜서, 윤신영 옮김, 『왜 맛있을까』, 어크로스, 2018
최재천, 『호모 심비우스』, 이음, 2016
카를 마르크스, 김수행 옮김, 『자본론』, 비봉출판사, 2015
칼 세이건, 홍승수 옮김, 『코스모스』, 사이언스북스, 2010
케이티 폭스, 권석하 옮김, 『영국인 발견』, 학고재, 2017
코더 우드먼, 홍선영 옮김, 『나는 세계일주로 자본주의를 만났다』, 갤리온, 2012
크리스톺 르페뷔르, 강주헌 옮김, 『카페의 역사』, 효형출판, 2002
토머스 프리드먼, 이건식 옮김, 『세계는 평평하다』, 21세기북스, 2013
팀 마샬, 김미선 옮김, 『지리의 힘』, 사이, 2016
프린스 드 발, 최재천 옮김, 『공감의 시대』, 김영사, 2017
피에르 부르디외, 최종철 옮김, 『구별짓기』, 새물결, 2005
피터 버크, 강상우 옮김, 『문화 혼종성』, 이음, 2012
하랄트 뮐러, 『문명의 공존』, 푸른숲, 2000
하름 데 블레이, 황근하 옮김, 『공간의 힘』, 천지인, 2009
한나 아렌트, 이진우 옮김, 『전체주의의 기원』, 한길사, 2006
한나 아렌트, 김선욱 옮김, 『예루살렘의 아이히만』, 한길사, 2006
한병철, 김태환 옮김, 『피로사회』, 문학과지성사, 2012
호메로스, 천병희 옮김, 『일리아스』, 숲, 2015
호메로스, 이상훈 옮김, 『오디세이아』, 동서문화사, 2016
헤시오도스, 김원익 옮김, 『신통기』, 민음사, 2003
F. 스콧, 피츠제럴드, 김영하 옮김, 『위대한 개츠비』, 문학동네, 2009
F. W. 니체, 이진우 옮김, 『차라투스트라는 이렇게 말했다』, 휴머니스트, 2020
G. F. 영, 이길상 옮김, 『메디치 가문이야기』, 현대지성, 2017
G. W. F. 헤겔, 권기철 옮김, 『역사철학강의』, 동서문화사, 2008
R. 오스본, 유성만 옮김, 『마르크스와 프로이드』, 1984

약력

연세대학교 영문학과에 입학하여 모교에서 석사와 박사학위를 취득하였다. 영국 낭만주의 영시를 전공하고 John Keats로 박사학위논문을 썼다. 연세대학교에서 1984년부터 1995년까지 교양과목을 강의했고 1996년부터 현재까지 경찰대학 교수로 재직하면서 인문학과 시사, 대학심화영어를 담당하고 있다. 저서로는 미국에서 안식년을 보내며 생활한 경험을 바탕으로 쓴 『리얼라이프 미국생활영어』와 『리얼라이프 경찰영어』, 수업교재로 저술한 『Film as Cultural History』, 『12 TED Talks on Current Issues』, 『12 Critical Global Issues』, 『Advanced College English』 등이 있다.

52편의 영화로 읽는 세계문명사

초판 발행 2023년 3월 31일

지은이 하미나
펴낸이 안종만 · 안상준

편 집 배근하
기획/마케팅 정연환
표지디자인 이수빈
제 작 고철민 · 조영환

펴낸곳 (주) 박영사
서울특별시 금천구 가산디지털2로 53, 210호(가산동, 한라시그마밸리)
등록 1959. 3. 11. 제300-1959-1호(倫)
전 화 02)733-6771
f a x 02)736-4818
e-mail pys@pybook.co.kr
homepage www.pybook.co.kr
ISBN 979-11-303-1605-5 93900

정 가 30,000원